SAMMLUNG GUTTENTAG

50

Viehgewährschaftsrecht

(Viehkauf)

Auf der Grundlage von Stölzle-Graminger, Viehkauf

erläutert von

Dr. Fritz Lerche

Rechtsanwalt in Neumarkt-St. Veit

BERLIN 1955

WALTER DE GRUYTER & CO

vormals G. J. Göschen'sche Verlagshandlung · J. Guttentag, Verlagsbuchhandlung · Georg Reimer · Karl J. Trübner · Veit & Comp.

Archiv-Nr. 21 1 050

Satz: Walter de Gruyter & Co, Berlin W 35

Druck: Berliner Buchdruckerei Union GmbH., Berlin SW 29

VORWORT

Seit Jahrzehnten ist zum Viehgewährschaftsrecht kein neuer Kommentar erschienen. Daher sind die früheren Bearbeitungen der Materie, vor allem bei *Stölzle-Graminger* und *Meisner*, so ausgezeichnet sie waren, doch vielfach überholt, zumal die Rechtsprechung seit dieser Zeit nicht mehr berücksichtigt ist.

Ich habe mich bemüht, unter Zuziehung aller wichtigen Kommentare und unter Verarbeitung der einschlägigen Rechtsprechung und des Schrifttums bis in die letzte Zeit (März 1955), die notwendige Erneuerung zu schaffen, ohne mich dabei von den grundlegenden Ausführungen des bekannten Kommentars *Stölzle-Graminger* allzuweit zu entfernen. Soweit eine andere Ansicht vertreten werden mußte — es erschien dies doch bei einer Reihe von Einzelfragen notwendig —, wurde dies jeweils ausdrücklich hervorgehoben.

Die in den Entscheidungssammlungen *Stölzle* I und II angeführten Entscheidungen wurden, soweit sie jetzt noch Geltung haben können, nicht nur zitiert, sondern auch in den Stoff selbst eingearbeitet, so daß ein umständliches Nachsehen dieser Entscheidungen entfällt.

In der Systematik dieses Kommentars wurde entsprechend der Notwendigkeit der Praxis nach den einzelnen Paragraphen vorgegangen. Dabei mußten auch einzelne allgemeine Bestimmungen des BGB, namentlich aus dem allgemeinen Gewährleistungsrecht, behandelt werden, jedoch wurde hierbei eine Beschränkung auf das unumgängliche Maß angestrebt.

Neu aufgestellt wurde ein Verfahrensrechtlicher Teil, dem Gebote der Praxis entsprechend. Eine solche Zusammenfassung der verfahrensrechtlichen Bestimmungen und eine derartige Darstellung vom Standpunkt der Verfahrenstechnik aus fehlte bisher in den einschlägigen Kommentaren, was der Praktiker als einen Mangel empfinden mußte.

„De lege ferenda“ hielt ich eine Aufstellung über Vorschläge für Änderungen der entsprechenden gesetzlichen Bestimmungen für notwendig, ohne daß die Grundlage der geltenden gesetzlichen Regelung verlassen wurde.

Diese Vorschläge erheben keinen Anspruch auf Vollständigkeit, sie sollen aber eine Anregung für künftige Gesetzesänderungen bieten. Sie haben im Laufe der Ausarbeitung des Kommentars gleichsam von selbst ihr Lebendigwerden verlangt.

In technischer Hinsicht wurde die Bezeichnung „BGB" nach den einzelnen Paragraphen weggelassen, so daß es sich also in allen Fällen, in denen ein Paragraph ohne weitere Gesetzesbezeichnung angeführt ist, um einen solchen des Bürgerlichen Gesetzbuches handelt.

Ebenso unterblieb bei der Zitierung der reichsgerichtlichen Entscheidungen die Anführung „Z" (in Zivilsachen), so daß es sich also immer um RGZ-Entscheidungen handelt, wenn nur „RG" zitiert ist.

Neumarkt-St.Veit, im April 1955

Der Verfasser

INHALTSÜBERSICHT

Vorwort III
Schrifttumsnachweis XIII
Abkürzungen der Titel von Zeitschriften u. Sammlungen XVII
Sonstige Abkürzungen XIX

Erster Teil: Gesetzestexte

A. Die Bestimmungen des Bürgerlichen Gesetzbuches über Viehgewährschaft (Ges. v. 18. 8. 1896 RGBl. S. 195) 1
B. Kaiserliche Verordnung vom 27. März 1899 (RGBl. 1899 S. 219f.) . . . 3
C. Die Bestimmungen des Bürgerlichen Gesetzbuches im allgemeinen über Gewährleistung wegen Mängel der Sache 5
D. Die Bestimmungen des Handelsgesetzbuches über Viehgewährschaft . 8
E. Die Bestimmungen des Gerichtsverfassungsgesetzes über Viehmängelstreitigkeiten 8
F. Die wichtigsten einschlägigen Bestimmungen des Versicherungsvertragsgesetzes vom 30. 5. 1908 RGBl. 263 samt späteren Änderungen . . . 8

Zweiter Teil: Kommentar

A. Materiellrechtlicher Teil

1. Vorbemerkung: Rechtsgeschichtliches zum Viehgewährschaftsrecht . 11
2. Vorbemerkung: Grundgedanken der Sonderbestimmungen der §§ 481 bis 492 über Viehgewährschaftsrecht 12
3. Vorbemerkung: Gesetzliche und vertragliche Haftung und Allgemeines 13

§ 481:

Vorbemerkung: Inhalt des § 481. 15
Anm. 1. Verkauf von „Gewährvieh" und Verträge, welche dem Verkauf gleichgestellt werden 15
Anm. 2. Anwendung der allgemeinen Bestimmungen des BGB, insbesondere über Kaufvertrag, Vertragsauslegung und Vorvertrag . . 15
Anm. 3. Kaufvertrag 17
Anm. 4. Pflichten des Verkäufers und des Käufers 18
Anm. 5. Stundung des Kaufpreises 18
Anm. 6. Übersicht über die wichtigsten Bestimmungen des BGB, die hier zur Anwendung kommen. 20
Anm. 7. Anfechtung des Kaufvertrags wegen arglistiger Täuschung oder widerrechtlicher Drohung oder wegen Irrtums 20
Anm. 8. Arglistige Täuschung durch Vertreter 24
Anm. 9. Die Anfechtungserklärung und Verjährung 25
Anm. 10. Wirkung der Anfechtung 26
Anm. 11. Verzicht auf Anfechtung 27
Anm. 12. Der Bürge bei Anfechtungseinrede 27

Anm. 13. Anfechtung wegen Irrtums 27
Anm. 14. Beweislast 29
Anm. 15. Ansprüche aus unerlaubter Handlung (§§ 823, 826) 29
Anm. 16. Vorsätzliche oder fahrlässige Verletzung von Eigentum oder sonstigen Rechten (§ 823/I) 29
Anm. 17. Verstoß gegen ein Schutzgesetz (§ 823/II) 29
Anm. 18. Verstoß gegen die guten Sitten (§ 826) 30
Anm. 19. Umfang des Schadenersatzes 30
Anm. 20. Schadensberechnung 31
Anm. 21. Beiderseits unerlaubte Handlungen 32
Anm. 22. Ursächlicher Zusammenhang 32
Anm. 23. Zusammenwirken von Schadensereignissen 33
Anm. 24. Überholende Kausalität 33
Anm. 25. Verhältnis der Ansprüche wegen unerlaubter Handlung zu Anfechtungs- und Vertragsansprüchen 33
Anm. 26. Verjährung und Verwirkung der Ansprüche 34
Anm. 27. Die Beweislast 35
Anm. 28. Ansprüche wegen Verschuldens bei Eingehung des Vertrages (Vertragsabschluß) 35
Anm. 29. Umfang des Schadenersatzes 36
Anm. 30. Beweislast 36
Anm. 31. Ansprüche wegen Verschuldens bei Erfüllung des Vertrages . . 37
Anm. 32. Vorsätzliche und fahrlässige Vertragsverletzung 38
Anm. 33. Unterschied zwischen dem Schadenersatzanspruch nach den allgemeinen Bestimmungen des BGB bei Nichterfüllung des Vertrages und dem Schadenersatzanspruch nach § 463 (wegen Gewährleistung) 39
Anm. 34. Verjährung und Ausschlußvereinbarung hinsichtlich dieser Ansprüche 40
Anm. 35. Verhältnis der Vorschriften der §§ 320ff. zu den Gewährleistungsansprüchen 40
Anm. 36. Ansprüche wegen Unmöglichkeit der Leistung 42
Anm. 37. Anfängliche Unmöglichkeit der Leistung 43
Anm. 38 (38a, 38b, 38c). Nachfolgende Unmöglichkeit der Leistung . . . 45
Anm. zu 38a. Nachfolgende Unmöglichkeit der Leistung, weder vom Käufer, noch vom Verkäufer zu vertreten 45
Anm. zu 38b. Nachfolgende Unmöglichkeit der Leistung, vom Käufer zu vertreten 48
Anm. zu 38c. Nachfolgende Unmöglichkeit der Leistung, vom Verkäufer zu vertreten 48
Anm. 39. Verjährung dieser Ansprüche 49
Anm. 40. Verhältnis der Sondervorschriften der §§ 481ff. zu den allgemeinen Gewährschaftsbestimmungen (§§ 459—481, angeführt als Gesetzestext Seite 5ff.) 50
Anm. 41. Verhältnis der Sondervorschriften der §§ 481ff. zu den Vorschriften des HGB 50
Anm. 42. Verhältnis der Sondervorschriften der §§ 481ff. zum Handelsbrauch und zu den Marktregeln 51
Anm. 43. Tierarten des § 481 53
Anm. 44. Verkauf eines Grundstückes mit Viehinventar 54

§ 482:

Vorbemerkung: Inhalt des § 482 und Feststellungen dazu aus dem Motivenbericht 58

Anm. 1. Hauptmängel 59
Anm. 2. Zeitpunkt des Gefahrüberganges 60
Anm. 3. „Zeigen" der Mängel 61
Anm. 4. Ausschluß der Gewährleistung des Verkäufers 62
Anm. 4a. Kenntnis des Hauptmangels beim Kaufabschluß (§ 460 Satz 1) 62
Anm. 4b. Verkauf des Tieres in öffentlicher Versteigerung als Pfand (§ 461) oder Verkauf des Tieres im Wege der Zwangsvollstrekkung (§§ 806, 814 und § 825 ZPO) 65
Anm. 4c. Öffentliche Versteigerung des Tieres auf richterliche Anordnung hin gem. § 489 66
Anm. 4d. Annahme des Tieres durch den Käufer trotz Kenntnis des Mangels (§ 464) 66
Anm. 4e. Vertraglicher Gewährleistungsausschluß (§ 476) oder nachträglicher Verzicht auf die Gewährleistung 67
Anm. 4f. Verkauf des Tieres im Wege des Erbschaftsverkaufes (§§ 2371, 2376, 2380) 70
Anm. 5. Kaiserliche Verordnung vom 27. 3. 1899 RGBl. S. 219 70
Anm. 5a. Unterscheidung zwischen Nutz- und Zuchttier einerseits und Schlachttier andererseits 71
Anm. 6. Erläuterungen zu den Hauptmängeln, angeführt in der Kaiserlichen Verordnung vom 27. 3. 1899 73
Anm. 7. Hauptmängel der Pferde, Esel, Maulesel und Maultiere 73
Anm. 8. Beim Verkauf als Nutz- oder Zuchttier 73
Anm. 8a. Der Rotz 73
Anm. 8b Der Dummkoller 73
Anm. 8c. Dämpfigkeit 73
Anm. 8d. Kehlkopfpfeifen 73
Anm. 8e. Periodische Augenentzündung 73
Anm. 8f. Koppen 74
Anm. 9. Beim Verkauf als Schlachttier 74
Anm. 9a. Rotz 74
Anm. 10. Hauptmängel beim Rindvieh 74
Anm. 11. Beim Verkauf als Nutz- oder Zuchttier 74
Anm. 11a. Tuberkulöse Erkrankung 74
Anm. 11b. Lungenseuche 75
Anm. 12. Beim Verkauf als Schlachttier 75
Anm. 12a. Tuberkulöse Erkrankung 75
Anm. 13. Hauptmängel der Schafe 75
Anm. 14. Beim Verkauf als Nutz- oder Zuchttier: Räude 75
Anm. 15. Beim Verkauf als Schlachttier: allgemeine Wassersucht . . . 76
Anm. 16. Hauptmängel der Schweine 76
Anm. 17. Beim Verkauf als Nutz- oder Zuchttier 76
Anm. 17a. Rotlauf 76
Anm. 17b. Schweineseuche 76
Anm. 18. Beim Verkauf als Schlachttier 76
Anm. 18a. Tuberkulöse Erkrankung 76
Anm. 18b. Trichinenkrankheit 77
Anm. 18c. Finnenkrankheit 77

§ 483:

Vorbemerkung: Inhalt des § 483 und Unterschied gegenüber den allgemeinen Gewährleistungsbestimmungen 78
Anm. 1. Beginn der Gewährfrist und ihre Besonderheiten, insbesondere als Ausschlußfrist 78

Anm. 2. Zusammenhang der Gewährfrist mit Sonn- und Feiertagen; Übersicht über dieselben 79
Anm. 3. Berechnung und Ende der Gewährfrist 80
Anm. 4. Übergang der Gefahr 81
Anm. 5. Handlungen, welche der Übergabe gleichgestellt sind 82
Anm. 6. Ausnahme vom Grundsatz, daß der Gefahrenübergang „mit der Übergabe des Tieres" eintritt 83
Anm. 6a. Vereinbarung der Vertragsparteien 83
Anm. 6b. Versendungskauf nach § 477 83
Anm. 6c. Gattungskauf 84
Anm. 6d. Erbschaftskauf 85
Anm. 6e. Kauf unter einer aufschiebenden Bedingung 85
Anm. 6f. Annahmeverzug des Käufers (§§ 283, 300) 86
Anm. 6g. Beweislast 88

§ 484:

Vorbemerkung: Inhalt des § 484. 89
Anm. 1. § 484 bezieht sich auch auf Nichthauptmängel 90
Anm. 2. Gegenbeweis des Verkäufers zulässig 90
Anm. 3. Beweislast 91

§ 485:

Vorbemerkung: Inhalt des § 485, Zweck desselben nach den Motiven zum BGB und Unterschied gegenüber den allgemeinen Gewährschaftsbestimmungen. 92
Anm. 1. Die Mängel, auf welche sich die Anzeigeverpflichtung bezieht und die Folgen der Nichtanzeige 92
Anm. 2. Inhalt der Mängelanzeige 93
Anm. 3. Anzeigefrist 96
Anm. 4. Die Rechtshandlungen, welche der Anzeige gleichgestellt sind . 97
Anm. 4a. Die Absendung der Anzeige 97
Anm. 4b. Die schriftliche Erhebung der Klage und deren Zustellung . . 97
Anm. 4c. Streitverkündung an den Verkäufer gem. §§ 72ff. ZPO 98
Anm. 4d. Beweissicherungsantrag gem. §§ 485ff. ZPO 99
Anm. 5. Einfluß der Nichtigkeit der Klage oder Unzuständigkeit des Gerichts oder der Klagerücknahme auf die in der Klage enthaltene Anzeige 100
Anm. 6. Rechtswirkungen des Unterlassens der Anzeige mit den Ausnahmen des arglistigen Verschweigens durch den Verkäufer oder des Verzichts durch den Käufer 100
Anm. 7. Beweislast 101

§ 486:

Vorbemerkung: Inhalt des § 486. 101
Anm. 1. Dauer der Gewährfrist 102
Anm. 2. Beweislast 102

§§ 487, 488:

Vorbemerkung 1: Inhalt der §§ 487 und 488 mit Begründung aus den Materialien 104
Vorbemerkung 2: Ausdehnung der Bestimmung des § 487 auch auf die vertragsmäßig übernommenen Mängel nach § 492 . . . 104
Vorbemerkung 3: Wesen des § 488. 104
Anm. 1. Ausschluß des Minderungsanspruches, Vereinbarungen hierüber 105
Anm. 2. Ausschluß der Gewährleistungsansprüche 105

Anm. 2a. Ungültiger Vertrag 105
Anm. 2b. Vereinbarung der Vertragsparteien 106
Anm. 2c. Garantievertrag 106
Anm. 3. Rechte des Käufers 107
Anm. 4. Der Wandelungsanspruch 108
Anm. 5. Unterschied des Wandelungsanspruches nach § 487 gegenüber dem Wandelungsanspruch nach den allgemeinen Gewährschaftsbestimmungen der §§ 464–467, 469–471 109
Anm. 6. Tötung des Tieres 111
Anm. 7. Vollzug der Wandelung 111
Anm. 8. Ausschluß des Wandelungsrechtes durch Fristsetzung seitens des Verkäufers 114
Anm. 9. Abstandnahme des Käufers vom Wandelungsbegehren 115
Anm. 10. Durchführung der Wandelung 116
Anm. 11. Gegenseitige Rückgewähr der Leistungen 117
Anm. 12. Pflichten des Käufers nach Vollzug der Wandelung. 119
Anm. 13. Zeitpunkt für die Wertberechnung 121
Anm. 14. Unmöglichkeit der Rückgabe des Tieres nach Vollziehung der Wandelung 122
Anm. 15. Unwesentliche Verschlechterung des Tieres 123
Anm. 16. Ersatz der Nutzungen durch den Käufer 124
Anm. 17. Verzug des Käufers 125
Anm. 18. Verzug des Verkäufers 125
Anm. 19. Pflichten des Verkäufers nach Vollzug der Wandelung 126
Anm. 20. Anwendung der Bestimmungen des § 487 auch bei einem mangelfreien Tauschtier 129
Anm. 21. Beweislast 129
Anm. 22. Anfechtung der vollzogenen Wandelung 129
Anm. 23. Umfang der Wandelung und Art der Verrechnung bei Wandelung nur hinsichtlich einzelner Tiere 130
Anm. 24. Verkauf von Haupt- und Nebensache 131
Anm. 25. Anspruch auf Schadenersatz nach § 463 statt der Wandelung . 132
Anm. 26. Berechnung des Schadens 137

§ 489:

Vorbemerkung: Inhalt des § 489; Verweis auf die Materialien dazu 139
Anm. 1. Voraussetzungen zur Erlassung der einstweiligen Verfügung nach § 489 139
Anm. 2. Verfahren nach § 489 140
Anm. 3. Einzelheiten zu § 489 142

§ 490:

Vorbemerkung 1: Inhalt des § 490 unter Bezugnahme auf die Materialien 144
Vorbemerkung 2: Wirkung der Verjährung 144
Anm. 1. Unterschiede gegenüber der Verjährung nach allgemeinem Gewährschaftrecht 145
Anm. 2. Verjährungsfrist 145
Anm. 3. Unterbrechung und Hemmung der Verjährung 147
Anm. 4. Unterbrechung der Verjährung, insbesondere Unterbrechungsgründe 148
Anm. 4a. Anerkennung des Anspruches (§ 208) 148
Anm. 4b. Klageerhebung (§ 209 Abs. 1) 149
Anm. 4c. Zahlungsbefehl (§ 209 Abs. 2 Ziff. 1) 149
Anm. 4d. Anmeldung des Anspruchs im Konkurse (§ 209 Abs. 2 Ziff. 2) . 150

Anm. 4e. Erhebung des Aufrechnungseinwands im Prozeß 150
Anm. 4f. Streitverkündung gem. §§ 72—75 ZPO 150
Anm. 4g. Vornahme einer Vollstreckungshandlung 150
Anm. 4h. Gerichtliche Beweisaufnahme zur Sicherung eines Beweises . . 150
Anm. 4i. Vorentscheid durch die Verwaltungsbehörde oder Bestimmung des zuständigen Gerichts durch ein höheres Gericht 151
Anm. 5. Hemmung der Verjährung, insbesondere Hemmungsgründe . . 151
Anm. 6. Trotz Verjährung des Gewährleistungsanspruches Fortdauer der Gewährleistungseinrede 152
Anm. 7. Dreißigjährige Verjährung 155
Anm. 8. Beweislast und Allgemeines 157

§ 491:

Vorbemerkung: Inhalt des § 491, Bezugnahme auf die Materialien und Unterschied gegenüber dem entsprechenden § 480 des allgemeinen Gewährschaftrechtes 157
Anm. 1. Voraussetzungen des Nachlieferungsanspruches 159
Anm. 2. Rechte des Käufers 159
Anm. 3. Vereinbarungen, bei welchen kein Anspruch des Käufers auf Nachlieferung entsteht 161
Anm. 4. Wahlrecht des Käufers und allgemeine Bestimmungen 161
Anm. 5. Bestimmungen, welche entsprechend auf den Nachlieferungsanspruch anzuwenden sind 162

§ 492:

Vorbemerkung: Inhalt des § 492, insbesondere in Bezug auf die Gesetzesmotive 164
Anm. 1. Allgemeines zu § 492 164
Anm. 2. Unterschied, wenn Gewährfrist vereinbart ist oder nicht; Voraussetzung der Fortdauer des Einrederechts, wenn keine Gewährfrist vereinbart wurde 166
Anm. 3. Übernahme der Gewährleistung wegen eines nicht zu den Hauptmängeln gehörenden Fehlers 169
Anm. 4. Zusicherung einer Eigenschaft des Tieres, welche mit den Hauptmängeln nicht zusammenhängt 171
Anm. 5. Gewährleistung für Trächtigkeit, und zwar mit oder ohne Gewährfrist 176
Anm. 6. Beweis der Nichtträchtigkeit 180
Anm. 7. Einzelheiten zu der Zusicherung der Trächtigkeit 181
Anm. 8. Unterschied zwischen der Zusicherung der Eigenschaft, der Trächtigkeit und einem Garantievertrag 182
Anm. 9. Beweislast 182
Anm. 10. Unanwendbarkeit des § 377 HGB 182

§ 493:

Vorbemerkung: Inhalt des § 493 und Begründung 183
Anm. 1. Voraussetzung der entsprechenden Anwendbarkeit der Gewährleistungsbestimmungen für andere als Kaufverträge 183
Anm. 2. Hauptanwendungsfälle 183
Anm. 2a. Tauschvertrag 184
Anm. 2b. Hingabe an Erfüllungsstatt 184
Anm. 2c. Vergleich 185
Anm. 2d. Teilung einer Gemeinschaft 186
Anm. 2e. Bestellung eines Pfandrechtes 186
Anm. 2f. Bestellung eines Nießbrauches 186

Anm. 3. Sacheigentum 186
Anm. 4. Entgeltlichkeit der Verträge 187
Anm. 5. Ausnahmen bezüglich Schenkung, Ausstattung und Vermächtnis 187
Anm. 6. Ausbietungsgarantie 187
Anm. 7. Erbschaftskauf 187
Anm. 8. Veräußerungen kraft Gesetzes oder staatlicher Verfügungsmacht 188

B. Verfahrensrechtlicher Teil

Vorbemerkung: Allgemeines 190
Anm. 1. Feststellung, ob ein Anspruch nach dem Viehgewährschaftsrecht vorliegt 191
Anm. 1a. Rechtsstreitigkeiten wegen Viehmängel 191
Anm. 1b. Umfang des § 23 GVG 192
Anm. 1c. Rechtsstreitigkeiten, die nicht unter die Zuständigkeit des § 23 GVG fallen 193
Anm. 1d. Voraussetzungen für den Begriff „Rechtsstreitigkeiten wegen Viehmängel“ 195
Anm. 2. Typische Klagansprüche nach dem Viehgewährschaftsrecht . . 204
Anm. 2a. Die Anfechtungsklage nach § 123 (verbunden mit dem Schadenersatzanspruch nach § 823, ev. § 826) 204
Anm. 2b. Der wesentliche Unterschied zwischen der Anfechtungsklage nach § 123 und der Wandelungsklage nach § 487 205
Anm. 2c. Ausschließliche Anwendbarkeit der Anfechtungsklage bei Nicht-Hauptmängel und Wahlmöglichkeiten des Käufers hinsichtlich sonstiger Rechtsbehelfe 205
Anm. 2d. Inhalt der Anfechtungsklage nach § 123, insbesondere Behauptungs- und Beweislast 207
Anm. 3. Hilfsanträge und sonstige Anträge in Verbindung mit der Klage nach § 123 211
Anm. 4. Muster eines Klagantrags für eine Anfechtungsklage nach § 123 211
Anm. 5. Einwände des Verkäufers gegen den Klaganspruch nach § 123. . 214
Anm. 6. Beweislast zur Anfechtungsklage nach § 123 und die Einrede des Bürgen 219
Anm. 7. Aktiv- und Passivlegitimation sowie Prozeßführungsbefugnis 219
Anm. 8. Zuständigkeit 221
Anm. 9. Anfechtung wegen Irrtums 224
Anm. 10. Die Haftung des Verkäufers aus dem Vertrag bzw. die Rechtsbehelfe des Käufers: A, B, C, D 225
Anm. 11. Zu A: Klage auf Wandelung 226
Anm. 12. Inhalt der Wandelungsklage, insbesondere Behauptungs- und Beweislast, die hier zusammenfallen 229
Anm. 12a. Einwände des Verkäufers als Beklagten 231
Anm. 13. Muster für einen Klagantrag für eine Wandelungsklage . . . 236
Anm. 14. Streitwert bei der Wandelungsklage 237
Anm. 15. Einredeweise Geltendmachung des Anspruches auf Wandelung, evtl. Feststellungsklage, Widerklage 238
Anm. 16. Muster eines Klagantrages auf Wandelung eines Tauschvertrages 240
Anm. 17. Antrag auf Erlaß einer einstweiligen Verfügung mit Muster nach § 489 BGB, §§ 935ff. ZPO 241
Anm. 18. Muster eines Beweissicherungsantrages gemäß § 485 ZPO . . . 242
Anm. 19. Beweislast 244
Anm. 20. Prozeßführungsbefugnis, Aktiv- und Passivlegitimation 244

Anm. 21. Zuständigkeit 247
Anm. 22. Zu B: Inhalt der Schadenersatzklage nach § 463, insbesondere Behauptungs- und Beweislast, die hier zusammenfallen 250
Anm. 23. Einwände des Verkäufers 253
Anm. 24. Prozeßführungsbefugnis, Aktiv- und Passivlegitimation, Zuständigkeit und allgemeine Prozeßvoraussetzungen bei der Schadenersatzklage nach § 463 258
Anm. 25. Muster für einen Klagantrag für eine Schadenersatzklage nach § 463 ev. in Verbindung mit Antrag auf Erlaß einer einstweiligen Verfügung bzw. Beweissicherungsantrag 259
Anm. 26. Beweislast 260
Anm. 27. Zu C: Inhalt der Ersatzlieferungsklage (beim Gattungskauf) nach §§ 491, 480/I, insbesondere Behauptungs- und Beweislast 261
Anm. 28. Einwände des Verkäufers 265
Anm. 29. Muster für einen Klagantrag, betreffend eine Gattungsklage (Ersatzlieferungsklage) 270
Anm. 30. Zu D: Schadenersatzklage wegen Nichterfüllung bei Gattungskauf nach § 480/II 272
Anm. 31. Beweislast 272
Anm. 32. Prozeßführungsbefugnis, Aktiv- und Passivlegitimation, Zuständigkeit und allgemeine Voraussetzungen bei der Ersatzlieferungsklage bzw. Schadensersatzklage nach § 480/II 272

C. Vorschläge für künftige Gesetzgebung

Vorbemerkung 1: Allgemeines 274
Vorbemerkung 2: Änderungen tier-medizinischer Art 275
I. (Kaiserliche Verordnung) 276
II. (§ 482) 277
III. (§ 484) 281
IV. (§ 485) 282
V. (§ 487) 283
VI. (§ 488) 289
VII. (§ 489) 290
VIII. (§ 490) 290
IX. (§ 491) 292
X. (§ 492) 292
XI. (§ 200 GVG) 293
Stichwortverzeichnis 294

SCHRIFTTUMSNACHWEIS

Achilles-Greiff, Bürgerliches Gesetzbuch, Kommentar 19. Aufl., Berlin 1949; zit. Achilles-Greiff.

Baumbach, Adolf, Zivilprozeßordnung 20. Aufl., neubearbeitet von Wolfgang Lauterbach, München und Berlin 1951; zit. Baumbach-Lauterbach.

Blomeyer, A., Anspruch auf Wandelung oder Minderung, in Arch. Civ. Pr. 151, 99.

Bötticher, Eduard, Die Wandelung als Gestaltungsakt, Heidelberg 1938.

—, Der Gerichtsstand des Erfüllungsortes bei der Wandelung des Kaufvertrages, in SJZ 48, 738.

Böhle-Stamschräder, Hand-Kommentar zum Bürgerlichen Gesetzbuch, 1.—3. Aufl., Münster 1948ff.; zit. Böhle-Stamschräder.

Breetzke, Zur Gleichberechtigung der Geschlechter bei der Zwangsvollstreckung gegen Eheleute, in NJW 53, 734.

Bürchner, Die Gewährleistung beim Viehhandel, 5. Aufl., Landsberg 1922; zit. Bürchner.

Cosack, Lehrbuch des deutschen bürgerlichen Rechts usw. Erster Band, 7. Aufl., Jena 1922; zit. Cosack.

Danz, Erich, Die Auslegung der Rechtsgeschäfte, 3. Aufl., Jena 1911; zit. Danz.

Dieckerhoff, W., Gerichtliche Tierarzneikunde, 3. Aufl., Berlin 1902; zit. Dieckerhoff.

—, Die Gewährleistung beim Viehhandel und das Währschaftssystem im Entwurf des Bürgerlichen Gesetzbuches (Berlin 1895).

Endemann, F., Einführung in das Studium des BGB, Bd. 1, 9. Aufl., Berlin 1903; zit. Endemann.

Enneccerus, Ludwig, Lehrbuch des Bürgerlichen Rechts, 13. Bearbeitung von Lehmann, Heinrich, Tübingen 1950—52; zit. Enn.-Lehmann.

Enneccerus-Nipperdey, Lehrbuch des Bürgerlichen Rechts, I. Bd., Allg. Teil 35.—39. Aufl., 1931; zit. Enneccerus-Nipperdey.

Ermann, Walter, Handkommentar zum Bürgerlichen Gesetzbuch, Münster 1953; zit. Ermann.

Esser, Heinz, Die Klage auf fortlaufende Geldzahlungen nach voraufgegangener einstweiliger Verfügung, in NJW 53, 1892; zit. Esser.

Flessa, Richard, Die Aliudlieferung, in MDR 55, 138.

Fröhners Lehrbuch der gerichtlichen Tierheilkunde, 9. Aufl. 1947, bearbeitet von Neumann und Dobberstein; zit. Fröhner.

Gallois, Hermann, Die wachsende Bedeutung der Verkehrssitte und ihre Einwirkung auf nachgiebiges Recht, in NJW 54, 293; zit. Gallois.

v. Gierke, Julius, Sachmängelhaftung und Irrtum beim Kauf, in ZHK 1951, Heft 2/3, S. 73.
Greulich, Heinrich, Anzahlungen bei Kauf- und Lieferverträgen, in GmbH-Rdsch. 1952, 26.
Haegele, Karl, Eigentumsvorbehalt, Sicherungsübereignung, Mannheim-Sandhofen 1951;
zit. Haegele.
Hamburger, Max, Treu und Glauben im Verkehr, Mannheim, Berlin, Leipzig 1930;
zit. Hamburger.
Hanke-Fröhner, Die Sonderrechte des Viehkaufs, Berlin 1910;
zit. Hanke.
Hellich-Störiko, Die deutsche Tierseuchengesetzgebung, 2. Aufl., neubearbeitet von R. K. Störiko, Berlin-Hamburg, 1953;
Herder, Der Neue Herder von A bis Z, Freiburg 1949;
zit. Herder.
Hillach, Alexander, Der Streitwert in Bürgerlichen Rechtsstreitigkeiten, Berlin 1938 und 1954;
zit. Hillach.
Hirsch-Nagel, Die Gewährleistung beim Viehhandel nach dem BGB, Stuttgart 1902;
zit. Hirsch-Nagel.
Holtkotten, Hans, Kommentierung zum Bonner Grundgesetz (Bonner Kommentar), Hamburg 1950ff.;
zit. Holtkotten.
Hueck, Goetz, Zum Problem der überholenden Kausalität, in JR 53, 404;
zit. G. Hueck.
Jellinek, Walter, Verwaltungsrecht, 3. Aufl., Offenburg 1948;
zit. Jellinek.
Kniesch, Joachim, Die Notwendigkeit der Einheit der Rechtspflege, in NJW 54, 1137.
Koehler, Walter, Allgemeine Verkaufsbedingungen, Mannheim, Berlin, Leipzig 1934;
zit. Koehler.
Krönig, Ernst, Die Beweislast bei vertraglichem und außervertraglichem Verschulden sowie bei positiver Vertragsverletzung, in MDR 53, 647.
Krückmann, P., Anfechtung, Wandelung und Schadenersatz beim Viehkauf, Neudamm 1904;
zit. Krückmann.
Larenz, Karl, Derogierende Kraft des Gerichtsgebrauchs?, in NJW 51, 497;
zit. Larenz.
Lehmann, Heinrich, Allgemeiner Teil des Bürgerlichen Gesetzbuches, 6. Aufl., Berlin 1949;
zit. Lehmann.
—, Mißbrauch der Geschäftsgrundlage, in JZ 52, 10.
Lerche, Peter, Ordentlicher Rechtsweg und Verwaltungsrechtsweg, in Prozeßrechtliche Abhandlungen, Heft 21, Berlin-Köln 1953.
Malkmus, Handbuch der gerichtlichen Tierheilkunde, 3. Aufl., Hannover 1921;
zit. Malkmus.
—, Revision der Hauptmängelliste, in Berliner tierärztl. Wochenschrift 11, 261ff. Nr. 17.
Meisner, Christian, Das Viehgewährschaftsrecht, 3. Aufl., München, Berlin und Leipzig 1927;
zit. Meisner.

Mugdan, Die gesamten Materialien zum Bürgerlichen Gesetzbuch für das Deutsche Reich, herausgegeben und bearbeitet von B. Mugdan (Berlin 1899); zit. Mugdan.
Müller, Hans Karl, Zur Beweislast bei der aufschiebenden Bedingung, in JZ 53, 727.
Niederländer, Hubert, Schadenersatz bei hypothetischen Schadensereignissen, in Arch. Civ. Pr. 153, 41; zit. Niederländer.
Oertmann, Paul, Kommentar zum BGB, Schuldverhältnisse, 5. Aufl., Berlin 1927–29; zit. Oertmann.
Palandt, Otto, Bürgerliches Gesetzbuch, Kurzkommentar, 10. Aufl., München und Berlin 1952; zit. Palandt.
Planck, Gottlieb, Kommentar zum Bürgerlichen Gesetzbuch nebst Einführungsgesetz, 4. und 5. Aufl., Berlin 1913–38; zit. Planck.
Prölß, Erich, Versicherungsvertragsgesetz, 5. Aufl., München 1948; zit. Prölß.
Raape, Sachmängelhaftung und Irrtum beim Kauf, in Arch. Civ. Pr., 150. Bd., Heft 6, S. 481.
Reinicke, D., Eheliches Güterrecht und Gleichberechtigung, in NJW 53, 681.
Reinicke, G. und D., Die Bedeutung des Wortlauts bei der Auslegung von Gesetzen nach der Rechtsprechung des Bundesgerichtshofs, in NJW 52, 1033.
Riehle, Joachim, Probleme des schiedsrichterlichen Verfahrens, in NJW 50, 853.
Rosenberg, Leo, Die Beweislast auf der Grundlage des Bürgerlichen Gesetzbuches und der Zivilprozeßordnung, 3. Aufl., München-Berlin 1953; zit. Rosenberg, Beweislast.
–, Lehrbuch des deutschen Zivilprozeßrechts, 6. Aufl., München und Berlin 1954; zit. Rosenberg, Lehrbuch.
Sauer, K. und Reuter, M., Die Gewährleistung bei Viehveräußerungen nach dem BGB, Berlin 1900; zit. Sauer-Reuter.
Scherer, M. und O., Das in Deutschland geltende Viehgewährschaftsrecht, Bd. I und II, 2. Aufl., Leipzig 1891; zit. Scherer, Viehgewährschaftsrecht.
Schmidt, Karl, Die Weitergeltung vorkonstitutioneller Rechtsetzungsermächtigungen, in NJW 1954, 249. zit. Schmidt.
Schneider, K., Rechtsregeln des Viehhandels nach deutschem Gesetze, München 1899; zit. Schneider.
Schönke, Adolf, Das Rechtsschutzbedürfnis, in Arch. Civ. Praxis, 150, 216.
–, Zivilprozeßrecht, 3. und 4. Aufl., Karlsruhe 1947; zit. Schönke.
Soergel, Theodor, Bürgerliches Gesetzbuch nebst Einführungsgesetz, 8. Aufl., Stuttgart und Köln 1952ff.; zit. Soergel.
v. Staudinger, Kommentar zum Bürgerlichen Gesetzbuch, 9. und 10. Aufl., München 1925–37.
–, J., Kommentar zum Bürgerlichen Gesetzbuch, 11. Aufl., 1954/55 9. Lief., Bd. II, 2. Teil, Lieferung 2: Einzelne Schuldverhältnisse §§ 481–534, erläutert von F. Ostler; zit. Staudinger-Ostler.

Stein-Jonas-Schönke, Kommentar zur Zivilprozeßordnung, 17. Aufl., Tübingen 1951;
zit. Stein-Jonas-Schönke.

Stölzle, Hans, Gerichtliche Entscheidungen des ersten Jahrzehnts des Bürgerlichen Gesetzbuches über den Viehkauf, Mainz 1910;
zit. Stölzle, Slg. I.

—, Gerichtliche Entscheidungen über den Viehkauf, Zweite Folge. Seit 1910 ergangene Entscheidungen, Stuttgart 1928;
zit. Stölzle, Slg. II.

—, Der gegenwärtige Stand der Trächtigkeitsfrage in rechtlicher Beziehung, Stuttgart 1929;
zit. Stölzle.

Stölzle-Graminger, Viehkauf, 7. Aufl., Berlin und Leipzig 1935;
zit. Stölzle-Graminger.

Strauß, Fritz, Nebenabreden und Nebenverträge, 2. Aufl., Halle/Saale, Leipzig, Berlin 1931;
zit. Strauß.

Warneyer, Otto, Das Bürgerliche Gesetzbuch für das Deutsche Reich, 11. Aufl., Detmold 1950;
zit. Warneyer.

Willenbücher, Das Kostenfestsetzungsverfahren und die Dt. Gebührenordnung für Rechtsanwälte nebst erg. landesrechtl. Vorschriften, 15. Aufl., Berlin u. München 1951;
zit. Willenbücher.

Wolff, Bernhard, Zur Zulässigkeit von gesetzändernden Rechtsverordnungen in JZ 54, 628.

ABKÜRZUNGEN

der Titel von Zeitschriften und Sammlungen

Arch. Civ. Pr.	=	Archiv für die Civilistische Praxis
Auerbach	=	Entscheidungen des Reichsgerichts in Zivilsachen, Sammlung der noch wichtigen Entscheidungen nach Fachgebieten geordnet, Berlin 1951 ff.
BB	=	Der Betriebsberater
Betrieb	=	Der Betrieb
BGBl.	=	Bundesgesetzblatt
BGHE	=	Entscheidungen des Bundesgerichtshofes in Zivilsachen
DJ	=	Deutsche Juristenzeitung
DÖV	=	Die Öffentliche Verwaltung
DR	=	Deutsches Recht
DRsp.	=	Deutsche Rechtsprechung
DRZ	=	Deutsche Rechts-Zeitschrift
Gruchot	=	Beiträge zur Erläuterung des Deutschen Rechts, begründet von Gruchot
GVBl.	=	Gesetz- und Verordnungsblatt
HEZ	=	Höchstrichterliche Entscheidungen, Sammlung von Entscheidungen der Oberlandesgerichte und der obersten Gerichte in Zivilsachen
HRR	=	Höchstrichterliche Rechtsprechung
JDR	=	Jahrbuch für Deutsches Recht
JMBl.	=	Justizministerialblatt
JR	=	Juristische Rundschau
JW	=	Juristische Wochenschrift
JZ	=	Juristenzeitung
MDR	=	Monatsschrift für Deutsches Recht
Nieders. Rpfl.	=	Niedersächsische Rechtspflege
NJ	=	Neue Justiz, herausgegeben vom Ministerium der Justiz der Deutschen Demokratischen Republik
NJW	=	Neue Juristische Wochenschrift
OGHZ	=	Entscheidungen des Obersten Gerichtshofes für die britische Zone in Zivilsachen
OLG	=	Rechtsprechung der Oberlandesgerichte (bzw. auch Oberlandesgericht)
Protokolle	=	Protokolle der Kommission für die zweite Lesung des Entwurfs des BGB
Recht	=	Das Recht, Rundschau für den Deutschen Juristenstand, Beilage: Deutschlands oberstrichterliche Rechtsprechung
RegBl.	=	Regierungsblatt

RG	=	Entscheidungen des Reichsgerichts in Zivilsachen, auch Reichsgericht
RGBl.	=	Reichsgesetzblatt
RGRKomm.	=	Kommentar der Reichsgerichtsräte
Rpfl.	=	Der Deutsche Rechtspfleger
SA	=	Seufferts Archiv für Entscheidungen oberster Gerichte (Seuff. A.)
SeuffBl.	=	Seufferts Blätter für Rechtsanwendung
SJZ	=	Süddeutsche Juristenzeitung
Warn.	=	Warneyer, Die Rechtsprechung des Reichsgerichts auf dem Gebiete des Zivilrechts
ZAK	=	Zeitschrift der Akademie für Deutsches Recht
ZHK	=	Zeitschrift für das gesamte Handelsrecht und Konkursrecht
Ziegler	=	Verwaltungsrechtsprechung Sammlung oberstrichterlicher Entscheidungen aus dem Verfassungs- und Verwaltungsrecht 1949ff.

SONSTIGE ABKÜRZUNGEN

(mit Ausnahme der allgemein gebräuchlichen)

a. A.	=	anderer Ansicht
a. E.	=	am Ende
AG, AGe.	=	Amtsgericht, Amtsgerichte
Bayer. ObLG	=	Bayerisches Oberstes Landesgericht, auch Entscheidungssammlung
Beitr.	=	Beiträge
BGB	=	Bürgerliches Gesetzbuch
BGH	=	Bundesgerichtshof
BVerf.G	=	Bundesverfassungsgericht
br. Z.	=	britische Zone
DDR	=	Deutsche Demokratische Republik
DfVO	=	Durchführungsverordnung
E I	=	Der von der ersten Kommission ausgearbeitete Entwurf eines Bürgerlichen Gesetzbuches
Einf.G	=	Einführungsgesetz
GBl.	=	Gesetzblatt
GG	=	Grundgesetz
GKG	=	Gerichtskostengesetz
GVG	=	Gerichtsverfassungsgesetz
HGB	=	Handelsgesetzbuch
KG	=	Kammergericht
LarbG	=	Landesarbeitsgericht
LG	=	Landgericht
Motive	=	Motive zu dem Entwurf eines Bürgerlichen Gesetzbuches für das Deutsche Reich, Berlin 1896
NRW	=	Nordrhein-Westfalen
ObLG	=	Oberstes Landesgericht
OGH	=	Oberster Gerichtshof und Sammlung der Rechtsprechung des OGH
OLG	=	Oberlandesgericht und Rechtsprechung der Oberlandesgerichte
RA	=	Rechtsanwalt
RAO	=	Rechtsanwaltsordnung
RFH	=	Reichsfinanzhof
RHPf.	=	Rheinland-Pfalz
RhW	=	Rheinland-Westfalen
Slg.	=	Sammlung
StGB	=	Strafgesetzbuch
stRspr.	=	ständige Rechtsprechung
Schl.Holst.	=	Schleswig-Holstein
UStG	=	Umsatzsteuergesetz
VSG	=	Viehseuchengesetz
VVG	=	Versicherungsvertragsgesetz
WüB	=	Württemberg-Baden
ZPO	=	Zivilprozeßordnung
ZVG	=	Gesetz über die Zwangsversteigerung und die Zwangsverwaltung

Erster Teil

Gesetzestexte

A. Die Bestimmungen des Bürgerlichen Gesetzbuches über Viehgewährschaft

(Ges. v. 18. 8. 1896 RGBl. S. 195)

§ 481. Für den Verkauf von Pferden, Eseln, Mauleseln und Maultieren, von Rindvieh, Schafen und Schweinen gelten die Vorschriften der §§ 459 bis 467, 469 bis 480 nur insoweit, als sich nicht aus den §§ 482 bis 492 ein anderes ergibt.

§ 482.

I. Der Verkäufer hat nur bestimmte Fehler (Hauptmängel) und diese nur dann zu vertreten, wenn sie sich innerhalb bestimmter Fristen (Gewährfristen) zeigen.

II. Die Hauptmängel und die Gewährfristen werden durch eine mit Zustimmung des Bundesrats zu erlassende Kaiserliche Verordnung bestimmt. Die Bestimmung kann auf demselben Wege ergänzt und abgeändert werden.

§ 483. Die Gewährfrist beginnt mit dem Ablaufe des Tages, an welchem die Gefahr auf den Käufer übergeht.

§ 484. Zeigt sich ein Hauptmangel innerhalb der Gewährfrist, so wird vermutet, daß der Mangel schon zu der Zeit vorhanden gewesen sei, zu welcher die Gefahr auf den Käufer übergegangen ist.

§ 485. Der Käufer verliert die ihm wegen des Mangels zustehenden Rechte, wenn er nicht spätestens zwei Tage nach dem Ablaufe der Gewährfrist oder, falls das Tier vor dem Ablaufe der Frist getötet worden oder sonst verendet ist, nach dem Tode des Tieres den Mangel dem Verkäufer anzeigt oder die Anzeige an ihn absendet oder wegen des Mangels Klage gegen den Verkäufer erhebt oder diesem den Streit verkündet oder gerichtliche Beweisaufnahme zur Sicherung des Beweises beantragt.

Der Rechtsverlust tritt nicht ein, wenn der Verkäufer den Mangel arglistig verschwiegen hat.

§ 486. Die Gewährfrist kann durch Vertrag verlängert oder abgekürzt werden. Die vereinbarte Frist tritt an die Stelle der gesetzlichen Frist.

§ 487.

I. Der Käufer kann nur Wandelung, nicht Minderung verlangen.

II. Die Wandelung kann auch in den Fällen der §§ 351 bis 353, insbesondere wenn das Tier geschlachtet ist, verlangt werden; an Stelle der Rückgewähr hat der Käufer den Wert des Tieres zu vergüten. Das gleiche gilt in anderen Fällen, in denen der Käufer infolge eines Umstandes, den er zu vertreten hat, insbesondere einer Verfügung über das Tier, außerstande ist, das Tier zurückzugewähren.

III. Ist vor der Vollziehung der Wandelung eine unwesentliche Verschlechterung des Tieres infolge eines von dem Käufer zu vertretenden Umstandes eingetreten, so hat der Käufer die Wertminderung zu vergüten.

IV. Nutzungen hat der Käufer nur insoweit zu ersetzen, als er sie gezogen hat.

§ 488. Der Verkäufer hat im Falle der Wandelung dem Käufer auch die Kosten der Fütterung und Pflege, die Kosten der tierärztlichen Untersuchung und Behandlung sowie die Kosten der notwendig gewordenen Tötung und Wegschaffung des Tieres zu ersetzen.

§ 489. Ist über den Anspruch auf Wandelung ein Rechtsstreit anhängig, so ist auf Antrag der einen oder der anderen Partei die öffentliche Versteigerung des Tieres und die Hinterlegung des Erlöses durch einstweilige Verfügung anzuordnen, sobald die Besichtigung des Tieres nicht mehr erforderlich ist.

§ 490.

I. Der Anspruch auf Wandelung sowie der Anspruch auf Schadensersatz wegen eines Hauptmangels, dessen Nichtvorhandensein der Verkäufer zugesichert hat, verjährt in sechs Wochen von dem Ende der Gewährfrist an. Im übrigen bleiben die Vorschriften des § 477 unberührt.

II. An die Stelle der in den §§ 210, 212, 215 bestimmten Fristen tritt eine Frist von sechs Wochen.

III. Der Käufer kann auch nach der Verjährung des Anspruchs auf Wandelung die Zahlung des Kaufpreises verweigern. Die Aufrechnung des Anspruchs auf Schadensersatz unterliegt nicht der im § 479 bestimmten Beschränkung.

§ 491. Der Käufer eines nur der Gattung nach bestimmten Tieres kann statt der Wandelung verlangen, daß ihm an Stelle des mangelhaften Tieres ein mangelfreies geliefert wird. Auf diesen Anspruch finden die Vorschriften der §§ 488 bis 490 entsprechende Anwendung.

§ 492. Übernimmt der Verkäufer die Gewährleistung wegen eines nicht zu den Hauptmängeln gehörenden Fehlers oder sichert er eine Eigenschaft des Tieres zu, so finden die Vorschriften der §§ 487 bis 491 und, wenn eine Gewährfrist vereinbart wird, auch die Vorschriften der §§ 483 bis 485 entsprechende Anwendung. Die im § 490 bestimmte Verjährung beginnt, wenn eine Gewährfrist nicht vereinbart wird, mit der Ablieferung des Tieres.

§ 493. Die Vorschriften über die Verpflichtung des Verkäufers zur Gewährleistung wegen Mängel der Sache finden auf andere Verträge, die auf Veräußerung oder Belastung einer Sache gegen Entgelt gerichtet sind, entsprechende Anwendung.

B. Kaiserliche Verordnung vom 27. März 1899

(RGBl 1899, S. 219f.)

§ 1. Für den Verkauf von Nutz- und Zuchttieren gelten als Hauptmängel:

I. bei Pferden, Eseln, Mauleseln und Maultieren:

1. Rotz (Wurm) mit einer Gewährfrist von . . . . 14 Tagen;
2. Dummkoller (Koller, Dummsein) mit einer Gewährfrist von. . . . . 14 Tagen;
   als Dummkoller ist anzusehen die allmählich oder infolge der akuten Gehirnwassersucht entstandene unheilbare Krankheit des Gehirns bei der das Bewußtsein des Pferdes herabgesetzt ist;
3. Dämpfigkeit (Dampf, Hartschlägigkeit, Bauchschlägigkeit) mit einer Gewährfrist von . . . . 14 Tagen;
   als Dämpfigkeit ist anzusehen die Atembeschwerde, die durch einen chronischen, unheilbaren Krankheitszustand der Lungen oder des Herzens bewirkt wird;
4. Kehlkopfpfeifen (Pfeiferdampf, Hartschnaufigkeit, Rohren) mit einer Gewährfrist von . . . . 14 Tagen;
   als Kehlkopfpfeifen ist anzusehen die durch einen chronischen und unheilbaren Krankheitszustand des Kehlkopfs oder der Luftröhre verursachte und durch ein hörbares Geräusch gekennzeichnete Atemstörung;

5. periodische Augenentzündung (innere Augenentzündung, Mondblindheit) mit einer Gewährfrist von . 14 Tagen; als periodische Augenentzündung ist anzusehen die auf inneren Einwirkungen beruhende entzündliche Veränderung an den inneren Organen des Auges;
6. Koppen (Krippensetzen, Aufsetzen, Freikoppen, Luftschnappen, Windschnappen) mit einer Gewährfrist von 14 Tagen;

II. bei Rindvieh:
1. tuberkulöse Erkrankung, sofern infolge dieser Erkrankung eine allgemeine Beeinträchtigung des Nährzustandes des Tieres herbeigeführt ist, mit einer Gewährfrist von 14 Tagen;
2. Lungenseuche mit einer Gewährfrist von . . 28 Tagen;

III. bei Schafen:
Räude mit einer Gewährfrist von . . . . 14 Tagen;

IV. bei Schweinen:
1. Rotlauf mit einer Gewährfrist von . . . . . . 3 Tagen;
2. Schweineseuche (einschließlich Schweinepest) mit einer Gewährfrist von . . . . 10 Tagen;

§ 2. Für den Verkauf solcher Tiere, die alsbald geschlachtet werden sollen und bestimmt sind, als Nahrungsmittel für Menschen zu dienen (Schlachttiere), gelten als Hauptmängel:

I. bei Pferden, Eseln, Mauleseln und Maultieren: Rotz (Wurm) mit einer Gewährfrist von 14 Tagen;

II. bei Rindvieh:
tuberkulöse Erkrankung,
sofern infolge dieser Erkrankung mehr als die Hälfte des Schlachtgewichts nicht oder nur unter Beschränkungen als Nahrungsmittel für Menschen geeignet ist, mit einer Gewährfrist von 14 Tagen;

III. bei Schafen:
allgemeine Wassersucht mit einer Gewährfrist von 14 Tagen;
als allgemeine Wassersucht ist anzusehen der durch eine innere Erkrankung oder durch ungenügende Ernährung herbeigeführte wassersüchtige Zustand des Fleisches;

IV. bei Schweinen:
1. tuberkulöse Erkrankung
unter der in der Nr. II bezeichneten Voraussetzung mit einer Gewährfrist von 14 Tagen;
2. Trichinen mit einer Gewährfrist von . . . . 14 Tagen;
3. Finnen mit einer Gewährfrist von . . . . . . 14 Tagen.

C. Die Bestimmungen des Bürgerlichen Gesetzbuches im allgemeinen über Gewährleistung wegen Mängel der Sache

Die kursiv gedruckten Textteile sind für die Sonderbestimmungen des Viehgewährschaftsrechtes unanwendbar und durch besondere Bestimmungen ersetzt.

§ 459. Der Verkäufer einer Sache haftet dem Käufer dafür, daß sie zu der Zeit, zu welcher die Gefahr auf den Käufer übergeht, nicht mit Fehlern behaftet ist, *die den Wert oder die Tauglichkeit zu dem gewöhnlichen oder dem nach dem Vertrage vorausgesetzten Gebrauch aufheben oder mindern. Eine unerhebliche Minderung des Wertes oder der Tauglichkeit kommt nicht in Betracht.*

Der Verkäufer haftet auch dafür, daß die Sache zur Zeit des Überganges der Gefahr die zugesicherten Eigenschaften hat.

§ 460. Der Verkäufer hat einen Mangel der verkauften Sache nicht zu vertreten, wenn der Käufer den Mangel bei dem Abschlusse des Kaufes kennt. Ist dem Käufer ein Mangel der *im § 459 Abs. 1* bezeichneten Art infolge grober Fahrlässigkeit unbekannt geblieben, so haftet der Verkäufer, sofern er nicht die Abwesenheit des Fehlers zugesichert hat, nur, wenn er den Fehler arglistig verschwiegen hat.

§ 461. Der Verkäufer hat einen Mangel der verkauften Sache nicht zu vertreten, wenn die Sache auf Grund eines Pfandrechts in öffentlicher Versteigerung unter der Bezeichnung als Pfand verkauft wird.

§ 462. Wegen eines Mangels, den der Verkäufer nach den Vorschriften der §§ 459, 460 zu vertreten hat, kann der Käufer Rückgängigmachung des Kaufes (Wandelung) *oder Herabsetzung des Kaufpreises (Minderung)* verlangen.

§ 463. Fehlt der verkauften Sache zur Zeit des Kaufes eine zugesicherte Eigenschaft, so kann der Käufer statt der Wandelung *oder der Minderung* Schadenersatz wegen Nichterfüllung verlangen. Das gleiche gilt, wenn der Verkäufer einen Fehler arglistig verschwiegen hat.

§ 464. Nimmt der Käufer eine mangelhafte Sache an, obschon er den Mangel kennt, so stehen ihm die in den §§ 462, 463 bestimmten Ansprüche nur zu, wenn er sich seine Rechte wegen des Mangels bei der Annahme vorbehält.

§ 465. Die Wandelung *oder die Minderung* ist vollzogen, wenn sich der Verkäufer auf Verlangen des Käufers mit ihr einverstanden erklärt.

§ 466. Behauptet der Käufer dem Verkäufer gegenüber einen Mangel der Sache, so kann der Verkäufer ihn unter dem Erbieten zur Wandelung und unter Bestimmung einer angemessenen Frist zur Erklärung darüber auffordern, ob er Wandelung verlange. Die Wandelung kann in diesem Falle nur bis zum Ablaufe der Frist verlangt werden.

§ 467. Auf die Wandelung finden die für das vertragsmäßige Rücktrittsrecht geltenden Vorschriften der §§ 346 bis 348, 350 bis 354, 356 entsprechende Anwendung; *im Falle des § 352 ist jedoch die Wandelung nicht ausgeschlossen, wenn der Mangel sich erst bei der Umgestaltung der Sache gezeigt hat.* Der Verkäufer hat dem Käufer auch die Vertragskosten zu ersetzen.

§ 468. *Sichert der Verkäufer eines Grundstücks dem Käufer eine bestimmte Größe des Grundstücks zu, so haftet er für die Größe wie für eine zugesicherte Eigenschaft. Der Käufer kann jedoch wegen Mangels der zugesicherten Größe Wandelung nur verlangen, wenn der Mangel so erheblich ist, daß die Erfüllung des Vertrages für den Käufer kein Interesse hat.*

§ 469. Sind von mehreren verkauften Sachen nur einzelne mangelhaft, so kann nur in Ansehung dieser Wandelung verlangt werden, auch wenn ein Gesamtpreis für alle Sachen festgesetzt ist. Sind jedoch die Sachen als zusammengehörend verkauft, so kann jeder Teil verlangen, daß die Wandelung auf alle Sachen erstreckt wird, wenn die mangelhaften Sachen nicht ohne Nachteil für ihn von den übrigen getrennt werden können.

§ 470. Die Wandelung wegen eines Mangels der Hauptsache erstreckt sich auch auf die Nebensache. Ist die Nebensache mangelhaft, so kann nur in Ansehung dieser Wandelung verlangt werden.

§ 471. Findet im Falle des Verkaufs mehrerer Sachen für einen Gesamtpreis die Wandelung nur in Ansehung einzelner Sachen statt, so ist der Gesamtpreis in dem Verhältnisse herabzusetzen, in welchem zur Zeit des Verkaufs der Gesamtwert der Sachen in mangelfreiem Zustande zu dem Werte der von der Wandelung nicht betroffenen Sachen gestanden haben würde.

§ 472. *Bei der Minderung ist der Kaufpreis in dem Verhältnisse herabzusetzen, in welchem zur Zeit des Verkaufs der Wert der Sache in mangelfreiem Zustande zu dem wirklichen Werte gestanden haben würde.*

Findet im Falle des Verkaufs mehrerer Sachen für einen Gesamtpreis die Minderung nur wegen einzelner Sachen statt, so ist bei der Herabsetzung des Preises der Gesamtwert aller Sachen zugrunde zu legen.

§ 473. Sind neben dem in Geld festgesetzten Kaufpreise Leistungen bedungen, die nicht vertretbare Sachen zum Gegenstande haben, so sind diese Leistungen in den Fällen der §§ 471, 472 nach dem Werte zur Zeit des Verkaufs in Geld zu veranschlagen. Die Herabsetzung der Gegenleistung des Käufers erfolgt an dem in Geld festgesetzten Preise; ist dieser geringer als der abzusetzende Betrag, so hat der Verkäufer den überschießenden Betrag dem Käufer zu vergüten.

§ 474. *Sind auf der einen oder der anderen Seite mehrere beteiligt, so kann von jedem und gegen jeden Minderung verlangt werden.*

Mit der Vollziehung der von einem der Käufer verlangten Minderung ist die Wandelung ausgeschlossen.

§ 475. *Durch die wegen eines Mangels erfolgte Minderung wird das Recht des Käufers, wegen eines anderen Mangels Wandelung oder von neuem Minderung zu verlangen, nicht ausgeschlossen.*

§ 476. Eine Vereinbarung, durch welche die Verpflichtung des Verkäufers zur Gewährleistung wegen Mängel der Sache erlassen oder beschränkt wird ist nichtig, wenn der Verkäufer den Mangel arglistig verschweigt.

§ 477. Der Anspruch auf Wandelung oder auf *Minderung* sowie der Anspruch auf Schadenersatz wegen Mangels einer zugesicherten Eigenschaft verjährt, sofern nicht der Verkäufer den Mangel arglistig verschwiegen hat, bei beweglichen Sachen *in sechs Monaten von der Ablieferung, bei Grundstücken in einem Jahre von der Übergabe an.* Die Verjährungsfrist kann durch Vertrag verlängert werden.

Beantragt der Käufer gerichtliche Beweisaufnahme zur Sicherung des Beweises, so wird die Verjährung unterbrochen. Die Unterbrechung dauert bis zur Beendigung des Verfahrens fort. Die Vorschriften des § 211 Abs. 2 und des § 212 finden entsprechende Anwendung.

Die Hemmung oder Unterbrechung der Verjährung eines der im Abs. 1 bezeichneten Ansprüche bewirkt auch die Hemmung oder Unterbrechung der Verjährung der anderen Ansprüche.

§ 478. Hat der Käufer den Mangel dem Verkäufer angezeigt oder die Anzeige an ihn abgesendet, bevor der Anspruch auf Wandelung *oder auf Minderung* verjährt war, so kann er auch nach der Vollendung der Verjährung die Zahlung des Kaufpreises insoweit verweigern, als er auf Grund der Wandelung *oder der Minderung* dazu berechtigt sein würde. Das gleiche gilt, wenn der Käufer vor der Vollendung der Verjährung gerichtliche Beweisaufnahme zur Sicherung des Beweises beantragt oder in einem zwischen ihm und einem späteren Erwerber der Sache wegen des Mangels anhängigen Rechtsstreite dem Verkäufer den Streit verkündet hat.

Hat der Verkäufer den Mangel arglistig verschwiegen, so bedarf es der Anzeige oder einer ihr nach Abs. 1 gleichstehenden Handlung nicht.

§ 479. Der Anspruch auf Schadenersatz kann nach der Vollendung der Verjährung *nur* aufgerechnet werden, wenn der Käufer vorher eine der im § 478 bezeichneten Handlungen vorgenommen hat. Diese Beschränkung tritt nicht ein, wenn der Verkäufer den Mangel arglistig verschwiegen hat.

§ 480. Der Käufer einer nur der Gattung nach bestimmten Sache kann statt der Wandelung *oder der Minderung* verlangen, daß ihm an Stelle der mangelhaften Sache eine mangelfreie geliefert wird. Auf diesen Anspruch finden die für die Wandelung geltenden Vorschriften der

§§ 464 bis 466, des § 467 Satz 1 und der §§ 469, 470, 474 bis 479 entsprechende Anwendung.

Fehlt der Sache zu der Zeit, zu welcher die Gefahr auf den Käufer übergeht, eine zugesicherte Eigenschaft oder hat der Verkäufer einen Fehler arglistig verschwiegen, so kann der Käufer statt der Wandelung, der *Minderung* oder der Lieferung einer mangelfreien Sache Schadenersatz wegen Nichterfüllung verlangen.

D. Die Bestimmungen des Handelsgesetzbuches über Viehgewährschaft

§ 382. Die Vorschriften der §§ 481 bis 492 des Bürgerlichen Gesetzbuchs über die Gewährleistung bei Viehmängeln werden durch die Vorschriften dieses Abschnitts nicht berührt *(nämlich 3. Buch 2. Abschnitt des Handelsgesetzbuches über Handelskauf)*.

E. Die Bestimmungen des Gerichtsverfassungsgesetzes über Viehmängelstreitigkeiten

Sachliche Zuständigkeit in Zivilsachen

§ 23. Die Zuständigkeit der Amtsgerichte umfaßt in bürgerlichen Rechtsstreitigkeiten, soweit sie nicht ohne Rücksicht auf den Wert des Streitgegenstandes den Landgerichten zugewiesen sind: . . .

2. ohne Rücksicht auf den Wert des Streitgegenstandes: . . .

c) Streitigkeiten wegen Viehmängel.

F. Die wichtigsten einschlägigen Bestimmungen des Versicherungsvertragsgesetzes vom 30. 5. 1908 RGBl 263 samt späteren Änderungen

§ 67. Steht dem Versicherungsnehmer ein Anspruch auf Ersatz des Schadens gegen einen Dritten zu, so geht der Anspruch auf den Versicherer über, soweit dieser dem Versicherungsnehmer den Schaden ersetzt. Der Übergang kann nicht zum Nachteile des Versicherungsnehmers geltend gemacht werden. Gibt der Versicherungsnehmer seinen Anspruch gegen den Dritten oder ein zur Sicherung des Anspruchs dienendes Recht auf, so wird der Versicherer von seiner Ersatzpflicht insoweit frei, als er aus dem Anspruch oder dem Rechte hätte Ersatz verlangen können.

Richtet sich der Ersatzanspruch des Versicherungsnehmers gegen einen mit ihm in häuslicher Gemeinschaft lebenden Familienangehörigen, so ist der Übergang ausgeschlossen; der Anspruch geht jedoch über, wenn der Angehörige den Schaden vorsätzlich verursacht hat.

Der Anspruch auf „Ersatz des Schadens", wie er in dieser Gesetzesstelle angeführt ist, ist im weitesten Sinne zu verstehen und fällt daher auch der Anspruch aus Wandelung, Gewährleistung, Garantieversprechen und Enteignungsentschädigung darunter.

Ein Enteignungsfall liegt nach OLG Stuttgart U. v. 24. 2. 54 in NJW 54, 759 auch dann vor, wenn Tiere, die an Maul- und Klauenseuche erkrankt sind, auf Grund der Bestimmung des Viehseuchengesetzes getötet werden. (Ein solcher Stritt über die Höhe der dem Eigentümer zu gewährenden Entschädigung gehört vor die ordentlichen Gerichte). Damit ist also festgelegt, daß, entgegen vielfacher Auffassung im Schrifttum, wonach polizeiliche Eingriffe keine Enteignung seien, jedenfalls eine Tötung von Tieren auf Grund des Viehseuchengesetzes als Enteignung im Sinne des Artikels 14 Abs. 3 Satz 4 GG anzusehen ist.

§ 116. Bei der Tierversicherung haftet der Versicherer für den Schaden, der durch den Tod (Verenden, Nottötung) des versicherten Tieres entsteht. Wird der Tod durch eine Krankheit oder einen Unfall herbeigeführt, so gilt als Betrag des Schadens der Wert, den das Tier unmittelbar vor Eintritt der Erkrankung oder des Unfalls gehabt hat.

Die Versicherung kann auch für den Schaden genommen werden, der durch eine Krankheit oder einen Unfall entsteht, ohne daß der Tod des Tieres eintritt.

§ 117. Die Versicherung umfaßt nicht:

1. den infolge einer Seuche oder Krankheit entstehenden Schaden, soweit dem Versicherungsnehmer nach gesetzlicher Vorschrift ein Anspruch auf eine Entschädigung aus öffentlichen Mitteln zusteht oder zustehen würde, wenn der Anspruch nicht durch eine Zuwiderhandlung gegen seuchenpolizeiliche Vorschriften verwirkt worden wäre;
2. den Schaden, welcher durch Maßregeln verursacht wird, die im Kriege oder nach der Erklärung des Kriegszustandes von einem militärischen Befehlshaber angeordnet worden sind.

§ 118. Steht dem Versicherungsnehmer ein Anspruch auf Gewährleistung wegen eines Mangels des versicherten Tieres gegen einen Dritten zu, so geht der Anspruch auf den Versicherer über, soweit dieser dem Versicherungsnehmer den Schaden ersetzt. Der Übergang kann nicht zum Nachteile des Versicherungsnehmers geltend gemacht werden. Geht ein Anspruch auf Gewährleistung durch Verschulden des Versicherungsnehmers verloren, oder gibt dieser den Anspruch auf, so wird der Versicherer von seiner Ersatzpflicht insoweit frei, als er aus dem Anspruch Ersatz hätte erlangen können.

§ 119. Der Versicherer haftet nach dem Eintritt eines Versicherungsfalls für den durch einen späteren Versicherungsfall verursachten Schaden nur bis zur Höhe des Restbetrags der Versicherungssumme. Für die künftigen Versicherungsperioden gebührt ihm nur ein verhältnismäßiger Teil der Prämie.

§ 120. Der Versicherer ist befugt, jederzeit auf seine Kosten eine Besichtigung und Untersuchung der versicherten Tiere vorzunehmen.

§ 121. Außer dem Tode ist auch jede erhebliche Erkrankung sowie jeder erhebliche Unfall eines versicherten Tieres dem Versicherer unverzüglich anzuzeigen. Auf die Anzeige der Erkrankung oder des Unfalls finden, auch wenn die Versicherung nur gegen den Schaden genommen ist, der durch den Tod des Tieres entsteht, die für die Anzeige des Versicherungsfalls geltenden Vorschriften entsprechende Anwendung.

§ 122. Erkrankt das versicherte Tier oder erleidet es einen Unfall, so hat der Versicherungsnehmer, sofern nicht die Erkrankung oder der Unfall unerheblich ist, unverzüglich einen Tierarzt oder, wenn dies untunlich ist, einen Sachkundigen zuzuziehen.

§ 123. Die Kosten der Fütterung und der Pflege sowie die Kosten der tierärztlichen Untersuchung und Behandlung gehören nicht zu den nach § 63 von dem Versicherer zu erstattenden Aufwendungen.

Die Kosten der ersten tierärztlichen Untersuchung bei Erkrankung eines versicherten Tieres haben der Versicherungsnehmer und der Versicherer zu gleichen Teilen zu tragen.

§ 124. Die Verzinsung der Entschädigungsforderung des Versicherungsnehmers bestimmt sich nach § 94.

§ 125. Hat der Versicherungsnehmer vorsätzlich oder aus grober Fahrlässigkeit das Tier schwer mißhandelt oder schwer vernachlässigt, so ist der Versicherer von der Verpflichtung zur Leistung frei, es sei denn, daß der Schaden nicht durch die Mißhandlung oder die Vernachlässigung entstanden ist. Als schwere Vernachlässigung gilt es insbesondere, wenn bei einer Erkrankung oder einem Unfalle die Zuziehung eines Tierarztes oder eines Sachkundigen der Vorschrift des § 122 zuwider unterlassen worden ist.

§ 126. Der Versicherungsnehmer darf eine Nottötung nur mit Einwilligung des Versicherers vornehmen, es sei denn, daß die Erklärung des Versicherers nicht abgewartet werden kann. Ist durch das Gutachten des Tierarztes oder, falls die Zuziehung eines Tierarztes untunlich ist, zweier Sachkundigen vor der Tötung festgestellt, daß die Tötung notwendig ist und die Erklärung des Versicherers nicht abgewartet werden kann, so muß der Versicherer die Feststellung gegen sich gelten lassen.

Ist der Vorschrift des Abs. 1 Satz 1 zuwider eine Nottötung erfolgt, so ist der Versicherer von der Verpflichtung zur Leistung frei.

§ 127. Endigt das Versicherungsverhältnis, nachdem das versicherte Tier erkrankt ist oder einen Unfall erlitten hat, so hat die Beendigung auf die Haftung des Versicherers keinen Einfluß, wenn die Erkrankung oder der Unfall den Tod binnen zwei Wochen nach der Beendigung herbeiführt.

Zweiter Teil

Kommentar

A. Materiellrechtlicher Teil

Allgemeines

Übersicht:

1. Vorbemerkung: Rechtsgeschichtliches zum Viehgewährschaftsrecht

2. Vorbemerkung: Grundgedanken der Sonderbestimmungen der §§ 481 bis 492 über Viehgewährschaftsrecht

3. Vorbemerkung: Gesetzliche und vertragliche Haftung und Allgemeines

1. Vorbemerkung: Rechtsgeschichtliches zum Viehgewährschaftsrecht

Viehgewährschaft ist die Gewährleistung für Mängel des Tieres.

Das Viehgewährschaftsrecht war in Deutschland bis zur Vereinheitlichung durch das BGB, welche am 1. 1. 1900 erfolgte, sehr zersplittert.

Die einzelnen Landrechte wichen selbst in den Grundprinzipien des Viehgewährschaftsrechtes voneinander ab, teilweise sogar innerhalb der Länder selbst.

Nur in einzelnen Ländern — z. B. in Bayern (durch das Gesetz vom 26. 3. 1859: „Die Gewährleistung bei Viehveräußerungen betreffend") — war wenigstens innerhalb des Landes selbst einheitliches Viehgewährschaftsrecht geschaffen worden.

Die Mannigfaltigkeit des Rechtes ergab sich daraus, daß teils noch das römisch-rechtliche System galt, teils das deutsch-rechtliche System.

Nach dem römisch-rechtlichen System galten für den Handel mit Haustieren die gleichen Bestimmungen wie für den Kaufvertrag über andere Sachen.

Die alt-römische „aedilitische Klage" ging davon aus, daß der Käufer einer Sache, die er gegen Geld übergeben erhält, erwarten könne, daß diese Sache die Eigenschaften habe, welche für den gewöhnlichen Gebrauch dieser Sache regelmäßig notwendig sind.

Vorbem.

Der Verkäufer haftete für alle verborgenen Mängel, die zu der Zeit welche für die Haftung entscheidend war, vorhanden waren.

Der Käufer konnte entweder Wandelung, d. h. Rückgängigmachung des Kaufes oder Minderung, d. h. Herabsetzung des Kaufpreises, verlangen.

Nach dem deutsch-rechtlichen System dagegen haftete der Verkäufer nur für gewisse, gesetzlich bestimmte Mängel und auch für diese im allgemeinen nur dann, wenn sie sich innerhalb einer gesetzlich bestimmten Frist zeigten; in diesem Falle wurde dann bis zum Beweise des Gegenteils angenommen, daß die Mängel schon zum entscheidenden Zeitpunkt vorhanden gewesen waren.

Dem Käufer stand regelmäßig nur die Wandelungsklage zu.

Bei der Vereinheitlichung des Viehgewährschaftsrechtes, wie sie durch das BGB geschaffen wurde, entschied sich der Gesetzgeber für das deutsch-rechtliche System und zwar „mit Rücksicht auf die praktischen Bedürfnisse und Forderung des Viehhandels gegenüber der strengen Rechtskonsequenz" (*Mugdan* II. Band Seite 138).

2. Vorbemerkung: Grundgedanken der Sonderbestimmungen der §§ 481 bis 492 über Viehgewährschaftsrecht

Nach den allgemeinen Vorschriften über die Gewährleistung wegen Mängel der Sache, §§ 459 bis 480, angeführt im ersten Teil C Seite 5ff., welche Vorschriften sich historisch „beim Kauf" herausgebildet haben und dort auch im BGB angeführt sind, hat der Verkäufer gesetzlich jeden verborgenen nicht unerheblichen Fehler zu vertreten, mit welchem die Sache im Zeitpunkte des Gefahrüberganges behaftet ist. Der Käufer hat die Wahl zwischen Wandelung oder Minderung, muß aber in jedem Fall das Vorhandensein des Fehlers zum entscheidenden Zeitpunkt beweisen.

Die Anwendung dieser allgemeinen Vorschriften über die Gewährleistung würde beim Viehkauf zu einer Rechtsunsicherheit führen, welche mit den Interessen des Viehhandels und der Viehzucht nicht verträglich wäre und Anlaß zu zahlreichen Prozessen gäbe, weil bei lebenden Organismen die Feststellung, wann der Fehler entstanden ist, besonders schwierig ist (*Mugdan*, Protokolle Seite 686ff., ähnlich *Planck* Allg. vor § 482).

Daher wurde diese Sonderregelung und auch nur für bestimmte für die Landwirtschaft und den Viehhandel besonders wichtige Tiergattungen (sog. Gewährvieh) geschaffen und nur für bestimmte Fehler (sog. Hauptmängel), welche sich in bestimmten kurzen Fristen (sog. Gewährfristen) zeigen.

Dafür aber tritt bei diesen Fehlern eine gesetzliche Vermutung ein, wann sie schon vorhanden waren.

Andererseits kann der Käufer nur Wandelung verlangen (nicht auch Minderung).

Der auf Wandelung und evtl. statt Wandelung auf Schadenersatz gerichtete Anspruch unterliegt einer kurzen Verjährung.

Alle Sonderbestimmungen des Viehgewährschaftsrechtes können durch Vereinbarung der Parteien, also im Wege des Vertrages, in einer vom Gesetz abweichenden Weise geregelt werden. Es kann also insbesondere die Haftung des Verkäufers vertraglich verschärft, gemildert, aber auch ganz ausgeschlossen werden. Die Bestimmungen des Viehgewährschaftsrechts stellen also kein zwingendes Recht dar (RG 123, 212).

Eine Ausnahme davon schafft nur § 476, welcher bestimmt, daß bei arglistigem Verschweigen des Mangels durch den Verkäufer eine vertragliche Vereinbarung über den Ausschluß der Gewährleistung nichtig ist. Wenn also in einem solchen Falle — arglistige Verschweigung des Mangels durch den Verkäufer — die Vertragsparteien auch vereinbart hätten, daß die Verpflichtung des Verkäufers zur Gewährleistung wegen Mängel der Sache erlassen oder beschränkt wird, bleibt es, trotz der Vereinbarung, bei der Haftung des Verkäufers (RG 83, 242).

3. Vorbemerkung: Gesetzliche und vertragliche Haftung und Allgemeines

Der Inhalt der §§ 482 bis 491 betrifft im wesentlichen die gesetzliche Haftung; der Inhalt des § 492 die vertragliche Haftung. Der Inhalt des § 493, der sich auf die gesamten Gewährleistungsbestimmungen bezieht, also auf die allgemeinen Gewährleistungsbestimmungen und die Sonderbestimmungen des Viehgewährschaftsrechts, betrifft insofern die gesetzliche und vertragliche Haftung.

Unter Sachmängel sind nur physische, dem Tiere selbst innewohnende Mängel zu verstehen, dagegen nicht solche, die sich erst bei Heranziehung wesentlicher, außerhalb des Tieres selbst liegender Verhältnisse ergeben (KG Beschl. v. 10. 7. 53, DRsp. I (130) 36a, ausführlicher in JR 54, 60 und analog *Staudinger*, BGB § 459 Anm. 25).

Mitwirkendes Verschulden nach § 254 ist bei Gewährleistungsansprüchen eines Käufers nicht zu berücksichtigen. (OLG Düsseldorf U. v. 24. 7. 52 in DRsp. I (123) 34f. und OLG Hamburg U. v. 9. 3. 54 in MDR 54, 298).

Die Bestimmungen des Viehgewährschaftsrechts sind abdingbar (RG 123, 212; Ausnahme § 476).

§ 481

Für den Verkauf von Pferden, Eseln, Mauleseln und Maultieren, von Rindvieh, Schafen und Schweinen gelten die Vorschriften der §§ 459 bis 467, 469 bis 480 nur insoweit, als sich nicht aus den §§ 482 bis 492 ein anderes ergibt.

Übersicht:

Vorbemerkung: Inhalt des § 481

Anm. 1. Verkauf von „Gewährvieh" und Verträge, welche dem Verkauf gleichgestellt werden
Anm. 2. Anwendung der allgemeinen Bestimmungen des BGB, insbesondere über Kaufvertrag, Vertragsauslegung und Vorvertrag
Anm. 3. Kaufvertrag
Anm. 4. Pflichten des Verkäufers und des Käufers
Anm. 5. Stundung des Kaufpreises
Anm. 6. Übersicht über die wichtigsten Bestimmungen des BGB, die hier zur Anwendung kommen
Anm. 7. Anfechtung des Kaufvertrages wegen arglistiger Täuschung oder widerrechtlicher Drohung oder wegen Irrtums
Anm. 8. Arglistige Täuschung durch Vertreter
Anm. 9. Die Anfechtungserklärung und Verjährung
Anm. 10. Wirkung der Anfechtung
Anm. 11. Verzicht auf Anfechtung
Anm. 12. Der Bürge bei Anfechtungseinrede
Anm. 13. Anfechtung wegen Irrtums
Anm. 14. Beweislast
Anm. 15. Ansprüche aus unerlaubter Handlung (§§ 823, 826)
Anm. 16. Vorsätzliche oder fahrlässige Verletzung von Eigentum oder sonstigen Rechten (§ 823/I)
Anm. 17. Verstoß gegen ein Schutzgesetz (§ 823/II)
Anm. 18. Verstoß gegen die guten Sitten (§ 826)
Anm. 19. Umfang des Schadenersatzes
Anm. 20. Schadensberechnung
Anm. 21. Beiderseits unerlaubte Handlungen
Anm. 22. Ursächlicher Zusammenhang
Anm. 23. Zusammenwirken von Schadensereignissen
Anm. 24. Überholende Kausalität
Anm. 25. Verhältnis der Ansprüche wegen unerlaubter Handlung zu Anfechtungs- und Vertragsansprüchen
Anm. 26. Verjährung und Verwirkung der Ansprüche
Anm. 27. Die Beweislast
Anm. 28. Ansprüche wegen Verschuldens bei Eingehung des Vertrages (Vertragsabschluß)
Anm. 29. Umfang des Schadensersatzes
Anm. 30. Beweislast
Anm. 31. Ansprüche wegen Verschuldens bei Erfüllung des Vertrages
Anm. 32. Vorsätzliche und fahrlässige Vertragsverleztung
Anm. 33. Unterschied zwischen dem Schadenersatzanspruch nach den allgemeinen Bestimmungen des BGB bei Nichterfüllung des Vertrages und dem Schadenersatzanspruch nach § 463 (wegen Gewährleistung)
Anm. 34. Verjährung und Ausschlußvereinbarung hinsichtlich dieser Ansprüche
Anm. 35. Verhältnis der Vorschriften der §§ 320ff. zu den Gewährleistungsansprüchen
Anm. 36. Ansprüche wegen Unmöglichkeit der Leistung
Anm. 37. Anfängliche Unmöglichkeit der Leistung
Anm. 38 (a, b, c). Nachfolgende Unmöglichkeit der Leistung
Anm. zu 38a. Nachfolgende Unmöglichkeit der Leistung, weder vom Käufer noch vom Verkäufer zu vertreten

Anm. zu 38b. Nachfolgende Unmöglichkeit der Leistung, vom Käufer zu vertreten
Anm. zu 38c. Nachfolgende Unmöglichkeit der Leistung, vom Verkäufer zu vertreten
Anm. 39. Verjährung dieser Ansprüche
Anm. 40. Verhältnis der Sondervorschriften der §§ 481 ff. zu den allgemeinen Gewährschaftsbestimmungen der §§ 459 bis 481 (angeführt als Gesetzestext S. 5 ff.)
Anm. 41. Verhältnis der Sondervorschriften der §§ 481 ff. zu den Vorschriften des HGB
Anm. 42. Verhältnis der Sondervorschriften der §§ 481 ff. zum Handelsbrauch und zu den Marktregeln
Anm. 43. Tierarten des § 481
Anm. 44. Verkauf eines Grundstückes mit Viehinventar

Vorbemerkung: Inhalt des § 481

§ 481 enthält die Bestimmung der Tierarten, für welche die besonderen Viehgewährschaftsbestimmungen (§§ 482 bis 492) Anwendung finden und die Festsetzung des Verhältnisses dieser Sondervorschriften über Viehgewährschaft zu den allgemeinen Gewährleistungsvorschriftenfür Sachmängel des BGB (§§ 459 bis 467, 469 bis 480).

Anm. 1. Verkauf von „Gewährvieh" und Verträge, welche dem Verkauf gleichgestellt werden

§ 481 spricht zwar nur vom Verkauf von Pferden usw. Die Sonderbestimmungen über Viehgewährschaft finden aber nicht nur bei dem Verkauf der angeführten Tierarten statt, sondern auch bei anderen Verträgen, die auf Veräußerung oder Belastung gegen Entgelt gerichtet sind (§ 493 und die dortigen Anm. S. 182 ff.).

Allerdings können diese Bestimmungen immer nur eine „entsprechende" Anwendung finden, weil eben die Bestimmungen über die Viehgewährschaft nur dem „Kaufgeschäft" angepaßt sind.

Anm. 2. Anwendung der allgemeinen Bestimmungen des BGB, insbesondere über Kaufvertrag, Vertragsauslegung und Vorvertrag

Soweit § 481 von einem Verkauf von Gewährvieh spricht, gelten somit auch die allgemeinen Vorschriften über Vertrag, Kaufvertrag und Auslegung von Willenserklärungen überhaupt (§§ 133 ff. und 433 ff.), insofern nicht die Sonderbestimmungen über das Viehgewährschaftsrecht (§§ 481 ff.) und die allgemeinen Bestimmungen über Gewährschaft (§§ 459 bis 481) abweichende Bestimmungen enthalten.

Nach BGH U. v. 22. 4. 53 in DRsp. I (113) Bl. 67g = NJW 53, 937 = MDR 53, 411 hat eine ergänzende Vertragsauslegung unter Anwendung des § 157 unter Berücksichtigung des anzunehmenden Willens der Vertragsparteien zu erfolgen, jedoch sei die Abänderung eines Vertrages durch richterliche Gestaltung unzulässig. Ähnlich BGH U. v. 18. 12. 54 in NJW 55, 337.

Nach BGH U. v. 14. 7. 53 in DRsp. I (120) Bl. 39b, ausführlicher in Betrieb 53, 821, ist der Einwand der unzulässigen Rechtsausübung unter Anwendung des § 242 nicht nur gegenüber Leistungs-, sondern auch Feststellungsbegehren zulässig.

Nach BGH Beschl. v. 14. 7. 53 in MDR 54, 27 ist die Folge des Wegfalls der Geschäftsgrundlage nach § 242 in erster Linie nicht die Auflösung des Vertrages, sondern seine Aufrechterhaltung unter Anpassung an die veränderte Sachlage.

Nach BGH U. v. 7. 10. 53 in DRsp. I (113) Bl. 73, ausführlicher in BB 53, 958, erfolgt ein Zustandekommen über einen Vorvertrag auch bei fehlender Einigung über einzelne Nebenpunkte des Hauptvertrages.

Der Vorvertrag wird dort begrifflich als ein Vertrag bestimmt, der einem der beiden Vertragsschließenden das Recht gibt, vom Vertragsgegner den Abschluß eines bestimmten weiteren Vertrages, des sog. Hauptvertrages, zu verlangen. (Näheres über Vorvertrag siehe *Palandt*, Einf. vor § 145 Anm. 4.)

Da die Sonderbestimmungen erst vom Zeitpunkte des Gefahrüberganges an Anwendung finden, weil der Anspruch auf eine bei Gefahrübergang mangelfreie Sache gerichtet ist, was sich vorher in der Regel nicht feststellen läßt (so auch *Palandt* Vorbem. vor § 459 Anm. 1), und nicht, weil der Gewährleistungsanspruch erst dann entsteht (unrichtig *Meisner* S. 42 u. 83), sind vor diesem Gefahrübergang auch auf Viehkäufe die allgemeinen Bestimmungen des BGB anzuwenden. Nach dem Gefahrübergang sind diese allgemeinen Bestimmungen des BGB nur insoweit anzuwenden, als sie den Sonderbestimmungen der §§ 481ff. nicht widersprechen (über Gefahrübergang Anm. 4 bei § 483, S. 81, ebenso *Soergel* zu § 483; OLG Kiel 22, 234).

Nach OLG Hamburg U. v. 28. 5. 48 in HEZ 1. Bd., 5. Lief., S. 271 = DRsp. I (130) Bl. 12f. unter Verweis auf *Staudinger-Ostler*, 10. Aufl., § 459 Anm. 5, 6 werden von der Feststellung, daß zur Geltendmachung der Gewährleistungsansprüche die vollzogene Übergabe notwendig ist, zwei Ausnahmefälle anerkannt, in denen also diese Gewährleistungsansprüche auch schon vor vollzogener Übergabe geltend gemacht werden können:

1. Der Verkäufer ist weder bereit noch imstande, die an sich zu beseitigenden Mängel bis zur Übergabe zu beseitigen (RG in JW 1912, 461; *Warn* 1911, 358).
2. Beim Spezies- wie beim Gattungskauf zugesicherte Eigenschaften fehlen, die beim Vertragsschluß als vorhanden vereinbart, aber nicht vorhanden waren und auch nicht mehr beschafft werden können (JW 1912, 221).

Der Käufer hat jedoch die Möglichkeit dem Gefahrübergang zuvorzukommen, indem er von vornherein die angebotene mangelhafte Sache zurückweist, weil eben vor dem Gefahrübergang noch alle allgemeinen Vorschriften ohne Einschränkung anwendbar sind (RG 53, 70; 52, 355 und 96, 156).

Aus demselben Grunde kommen auch vor dem Gefahrübergang bei ursprünglicher Unmöglichkeit die Bestimmungen der §§ 306ff. zur Anwendung, bei nachträglicher Unmöglichkeit der Leistung die Bestimmungen der §§ 275, 320 bis 326. Nach RG *Gruchot* 53, 939 ist auch eine Anfechtung wegen Irrtums (§ 119) zu diesem Zeitpunkte noch uneingeschränkt zugelassen.

Anm. 3. Kaufvertrag

„Kauf ist ein auf den Umsatz eines wirtschaftlichen Gutes gegen Geld gerichteter gegenseitiger Vertrag" (OGHZ 3, 25); er ist ein reines Verpflichtungsgeschäft, auch beim Handkauf, und bewirkt daher als solcher keine unmittelbare Rechtsänderung. Erforderlich ist Einigung der Beteiligten über die Art der Bestimmung von Gegenstand und Preis (*Böhle-Stammschräder*).

Nach OLG Bremen U. v. 2. 10. 51 in DRsp. I (113) 57f. hindert im Zweifel die fehlende Einigung über die Zahlungsweise das Zustandekommen des Kaufvertrages.

Der Käufer hat regelmäßig den Kaufpreis bar zu bezahlen und zwar Zug um Zug (§ 322). Nur beim Versendungskauf muß der Käufer nach Verkehrssitte Gelegenheit zur Prüfung der Kaufsache haben, bevor er zu zahlen hat, daher ist auch eine nicht vereinbarte Nachnahme des Kaufpreises unzulässig (RG JW 25, 606). „Kauf freibleibend" bedeutet für beide Vertragsteile die Rücktrittsmöglichkeit.

Nach *Stölzle*, Slg. II, S. 43, OLG Hamm, bedeutet die Vereinbarung zwischen den Vertragsteilen, daß das Tier bis zu einem gewissen Zeitpunkte abgeholt sein müsse, „sonst ist der Kauf für nichts", eine Verwirkungsabrede, also einen unter einer auflösenden Bedingung geschlossenen Verkauf.

Nach *Stölzle*, Slg. II, S. 43, OLG Stuttgart, ist ein bindendes Kaufangebot Voraussetzung dafür, daß ein Viehkauf als abgeschlossen gilt (§ 145). Liegt kein solches Angebot vor, könnte ein solches auch nicht angenommen werden. In dem besonderen Fall war in den Worten des Käufers, „er gebe keinen Pfennig mehr als 800,– DM", nur ein Urteil über den sachgemäßen Wert des streitigen Pferdes, nicht aber darin die Stellung eines bindenden Angebots, das auf der Gegenseite nur noch hätte angenommen werden sollen, festgestellt worden.

Die Preisklausel „Brutto für Netto" bedeutet, daß der Kaufpreis nach dem Gewicht der Ware zuzüglich Verfrachtung berechnet wird.

In der Klausel „Zwischenverkauf vorbehalten" liegt der Vorbehalt des Verkäufers, über das Tier, das er bereits bei sich oder an der Hand haben muß, bis zum Eintreffen der Bestellung des Käufers auch anderweitig verfügen zu können (KG JR 1925 Nr. 261).

Nach RG 69, 126 bedeutet „netto Kasse gegen Faktura": Der Käufer ist zur Vorleistung nach Eingang der Faktura verpflichtet und der Verkäufer kann mit der Absendung der Ware bis zum Eingang des Kaufgeldes warten. Ebenso bedeutet nach BGH U. v. 15. 6. 54 in NJW

54, 1561 die Klausel „netto Kasse gegen Rechnung und Verladepapiere" einen Aufrechnungsverzicht, der grundsätzlich durch ergänzende Vertragsauslegung nicht beseitigt werden kann.

Siehe im übrigen hinsichtlich Auslegung von Rechtsgeschäften insbesondere beim Verkauf: *Erich Danz*, „Die Auslegung der Rechtsgeschäfte", *Walter Köhler*, „Allgemeine Verkaufsbedingungen", ferner *Max Hamburger*, „Treu und Glauben im Verkehr".

Anm. 4. Pflichten des Verkäufers und des Käufers

Nach den allgemeinen Bestimmungen des BGB ist auch beim Viehkauf der Verkäufer des Tieres verpflichtet, dem Käufer das Tier zu übergeben und dem Käufer das Eigentum daran frei von Rechten zu verschaffen, die von Dritten gegen den Käufer geltend gemacht werden können. Diese beiden Verpflichtungen (Übergabe und Eigentumsverschaffung) bestehen selbständig nebeneinander und solange eine von beiden Verpflichtungen nicht erfüllt ist, ist der Kaufvertrag selbst nicht vollständig erfüllt.

Unmöglichkeit und Verzug mit einer Verpflichtung bedeutet Unmöglichkeit und Verzug der Erfüllung des ganzen Vertrages (*Palandt* Anm. 2a zu § 433).

Die Verpflichtung zur Übergabe und Eigentumsverschaffung bezieht sich gemäß § 314 auch auf das Zubehör, also z. B. das Geschirr, die Zäunung, die Kette.

Der Käufer ist verpflichtet, dem Verkäufer den vereinbarten Kaufpreis zu bezahlen und die gekaufte Sache abzunehmen. Beide Verpflichtungen bestehen selbständig nebeneinander und sind beide klagbar.

Anm. 5. Stundung des Kaufpreises

Wenn dem Käufer der Kaufpreis gestundet wird, ist der Käufer — mangels besonderer Abrede — nicht verpflichtet, den Kaufpreis zu verzinsen (§ 452).

Eine stillschweigende Stundung liegt z. B. in der Annahme eines Wechselakzeptes über den Kaufpreis (SA 63, 391 bei *Achilles-Greiff* zu § 452).

Bei Nichtstundung ist der Kaufpreis von dem Zeitpunkte an zu verzinsen, von welchem an die Nutzungen des gekauften Gegenstandes dem Käufer gebühren.

Nach *Greulich*, Nürnberg: „Anzahlungen bei Kauf- und Lieferverträgen", Aufsatz in GmbH-Rdsch. 1952 Nr. 2, S. 26 = DRsp. I (130) Bl. 24b sind Anzahlungen auf Käufe Erfüllungshandlungen, nicht etwa Darlehensgeschäfte. Ebensowenig sei die Stundung des Restpreises als Darlehen anzusehen. Das sei auch der Grund, weshalb der gestundete Kaufpreis nicht verzinst zu werden braucht, was auch § 452 ausdrücklich festlegt.

Trotzdem sei § 610 bei wesentlicher Verschlechterung der finanziellen Verhältnisse des Käufers sinngemäß anwendbar, also der Verkäufer berechtigt, die gestundete Kaufsumme vom Käufer zu verlangen, wenn der Anspruch auf diese gestundete Kaufsumme gefährdet ist.

Es sei dies ein praktischer Anwendungsfall des sonst im BGB nicht ausdrücklich vorkommenden (ähnlich höchstens noch § 321) Grundsatzes des „Wegfalles der Geschäftsgrundlage" (clausula rebus sic stantibus).

Dieser Grundgedanke, fußend auf § 242, wonach der Schuldner die Leistung so zu bewirken hat, wie Treu und Glauben mit Rücksicht auf die Verkehrssitte es erfordern, wird in Rechtsprechung und Schrifttum immer mehr ausgebaut. Nach RG 68, 305 muß der Verkäufer die Vereinbarung der sofortigen Fälligkeit beweisen, wenn der auf Zahlung des Kaufpreises verklagte Käufer eine schon beim Kaufabschluß angeblich vereinbarte Stundung behauptet (und damit den Klaggrund leugnet).

Weitere Rechtsprechung des BGH zu dem Grundsatz des Wegfalles der Geschäftsgrundlage:

Nach BGH U. v. 15. 6. 51 führt der Wegfall der Geschäftsgrundlage nicht notwendig zu einer völligen Beendigung der vertraglichen Beziehungen, sondern es muß geprüft werden, ob nicht nur eine Anpassung des Vertrags an die veränderte Sachlage notwendig ist (NJW 51, 836). Nach BGH U. v. 28. 10. 53, NJW 54, 70, ist neuerdings bestätigt worden, daß die Rechtsgrundsätze über das Fehlen oder den Fortfall der Geschäftsgrundlage auch auf einen Vergleich anzuwenden sind, so daß also Einwendungen gegen einen Vergleich nicht nur aus § 779 hergeleitet werden können (unter Verweis auf RG 152, 403; RGRKomm. § 779, Anm. 9 und auf BGHE 9, 273; NJW 53, 937).

Nach BGH U. v. 22. 4. 53 in NJW 53, 937 hat der Richter, wenn der Vertrag innerhalb seines tatsächlich gegebenen Rahmens eine Vertragslücke enthält, eine solche durch eine ergänzende Vertragsauslegung zu schließen. Diese ergänzende Vertragsauslegung darf sich jedoch nicht in Widerspruch zu dem im Vertrag zum Ausdruck gebrachten Parteiwillen setzen und darf nicht zu einer unzulässigen Erweiterung des Vertragsgegenstandes führen (NJW 53, 937).

Nach BGH U. v. 3. 10. 52 in JZ 52, 751 versagt die Berufung auf den Wegfall der Geschäftsgrundlage im allgemeinen, wenn der Schuldner seine Leistung ohne ausreichenden Entschuldigungsgrund nicht rechtzeitig bewirkt und sich damit selbst in die Lage gebracht hat, nunmehr unter wesentlich veränderten und für ihn ungünstigen Umständen erfüllen zu müssen (Bestätigung der Rechtsprechung in RG 103, 3).

Weiter wird verwiesen auf OGHZ 1, 62; 386; 2, 202; OGHZ 4, 91; BGHE 2, 176 u. NJW 52, 137 = JZ 52, 145 = MDR 52, 156.

Ferner wird verwiesen auf *Heinrich Lehmann:* „Mißbrauch der Geschäftsgrundlage" in JZ 52, 10 und auf *Reinicke:* „Die Bedeutung des Wortlauts bei der Auslegung von Gesetzen nach der Rechtsprechung des Bundesgerichtshofs" in NJW 52, 1034 und die dort angeführten Entscheidungen, ferner auf *Staudinger* zu § 452 Anm. 7: „Abzahlungsgeschäfte".

Anm. 6. Übersicht über die wichtigsten Bestimmungen des BGB, die hier zur Anwendung kommen

Nach den allgemeinen Bestimmungen des BGB kommen neben den besonderen Bestimmungen des Viehgewährschaftsrechtes insbesondere folgende gesetzliche Bestimmungen zur Anwendung:

a) Die Anfechtung der Willenserklärung wegen arglistiger Täuschung oder widerrechtlicher Drohung (S. 20ff.) unter Umständen auch wegen Irrtums (S. 27 u. 41).
b) Die Ansprüche aus unerlaubter Handlung (S. 29).
c) Die Ansprüche wegen Verschuldens bei Eingehung des Vertrags (Vertragsabschluß) (S. 35).
d) Die Ansprüche wegen Verschuldens bei Erfüllung des Vertrags (S. 37).
e) Die Ansprüche wegen Unmöglichkeit der Leistung (S. 42).

Anm. 7. Anfechtung des Kaufvertrages wegen arglistiger Täuschung oder widerrechtlicher Drohung oder wegen Irrtums

Der Käufer, der zur Abgabe einer Willenserklärung durch arglistige Täuschung oder widerrechtliche Drohung bestimmt worden ist, kann nach den allgemeinen Bestimmungen des BGB (§ 123) die Erklärung anfechten und damit die Aufhebung des Kaufvertrages erreichen.

Diese Anfechtung ist grundsätzlich neben den besonderen Gewährleistungsansprüchen zulässig, weil es unbillig wäre, einen Betrüger beim Viehkauf besser zu stellen (RG 104, 3).

Diese Anfechtung kann der Käufer nicht nur dann vornehmen, wenn ein Hauptmangel im Sinne des § 482 vorliegt oder die zugesicherte Eigenschaft fehlt (§ 492), sondern auch dann, wenn der Käufer durch arglistige Täuschung über andere wesentliche Mängel oder durch widerrechtliche Drohung von dem Verkäufer zum Kaufabschluß veranlaßt worden ist. Nach RG 134, 55 bedeutet arglistige Täuschung das Hervorrufen oder Aufrechterhalten eines Irrtums durch Vorspiegelung falscher oder Unterdrückung wahrer Tatsachen, ohne daß Bereicherungsabsicht des Täuschenden, noch Schädigung des Vermögens des Getäuschten vorliegen muß.

Nach RG 134, 53 und 77, 319 genügt das Bewußtsein des Täuschenden, daß die Täuschung den anderen zur Willenserklärung bestimmt (also ursächlich oder zumindest mitursächlich sei) und daß die von ihm gemachte Angabe falsch sein könnte.

Täuschung durch Vorspiegelung falscher Tatsachen erfordert Angaben tatsächlicher Art, nicht bloßer Werturteile. Reklameartige Anpreisungen, soweit sie keine bestimmten Behauptungen enthalten und persönliche Werturteile, es sei denn, daß gerade sie ersichtlich für die Abgabe der Willenserklärung bestimmend sein sollten (etwa eine erbetene Abschätzung), begründen in der Regel keine Anfechtung (*Palandt* Anm. 2b zu § 123).

Nach RG 77, 314 und 62, 150 setzt arglistige Täuschung durch Verschweigen (Unterdrückung) wahrer Tatsachen eine bestehende Aufklärungspflicht voraus, welche an und für sich nicht besteht.

Nach RG 91, 81 täuscht derjenige, der über Einzelheiten bestimmte Angaben macht, wenn er andere wichtige verschweigt.

Verschweigen von Umständen, deren Kenntnis den anderen ganz zweifellos vom Geschäftsabschluß abhalten würden, berechtigt in der Regel zur Anfechtung. (BGH U. v. 8. 10. 54 in DRsp. I [113] 81a = MDR 55, 26, wonach arglistige Täuschung nach § 123 durch Verschweigen wahrer Tatsachen begründet werden kann, wenn eine Offenbarungspflicht nach Treu und Glauben bestand.)

Nach RG SA 84, 190 ist die Anfechtung trotz Mitverschuldens des Getäuschten möglich, wobei allerdings das Mitverschulden gegenüber einem Schadenersatzanspruch zu berücksichtigen ist.

Nach RG 87, 82 ist Drohung jede Ausübung eines seelischen Zwanges (nicht unmittelbare körperliche Gewalt anwendend) durch eine beabsichtigte Furchterregung vor einem künftigen Übel (nicht die bloße Ausnützung eines schon geschehenen Übels).

Nach RG 104, 80 muß sich der Betreffende bewußt sein, daß seine Drohung den Willen des anderen beeinflussen kann.

Nach RG 108, 104 und 110, 384 muß die Beeinflussung des Willens durch Drohung objektiv widerrechtlich sein. Dies ist sie insbesondere dann, wenn sie strafbar oder unsittlich ist oder einen widerrechtlichen Erfolg anstrebt. Auch die Drohung muß für die Willenserklärung ursächlich sein oder zumindest mitbestimmend.

Hinsichtlich der arglistigen Täuschung einschließlich arglistigen Verschweigens gelten beim Viehkauf gewisse Sonderheiten, auch wenn es sich um die allgemeinen Bestimmungen der Anfechtung nach dem BGB handelt. Diese gehen nach altgewohnter Rechtsübung von dem Sprichwort aus: „Augen auf, Kauf ist Kauf“.

Beim Viehkauf ist es die Regel, daß das Vieh besichtigt wird und besonders beim Pferdekauf, daß das Pferd vor dem Kauf ausprobiert wird. Dementsprechend wird der Verkäufer davon ausgehen können, daß der Käufer bei dieser Besichtigung bzw. bei diesem Ausprobieren von selbst die offensichtlichen Mängel des Tieres bemerken wird. Jedenfalls kann von einer arglistigen Täuschung bzw. einem Verschweigen, also einer Unterdrückung wahrer Tatsachen, dann nicht gesprochen werden, wenn

a) gewisse Mängel bei dieser Untersuchung vom Käufer erkannt wurden oder jedenfalls erkennbar waren

b) es sich um Fehler handelt, von deren Unerheblichkeit der Verkäufer überzeugt ist

c) der Verkäufer die anderweitige Kenntnis der Fehler durch den Käufer annehmen muß und

d) bei bloßer (selbst grober) Fahrlässigkeit [RG 69, 15, JW 36, 502; BGH U. v. 21. 11. 52 in DRsp. I (130) Bl. 30i] des Verkäufers.

Eine Verpflichtung, auf Mängel besonders aufmerksam zu machen, wird beim Viehkauf nur dann angenommen werden können, wenn sich der Verkäufer bewußt ist, daß der Käufer gerade wegen dieser Mängel das Tier für seine Zwecke nicht brauchen kann (ähnlich *Meisner* S. 24).

Nach *Stölzle-Graminger* S. 259 ist zwischen arglistiger Täuschung und arglistigem Verschweigen zu unterscheiden:

Bei arglistiger Täuschung muß eine solche Einwirkung des arglistigen Verhaltens des Verkäufers auf den Vertragswillen des Käufers vorliegen, daß der Käufer dadurch veranlaßt bzw. zumindest mitveranlaßt wird, den Kauf abzuschließen (auch diese Täuschung kann in einem Verschweigen bestehen).

Bei arglistigem Verschweigen dagegen, welches nicht zugleich an sich eine arglistige Täuschung darstellt, sei ein solcher ursächlicher Zusammenhang nicht erforderlich.

Bei arglistiger Täuschung im Sinne des § 123 kann der Käufer den Vertrag nicht nur bei Täuschung über Hauptmängel oder zugesicherte Eigenschaften sondern auch über andere wesentliche Mängel des Tieres anfechten.

Bei arglistigem Verschweigen dagegen, soweit es nicht zugleich arglistige Täuschung ist, kann nur wegen eines Hauptmangels oder des Fehlens einer zugesicherten Eigenschaft Wandelung (oder Schadenersatz) verlangt werden, nicht aber wegen des Verschweigens anderer (sog. Neben-) Mängel.

Nach *Stölzle*, Slg. II, S. 194, LG Stuttgart, liegt ein Fall arglistiger Täuschung im Sinne des § 123 dann vor, wenn sich der Verkäufer durch Unterlassung (Nichtmitteilung einer früheren Krankheit des Tieres) dem Käufer gegenüber einer arglistigen Täuschung schuldig gemacht hat und der Käufer andernfalls das Tier zu dem festgesetzten Preis nicht gekauft hätte. Der Vertrag könne daher gemäß § 123 Abs. 1 angefochten werden.

In dem besonderen Fall hat es sich darum gehandelt, daß der Verkäufer ein wertvolles Pferd schweren Schlages unter der besonderen Zusicherung „gut im Zug" verkauft hatte.

Nach dem Gutachten des Sachverständigen sei darunter ein Pferd, mittlerer Arbeitsleistung eines Tieres seines Schlages, zu verstehen. Der Verkäufer hatte verschwiegen, daß das Pferd vorher bereits eine Sehnenentzündung gehabt habe, die nach tierärztlicher Wissenschaft nach einiger Zeit, und zwar kürzer oder länger, je nachdem das Pferd zu leichterer oder schwererer Arbeit verwendet wird, durch die dadurch verursachten Sehnenverdickungen die vollständige Unbrauchbarkeit des Tieres herbeiführt.

Der Verkäufer habe sich dadurch, daß er von der früheren Krankheit dem Käufer nichts gesagt habe und da dieser Zustand des Tieres von einem Laien nicht ohne weiteres erkennbar war, einer arglistigen Täuschung schuldig gemacht; denn der Käufer hätte ohne diese Täuschung jedenfalls nicht um den festgesetzten Preis gekauft.

Ebenso *Stölzle*, Slg. I, S. 39, LG Kiel, welches den Tatbestand nach § 123 dann erfüllt ansieht, wenn der Verkäufer Fehlerlosigkeit zusichert, obwohl ihm Fehler des Tieres bekannt sind, die, wenn sie auch dem Käufer bekannt wären, diesen von dem Kaufe abgehalten hätten.

Der Verkäufer könne sich auch nicht damit entschuldigen, daß er den Fehler nicht beim Abschluß des Kaufvertrages gekannt habe, sondern erst bei der Übergabe, denn das Versprechen beziehe sich auf die Zeit der Übergabe und der ganze Hergang sei als ein einheitlicher aufzufassen.

Im besonderen Fall hatte es sich um den Verkauf eines Hohlebers gehandelt (d. i. ein Eber, bei dem der eine Hoden im Bauch zurückgeblieben ist), eines nach den Angaben des Sachverständigen minderwertigen Tieres, weil es wegen leichter Vererbbarkeit des Fehlers zu Zuchtzwecken nicht verwendet wird und sein Wert als Mastschwein äußerst gering ist. Trotzdem es sich somit um keinen Hauptfehler handelt, liegt doch bei arglistiger Zusage der Fehlerlosigkeit der Tatbestand nach § 123 vor.

Ähnlich *Stölzle*, Slg. I, S. 34, OLG Kiel, welches ebenfalls die Anfechtung des Kaufvertrages nach § 123 als zu Recht bestehend ansieht, weil der Verkäufer die Frage, ob das Pferd sonst noch Fehler habe, insbesondere ob es lahme, verneint habe.

Da der Verkäufer aber wußte, daß das Tier einen derartigen Fehler habe, dessen Kenntnis dem Käufer vom Handel abgehalten haben würde, liege ein Bestimmen zum Abschluß des Vertrages durch arglistige Täuschung vor, obzwar es sich um keinen Hauptfehler gehandelt hat. Ebenso OLG Stuttgart, Seuff. Bl. 12, 150ff., welches Anfechtung wegen arglistiger Täuschung über einen Nebenmangel annimmt, weil der Verkäufer trotz Befragens denselben, obwohl wesentlich, arglistig ableugnet.

Ebenso LG Landshut U. v. 14. März 34, F 5/1934: Im besonderen Fall hatte der Verkäufer auf Befragen des Käufers, ob die Kuh gesund sei, dies ausdrücklich bejaht, obzwar er wußte, daß die Kuh krank sei, da sie ständig magerer wurde und ihre Krankheit auch äußerlich durch einen Scheidenausfluß bemerkbar war. Beim Verkauf hatte der Verkäufer wohl die Tatsache dieses Scheidenausflusses nicht verschwiegen, weil dieser sichtbar war und auch dem Käufer auffiel, aber ausdrücklich erklärt, daß die Kuh trotzdem gesund sei und dies nichts bedeute.

Der Käufer wurde zur Anfechtung des Vertrages berechtigt erkannt, auch wurde der Vertrag von vornherein für nichtig erklärt und wurde festgestellt, daß der Käufer den Kauf nicht abgeschlossen hätte, wenn er den wahren und durch den Verkäufer nur arglistig verschwiegenen Sachverhalt gewußt hätte. Die arglistige Handlungsweise des Verkäufers wäre kausal für den Vertragsabschluß.

Dementsprechend hätten Verkäufer und Käufer das Empfangene nach § 812 zurückzustellen und als Ersatz des Schadens habe der Käufer Anspruch auf das sog. „negative Vertragsinteresse", also dahingehend, den Getäuschten so zu stellen, wie er im Falle der Nichtabgabe seiner Erklärung stehen würde; §§ 823, 826, 249 (aufgewandte Kosten, Gewinnentgang). Der Verkäufer wurde daher nicht nur zur Zurückzahlung des Kaufpreises samt 4% Zinsen seit Erhalt des Betrages sondern auch zu den weiteren Leistungen (Aufwendungen, die der Käufer geleistet hatte) verurteilt (für Fütterung, Arzt, Schlachtung abzüglich des Erlöses für die Kuhhaut).

Anm. 8. Arglistige Täuschung durch Vertreter

Wurde die arglistige Täuschung durch einen unmittelbaren Vertreter des Verkäufers verübt oder durch eine solche Person, welche auch die maßgebenden Vertragsverhandlungen mit dem getäuschten Käufer geführt hat, ist der Käufer berechtigt, den Vertrag dem Verkäufer gegenüber anzufechten (§§ 164, 166; RG 61, 207).

Diese Entscheidung führt unter Berufung auf die Motive zu §§ 117, 118 (jetzt §§ 164ff., Bd. 1, S. 227, welche dort selbst ausführen, daß bei Betrug des Vertreters der Vertrag anfechtbar sei), im besonderen an, daß wegen eines vom Vertreter bei Gelegenheit eines Vertragsabschlusses geübten Betrugs dem Getäuschten in der Regel nur die Vertragsanfechtung des § 123 als einziges Schutzmittel gegeben ist. Dieses sei aber auch ausreichend, als es die Wiederherstellung des früheren Zustandes bezweckt und somit dem Geschädigten die gewöhnliche Art des Schadenersatzanspruches nach § 249 gewährt.

Wird dagegen die arglistige Täuschung durch Personen ausgeübt, die das Kaufgeschäft nur vermitteln (Unterhändler, „Schmuser"), kann der Käufer den Kauf nur dann anfechten, wenn der Verkäufer die arglistige Täuschung dieser Personen kannte oder kennen mußte (infolge von Fahrlässigkeit nicht kannte, § 122/II). Ein solcher Vermittler wäre nur dann wie ein Vertreter des Verkäufers zu behandeln, wenn er auch die maßgebenden Vertragsverhandlungen mit dem getäuschten Käufer geführt hätte. Wenn mehrere Vertreter auftreten genügt ein arglistiges Handeln durch einen.

Der Vertreter haftet auch selbst, soweit die arglistige Täuschung durch ihn selbst vorgenommen wurde und zwar für das sog. negative Vertragsinteresse.

Der unmittelbare Vertreter ist derjenige, welcher im Namen des Vertretenen seine Willenserklärung abgibt, also erkennbar im fremden Namen handelt. Doch genügt eine stille Vertretung, wenn der Wille für einen anderen zu handeln sich aus den näheren Umständen (Zeit, Ort, früheres Verhalten) ergibt.

Siehe auch BGH U. v. 10. 3. 53, MDR 53, 345, welches sich insbesonders mit der Anscheinsvollmacht und stillschweigenden Vollmachtserteilung befaßt.

Hinsichtlich Anscheinsvollmacht führt es unter Verweis auf BGHE 5, 111 folgendes aus: „Der Vertretene kann sich auf den Mangel der Vollmacht seines angeblichen Vertreters dann nicht berufen, wenn er dessen Verhalten zwar nicht kannte, es aber bei pflichtgemäßer Sorgfalt hätte kennen und verhindern können und der Geschäftsgegner das Verhalten des Vertreters nach Treu und Glauben dahin auffassen durfte, daß es dem Vertretenen bei verkehrsmäßiger Sorgfalt nicht habe verborgen bleiben können und daß dieser es also dulde.

Um stillschweigende Vollmachtserteilung handelt es sich dagegen, wenn der Vertretene das ihm bekannte Verhalten des Vertreters dulde und diese Duldung vom Geschäftsgegner nach Treu und Glauben und mit Rücksicht auf die Verkehrssitte dahin gedeutet werden darf, daß der Vertreter vom Vertretenen Vollmacht, für ihn zu handeln, erhalten hat."

Die Entscheidung behandelt auch weiter die Frage, inwieweit ein Anerkenntnis nicht verpflichtend ist, nämlich dann nicht, wenn es ohne rechtfertigenden Grund abgegeben worden ist und dem betreffenden unbekannt war, daß es der wahren Rechtslage nicht entsprach; §§ 812, 814.

Anm. 9. Die Anfechtungserklärung und Verjährung

Die Anfechtungserklärung (§ 123) ist unwiderruflich und kann selbst durch Einverständnis beider Teile nicht mehr beseitigt werden. Siehe RG 65, 86 über notwendigen Inhalt der Anfechtungserklärung.

Die Anfechtungserklärung ist unwirksam, wenn sie nur unter einer (echten, nicht Rechts-)Bedingung erklärt wird, weil sie eine einseitige empfangsbedürftige Willenserklärung ist (RG 66, 153).

Hat der Anfechtende eine unbedingte und endgültige Anfechtungserklärung abgegeben, dann kann er Ansprüche aus dem Vertrag (z.B. Wandelung oder Schadenersatz) nicht mehr geltend machen; denn durch diese Anfechtungserklärung ist der Vertrag vernichtet worden.

Ein Rücktritt vom Vertrag schließt dessen Anfechtung nicht aus, OLG München U. v. 29. 10. 52 in NJW 53, 424, ebenso *Enneccerus-Nipperdey*, Allgem. Teil § 190 III Nr. 7; aber Umdeutung in Anfechtung ist unzulässig (JW 1923, 43).

Sind mehrere Anfechtungsberechtigte nach § 123 vorhanden, kann jeder für sich das Anfechtungsrecht geltend machen und zwar entweder gegenüber allen Vertragsgegnern oder auch nur gegenüber einem, der die Täuschung verübt hat (*Meisner* S. 22 und die dort angeführten RG-Entscheidungen).

Die Anfechtung kann nur binnen Jahresfrist erfolgen (vom Zeitpunkte der Entdeckung der Täuschung), längstens aber binnen 30 Jahren seit der Abgabe der Willenserklärung. Gegenüber dem Täuschenden selbst aber siehe RG 79, 195. Näheres S. 215.

Diese Fristen des § 124 sind Ausschluß- nicht Verjährungsfristen. Letztere würden nur eine Einrede gegen den Anspruch geben, welche ausdrücklich erhoben werden muß. Die Ausschlußfrist dagegen beseitigt das Recht selbst (RG 128, 47).

Für die Ausschlußfrist gibt es auch nicht die Regel über die Hemmung der Frist. Für beide Arten von Fristen gibt es grundsätzlich die Einwendung, daß die Geltendmachung gegen Treu und Glauben verstoßen könne (§ 242) und daß die Ansprüche durch Nichtausübung verwirkt sind (wenn die verspätete Geltendmachung als Verstoß gegen Treu und Glauben bezeichnet werden muß, insbesondere, wenn der andere nicht mehr mit der Geltendmachung rechnen konnte, RG 159, 106) oder z. B. deshalb verwirkt sind, weil trotz Kenntnis des

Mangels der Kaufpreis bezahlt wurde und damit nach Treu und Glauben auf den Willen des Käufers geschlossen werden mußte, daß er die Sache behalten will (LG Oldenburg U. v. 6. 4. 51, ausführlicher in MDR 52, 39).

Die Bestimmungen über die Verjährungsfristen sind daher auf die Anfechtungsfristen des § 124 nicht anwendbar, soweit sie nicht ausdrücklich im Absatz II als anwendbar erklärt werden. Zu diesen ausdrücklich als anwendbar erklärten Bestimmungen gehört die Bestimmung des § 203/II über die Verhinderung durch höhere Gewalt.

Nach RG 101, 95 bedeutet höhere Gewalt ein außergewöhnliches Ereignis, das unter den gegebenen Umständen auch durch äußerste, nach Sachlage vom Betroffenen zu erwartende Sorgfalt nicht verhütet werden kann. Dazu siehe RG 158, 361: „Schon das geringste eigene Verschulden schließt höhere Gewalt aus"; RG 87, 52; *Soergel* Anm. 4a zu § 203 mit weiteren Nachweisen. Um jedes Verschulden auszuschließen, muß regelmäßig verlangt werden, daß von einem Rechtsmittel Gebrauch gemacht wird, ebenso BGH U. v. 28. 4. 53 in DRsp. I (113) 69 h.

Weiters werden die Bestimmungen der §§ 206, 207 für anwendbar erklärt, Bestimmungen zum Schutze des Nichtvollgeschäftsfähigen und zum Schutze der Erben und Nachlaßgläubiger, die noch 6 Wochen nach Erreichung der Geschäftsfähigkeit bzw. nach Annahme der Erbschaft durch die Erben, die nachträgliche Vornahme der Handlung zulassen.

Anm. 10. Wirkung der Anfechtung

Das (wirksam) angefochtene Rechtsgeschäft ist als von Anfang an nichtig anzusehen. Die Anfechtung hat also rückwirkende Kraft. Die Nichtigkeit wirkt auch für und gegen Dritte, z. B. den Sondernachfolger des Verkäufers.

Nach RG 80, 322 hat jedoch das die Nichtigkeit zwischen den Vertragsparteien aussprechende Urteil keine Rechtskraft gegen Dritte.

Die Vertragsteile haben sich, weil durch die Anfechtung der Vertrag von Anfang an nichtig wird, gegenseitig das Empfangene zurückzuerstatten und zwar nach den Grundsätzen der ungerechtfertigten Bereicherung (§§ 812, 142).

Darüber hinaus wird der Anfechtende noch das sog. „negative Vertragsinteresse" verlangen als Ersatz des Schadens, den er durch Abschluß des Vertrages erlitten hat (RG 59, 157); denn es bestehen auch gegen den Täuschenden, evtl. auch gegen den Dritten, der bei der Täuschung als Mittäter, Anstifter oder Gehilfe mitwirkte, Schadenersatzansprüche, da auch die Täuschung eine unerlaubte Handlung darstellt (§§ 823/I und II, 826, 830, 840, RG 58, 357; 96, 225).

Der Käufer ist z. B. berechtigt, nicht nur den Kaufpreis, den er bereits bezahlt hat, samt Zinsen seit dem Zahlungstag sondern auch seine Aufwendungen für Arzt-, Fütterung- und Schlachtkosten zu verlangen, abzüglich dessen, was er seinerseits erlangt hat, z. B. des Erlöses für die Kuhhaut.

Anm. 11. Verzicht auf Anfechtung

Auf die Ansprüche aus arglistiger Täuschung kann verzichtet werden. Dieser Verzicht bedarf keiner besonderen Form, jedoch der Annahme seitens des anderen, welche allerdings auch stillschweigend erfolgen kann (RG 72, 171).

Als ein stillschweigender Verzicht ist die Erhebung der Wandelungsklage anzunehmen, also die Geltendmachung von Gewährleistungsansprüchen, weil darin eine Bestätigung des (sonst anfechtbaren) Rechtsgeschäftes erblickt wird (§ 144, RG 68, 400).

Ein solcher stillschweigender Verzicht liegt auch in der Geltendmachung bloßer Schadenersatzansprüche trotz Kenntnis der Anfechtbarkeit (RG 65, 403).

Ebenso ist eine Anfechtung dann nicht mehr möglich, wenn die Wandelung vollzogen wurde (§ 465), da in diesem Falle der Kaufvertrag bereits beseitigt ist.

Davon ist folgender Fall der Anfechtung wegen arglistiger Täuschung zu unterscheiden, welcher gerade nach vollzogener Wandelung häufig vorkommt:

Der Käufer verlangt Wandelung vom Verkäufer mit der Begründung, daß das ihm verkaufte Tier an einem Hauptmangel leidet. Mit Rücksicht darauf ist der Verkäufer mit der Wandelung einverstanden, nimmt das Tier zurück und bezahlt dem Käufer den Kaufpreis zurück.

Nach Erhalt des Tieres stellt der Verkäufer fest, daß das Tier keineswegs an einem Hauptmangel leidet und daß er vom Käufer arglistig getäuscht wurde. In diesem Falle ist der Verkäufer berechtigt, seine Zustimmung zum Vollzuge der Wandelung wegen arglistiger Täuschung anzufechten.

Der Käufer wird zur Zurücknahme des Tieres und zur Zahlung des Kaufpreises verurteilt werden müssen. Die Besonderheit dieses Falles liegt auch darin, daß es sich hierbei nicht um einen Rechtsstreit wegen eines Viehmangels im eigentlichen Sinne handelt und daher auch nicht die ausschließliche Zuständigkeit des Amtsgerichtes gegeben ist.

Anm. 12. Der Bürge bei Anfechtungseinrede

Der Bürge hat wohl die Einrede aus der vollzogenen Anfechtung des Hauptschuldners; vorher, solange also nur dieses Anfechtungsrecht besteht, gibt § 770 dem Bürgen nur eine verzögerliche Einrede.

Anm. 13. Anfechtung wegen Irrtums

Die Anfechtung wegen Irrtums nach § 119 Abs. 2 ist grundsätzlich bei Viehkäufen nicht zulässig; denn nur ein Irrtum wegen Hauptmängel könnte als wesentlicher Irrtum nach § 119 Abs. 2 angesehen werden, weil nur solche Hauptmängel nach der Auffassung des Gesetzes eine entsprechende Aufhebung oder Minderung der Tauglichkeit bewirken. Es kann daher kein anderer wesentlicher Mangel in Betracht kommen und daher auch keine Irrtumsanfechtung erfolgen.

Es wäre eine Umgehung der besonderen Bestimmungen über das Viehgewährschaftsrecht, wenn man die Anfechtung des Kaufvertrages wegen Irrtums über einen Hauptmangel zuließe.

Über andere als Hauptmängel, also über sog. Nebenmängel, kann wiederum keine Irrtumsanfechtung erfolgen, weil es sich dann eben um keinen wesentlichen Irrtum im Sinne des § 119 Abs. 2 handeln würde (*Stölzle*, Slg. II, S. 126, RG).

Nur in folgenden Fällen ist die Anfechtung wegen Irrtums auch bei einem Viehkauf möglich:

a) wenn es sich um einen Irrtum auf Seite des Verkäufers gehandelt hat, also bei Abgabe seiner Willenserklärung,

b) wenn sich der Käufer über den Verkaufsgegenstand selbst im Irrtum befunden hat, also wenn sich der Käufer beispielsweise insofern geirrt hat, als er zwar das Tier kaufen wollte, irrigerweise aber sich völlig falsche Vorstellungen von ihm gemacht hatte, weil er es mit einem anderen Tiere verwechselt hat, welches bestimmte hochwertige Eigenschaften hatte.

Meisner S. 19 führt als Beispiele hierfür an, daß ein Käufer ein berühmtes Rennpferd mit dem Pferd, welches er gekauft hat, zu kaufen vermeinte, während dies tatsächlich nicht der Fall war oder ein Käufer kauft ein vermeintliches Zuchtpferd, während es in Wahrheit kein zur Zucht geeignetes Pferd ist oder ein Käufer kauft ein Schwein (männliches Tier) zum Schlachten, obgleich er nur ein weibliches Tier gebrauchen konnte, weil das Fleisch des männlichen Tieres übelschmeckend ist (darüber hinausgehend: *Meisner* S. 17 und JW RG 14, 674: „welche die Anfechtung wegen Irrtums des Käufers über andere Tatsachen, als Sachmängel, für zulässig erklärt").

Siehe auch teilweise abweichend den Aufsatz *v. Gierke*, Göttingen: „Sachmängelhaftung und Irrtum beim Kauf" (Aufsatz in ZHK 51, 73 und über das gleiche Thema *von Raape* in Arch. Civ. Pr. 150, Bd. 6, S. 481, beide Aufsätze auszugsweise behandelt in DRsp. I [130] 21 b).

Es muß in dieser Hinsicht aber der Ansicht *Stölzles* beigepflichtet werden, daß die Anfechtung wegen Irrtums nur in den anfangs angeführten Ausnahmefällen möglich ist (*Stölzle* übersieht nur den Fall des Irrtums auf Seite des Verkäufers), wenn man nicht dem Wesen der Sonderbestimmungen über Viehgewährschaft Gewalt antun will,

c) oder das Tier ist noch nicht übergeben gewesen, der Mangel bestand aber schon zur Zeit des Kaufvertragsabschlusses, so daß also der Gefahrübergang noch nicht stattgefunden hat und daher die allgemeinen Vorschriften ohne Einschränkung anwendbar sind (RG 96, 156).

Anm. 14. Beweislast

Der Käufer ist für das Verschweigen und die Arglist, auf die sich das Verschweigen gründet, beweispflichtig und ebenso für die Tatsachen, aus denen zu folgern ist, daß der Verkäufer zur Aufklärung verpflichtet war.

Anm. 15. Ansprüche aus unerlaubter Handlung (§§ 823, 826)

Nach den allgemeinen Bestimmungen des BGB werden auch die Ansprüche des Käufers aus „unerlaubter Handlung" durch die Bestimmungen der §§ 459ff. und 481ff. nicht ausgeschlossen und zwar selbst dann nicht, wenn die unerlaubte Handlung das arglistige Verschweigen eines Mangels enthält (RG 161, 196).

Anm. 16. Vorsätzliche oder fahrlässige Verletzung von Eigentum oder sonstigen Rechten (§ 823/I)

Eine unerlaubte Handlung begeht, wer vorsätzlich oder fahrlässig das Eigentum oder ein sonstiges Recht eines anderen verletzt (§ 823/I).

Z. B. wenn der Verkäufer, in dessen Stall Maul- und Klauenseuche ausgebrochen ist, ein mit dieser Krankheit behaftetes Tier verkauft und dadurch das Vieh des Käufers angesteckt wird (vorsätzliche Eigentumsverletzung) oder wenn der Verkäufer aus seinem Stall ein Tier liefert, wenn zwar noch nicht in seinem Stall, aber ringsherum in den Nachbarställen bereits die Maul- und Klauenseuche ausgebrochen ist und der Verkäufer daher damit rechnen mußte, daß auch das von ihm verkaufte Tier bereits angesteckt sein konnte (fahrlässige Eigentumsverletzung).

Über die verschiedenen Arten der Fahrlässigkeit, insbesondere grobe Fahrlässigkeit: BGH U. v. 11. 5. 53 aus BGHE 10, 14.

Fahrlässigkeit bedeutet die Außerachtlassung der im Verkehr erforderlichen Sorgfalt (§ 276; RG 119, 97; 152, 140).

Absicht der Schädigung ist nicht Voraussetzung der unerlaubten Handlung; es genügt das Bewußtsein, daß ein anderer geschädigt werden kann (RG 57, 239). Der „andere" muß keine bestimmte Person sein (RG, JW 10, 846).

Anm. 17. Verstoß gegen ein Schutzgesetz (§ 823/II)

Eine unerlaubte Handlung begeht, wer gegen ein den Schutz eines anderen bezweckendes Gesetz verstößt:

§ 823/II, (Definition über „Schutzgesetz" siehe BGH U. v. 27. 1. 54 in DRsp. I [148] 106 = NJW 54, 675), z. B. gegen die Bestimmungen des R.-Viehseuchengesetz vom 26. Juni 1909, RGBl. Nr. 34, S. 519 handelt.

Unter Gesetz ist hierbei jede Rechtsnorm zu verstehen, also auch eine Verordnung oder eine polizeiliche Vorschrift. Ein solches Schutzgesetz ist nicht eine Unfallverhütungsvorschrift (Bayer. JMBl. 53, 223) oder eine Vereinssatzung.

Anm. 18. Verstoß gegen die guten Sitten (§ 826)

Eine unerlaubte Handlung begeht weiters, wer in einer gegen die guten Sitten verstoßenden Weise einem anderen Schaden zufügt (§ 826).

Ein „Verstoß gegen die guten Sitten" ist dann anzunehmen, wenn ein Handeln gegen das „Anstandsgefühl" aller „Billig- und Gerechtdenkenden" vorliegt (RG 48, 114). Es muß nicht die Absicht der Schädigung vorliegen, andererseits genügt auch grobe Fahrlässigkeit nicht. Es genügt auch hier das Bewußtsein, daß das Handeln den schädlichen Erfolg haben wird oder haben könnte (bedingter Vorsatz, dolus eventualis, RG 143, 51; BGH U. v. 8. 3. 51 in NJW 51, 596).

Das Bewußtsein, daß ein Verstoß gegen die guten Sitten vorliegt, ist nicht erforderlich (RG 123, 271), ebenso nicht, daß Art und Höhe des Schadens vorausgesehen wird (RG 95, 163).

Z. B. liegt, wenn der Verkäufer wider besseres Wissen dem Käufer erklärt hat, die verkauften Tiere stammen aus einer Gegend, die vollständig frei von Maul- und Klauenseuche sei, während tatsächlich über die Stallung, woher die Tiere stammen, die Gehöftesperre wegen dieser Krankheit verhängt war, in dieser unwahren Angabe, bzw. dem Verschweigen dieser Krankheit durch den Verkäufer, ein Verstoß gegen die guten Sitten.

Der Verkäufer wird schadenersatzpflichtig, wenn durch diese dem Käufer verkauften Tiere dadurch Schaden entsteht, daß diese Tiere das übrige Vieh des Käufers anstecken. Hier liegt Vorsatz des Verkäufers vor, daß sein Verkauf der Tiere einen schädigenden Erfolg haben wird oder kann, auch wenn er nicht die Absicht hatte, den Käufer tatsächlich zu schädigen.

Ein besonders häufiger Fall der Anwendung des § 826 ist auch folgender:

Der Verkäufer weiß es durch sein Verhalten einzurichten, den Käufer, der sich wegen irgendwelcher Mängel des verkauften Viehs an ihn gewandt hat, solange zu vertrösten, bis die Verjährung der diesbezüglichen Ansprüche des Käufers eingetreten ist. Der Verkäufer hat also dadurch den Käufer von der rechtzeitigen Unterbrechung der Verjährung durch Klage usw. abgehalten.

Wenn der Verkäufer gegen die Klage des Käufers die Einrede der Verjährung erhebt, handelt er gegen die guten Sitten, weil er in diesem Falle nur mißbräuchlich von seiner formalen Rechtsstellung Gebrauch macht. Der Schaden wird in dem Betrage bestehen, der sonst bei rechtzeitiger Geltendmachung des Anspruches als nichtverjährter Anspruch dem Kläger zugestanden wäre (RG 124, 111).

Anm. 19. Umfang des Schadenersatzes

Der Umfang des Schadenersatzanspruches richtet sich nach den Grundsätzen der §§ 249ff., wobei es gleichgültig ist, ob die unerlaubte Handlung vorsätzlich oder fahrlässig begangen wurde.

Der für die unerlaubte Handlung Ersatzpflichtige hat den Zustand herzustellen, der bestehen würde, wenn der zum Ersatz verpflichtende Umstand nicht eingetreten wäre (§ 249).

Es muß also der Zustand hergestellt werden, der sich ohne das schädigende Ereignis voraussichtlich ergeben hätte (RG 143, 274).

Es muß das „Interesse" des Geschädigten, nicht nur der objektive gemeine Wert der vernichteten Sache ersetzt werden, also eventuell auch Ersatz für den Entgang der Nutzung des Tieres (RG DR 44, 243, siehe dazu ausführlich *Palandt* Vorbem. vor § 249).

Wenn z. B. der Käufer durch eine unerlaubte Handlung des Verkäufers, etwa arglistiges Verhalten, zum Abschluß des Kaufvertrages bzw. zu den im Kaufvertrag vereinbarten Bestimmungen bestimmt wurde, muß der Verkäufer den Schadenersatz leisten, der sich dadurch ergibt, daß der Zustand hergestellt wird, der bestehen würde, wenn der Verkäufer den Käufer nicht durch arglistiges Verhalten in seinem Willen beeinflußt hätte.

Dieser Schaden wird in dem Unterschied zwischen dem vereinbarten Kaufpreis und dem Preis bestehen, mit dem der Käufer ohne diese Willensbeeinflussung einverstanden gewesen wäre (sog. negatives Vertragsinteresse).

Dieser Schadenersatz kann unter Umständen auch zur vollständigen Aufhebung des Vertrages führen, wenn nämlich das verkaufte Tier gerade infolge des Mangels, über dessen Vorhandensein der Käufer getäuscht wurde, für die Zwecke des Käufers überhaupt nicht brauchbar ist (*Meisner* S. 36 und RG 103, 154, insbes. auch hinsichtlich der Mithaftung eines Dritten).

Anm. 20. Schadensberechnung

Gemäß § 253 ist nur der Vermögensschaden zu ersetzen.

Wenn also beispielsweise entgegen der ausdrücklichen Zusage ein bösartiges Tier geliefert wird, statt eines gutmütigen und dem Käufer durch diesen Umstand z. B. beim Reiten des Tieres größter Schrecken zugefügt wird, kann trotzdem der Käufer für den ausgestandenen Schrecken keine Geldentschädigung oder kein Schmerzensgeld verlangen.

Die Schadensberechnung kann entweder eine abstrakte oder eine konkrete sein.

Abstrakter Schaden ist der Unterschied, der sich aus dem Marktpreis des gekauften Tieres und dem tatsächlichen Vertragspreis für dieses ergibt.

Der konkrete Schaden besteht in dem Gewinnbetrag, der sich aus den besonderen, dem Käufer zu Gebote stehenden Gewinnmöglichkeiten bei einem Weiterverkauf ergeben hätte. Hierbei ist von dem Zeitpunkte des Stichtages auszugehen, an dem sich der Käufer nach dem Vertrage bei ordnungsmäßiger Erfüllung im Besitze des Tieres befunden hätte.

Der Käufer hat die Wahl, ob er den abstrakten oder den konkreten Schaden geltend machen will (BGH U. v. 19. 6. 51 in NJW 51, 918 = MDR 51, 666 = BGHE 2, 310).

Gemäß § 252 kann der Käufer nicht nur den unmittelbar erlittenen positiven Schaden, sondern auch den entgangenen Gewinn verlangen, d. i. der Gewinn, welcher nach dem gewöhnlichen Laufe der Dinge oder nach den besonderen Umständen, insbesondere nach den getroffenen Anstalten und Vorkehrungen, mit Wahrscheinlichkeit erwartet werden kann,

z. B. der entgangene Gewinn aus dem Weiterverkauf des Tieres oder sonstiger Verdienstentgang.

Es genügt die bloße Wahrscheinlichkeit der Erwartung des Gewinns und ist in diesem Falle ein voller Beweis nicht notwendig. Der Gegenbeweis, daß trotz dieser Erwartung der Gewinn nicht erzielt worden wäre, ist allerdings zulässig (*Palandt* zu § 252 und die dort angeführten Entscheidungen und *Enn.-Lehmann* §§ 15 und 63, OLG Schleswig-Holstein U. v. 4. 12. 51 in MDR 52, 489 [über die Berechnung des entgangenen Gewinns nach § 252]).

Anm. 21. Beiderseits unerlaubte Handlungen

Haben beide Vertragsteile beim Vertragsabschluß (insbesondere bei einem Tauschhandel) arglistig getäuscht und ist dadurch Schaden entstanden, muß die Verpflichtung zum Schadenersatz und der Umfang desselben nach § 254 vom Gericht festgesetzt werden.

Die Verpflichtung dazu und der Umfang des Ersatzes wird dann von den Umständen abhängen, insbesondere inwieweit der Schaden von dem einen oder dem anderen Teile verursacht worden ist. Insbesondere wird zu berücksichtigen sein, daß ein Mitverschulden auch darin bestehen kann, daß der Geschädigte unterlassen hat, auf die Gefahr ungewöhnlich hohen Schadens aufmerksam zu machen, die der Schädiger weder kannte noch kennen mußte oder, daß der Geschädigte es unterlassen hat, den Schaden abzuwenden oder zu mindern, z. B. durch Nichtbeiziehen eines Tierarztes.

Maßgebend für die Berücksichtigung des Mitverschuldens des Geschädigten ist der Grad der Mitverursachung, nicht der des mitwirkenden Verschuldens, OHG Köln U. v. 17. 6. 49 in JR 49 S. 382 = DRsp. I (123) 11c; ferner OLG Celle 17. 11. 52 in DRsp. I (123) 25c = Nieders. Rpfl. 52 S. 206:

„Die Pflicht zur Schadensabwendung kann schon vor Schadenseintritt aus einer konkreten Gefährdungssituation erwachsen."

Mitverschulden des gesetzlichen Vertreters bei Schadensentstehung bleibt unberücksichtigt, nicht dagegen bei Schadensabwendung.

Dagegen ist im Rahmen eines bestehenden Schuldverhältnisses ein mitwirkendes Verschulden des gesetzlichen Vertreters zu berücksichtigen (BGH U. v. 29. 4. 53 in DRsp. I [123] 27a).

Anm. 22. Ursächlicher Zusammenhang

Der Verkäufer haftet aus §§ 823, 826 nur dann, wenn der Käufer durch die unerlaubte Handlung des Verkäufers zum Kaufabschluß bestimmt wurde (RG 81, 360 und 155, 41).

Maßgebend ist der sog. Grundsatz der adäquaten Verursachung (BGHE 2, 138 und BGHE 3, 261): Die Tatsache muß allgemein oder erfahrungsgemäß geeignet sein, einen derartigen Schaden herbeizuführen (ebenso RG 158, 38; 133, 127).

Es genügt aber, daß der Schaden nur mittelbar verursacht worden ist, daß also der Schaden dem Erwerber nur infolge besonderer und individueller Umstände zugefügt wurde (RG 157, 13). Dies ist z. B. der Fall, wenn dem Verkäufer bekannt ist, daß der Käufer bei nichtpünktlicher Lieferung an einen Dritten eine Vertragsstrafe bezahlen muß. Ist nun der Käufer infolge einer arglistigen Täuschung seitens des Verkäufers nicht in der Lage, dem Dritten zu liefern, ist der Verkäufer dem Käufer auch für diese Vertragsstrafe verantwortlich und haftpflichtig.

Anm. 23. Zusammenwirken von Schadensereignissen

Bei einem Zusammenwirken von zwei oder mehreren Ereignissen, durch die der Schaden herbeigeführt wird, sei es auch zeitlich nacheinander, sind alle Ereignisse als ursächlich zu bezeichnen (RG 73, 290).

Dies gilt auch dann, wenn zwei gleichzeitig eintretende Ereignisse den Schaden herbeiführen, den auch jedes der Ereignisse allein herbeigeführt hätte (RG, JW 09, 361 ebenso *Palandt* Vorbem. vor 249 Anmerkung 5ee).

Anm. 24. Überholende Kausalität

Ein besonderer Fall der Ursächlichkeit ist der der sog. überholenden Kausalität, wenn nämlich der gleiche Schaden später ohnehin auf Grund eines anderen Ereignisses eingetreten wäre.

Z. B. ist die Unverwendbarkeit des gekauften Tieres für den Käufer durch einen Blitzschlag, welcher das Tier später getroffen hat, ebenfalls eingetreten.

Dadurch wird die Ursächlichkeit eines Ereignisses für den Schaden nicht ausgeschlossen, weil die Ursächlichkeit des ersten Ereignisses nicht nachträglich beseitigt werden kann; aber letzten Endes stellt der so herbeigeführte Zustand keinen Schaden dar. Es ist wohl dem Grunde nach eine Ersatzpflicht gegeben, aber der Betrag des Schadens ist gleich Null. Dieser Grundsatz ist für den entgangenen Gewinn im § 252 ausdrücklich festgestellt. Siehe BGH U. v. 13. 5. 53 in NJW 53, 977 mit dort angeführter Rechtsprechung und umfangreichem Schrifttum. Dazu siehe *G. Hueck* zum Problem der überholenden Kausalität in JR 53, 404 und hypothetische Verursachung des gleichen Schadens *Niederländer* in DRsp. I (123) 33a und BGH U. v. 10. 3. 54 in JZ 1954, 448.

Anm. 25. Verhältnis der Ansprüche wegen unerlaubter Handlung zu Anfechtungs- und Vertragsansprüchen

Wenn die Verletzung einer Vertragspflicht zugleich den Tatbestand einer unerlaubten Handlung nach § 823/II oder § 826 oder die Anfechtbarkeit nach § 123 begründet, hat der Käufer die Wahl, ob er den vertraglichen Gewährleistungsanspruch oder den Anspruch aus unerlaubter Handlung oder den Anfechtungsanspruch geltend machen will.

Diese Ansprüche stehen also nebeneinander und sind in ihren Wirkungen verschieden (RG 96, 156).

Die Wandelung nach den vertraglichen Gewährleistungsansprüchen begründet nur eine schuldrechtliche Verpflichtung zur Rückgewähr der beiderseitigen Leistungen, wozu auch der Anspruch aus unerlaubter Handlung führen kann. Die Anfechtung dagegen ermöglicht es dem Käufer, den Vertrag in den Grenzen des § 142 mit dinglicher Wirkung gegen jedermann zu vernichten.

Als Unterlage für den Anspruch auf Wandelung reicht das arglistige Verschweigen oder das arglistige Zusichern des Verkäufers hin. Die Anfechtung dagegen erfordert eine Einwirkung dieses arglistigen Verhaltens auf den Vertragswillen des Verkäufers.

Der Käufer kann diese Ansprüche auch nebeneinander geltend machen, soweit sich diese Ansprüche nicht gegenseitig ausschließen; denn wenn durch wirksame Anfechtung der Vertrag aufgehoben wird, können Ansprüche aus dem Vertrag selbst nicht mehr geltend gemacht werden, z. B. der Wandelungsanspruch oder ein Schadenersatz wegen Nichterfüllung des Vertrages.

Es kann aber neben einer Anfechtung ein Schadenersatz aus unerlaubter Handlung erhoben werden, ebenso kann neben dem Wandelungsanspruch Schadenersatz aus unerlaubter Handlung verlangt werden.

Nach BGH U. v. 20. 10. 53 in NJW 54, 145 gehen allerdings in Übereinstimmung mit RG 59, 104 bei vorbehaltloser Annahme einer mangelhaften Sache in Kenntnis des Mangels auch bei arglistigem Verhalten des Verkäufers nicht nur die Gewährleistungsansprüche, sondern auch die etwaigen Schadensersatzansprüche aus unerlaubter Handlung verlustig.

Anm. 26. Verjährung und Verwirkung der Ansprüche

Der Anspruch auf Schadenersatz wegen unerlaubter Handlung verjährt in drei Jahren von dem Zeitpunkt an, in welchem der Käufer (der Verletzte) von dem Schaden und der Person des Ersatzpflichtigen Kenntnis erlangt und, ohne Rücksicht auf diese Kenntnis, in dreißig Jahren, von der Begehung der unerlaubten Handlung an gerechnet (§ 852).

Diese Kenntnis ist dann vorhanden, wenn der Geschädigte auf Grund der Tatsachen, die ihm bekannt wurden, eine Schadenersatzklage mit einigermaßen sicherer Aussicht auf Erfolg, sei es auch nur eine Feststellungsklage, erheben kann. „Kennen" bedeutet aber hier nicht „kennen müssen" (RG 168, 219). Auch voraussehbare Schäden fallen in diese Verjährungszeit (RG 119, 204).

Verwirkung der Ansprüche aus unerlaubter Handlung (§§ 823, 826):

Auch der bereits vorher angeführte Fall der vorbehaltlosen Annahme des Tieres in Kenntnis des Mangels schließt die Anwendung der Ansprüche nach §§ 823, 826, selbst bei arglistigem Vorspiegeln oder Verschweigen aus (RG 59, 104 und die bereits angeführte Entscheidung des BGH U. v. 20. 10. 53 in NJW 54, 145). Annahme bedeutet dabei die Entgegennahme des Tieres als eine dem Vertrag entsprechende Erfüllung (RG 64, 236). Ein allgemeiner Vorbehalt genügt nicht, sondern es müssen die einzelnen Mängel ausdrücklich bezeichnet werden. Es genügt daher auch nicht die Mängelrüge nach §§ 377, 378 HGB.

Anm. 27. Die Beweislast

Der Geschädigte hat den Tatbestand der unerlaubten Handlung und das Verschulden des Schädigers zu beweisen. Für den Beweis des ursächlichen Zusammenhangs der Handlung des Schädigers und der Schädigung des Geschädigten genügt im allgemeinen ein hoher Grad der Wahrscheinlichkeit (RG 155, 38).

Den ursächlichen Zusammenhang zwischen arglistiger Vorspiegelung und Kaufabschluß hat der Käufer nicht zu beweisen, sondern der Verkäufer hat das Fehlen des ursächlichen Zusammenhanges zu beweisen; RG, JW 38, 2613.

Dazu siehe BGH U. v. 10. 3. 54 in JZ 1954, 448: „Kann ein Unfall durch zwei verschiedene Ursachen erklärt werden, die beide Geschehensabläufe sind, haftet der Beklagte aber nur für eine der möglichen Ursachen, so muß der Kläger nachweisen, daß gerade dieser Umstand ursächlich gewesen ist. Es kommt nicht darauf an, ob die eine oder andere Möglichkeit nach den Erfahrungen des täglichen Lebens oder aus sonstigen Gründen eine größere Wahrscheinlichkeit für sich hat. In einem derartigen Fall kann weder der Beweis des ersten Anscheins noch § 287 ZPO zugunsten des Klägers angewendet werden.“ Siehe auch Rosenberg, Beweislast, § 28, S. 352–365.

Anm. 28. Ansprüche wegen Verschuldens bei Eingehung des Vertrages (Vertragsabschluß)

Neben den Gewährleistungsansprüchen kann es auch ein Verschulden bei Eingehung des Vertrages nach den allgemeinen Bestimmungen des BGB geben (sog. culpa in contrahendo, RG 132, 79; 151, 357).

Diese allgemeinen Bestimmungen, die für das Verschulden bei Eingehung des Vertrages verantwortlich machen, können aber dann nicht zur Anwendung kommen, wenn für besondere Rechtsverhältnisse Sonderbestimmungen bestehen.

Da für das Viehgewährschaftsrecht für den Viehkauf nur Hauptmängel (§ 482) und die Mängel nach § 492 Mängel sind, für welche den Verkäufer nach dem Gesetz die Gewährleistungspflicht trifft, können für den Viehkauf Schadenersatzansprüche aus dem Vertrag gemäß § 463 wegen arglistigen Verschweigens eines Mangels, der nicht Hauptmangel ist und dessen Abwesenheit auch nicht zugesichert wurde, nicht geltend gemacht werden (RG 102, 308). Die besonderen Vorschriften des Viehgewährschaftsrechts würden sonst auf diese Weise umgangen werden können (ebenso *Meisner* S. 27).

Der Käufer hat in solchen Fällen nur die Möglichkeit, den Anfechtungsanspruch nach § 123 oder den Schadenersatzanspruch aus § 823 oder § 826 geltend zu machen. Davon ist zu unterscheiden das Verschulden, das sich auf andere als sachliche Mängel des Tieres bezieht,

z. B. wenn der Käufer beim Verkauf eines Tieres über das Gewicht des Tieres dadurch getäuscht wird, daß das Tier vorher außerordentlich gefüttert wird und dadurch ein höherer Kaufpreis erzielt wird, wenn das Tier nach Lebendgewicht zum Schlachten verkauft wird.

Nach *Stölzle*, Slg. II, S. 200, KG, ist bei Überfütterung von Vieh zu dem Zweck, das Lebendgewicht der Tiere zu erhöhen, die Einrede der Arglist hinsichtlich des so erreichten Mehrpreises gegeben (nach §§ 133, 157, 242). Daneben aber sei auch noch die gesetzliche Voraussetzung nach § 826 gegeben, da die Erhebung dieses Mehranspruches gegen die guten Sitten verstoße.

Ähnlich *Stölzle*, Slg. II, S. 202, Bayer. ObLG München, welches darin eine positive Vertragsverletzung und den Tatbestand nach § 263 StGB als gegeben ansieht.

Anm. 29. Umfang des Schadenersatzes

Auch bei Verschulden bei Eingehung des Vertrages gilt § 249, also die Verpflichtung zur Herstellung des Zustandes, der bestehen würde, wenn der zum Ersatz verpflichtende Umstand z. B. arglistiges Verschweigen nicht eingetreten wäre;

(ausführlicher dazu über Verschulden bei Anbahnung von Vertragshandlungen *Palandt* Anm. 6 zu § 276, obwohl eigentlich nicht dorthin gehörend).

Siehe auch OLG Celle U. v. 2. 11. 49 in Nieders. Rpfl. 1949 Nr. 12, S. 214 = DRsp. I (125) 19a: „Haftung aus mangelhafter Aufklärung über den Umfang der eingegangenen Verpflichtung." OLG Düsseldorf U. v. 24. 7. 52 in DRsp. I (130) 32 g, ausführlicher in JR 53, S. 183: Schuldhafte Unkenntnis des Käufers über Mängel kann nicht als Mitverschulden oder bei Verschulden bei Vertragsschluß berücksichtigt werden; denn wenn nach dem Grundgedanken der Gewährleistungsbestimmungen (§ 460) einmal festgestellt wird, wann der Käufer nur Schutz dieser strengen Bestimmung verlangen kann, darf nicht über den Umweg des § 254 dieser Anspruch wieder genommen werden.

OLG Celle U. v. 11. 9. 52 = DRsp. I (130) 32 f, ausführlicher in MDR 53, 432: Wenn durch Vertrag Gewährleistungsansprüche ausgeschlossen werden, können bei fahrlässig falschen Eigenschaften der verkauften Sache keine Ansprüche aus Verschulden bei Vertragsschluß entstehen; denn wenn der Gesetzgeber durch Sonderregelung die Anwendung der allgemeinen Vorschriften ausgeschlossen wissen will, bleibt es bei dem gesetzlich festgelegten Ausschluß, auch wenn die Sonderregelung ihrerseits wieder durch Vereinbarung der Parteien ausgeschlossen wird.

Ein Anspruch aus Verschulden bei Vertragsabschluß ist aber, soweit es sich um fahrlässig falsche Angaben über Eigenschaften der verkauften Sache handelt, durch die Vorschriften über die Gewährleistung ausgeschlossen (§§ 459, 463, RG 135, 339; 148, 296).

Anm. 30. Beweislast

Auch hier ist der Käufer für das Verschweigen und die Arglist, auf der das Verschweigen beruht, beweispflichtig. Er hat also zu beweisen, daß der Verkäufer vorsätzlich oder fahrlässig eine notwendige Mitteilung unterlassen hat, obwohl er sich aus der Sachlage des Falles der Offenbarungspflicht bewußt sein mußte und daß die Mitteilung der Tatsache den Kaufentschluß des anderen beeinträchtigen könnte. Siehe auch *Rosenberg*, Beweislast, § 27, S. 336.

Anm. 31. Ansprüche wegen Verschuldens bei Erfüllung des Vertrages

Neben den Gewährleistungsansprüchen kann auch ein Anspruch wegen Verschuldens bei Erfüllung des Vertrages nach den allgemeinen Bestimmungen des BGB geltend gemacht werden, wenn sich diese Ansprüche nicht auf Sachmängel gründen (RG 148, 296).

Es sind dann die Vorschriften über positive „Vertragsverletzung" neben den Gewährleistungsansprüchen unbeschränkt anwendbar.

Palandt Anm. 7b zu § 276 bezeichnet diesen Ausdruck „positive Vertragsverletzung" mit Recht als unzutreffend, weil diese nicht nur in einem „positiven" Tun, sondern auch in einem „Unterlassen", z. B. dem Unterlassen einer Anzeigepflicht, bestehen kann.

Ferner könne die „Vertragsverletzung" nicht nur in einer Verletzung des „Vertrags", sondern auch von „gesetzlichen" Schuldverhältnissen bestehen. Der Name „positive Vertragsverletzung" ist aber so eingebürgert, daß er derzeit wenigstens noch verwendet werden muß.

Nach BGH U. v. 13. 11. 53 in DRsp. I (125) 48 a—c = BB 54, 8 ist „positive Vertragsverletzung" jede schuldhafte Leistungsstörung, die durch eine Verletzung der Vertragspflichten im weitesten Sinne den Vertragsgegner schädigt und wodurch eine Verpflichtung zum Schadenersatz begründet wird.

„Vertragspflichten im weiteren Sinne" ist alles, was aus dem Vertrage vom Vertragsschuldner verlangt werden kann (Haupt- und Nebenpflichten, Vorbereitungs- und Obhutspflichten, Auskunfts- und Anzeigepflichten, Mitwirkungspflichten und auch die sog. reinen Gläubiger-Obliegenheiten).

Wird durch eine solche positive Vertragsverletzung der Vertragszweck derart gefährdet, daß dem vertragstreuen Teil unter Berücksichtigung aller Umstände des Falles nach Treu und Glauben die Fortsetzung des Vertrages und damit auch die Bewirkung der ihm nach dem Vertrag an sich obliegenden Leistung nicht zugemutet werden kann, so kann er seinerseits die Erfüllung des Vertrages verweigern und nach seiner Wahl Schadenersatz wegen Nichterfüllung, also das „positive Erfüllungsinteresse" verlangen, oder vom Vertrag zurücktreten.

Diese Entscheidung des BGH fußt im wesentlichen — bis auf die Frage der Rechtsgrundlage — auf der übernommenen RG-Rechtsprechung und *Staudinger* Vorbem. 10e vor § 459. Dazu siehe „Die Beweislast bei vertraglichem und außervertraglichem Verschulden sowie bei positiver Vertragsverletzung von *Ernst Krönig* in MDR 1953, 647ff.

Eine Haftung über Verschulden hinaus (sog. reine Erfolgshaftung) besteht nur dann, wenn das Gesetz dies ausdrücklich bestimmt.

Nach § 278 besteht z. B. Haftung auch für das Verschulden anderer, nämlich für das Verschulden des gesetzlichen Vertreters und der Personen, deren sich der Schuldner zur Erfüllung seiner Verbindlichkeit bedient.

Der Grund dafür liegt darin, daß der Vertragsgegner dadurch, daß sich der Schuldner anderer Personen bedient, nicht schlechter gestellt sein soll.

Über Definition zu „Erfüllungsgehilfe" (§ 278) siehe BGH U. v. 21. 4. 54 in JZ 1954, 447.

Beispielsweise haftet der Verkäufer aber dem Käufer gegenüber nicht für seine Viehlieferanten (RG 101, 152), weil diese nur ihre eigene Verpflichtung erfüllen, außer der Verkäufer läßt den Käufer unmittelbar durch den Viehlieferanten mit Ware beliefern (RG 108, 323).

Hat der Viehkäufer die Durchführung der Übersendung des Viehtransportes übernommen, so haftet er auch für das Verschulden seines Spediteurs (RG 101, 152; 115, 162).

Ein weiterer Fall der reinen Erfolgshaftung bringt der § 287/II, nämlich Haftung auch für Zufall beim Verzug des Schuldners, allerdings mit der Einschränkung, daß keine erweiterte Haftung dann eintritt, wenn die Unmöglichkeit der Leistung auch bei rechtzeitiger Leistung eingetreten wäre.

Es darf aber nicht nebeneinander Schadenersatz wegen Nichterfüllung und wegen verspäteter Erfüllung verlangt werden (RG 94, 203).

Nach BGH U. v. 29. 10. 52 in NJW 53, 337 gilt gleicherweise was für den Schaden wegen Nichterfüllung gilt, auch für den Schaden aus positiver Vertragsverletzung.

Hinsichtlich der Berechnungsart für den Schaden hat der Ersatzberechtigte ein Wahlrecht. Er kann entweder den Schadenersatz für die zerstörte oder vernichtete Sache im Geldwert der Sache im Zeitpunkte der letzten mündlichen Verhandlung verlangen samt gesetzlichen Verzugszinsen nach § 288 BGB oder 352 HGB oder er kann den Geldwert der Sache im Zeitpunkt des Schadenseintritts verlangen und daneben als besonderen Verzugsschaden höhere Zinsen fordern, sofern er infolge des Verzuges nachweisbar z. B. höhere Bankzinsen zahlen mußte.

Zwischen beiden Berechnungsarten steht ihm bis zur letzten mündlichen Verhandlung das Wahlrecht zu.

Bei der Erwägung, welche Berechnungsart die günstigere ist, muß davon ausgegangen werden, daß die gesetzlichen Zinsen (4% gemäß § 288 BGB, 5% gemäß § 352 HGB) auch neben den aus der positiven Vertragsverletzung erwachsenen Ansprüchen zustehen.

Anm. 32. Vorsätzliche und fahrlässige Vertragsverletzung

Eine Verletzung der Vertragspflicht wird im allgemeinen für den Verkäufer darin bestehen, daß er vorsätzlich oder fahrlässig seine Pflicht zur Übergabe des verkauften Tieres nach § 433 verletzt, nämlich in der Beschaffenheit, für welche er nach dem Kaufvertrag einzustehen hat und wozu er nach Treu und Glauben und der Verkehrssitte gemäß § 242 verpflichtet ist.

Der Begriff „vorsätzlich", der im Gesetz selbst nicht ausdrücklich beschrieben ist, bedeutet nicht, daß der Betreffende den Erfolg beabsichtigt oder auch nur gewünscht hat (RG 57, 241), es genügt bedingter Vorsatz, d. h. die Billigung des als möglich erkannten Vorsatzes (RG 76, 319).

Der Begriff „fahrlässig" ist Außerachtlassung der im Verkehr erforderlichen Sorgfalt (RG 148, 162).

„Erforderlich" ist hierbei nicht dasselbe wie „üblich", es sind dabei örtliche und zeitliche Unterschiede zu beachten und auf ein objektives, abstraktes Maß der Sorgfalt abzustellen (RG 119, 397).

Eine Haftung aus Verschulden wegen solcher Vertragsverletzungen wird sich praktisch vor allem dann ergeben, wenn sich das Verschulden nicht auf Eigenschaften der Kaufsache bezieht (RG 161, 337).

Wenn z. B. der Verkäufer ein verkauftes Pferd so schlecht wartet, daß dieses zwischen Kaufsabschluß und Übergabe erkrankt, hat der Verkäufer für diesen Mangel dem Käufer den Schaden zu ersetzen, der ihm aus dieser Handlungsweise entsteht, auch wenn es kein Gewährsmangel ist, für den er naeh den Gewährschaftsbestimmungen einzustehen hätte.

Der Käufer hätte in diesem Fall zunächst das Recht, das mangelhafte Tier zurückzuweisen, also die Annahme desselben zu verweigern (RG 52, 355). Er kann aber auch nach § 249 sein volles Erfüllungsinteresse geltend machen, also den Verkäufer für alle Folgen des nichterfüllten Vertrages verantwortlich machen.

Der Verkäufer haftet dann dafür, daß der Käufer so gestellt wird, wie er gestellt gewesen wäre, wenn der Verkäufer den Vertrag richtig erfüllt hätte, also ein mangelfreies Tier übergeben bekommen hätte. Dieser Schadenersatz „wegen Nichterfüllung" (§§ 325, 326) wird fast immer auf eine Geldleistung gerichtet sein, wenn auch eine Naturalherstellung möglich ist (RG 61, 348; 107, 15; RGRKomm. § 249 Anm. 1; *Palandt* Anm. 3b vor § 249 und BGH U. v. 5. 10. 51 in DRsp. I (125) 32a, ausführlicher in JZ 52, 31; siehe auch BGH U. v. 19. 6. 51 in NJW 51, 918 = MDR 51, 666, insbesondere hinsichtlich abstrakter und konkreter Schadensberechnung für entgangenen Gewinn bei Nichterfüllung eines Kaufvertrages, § 325).

Anm. 33. Unterschied zwischen dem Schadenersatzanspruch nach den allgemeinen Bestimmungen des BGB bei Nichterfüllung des Vertrages und dem Schadenersatzanspruch nach § 463 (wegen Gewährleistung)

Zwischen dem Schadenersatzanspruch nach den allgemeinen Bestimmungen des BGB bei Nichterfüllung des Vertrages und dem Schadenersatzanspruch nach § 463 wegen Gewährleistung — beide Ansprüche sind Ansprüche aus dem Vertrage — bestehen vor allem folgende Unterschiede:

Bei einem Schadenersatzanspruch nach § 463 ist ein Verschulden des Verkäufers, weil der Anspruch nach § 463 eben ein Gewährleistungsanspruch ist, nicht Voraussetzung (RG 102, 394).

Der sachliche Mangel muß bei einem Schadenersatzanspruch nach § 463 sowohl bei Vertragsschluß wie bei Gefahrübergang vorhanden sein, während bei den Schadenersatzansprüchen nach den allgemeinen Bestimmungen des BGB Verschulden des Verkäufers notwendig ist und der Mangel nicht bei Vertragsschluß wohl aber bei Erfüllung des Vertrages vorhanden sein muß.

Ein häufig vorkommender Fall einer positiven Vertragsverletzung ist der Verkauf eines Tieres, welches mit einer ansteckenden Krankheit behaftet ist, z. B. Maul- und Klauenseuche oder ansteckender Scheidenkatarrherkrankung, welche Krankheiten zwar keine Hauptmängel darstellen, aber eine große Ansteckungsgefahr für die Tiere des Käufers bilden.

Wenn der Verkäufer von dieser Erkrankung gewußt hat oder gewußt haben mußte (also unterlassen hatte vor Herausgabe des Tieres eine entsprechende Untersuchung desselben vorzunehmen) und dem Käufer davon keine Mitteilung gemacht hatte, so haftet er für allen Schaden, der aus dieser positiven Vertragsverletzung dem Käufer entsteht.

Anm. 34. Verjährung und Ausschlußvereinbarung hinsichtlich dieser Ansprüche

Hinsichtlich Verjährung dieser Ansprüche gilt die kurze, sechswöchentliche Verjährungszeit, wenn sich die Ansprüche auf Sachmängel beziehen, sonst die dreißigjährige Verjährungsfrist (RG 129, 282; a. A., aber nicht überzeugend, RGRKomm. und *Meisner*, welche immer eine dreißigjährige Verjährungsfrist annehmen wollen).

Durch Vereinbarung kann die Haftung für positive Vertragsverletzung ausgeschlossen werden, soweit nur Fahrlässigkeit vorliegt, also nicht im voraus bei Vorsatz (276/II).

Anm. 35. Verhältnis der Vorschriften der §§ 320 ff. zu den Gewährleistungsansprüchen

Vor Gefahrübergang hat der Käufer alle Rechte aus der Nichterfüllung des Vertrages nach §§ 320 bis 327, 440 und 242. Es stehen ihm daher insbesondere folgende Rechte zu:

Die Einrede des nichterfüllten Vertrages, also Verweigerung der Gegenleistung (Zahlung des Kaufpreises) bei teilweiser, unvollständiger oder nicht gehöriger Leistung (RG 57, 400; 73, 211; 66, 333; *Stölzle*, Slg. I, S. 53, OLG Kiel,

welches hierbei insbesondere feststellt, daß die Sondervorschriften nur für die Zeit nach dem Gefahrübergang in Betracht kommen und daß bis zu dieser Zeit die Einrede des nichterfüllten Vertrages auch beim Viehkauf auf andere als die in der Kaiserlichen Verordnung angeführten Hauptmängel gestützt werden kann).

Im besonderen Fall hatte es sich um die Kreuzlahmheit eines Tieres gehandelt, also keinen Hauptmangel im Sinne des § 482 und der Fehler war auch nicht so offensichtlich, daß ihn der Käufer hätte erkennen müssen.

Ähnlich *Stölzle*, Slg. I, S. 47, OLG Celle, und S. 48, OLG Köln, welche Entscheidungen feststellen, daß der Käufer zur Abnahmeverweigerung des Tieres bei inzwischen (zwischen Kaufabschluß und Gefahrübergang) eingetretener Verschlechterung der Kaufsache berechtigt ist, weil die vom Verkäufer zu übergebende Sache (Tier) so beschaffen sein muß, daß sie als Erfüllung übergeben angesehen werden kann. Eine bei der Übergabe mit Fehlern behaftete Sache brauche der Kläger grundsätzlich dann nicht anzunehmen, wenn diese Fehler (auch wenn es keine Hauptmängel sind) nach

Treu und Glauben mit Rücksicht auf die Verkehrssitte ihn berechtigen, die Abnahme zu verweigern.

Diese Einrede des nicht erfüllten Vertrages stellt nach *Palandt* (Anm. 3c zu § 320) eine Unterart des Zurückbehaltungsrechtes nach § 273 dar und wurzelt in § 242 (§ 440 Abs. 1, RG 117, 335).

Siehe auch *Stölzle*, Slg. II, S. 36, OLG Oldenburg: „Verkäufer haftet beim Viehkauf für einen zwischen dem Vertragsabschluß und dem Gefahrübergang durch Zufall entstehenden Nichthauptmangel (§§ 323, 324, 440, 446, 459ff.).

Ebenso *Stölzle*, Slg. II, S. 41, KG: „Der Käufer ist berechtigt, die Annahme eines Tieres, das an Maul- und Klauenseuche erkrankt ist, zu verweigern; denn die Lieferung einer derart mangelhaften Sache sei keine Vertragserfüllung durch den Verkäufer (RG 53, 70), andererseits sei aber nach Treu und Glauben der Käufer nicht verpflichtet, den vereinbarten Kaufpreis an den Verkäufer zu zahlen. Der Käufer könne sich auf sein Recht zur Leistungsverweigerung aus dem Gesichtspunkt der Arglist heraus stützen, nicht wegen seines Rechtes auf Wandelung, also Rückgängigmachung des Kaufpreises, da es an der für die Wandelung überhaupt erforderlichen Voraussetzung (RG 53, 73), daß die verkaufte Sache bereits übergeben, mindestens aber ihre Gefahr an den Käufer schon übergegangen ist (§§ 324, 300/II), fehle.

Das Tier muß auch frei von Rechten Dritter sein, die gegen den Käufer geltend gemacht werden könnten (§ 434). (Seuchensperre ist allerdings kein Mangel im Recht, sondern nur eine vorübergehende polizeiliche Schutzmaßregel). Auch in diesem Falle wäre, wenn also Rechte Dritter auf dem Tiere lasten würden, der Käufer berechtigt, die Annahme des mangelhaften Tieres zu verweigern.

b) Der Käufer hat weiters einen Erfüllungsanspruch (bei Nichterfüllung des Vertrages), und zwar auch dann, wenn seine eigene Leistung durch Verschulden des Verkäufers unmöglich wurde (§ 324).

c) Der Käufer kann weiters Schadenersatzansprüche wegen schuldhaft mangelhafter Lieferung (nur bei Hauptmängel, außer arglistiger Täuschung), ebenso bei subjektivem Unvermögen des Verkäufers (RG 73, 211) und bei Verzug gemäß § 326 stellen.

d) Der Käufer kann weiters das Rücktrittsrecht geltend machen gemäß §§ 325ff. trotz § 351.

e) Daneben hat der Käufer auch die Berechtigung, den Kauf nach § 123 wegen arglistiger Täuschung anzufechten oder wegen widerrechtlicher Drohung oder wegen Irrtums (§ 119) (hier auch wegen Rechtsmängel).

Die Anfechtung wegen Irrtums nach § 119 muß ohne schuldhaftes Zögern (unverzüglich) nach Kenntniserlangung des Anfechtungsgrundes erfolgen (§ 121). Der Irrtum kann entweder in einem Irrtum in der Erklärung bestehen (z.B. Versprechen) oder in einem Irrtum über den Inhalt der Willenserklärung, z. B. über den Gegenstand des Geschäftes oder in einem Irrtum über solche Eigenschaften des Tieres, die im Verkehr als wesentlich angesehen werden.

Nach OGH Br. Z. Köln U. v. 22. 11. 48 in NJW 49, 220 ist auch Rechtsirrtum möglich, wenn er die wesentliche Wirkung des Geschäfts betrifft.

Voraussetzung des Irrtums aber ist, daß der Erklärende bei Kenntnis der Sachlage und bei verständiger Würdigung des Falles die Erklärung nicht abgegeben hätte. Der Anfechtende, welcher also den Irrtum geltend macht, hat aber den anderen, allenfalls jedem Dritten, den Schaden zu ersetzen, den der andere oder der Dritte dadurch erleidet, daß er auf die Gültigkeit der Erklärung vertraut hat, jedoch nicht über das Interesse hinaus, welches der andere oder der Dritte an der Gültigkeit der Erklärung hat (§ 122).

f) Nach erfolgter Annahme des Tieres, also nach Gefahrübergang, kann der Käufer Ansprüche wegen Mangelhaftigkeit des gelieferten Tieres nicht mehr aus allgemeinen Grundsätzen, insbesondere nach §§ 320ff., herleiten. BGH U. v. 10. 7. 53, veröffentlicht in BGHE 10, S. 243.

Ab dann sind insbesondere die Vorschriften über Unmöglichkeit und Verzug (§§ 306, 323ff.) grundsätzlich nicht mehr anwendbar; denn nach dem Gewährleistungsrecht wird gerade die Frage des Verschuldens ausgeschaltet (*Palandt*, Vorbem. vor § 459) und die ursprüngliche Unmöglichkeit mangelfreier Lieferung begründet dann nach Gefahrübergang keine Nichtigkeit des Vertrages.

Dagegen bleiben die §§ 324ff. insoweit anwendbar, als die Unmöglichkeit, von einem Vertragsteil verschuldet, zu vertreten ist, da dieser Fall im Gewährleistungsrecht nicht behandelt ist.

Anm. 36. Ansprüche wegen Unmöglichkeit der Leistung

An Stelle der besonderen Bestimmungen des Viehgewährschaftsrechtes sind vielfach die Regeln wegen Unmöglichkeit der Leistung nach den allgemeinen Bestimmungen des BGB anzuwenden.

Die Voraussetzung dafür ist vor allem dann gegeben, wenn Viehkaufsabschluß und Gefahrübergang nicht zusammenfallen, insbesondere wenn der Käufer das gekaufte Tier eine zeitlang noch beim Verkäufer stehen läßt. Es gelten dann, weil der Zeitpunkt des Gefahrüberganges noch nicht eingetreten ist, noch die allgemeinen Bestimmungen des BGB.

Es sind hierbei folgende Unterscheidungen zu treffen:

a) die sog. anfängliche Unmöglichkeit der Leistung (§§ 306, 307),
b) die nachfolgende Unmöglichkeit der Leistung (§§ 323 bis 325).

In beiden Fällen a und b ist die sog. „wirtschaftliche“ Unmöglichkeit der „tatsächlichen“ Unmöglichkeit gleichzusetzen (entsprechend dem Grundsatz von Treu und Glauben § 242): Hier wäre an sich

(*Palandt*, Anm. 1b zu §275) die Leistung möglich, die aber gleichzeitig dem Schuldner nicht zuzumuten ist (BGH U. v. 16. 1. 53 in MDR 53, 282).

Diese Entscheidung ist für die jetzige Einstellung gegenüber den Bestimmungen der §§ 242, 275ff., 323ff., also für das Verhältnis der allgemeinen Bestimmungen über Treu und Glauben zu den Vorschriften über die Unmöglichkeit im Rechtssinn, von besonderer Bedeutung. Hier wird besonders ausgeführt, daß die früheren Entscheidungen des RG (RG 57, 116; 94, 45; 102, 98; RG JW 36, 315) über die wirtschaftliche Unmöglichkeit aus einer Zeit, in welcher die Lehre von der Geschäftsgrundlage noch unentwickelt war, nur noch teilweise anwendbar sind, weil derzeit die Beurteilung der sog. wirtschaftlichen Unmöglichkeit nach den Grundsätzen und der Lehre von der Geschäftsgrundlage zu erfolgen hat und nicht nach den starren Regeln über die Unmöglichkeitsbestimmungen.

Weiters wurde hier die wichtige Feststellung getroffen, daß es rechtlich möglich ist, wenn eine selbständige Vertragserfüllung nicht zumutbar ist, „das Vertragsverhältnis an die gegebene Sachlage in der Weise anzupassen, daß der Vertrag zu den bisherigen Vertragsbedingungen teilweise aufrecht erhalten wird" und daß es Frage des Einzelfalles ist, „ob Treu und Glauben eine vollständige Lösung von den restlichen Vertragspflichten oder deren Abwandlung gebieten".

Diese Gleichstellung gilt nur dann, wenn sich der Schuldner darauf beruft (wirtschaftlicher mit tatsächlicher Unmöglichkeit).

Im Falle der nachfolgenden Unmöglichkeit ist auch Unvermögen (subjektive Unmöglichkeit), also das „Nichtleistenkönnen", gerade des Schuldners, der Unmöglichkeit gleichgestellt; auch hier genügt wirtschaftliches Unvermögen.

Anm. 37. Anfängliche Unmöglichkeit der Leistung

Das ist die Unmöglichkeit, welche schon zur Zeit des Entstehens des Schuldverhältnisses, also des Kaufabschlusses, bestand. Diese hat die Nichtigkeit des ganzen Vertrages mit Schadensersatzfolgen unter gewissen Umständen (§§ 306, 307) zur Folge.

Der rechtliche Begriff der Unmöglichkeit ist im Gesetz selbst nicht näher erklärt. Im allgemeinen wird unter einer unmöglichen Leistung nicht nur eine solche verstanden, die überhaupt nicht erbracht werden kann, sondern auch eine solche Leistung, der dauernde Rechtshindernisse entgegenstehen.

Siehe *Palandt* Anm. 1a zu § 275, z.B. die Lieferung einer verkehrsunfähigen Sache (anfängliche rechtliche Unmöglichkeit) oder einer Sache, deren Lieferung gesetzlich verboten wird, etwa durch Erlaß eines Ausfuhrverbots: RG 102, 205; davon ist allerdings zu unterscheiden, wenn die anfängliche Unmöglichkeit auf einem bereits bei Vertragsschluß bestehenden gesetzlichen Verbot beruht. Hier gilt nicht § 306 sondern § 134, der aber ebenfalls die Nichtigkeit des Vertrags ausspricht und über § 309 dieselbe Verschuldenshaftung nach § 307 auslöst.

Siehe auch BGH U. v. 28. 4. 53 in DRsp. I (125) 45c: Ein Vertrag, bei welchem ein Verstoß gegen ein gesetzliches Verbot vorliegt, kann auch durch Wegfall der Verbotsvorschriften nicht wirksam werden.

Nach BGH U. v. 16. 12. 52 in DRsp. I (125) 40e, ausführlicher in Betrieb 53, S. 123, handelt es sich bei dem Fall des Verkaufes einer gestohlenen Sache nicht um den Fall der anfänglichen Unmöglichkeit im Sinne des § 306 – wie das Reichsgericht annahm (RG 105, 349) –, welche die Nichtigkeit des Vertrages zur Folge hat, sondern um einen Fall des Unvermögens, für das der Schuldner grundsätzlich einzustehen hat.

Bei Unvermögen kann aber der Gläubiger Erfüllung verlangen (RG 80, 250) oder wenn das Unvermögen dauernd ist, Schadenersatz wegen Nichterfüllung (RG 69, 355); ebenso RGRKomm. § 306, *Palandt* Anm. 3 zu § 306.

Dagegen liegt bei dem Verkauf einer Sache durch den Eigentümer, wenn diese ihm bereits vor Vertragsschluß gestohlen war, (anfängliche) Unmöglichkeit vor, ebenso beim Verkauf einer bereits untergegangenen Sache (RG 52, 417), z. B. das verkaufte Tier war zur Zeit des Kaufabschlusses bereits verendet.

Siehe auch BGH U.v. 28. 3. 1952 in JZ. 52, 527, in welchem Falle der Käufer das Tier dem besserberechtigten Eigentümer herausgeben muß.

Der vollständigen Unmöglichkeit steht die teilweise Unmöglichkeit hinsichtlich des unmöglichen Teiles gleich, wobei nach § 139 das ganze Rechtsgeschäft nichtig ist, wenn nicht anzunehmen ist, daß dieses auch ohne den nichtigen Teil vorgenommen worden wäre. Auch bei mangelnder Güte (Qualität) liegt teilweise Unmöglichkeit vor. Der Käufer eines Tieres, welches bereits zur Zeit des Kaufabschlusses mit einem Fehler behaftet war (auch wenn es sich bei diesem nicht um einen Hauptmangel handelt, z. B. Lahmheit und auch dieser Fehler noch bei der versuchten Übergabe des Tieres vorhanden war), muß ein solches Tier nach Treu und Glauben gem. § 242 nicht als Erfüllung annehmen, denn die Tatsache, daß der Verkäufer bei Gewährstieren nur für Hauptmängel haftet, gilt erst vom Zeitpunkte des Gefahrüberganges an. Vor diesem Zeitpunkte gelten die allgemeinen Regeln des BGB. Selbstverständlich muß die Unmöglichkeit der Lieferung ihren Grund in einem Umstand haben, den der Verkäufer nicht zu vertreten hat, z. B. weil das Tier, welches der Verkäufer zu liefern gehabt hätte, durch einen Zufall zugrunde gegangen, etwa durch eine Überschwemmung ertrunken ist.

(*Stölzle*, Slg. II, S. 36, OLG Oldenburg, ebenso *Stölzle*, Slg. II, S. 41, KG).

Würde aber der Verkäufer den Tod des Tieres vorsätzlich oder fahrlässig verursacht haben, würde der Verkäufer selbstverständlich haften.

Die Bestimmung des § 306 gilt in den Fällen der gesetzlichen Gewährleistung, also beim Kauf, für Sachmängel nicht.

Er gilt also nur soweit, als diese Gewährleistungsbestimmungen nicht bzw. noch nicht zur Anwendung kommen.

§ 307, der einen Unterfall der Haftung für Verschulden bei Vertragsschluß darstellt, bestimmt die Haftung für Verschulden bei Vertragsschluß über eine unmögliche Leistung. Er bestimmt, daß derjenige, welcher die Unmöglichkeit der Leistung kennt oder kennen muß, zum Ersatz des Schadens verpflichtet ist, den der andere Teil dadurch erleidet, daß er auf die Gültigkeit des Vertrages vertraut.

Diese Haftung geht jedoch nicht über das Interesse hinaus, welches der andere Teil an der Gültigkeit des Vertrages hat, ist also auf die Höhe des Erfüllungsinteresses begrenzt.

Die Ersatzpflicht tritt nicht ein, wenn der andere Teil die Unmöglichkeit kennt oder kennen muß.

Für diese Haftung nach §§ 306, 307 gilt die 30jährige Verjährung, weil es sich um keine Deliktshaftung handelt.

Anm. 38. Nachfolgende Unmöglichkeit der Leistung

38a. Es kommt sehr häufig vor, daß nach Kaufabschluß und vor Gefahrübergang ein Ereignis eintritt, welches dem Verkäufer die Leistung, also die Lieferung des Tieres, unmöglich macht,

z. B. das Tier wird nach dem Kaufabschluß und vor der Übergabe an den Käufer durch einen Zufall getötet, etwa durch einen Blitzschlag. Es handelt sich in diesem Fall um eine nachfolgende Unmöglichkeit der Leistung, welche weder von dem Käufer, noch von dem Verkäufer zu vertreten ist (§§ 323, 275).

38b. Nachfolgende Unmöglichkeit der Leistung, welche vom Gläubiger, dem Käufer, zu vertreten ist (§ 324),

wenn z. B. der Gläubiger, der Käufer des Tieres, vorsätzlich oder fahrlässig ein Ereignis herbeiführt, welches dem Schuldner, dem Verkäufer, die Lieferung des Tieres unmöglich macht.

38c. Nachfolgende Unmöglichkeit der Leistung, welche vom Schuldner, dem Verkäufer, zu vertreten ist (§ 324),

wenn nämlich der Schuldner, der Verkäufer des Tieres, vorsätzlich oder fahrlässig ein Ereignis herbeiführt, welches ihm die Lieferung des Tieres unmöglich macht, z. B. wenn er absichtlich das Tier verletzt oder fahrlässig zugrunde gehen läßt.

Anm. zu 38a. Nachfolgende Unmöglichkeit der Leistung, weder vom Käufer noch vom Verkäufer zu vertreten

Zunächst muß festgestellt werden, daß der umgekehrte Fall, nämlich daß die Unmöglichkeit der Leistung von beiden Vertragsteilen zu vertreten ist, im Gesetz nicht besonders geregelt ist; in diesem Fall wird entweder § 324 oder § 325 zur Anwendung kommen, je nachdem das Verschulden des einen oder anderen Vertragsteiles überwiegt, wobei dann § 254 hinsichtlich der Schadensersatzfolge entsprechend anzuwenden ist (RG 71, 191; 94, 14).

Wenn aber eine nachträgliche Unmöglichkeit der Leistung eintritt, welche weder von dem Käufer noch von dem Verkäufer zu vertreten ist, so ist die Rechtswirkung hinsichtlich der Person des Verkäufers, die, daß er von seiner Verpflichtung zur Leistung, d. h. Lieferung des Tieres, frei wird.

Bei einer nur teilweisen Unmöglichkeit der Leistung tritt auch nur eine teilweise Befreiung von der Leistung ein.

Diese teilweise Unmöglichkeit kann der Menge nach oder der Güte nach eintreten.

Wurden z. B. von dem Verkäufer fünf Tiere verkauft, von denen zwei Tiere vor Übergabe an den Käufer durch einen Zufall zugrunde gehen, so ist der Verkäufer nur noch zur Lieferung von drei Tieren verpflichtet. Bezüglich der Lieferung der zwei restlichen wird er befreit.

Auch diese teilweise Unmöglichkeit kann unter Umständen zu einer vollständigen Unmöglichkeit der Lieferung führen und dementsprechend auch zu einer vollständigen Befreiung des Verkäufers zur Lieferung.

Dies wird z. B. dann der Fall sein, wenn der Verkäufer ein paar gleichartige Pferde als Gespannpferde verkauft hat, von denen ein Pferd zugrunde geht und die Beschaffung eines anderen gleichartigen Pferdes dem Verkäufer nicht möglich ist. Hier wird der Verkäufer von seiner Lieferungspflicht zur Gänze befreit.

Dasselbe gilt bezüglich der Unmöglichkeit der Lieferung der Güte nach.

Tritt also eine Verschlechterung des Tieres etwa dadurch ein, daß sich das Tier zwischen Kaufabschluß und Übergabe ein Bein bricht, kann der Käufer die Annahme des Tieres verweigern, weil die Lieferung dieses verschlechterten Tieres eine andere Leistung ist, als die nach dem Vertrag geschuldete.

Der Verkäufer wiederum ist nicht verpflichtet, dieses Tier zu liefern und wird von seiner Lieferungspflicht befreit. Auch hier wird bezüglich der Beurteilung einer Verschlechterung der Grundsatz von Treu und Glauben anzuwenden sein, d. h. bei einer derart geringfügigen Verschlechterung, daß sie kaum in die Waagschale fällt, wird keine Annahmeverweigerung für den Käufer angenommen werden können und ebenso dann nicht, wenn die nach dem Kaufabschluß eingetretene Verschlechterung bis zur Übergabe wieder beseitigt wurde, also z. B. das erkrankte Tier wieder gesund wurde.

Ob eine Unmöglichkeit der Leistung vorliegt und ob eine Teilunmöglichkeit auch schon eine vollständige Unmöglichkeit bedeutet, wird meistens aus dem Inhalt und Zweck des Vertrages festzustellen sein (RG 140, 383).

Was die Rechtswirkung in der Person des Käufers anbetrifft:

Wenn der Verkäufer von seiner Lieferungspflicht befreit wird, verliert er auch seinen Anspruch auf die Gegenleistung, d. h. der Käufer wird von seiner Verpflichtung, den Kaufpreis zu bezahlen, gemäß § 323/I befreit.

Wenn also das verkaufte Tier bis zur Übergabe durch Zufall zugrunde geht und der Verkäufer das Tier nicht liefern kann, fällt auch die Verpflichtung des Käufers weg, den Kaufpreis zu bezahlen.

Erlangt in einem solchen Fall der Schuldner, also der Verkäufer, einen Ersatz oder Ersatzanspruch z. B. eine Versicherungssumme für das Zugrundegehen, für die Beschädigung oder die Entwendung des Tieres (RG 89, 38), so kann der Gläubiger, also der Käufer des Tieres, die Herausgabe des für dieses Tier empfangenen Ersatzes oder die Abtretung des Ersatzanspruchs verlangen.

In diesem Falle bleibt der Käufer aber zur Gegenleistung verpflichtet, d. h. er ist zur Zahlung des Kaufpreises verpflichtet. Die Kaufsumme verringert sich aber in diesem Fall gemäß §§ 472, 473 soweit, als der Wert des Ersatzes (oder der Ersatzansprüche) hinter dem Wert der geschuldeten Leistung zurückbleibt (§ 323 Abs. 2).

Der Käufer des Tieres hat nur das Recht, nicht aber die Pflicht, die Ersatzleistung zu verlangen. Verlangt der Käufer aber die Ersatzleistung nicht, hat er auch keine Verpflichtung, den Kaufpreis zu bezahlen.

Bekommt der Verkäufer für ein Tier, welches er um 900,– DM an den Käufer verkauft hatte und welches vor der Übergabe zugrunde gegangen ist und einen Wert von 1000,– DM hatte, eine Versicherungssumme von 800,– DM, weil es nur in dieser Höhe versichert war, so müssen die 900,– DM Kaufpreis in dem Verhältnis herabgesetzt werden, in welchem der Wert des für das Tier erlangten Ersatzes (800,– DM) hinter dem tatsächlichen Wert des Tieres zurückbleibt. Nach dem Verhältnis 1000,– : 800,–, wie 900,– : x, ergibt sich für x ein Wert von 720,– DM. Dementsprechend muß also der Kaufpreis von 900,– DM um (900,– minus 720,– DM) daher 180,– DM herabgesetzt werden; der Käufer muß daher nur 720,– DM bezahlen, erhält aber von der Versicherung 800,– DM, bekommt also tatsächlich noch 80,– DM herausbezahlt.

Es wird also immer einer Abwägung in jedem einzelnen Fall bedürfen, um festzustellen, ob der Käufer mit dem Verlangen auf Herausgabe des Ersatzes besser gestellt ist, als wenn er auf diesen verzichtet und dafür auch keinen Kaufpreis bezahlt.

Sollte in der Zwischenzeit eine Gegenleistung bereits erfolgt sein, die nach diesen Vorschriften gar nicht zu leisten war, kann das Geleistete nach den Vorschriften über die Herausgabe einer ungerechtfertigten Bereicherung zurückgefordert werden (§§ 323/III, 812ff). Diese Bestimmung bezieht sich nur auf den Umfang der herauszugebenden Bereicherung (RG 139, 22), ohne daß die besonderen Voraussetzungen der §§ 812ff. vorliegen müssen.

Palandt zitiert in diesem Zusammenhang bei Anm 6 zu § 323, III HEZ 1, 268, wonach die Verpflichtung zur Herausgabe der Gegenleistung auch dann bestehen bleibt, wenn die Nichterfüllung auf einer Enteignung der geleisteten Sache beruht.

Hat z. B. der Käufer schon bei Kaufabschluß den Kaufpreis für das verkaufte Tier bezahlt, der Verkäufer aber das infolge eines Unglücksfalles verendete Tier dann nicht liefern können, kann der Käufer den von ihm bezahlten Kaufpreis zurückverlangen. Dazu siehe OLG Stuttgart U. v. 24. 2. 54

in NJW 54, 759: Werden Tiere, die an Maul- und Klauenseuche erkrankt sind, auf Grund der Bestimmung des Viehseuchengesetzes getötet, so liegt ein Enteignungsfall vor. Damit ist also festgelegt, daß – entgegen vielfacher Auffassung im Schrifttum, daß polizeiliche Eingriffe keine Enteignung seien – jedenfalls eine Tötung von Tieren auf Grund des Viehseuchengesetzes als Enteignung im Sinne des Artikel 14 Abs. 3 Satz 4 GG anzusehen ist.

Anm. zu 38b. Nachfolgende Unmöglichkeit der Leistung, vom Käufer zu vertreten

Wird in der Zeit zwischen Kaufabschluß und Gefahrübergang durch den Käufer des Tieres ein Ereignis herbeigeführt, welches dem Verkäufer die Lieferung des Tieres unmöglich macht und zwar durch eine vorsätzliche oder fahrlässige Handlungsweise des Käufers (§§ 324, 276), wird der Verkäufer von seiner Verpflichtung, das Tier zu liefern, befreit (§ 275), der Käufer dagegen wird von seiner Verpflichtung, den Kaufpreis zu bezahlen, nicht befreit (RG 166, 147),

z. B. der Käufer probiert das Pferd nach Kaufabschluß jedoch vor Übernahme aus, verursacht aber dadurch fahrlässigerweise den Tod des Tieres, so wird der Verkäufer von der nun unmöglich gewordenen Lieferung des Tieres befreit, behält aber trotzdem den Anspruch auf Bezahlung des Kaufpreises gegenüber dem Käufer. Der Käufer muß also trotzdem den Kaufpreis bezahlen.

Allerdings muß sich in diesem Falle der Verkäufer das anrechnen lassen, was er infolge der Befreiung von der Leistungspflicht erspart (§ 324). Dies werden besonders Transportkosten sein, welche der Verkäufer zu tragen gehabt hätte und die er sich durch Wegfall seiner Lieferungspflicht erspart oder Fütterungskosten, die der Verkäufer bis zum Übergabstag vereinbarungsgemäß zu tragen gehabt hätte.

Außerdem kann der Käufer auch aus unerlaubter Handlung eventuell auch aus dem Vertrag schadenersatzpflichtig gemacht werden.

Dagegen hat der Käufer auch hier den Anspruch auf Herausgabe des Ersatzes, den der Verkäufer für das Tier, dessen Lieferung ihm unmöglich gemacht wurde, erhalten hat (§ 281).

Der Käufer hat das Verschulden der Personen, deren er sich zur Erfüllung seiner Verbindlichkeit bedient, zu vertreten (§ 278). Wenn er sich also bei der Probe des Tieres eines eigenen Angestellten bedient hat, haftet er auch für dessen vorsätzliche oder fahrlässige Handlungsweise.

Die gleichen Wirkungen (§ 324) treten bei Annahmeverzug des Käufers ein; der Verkäufer hat nach § 300 nur Vorsatz und grobe Fahrlässigkeit zu vertreten, nicht einfache Fahrlässigkeit und Zufall.

Nimmt z. B. der Käufer ohne Grund das ihm ordnungsgemäß gelieferte Tier nicht an und kommt er damit in Verzug und wird beim Verkäufer, der das Tier zurückgenommen hatte, dieses gestohlen, muß der Käufer dennoch den Kaufpreis bezahlen (siehe auch LG Hof, Bayer. JMBl. 54, 87 in DRsp. I [125] 7 zu § 287).

Anm. zu 38c. Nachfolgende Unmöglichkeit der Leistung, vom Verkäufer zu vertreten

Wird in der Zeit zwischen Kaufabschluß und Gefahrübergang durch den Verkäufer des Tieres ein Ereignis herbeigeführt, welches ihm die Lieferung des Tieres unmöglich macht und zwar durch eine vorsätzliche oder fahrlässige Handlungsweise (§§ 325, 276), kann der Käufer folgende Rechte geltend machen:

1. Schadenersatz wegen Nichterfüllung verlangen:

Es entfällt für ihn die Verpflichtung zur Gegenleistung (h. M.) und außerdem kann er den Mehrwert verlangen, den die unmöglich gewordene Leistung gegenüber dem Wert seiner eigenen (ersparten) Gegenleistung für ihn hat, also die Differenz beider Leistungen (siehe *Palandt* Anm. 3 zu § 325 nach der „Differenzlehre" RG 102, 62; 152, 112; 40, 244; 60, 67; 127, 248; 128, 79; 149, 136).

Dieser Anspruch ist somit nicht auf Naturalherstellung gerichtet sondern eine reine Geldforderung. Allerdings ist der Käufer auch berechtigt (ohne jedoch dazu verpflichtet zu sein), dem Verkäufer die ihm zustehende Gegenleistung anzubieten und Schadenersatz für die nichterbrachte Leistung des Verkäufers zu fordern (RG 96, 20). Ferner ist der Käufer berechtigt, wenn er seine Gegenleistung bereits bewirkt hat, Schadenersatz in Geld zu fordern, wobei er die bereits bewirkte Leistung dem Verkäufer zu belassen hat.

In diesen beiden — gewissermaßen — Ausnahmefällen ist also der Ersatzanspruch des Käufers nicht auf die Differenz (wie oben angeführt) beschränkt (RG JW 31, 1184).

2. Der Käufer kann von dem Vertrage zurücktreten und wird in diesem Fall der Vertrag aufgehoben, als wäre er nicht abgeschlossen worden (RG 107, 348; 61, 130).

Der Käufer wird sich dafür vor allem dann entscheiden, wenn die Gegenleistung, zu der er sich verpflichtet hatte, größer ist als der Wert der unmöglich gewordenen Leistung, und schließlich kann er

3. die Rechte aus § 323 geltend machen, also den Ersatz nach § 281 von dem Verkäufer verlangen, den dieser für das Tier (Verlust, Beschädigung usw.) erlangt hat und die eigene Leistung zurückfordern, allerdings nur im Maße der §§ 812ff., 323/III.

Wenn z. B. der Verkäufer vorsätzlich oder fahrlässig das bereits verkaufte Tier verletzt, so daß die Lieferung des Tieres an den Käufer für ihn unmöglich wird, hat der Käufer alle diese Möglichkeiten, wie oben angeführt, hinsichtlich seiner Ansprüche gegenüber dem Verkäufer.

Anm. 39. Verjährung dieser Ansprüche

Die Rechtsbehelfe des Unmöglichkeitsrechtes nach §§ 323, 325 unterliegen der 30jährigen Verjährung (RG 144, 162), soweit sie statt der Gewährschaftsansprüche geltend gemacht werden (RG 53, 200).

Anm. 40. Verhältnis der Sondervorschriften der §§ 481 ff. zu den allgemeinen Gewährschaftsbestimmungen (§§ 459 bis 481, angeführt als Gesetzestext S. 5 ff.)

Durch die Sonderbestimmungen der §§ 481 ff. werden verschiedene allgemeine Bestimmungen über das Gewährschaftsrecht nach §§ 459 bis 481 abgeändert bzw. unanwendbar. Es sind dies die Bestimmungen der §§ 459 Abs. 1 (RG 123, 148), 468, 472, 474 und 475.

Nach RG 123, 148 kommt die Vorschrift des § 459 nach dem Viehgewährschaftsrecht nicht zur Anwendung, wonach die Haftung des Verkäufers dem Käufer gegenüber darin besteht, daß die übergebene Sache nicht mit Fehlern behaftet ist, die den Wert oder die Tauglichkeit zu dem gewöhnlichen oder dem nach dem Vertrag vorausgesetzten Gebrauch aufheben oder mindern. Wenn es sich um keinen Hauptmangel handelt, müßte eine ausdrückliche Übernahme der Gewährleistung für einen solchen Nebenmangel von dem Verkäufer – dem Käufer gegenüber – gemäß § 492 erfolgt sein. Die Tatsache allein, daß das Tier zu dem gewöhnlichen oder dem nach dem Vertrag vorausgesetzten Gebrauch nicht mehr oder nicht mehr vollständig tauglich sei, genügt nicht, um die Haftung für den Verkäufer zu schaffen, auch wenn diesem der nach dem Vertrag vorausgesetzte Gebrauch bekannt war. Sonst wäre damit § 482 hinfällig gemacht. Die Entscheidung führt dabei RGRKomm. Anm. 1 zu § 492 an.

§ 468 handelt von Grundstücken.

§§ 472, 474 und 475 von der beim Sonderrecht ausgeschlossenen Minderung des Kaufpreises.

Anm. 41. Verhältnis der Sondervorschriften der §§ 481 ff. zu den Vorschriften des HGB

Für den Viehhandelskauf gelten die Bestimmungen des HGB über den Handelskauf nur insofern, als sie nicht mit den Sondervorschriften der §§ 481 bis 492 in Widerspruch stehen.

Dies ergibt sich aus § 382 HGB, wonach das Viehgewährschaftsrecht durch die Bestimmungen des HGB §§ 373 ff. (Bestimmungen über den Handelskauf) nicht berührt wird.

Im Widerspruch stehen mit diesen Viehgewährschaftsbestimmungen die §§ 377 und 378 HGB (Mängelrüge wegen mangelhafter Ware oder Ware anderer Art).

Bei einem Viehhandelskauf hat somit der Käufer nicht die Verpflichtung, wie sie nach den Bestimmungen der §§ 377 und 378 HGB vorgeschrieben ist, den Mangel unverzüglich nach der Ablieferung bzw. nach der Entdeckung (wenn sich der Mangel erst später zeigt) zur Anzeige zu bringen, sondern der Käufer hat nur nach § 485 für Hauptmängel und nach § 492 auch für andere Mängel, wenn eine Gewährfrist vereinbart ist, die Verpflichtung, dem Verkäufer den Mangel spätestens zwei Tage nach Ablauf der Gewährfrist anzuzeigen.

Eine Anzeige, die innerhalb dieser Zeit erfolgt ist, ist immer rechtzeitig erfolgt und eine Anzeige nach Ablauf dieser Frist verspätet und daher unbeachtlich, außer es liegt ein arglistiges „Verschweigen" seitens des Verkäufers vor.

In Widerspruch mit den Sonderbestimmungen steht weiters § 379/II HGB, nach welcher Bestimmung nach Handelsrecht der Käufer zum Notverkauf berechtigt ist, wenn die Ware dem Verderb ausgesetzt ist und Gefahr in Verzug ist; denn nach § 489 kann nur die öffentliche Versteigerung durch einstweilige Verfügung angeordnet werden, sobald die Besichtigung des Tieres nicht mehr erforderlich ist. Die übrigen Vorschriften des HGB über den Handelskauf, wie §§ 373 (Folgen des Annahmeverzugs des Käufers), § 376 (über das Fixgeschäft) und § 379 (über die Aufbewahrungspflicht des Käufers bei Beanstandung des Tieres), gelten auch für den Handelsviehkauf; wohl aber finden die Bestimmungen des HGB, wenn es sich um Handelsgeschäfte handelt, dann Anwendung, wenn es sich um andere Tiere handelt, als die im § 481 genannten oder wenn es die Vertragsteile ausdrücklich vereinbaren; denn die Bestimmungen des Viehgewährschaftsrechtes sind nachgiebiges Recht, also vertraglich abdingbar (RG 123, 212) und können daher die Vertragsparteien durch Vereinbarung auch eine andere Regelung treffen, soweit das Gesetz dies nicht ausdrücklich ausschließt, z. B. § 476, nach welcher Gesetzesbestimmung eine Vereinbarung nichtig ist, durch welche dem Käufer die gesetzliche Verpflichtung zur Gewährleistung erlassen oder beschränkt wird, wenn der Verkäufer den Mangel arglistig verschweigt.

Anm. 42. Verhältnis der Sondervorschriften der §§ 481 ff. zum Handelsbrauch und zu den Marktregeln

Zunächst ist festzustellen, daß sich ein Gewohnheitsrecht, welches einzelne gesetzliche Bestimmungen des Viehgewährschaftsrechtes abgeändert oder aufgehoben hätte, bis jetzt nicht gebildet hat. Hier könnte man höchstens als eine Ausnahme die Rechtsprechung bezeichnen, die bewußt von der gesetzlichen Bestimmung des § 492 abgewichen ist. Siehe diesbezüglich Anm. 2c bei § 492 S. 166 und RG 60, 234, OLG Stuttgart in *Stölzle*, Slg. II, S. 109 und *Peter Lerche*, Ordentlicher Rechtsweg und Verwaltungsrechtsweg, S. 72 ff., über Gewohnheitsrecht.

Bei Handelsbrauch ist zu unterscheiden, ob es sich um Kaufgeschäfte zwischen Kaufleuten oder Nichtkaufleuten handelt.

a) Unter Kaufleuten muß gemäß § 346 HGB auf die im Handelsverkehr geltenden Gewohnheiten und Gebräuche Rücksicht genommen werden.

An Handelsbräuche sind also nur Kaufleute gebunden und umgekehrt sind Nichtkaufleute grundsätzlich an Handelsgebräuche nicht gebunden.

b) Für Nichtkaufleute sind Handelsbräuche und daher erst recht Marktregeln nur dann verbindlich, wenn sich die Betreffenden ihnen nachweisbar — ausdrücklich oder stillschweigend — unterworfen haben; sie mußten ihnen also bekannt gewesen sein (*Stölzle-Graminger*, S. 109, a. A. *Stölzle*, Slg. II, S. 54, RG, welche Entscheidung aber auch von *Stölzle* als unrichtig bezeichnet wird).

Dagegen bezeichnet *Stölzle*, Slg. II, S. 90, LG Kempten, eine Änderung der gesetzlichen Bestimmungen über Viehgewährschaft durch Gewohnheitsrecht, Handelsbrauch und Marktregeln als rechtlich unzulässig und beruft sich diesbezüglich auf die Motive II, 243, wonach gerade das „einheitliche" Recht gegenüber dem bisher „mannigfaltigen" geschaffen werden sollte und daher durch neue Handelsbräuche nicht wieder Verschiedenheit geschaffen werden dürfe.

Nach dem mit der gesamten Rechtsprechung und dem Schrifttum dazu versehenen Aufsatz von *Gallois* in NJW 54, 293 sei hierzu im wesentlichen folgende Unterscheidung bei Auslegung von Handelsbräuchen zu treffen:

a) Gewohnheitsrecht, Verkehrssitte, die sich dazu bereits verdichtet hat, geht nicht nur nachgiebigem, sondern sogar zwingendem Recht vor.

b) Handelsbrauch kann durch ausdrückliche oder stillschweigende Parteivereinbarung Vertragsinhalt werden (stillschweigende Vereinbarung wird vor allem dann anzunehmen sein, wenn eine Partei erkennbar einen Handelsbrauch bei Vertragsabschluß zugrunde legt und die andere Partei trotz Kenntnis des Handelsbrauches nicht widerspricht) oder auch dann, wenn sich eine Vertragspartei, den in dem bestimmten Geschäftszweig herrschenden Handelsbräuchen erkennbar, allgemein, unterwirft und bei dem Abschluß des Handelsgeschäftes damit rechnet oder rechnen muß, daß Handelsbräuche in der betreffenden Branche bestehen RG JW 14, 673ff.; 93, 62).

Mangels a), b) (also eines erklärten Willens) ist hinsichtlich des Vorranges des Handelsbrauches vor abweichendem dispositivem Rechtsatz zu unterscheiden:

Der Vorrang des Handelsbrauches ist gegeben, wenn mit dem Rechtssatz nur eine Lücke geschlossen werden soll, ist aber nicht gegeben, wenn der Gesetzgeber durch eine derartige gesetzliche Bestimmung erkennen läßt, wie er sich einen angemessenen und gerechten Interessenausgleich vorstellt und welchen Vertragsteil er für besonders schutzbedürftig hält.

Siehe weiters BGH U. v. 27. 10. 53 in NJW 54, 105. Dieses Urteil spricht insbesonders aus, daß im Sinne des Handelsbrauchs gemäß § 346 HGB ausnahmsweise dann eine Zustimmung des Betreffenden anzunehmen ist, wenn für ihn nach Treu und Glauben eine Rechtspflicht zum Reden besteht.

Ferner BGH U. v. 24. 9. 52 in MDR 52, 739 und die dortselbst angeführte umfangreiche Rechtsprechung samt Schrifttum.

Ferner BGH U. v. 14. 11. 51, MDR 52, 155, welches Urteil in bezug auf § 346 HGB insbesondere feststellt, daß derjenige, welcher sich einem Handelsbrauch nicht unterwerfen will, ihn ausdrücklich ausschließen muß.

Verträge sind jedenfalls immer so auszulegen, wie Treu und Glauben mit Rücksicht auf die Verkehrssitte es erfordern.

Dies gilt für alle Verträge, also auch wenn sie unter Nichtkaufleuten abgeschlossen werden (Verkehrssitte ist die im Verkehr der beteiligten Kreise herrschende tatsächliche Übung; RG 135, 345; 135, 340; 69, 126; RG JW 22, 706).

Eine ausdrückliche Vertragserklärung geht allerdings immer einer Verkehrssitte vor.

Die Verkehrssitte wird in bezug auf das Viehgewährschaftsrecht zweckmäßigerweise durch Gutachten von Sachverständigen (Kreistierarzt, tierärztliche Hochschule) festgestellt werden können.

Beispiele für solche Feststellungen sind: *Stölzle*, Slg. II, S. 160, AG Kempten, daß (im Allgäu) der Handelswert einer mit einem Scheidenvorfall behafteten Kuh wesentlich geringer ist, als der eines fehlerlosen Tieres und daher diese nicht als „frei von erheblichen Fehlern“ oder „redlich und recht“ zu bezeichnen ist oder *Stölzle*, Slg. II, S. 185, AG Markt-Oberdorf, daß mit dem Ausdruck „eine Kuh hustet“ allgemein verstanden wird, daß die Kuh an Tuberkulose erkrankt sei, oder *Stölzle*, Slg. II, S. 198, LG Kempten, daß die Anführung, „die Kühe müssen alle bis zum Mai gekälbert haben“, eine ausdrückliche Verpflichtungserklärung für denjenigen darstellt, welcher sich dieser Ausdrucksweise bedient hat.

Siehe auch *Ziegler*, Verwaltungsrechtsprechung, 5. Bd. 53, S. 391, Nr. 81, OVG Münster U. v. 17. 6. 52 über Observanzbildung.

Anm. 43. Tierarten des § 481

Die Sonderbestimmungen über Viehgewährschaft finden nur Anwendung bei dem Verkauf von „Pferden, Eseln, Mauleseln, Maultieren, Rindvieh, Schafen und Schweinen“.

Es handelt sich durchwegs um Tiere, welche in unseren Gegenden für die Landwirtschaft und für den Viehhandel von Bedeutung sind.

Nach dem ursprünglichen Entwurf (siehe Materialien, *Mugdan*, S. 139) sollten zunächst „Esel, Maulesel und Maultiere“ unter diese Tiere nicht mit aufgenommen werden und waren andererseits „Ziegen“ mit unter diesen Tieren angeführt.

Diese nunmehr im § 481 angeführten Tierarten bezeichnet man als Gewährschaftsvieh, weil die besonderen Bestimmungen über die Viehgewährschaft nur bei diesen Tieren zur Anwendung kommen. Bei anderen Tiergattungen, also z. B. Hunden, Kaninchen, Katzen, Ziegen, Enten, Hühnern, Gänsen, Fischen, Vögeln oder wilden Tieren gelten die allg. Bestimmungen der §§ 459ff. über Gewährschaft.

Vertraglich können sich die Vertragsparteien auch auf andere Tiergattungen einigen und vereinbaren, daß auch diese den besonderen Bestimmungen des Viehgewährschaftsrechtes unterliegen. Diese vertragliche Abdingbarkeit gilt für alle Bestimmungen des Viehgewährschaftsrechtes, soweit im Gesetz nicht ausdrücklich etwas Gegenteiliges festgesetzt ist. Das Alter der Tiere begründet keinen Unterschied. Die Sonderbestimmungen des Viehgewährschaftrechtes gelten somit auch für Tierjunge (Fohlen, Kälber, Lämmer, Saugschweine). Die Sonderbestimmungen gelten nur für lebende Tiere, nicht für den Verkauf von geschlachteten Tieren, also Fleisch. In diesem Fall wird die Haftung des Verkäufers nur nach den allgemeinen Gewährschaftsbestimmungen, nach den §§ 459ff., eintreten. Der Verkäufer haftet dann dem Käufer dafür, daß das Fleisch zur Zeit des Gefahrübergangs nicht mit Fehlern behaftet ist, die den Wert oder die Tauglichkeit desselben zu dem gewöhnlichen oder dem nach dem Vertrag vorausgesetzten Gebrauche aufheben oder erheblich mindern (ebenso *Stölzle*, Slg. II, S. 63, LG Frankfurt a. M.).

Der Käufer wird daher in der Regel in einem solchen Falle dem Verkäufer nur den Betrag bezahlen müssen, den er selbst wegen der Mangelhaftigkeit des Fleisches erhält. Es wird allenfalls zu überprüfen sein, ob der Käufer den Mangel des Fleisches nicht schon beim Abschluß des Kaufes kannte oder ihm ein solcher Mangel nur infolge grober Fahrlässigkeit unbekannt blieb; denn in diesem Falle würde der Verkäufer nicht haften, außer er hätte die Abwesenheit des Fehlers ausdrücklich zugesichert oder den Fehler arglistig verschwiegen.

Auch hier ist zur Arglist nicht erforderlich, daß der Verkäufer die Täuschung beabsichtigt, sondern es genügt, daß dem Verkäufer der Mangel bekannt ist oder er ihn möglicherweise als erheblich erkannt hat und wußte, daß der Käufer Mangelfreiheit annahm (§ 460, RG DR 44, 409).

Anm. 44. Verkauf eines Grundstückes mit Viehinventar

Die Viehgewährschaftsvorschriften sind auch dann anzuwenden, wenn beim Verkauf eines Grundtückes Vieh als Zubehör mit verkauft wird.

Nur wenn infolge Mangelhaftigkeit des lebenden Inventars, welches den Zwecken des Grundstücks zu dienen bestimmt ist, die Tauglichkeit des Grundstückes selbst, eines Landgutes, zu dem im Vertrag vorausgesetzten Gebrauche beeinträchtigt wird, also ein Fehler des Grundstückes selbst vorliegt im Sinne der §§ 459ff., kommen die allgemeinen Bestimmungen über die Sachmängelhaftung zur Anwendung und nicht die Sonderbestimmungen der §§ 481ff.

(RG 60, 234 mit zahlreicher dort aufgeführter Rechtsprechung und angeführtem Schrifttum).

In dem besonderen Fall hatte es sich nicht um Mängel bei einzelnen mitverkauften Viehstücken gehandelt, sondern um eine Verseuchung der ganzen vorhandenen Viehherde und im Zusammenhang damit auch um eine Verseuchung der den Tieren eingeräumten Ställe. Eine solche Verseuchung der Herde, welche dem Milchertrag und der Versorgung des Gutes mit Dünger sowie der Viehaufzucht zu dienen hat, wird damit zu einer Beeinträchtigung der Eigenschaft des Grundstückes selbst; ebenso RGRKomm. 53 Anm. 3 zu § 481.

In derselben Entscheidung des RG ist auch eine weitere RG-Entscheidung angeführt, die ausspricht, daß auch die Zusicherung eines bestimmten Milchertrages eine Eigenschaft des Grundstückes darstellen kann, dann nämlich, wenn die geringe Zahl des Viehinventarbestandes des Grundstücks den Milchertrag beeinträchtigt.

Ähnlich *Stölzle*, Slg. II, S. 59, OLG Königsberg. Diese Entscheidung stellt die Rechtsfrage darauf ab, ob es sich um einzelne mitverkaufte Viehstücke handelt oder die ganze angeblich verseuchte Viehherde. Im letzteren Falle kämen nur die allgemeinen Gewährschaftsbestimmungen nach §§ 159ff. zur Anwendung.

In *Stölzle*, Slg. II, S. 59, ebenfalls OLG Königsberg, wird angenommen, daß bei einem Verkauf in Bausch und Bogen die Haftung für die Beschaffenheit des einzelnen Viehstückes ausgeschlossen erscheint.

Der Motivenbericht (2 S. 325) bemerkt zu einem solchen Kauf in Bausch und Bogen folgendes: „An sich ist der Kauf in Bausch und Bogen in Ansehung der Gefahrtragung wie der Kauf einer anderweit individuell bestimmten Sache zu behandeln, wenn nicht, was in nicht seltenen Fällen zutreffen mag, in concreto die Absicht der Parteien auf ein Absehen von dem Untergang einzelner Stücke oder von deren Beschaffenheit gerichtet ist; eine solche Absicht wird sich im Einzelfalle leicht feststellen lassen.“ Auch der Motivenbericht stellt also die Beurteilung auf den einzelnen konkreten Fall ab, insbesondere, ob nicht der Wille der Parteien auf einen Verzicht hinsichtlich des Verlustes einzelner Tierstücke (durch die Vereinbarung einer Pauschalsumme) gerichtet war, daß aber im übrigen kein Unterschied gegenüber einem sonstigen Kauf bestehe, also das besondere Viehgewährschaftsrecht in Anwendung bleibe.

§ 482

I. Der Verkäufer hat nur bestimmte Fehler (Hauptmängel) und diese nur dann zu vertreten, wenn sie sich innerhalb bestimmter Fristen (Gewährfristen) zeigen.

II. Die Hauptmängel und die Gewährfristen werden durch eine mit Zustimmung des Bundesrats zu erlassende Kaiserliche Verordnung bestimmt. Die Bestimmung kann auf demselben Wege ergänzt und abgeändert werden.

Kaiserliche Verordnung betreffend die Hauptmängel und Gewährfristen beim Viehhandel vom 27. III. 99 (RGBl. S. 219):

§ 1. Für den Verkauf von Nutz- und Zuchttieren gelten als Hauptmängel:

I. Bei Pferden, Eseln, Mauleseln und Maultieren:

1. Rotz (Wurm) mit einer Gewährfrist von 14 Tagen;

2. Dummkoller (Koller, Dummsein) mit einer Gewährfrist von 14 Tagen; als Dummkoller ist anzusehen die allmählich oder infolge der akuten Gehirnwassersucht entstandene, unheilbare Krankheit des Gehirns, bei der das Bewußtsein des Pferdes herabgesetzt ist;
3. Dämpfigkeit (Dampf, Hartschlägigkeit, Bauchschlägigkeit) mit einer Gewährfrist von 14 Tagen; als Dämpfigkeit ist anzusehen die Atembeschwerde, die durch einen chronischen, unheilbaren Krankheitszustand der Lungen oder des Herzens bewirkt wird;
4. Kehlkopfpfeifen (Pfeiferdampf, Hartschnaufigkeit, Rohren) mit einer Gewährfrist von 14 Tagen; als Kehlkopfpfeifen ist anzusehen die durch einen chronischen und unheilbaren Krankheitszustand des Kehlkopfs oder der Luftröhre verursachte und durch ein hörbares Geräusch gekennzeichnete Atemstörung;
5. periodische Augenentzündung (innere Augenentzündung, Mondblindheit) mit einer Gewährfrist von 14 Tagen; als periodische Augenentzündung ist anzusehen die auf inneren Einwirkungen beruhende entzündliche Veränderung an den inneren Organen des Auges;
6. Koppen (Krippensetzen, Aufsetzen, Freikoppen, Luftschnappen, Windschnappen) mit einer Gewährfrist von 14 Tagen;

II. bei Rindvieh:

1. tuberkulöse Erkrankung, sofern infolge dieser Erkrankung eine allgemeine Beeinträchtigung des Nährzustandes des Tieres herbeigeführt ist, mit einer Gewährfrist von 14 Tagen;
2. Lungenseuche mit einer Gewährfrist von 28 Tagen;

III. bei Schafen:
Räude bei einer Gewährfrist von 14 Tagen;

IV. bei Schweinen:

1. Rotlauf mit einer Gewährfrist von 3 Tagen;
2. Schweineseuche (einschließlich Schweinepest) mit einer Gewährfrist von 10 Tagen.

§ 2. Für den Verkauf solcher Tiere, die alsbald geschlachtet werden sollen und bestimmt sind, als Nahrungsmittel für Menschen zu dienen (Schlachttiere), gelten als Hauptmängel:

I. bei Pferden, Eseln, Mauleseln und Maultieren:
Rotz (Wurm) mit einer Gewährfrist von 14 Tagen;

II. bei Rindvieh:
tuberkulöse Erkrankung, sofern infolge dieser Erkrankung mehr als die Hälfte des Schlachtgewichts nicht oder nur unter Beschränkungen als Nahrungsmittel für Menschen geeignet ist, mit einer Gewährfrist von 14 Tagen;

III. bei Schafen:
allgemeine Wassersucht mit einer Gewährfrist von 14 Tagen; als allgemeine Wassersucht ist anzusehen der durch eine innere Erkrankung oder durch ungenügende Ernährung herbeigeführte wassersüchtige Zustand des Fleisches;
IV. bei Schweinen:
1. tuberkulöse Erkrankung unter der in der Nummer II bezeichneten Voraussetzung mit einer Gewährfrist von 14 Tagen;
2. Trichinen mit einer Gewährfrist von 14 Tagen;
3. Finnen mit einer Gewährfrist von 14 Tagen.

Übersicht:

Vorbemerkung: Inhalt des § 482 und Feststellungen dazu aus dem Motivenbericht.

Anm. 1. Hauptmängel
Anm. 2. Zeitpunkt des Gefahrüberganges
Anm. 3. „Zeigen" der Mängel
Anm. 4. Ausschluß der Gewährleistung des Verkäufers
Anm. 4a. Kenntnis des Hauptmangels beim Kaufabschluß (§ 460 Satz 1)
Anm. 4b. Verkauf des Tieres in öffentlicher Versteigerung als Pfand (§ 461) oder Verkauf des Tieres im Wege der Zwangsvollstreckung (§§ 806, 814 und 825 ZPO)
Anm. 4c. Öffentliche Versteigerung des Tieres auf richterliche Anordnung hin gemäß § 489
Anm. 4d. Annahme des Tieres durch den Käufer trotz Kenntnis des Mangels (§ 464)
Anm. 4e. Vertraglicher Gewährleistungsausschluß (§ 476) oder nachträglicher Verzicht auf die Gewährleistung
Anm. 4f. Verkauf des Tieres im Wege des Erbschaftsverkaufes (§§ 2371, 2376, 2380)
Anm. 5. Kaiserliche Verordnung vom 27. 3. 1899 RGBl. S. 219
Anm. 5a. Unterscheidung zwischen Nutz- und Zuchttier einerseits und Schlachttier andererseits
Anm. 6. Erläuterungen zu den Hauptmängeln, angeführt in der Kaiserlichen Verordnung vom 27. 3. 1899
Anm. 7. Hauptmängel der Pferde, Esel, Maulesel und Maultiere
Anm. 8. Beim Verkauf als Nutz- oder Zuchttier:
Anm. 8a. Der Rotz
Anm. 8b. Der Dummkoller
Anm. 8c. Dämpfigkeit
Anm. 8d. Kehlkopfpfeifen
Anm. 8e. Periodische Augenentzündung
Anm. 8f. Koppen
Anm. 9. Beim Verkauf als Schlachttier:
Anm. 9a. Rotz
Anm. 10. Hauptmängel beim Rindvieh
Anm. 11. Beim Verkauf als Nutz- oder Zuchttier:
Anm. 11a. Tuberkulöse Erkrankung
Anm. 11b. Lungenseuche
Anm. 12. Beim Verkauf als Schlachttier:
Anm. 12a. Tuberkulöse Erkrankung

Anm. 13. Hauptmängel der Schafe:
Anm. 14. Beim Verkauf als Nutz-o der Zuchttier: Räude
Anm. 15. Beim Verkauf als Schlachttier: allgemeine Wassersucht
Anm. 16. Hauptmängel der Schweine:
Anm. 17. Beim Verkauf als Nutz- oder Zuchttier:
Anm. 17a. Rotlauf
Anm. 17b. Schweineseuche
Anm. 18. Beim Verkauf als Schlachttier:
Anm. 18a. Tuberkulöse Erkrankung
Anm. 18b. Trichinenkrankheit
Anm. 18c. Finnenkrankheit

Vorbemerkung: Inhalt des § 482 und Feststellungen dazu aus dem Motivenbericht

§ 482 enthält eine Einschränkung der Bestimmung des § 459 (über die allgemeine Gewährleistung), insofern er die gesetzliche Haftung des Verkäufers für bestimmte Fehler, Hauptmängel, die sich innerhalb bestimmter Ausschlußfristen, Gewährfristen, zeigen, festsetzt.

Von diesen Hauptmängeln wird angenommen, daß sie schon zur Zeit des Gefahrüberganges vorhanden waren (§ 484).

Die Materialien zu dieser Gesetzesbestimmung (*Mugdan* S. 139) führen dazu an, daß Hauptmängel solche Mängel sind, welche den Wert oder die Tauglichkeit des Tieres zum gewöhnlichen oder nach dem Vertrag festgesetzten Gebrauch aufheben oder nicht unerheblich mindern (also gleichlautend wie im § 459 hinsichtlich der Art der Fehler).

Die Untersuchung in dieser Richtung über die Erheblichkeit dieser Hauptmängel wird durch das Gesetz überflüssig.

Maßgebend ist nur, daß es sich um Mängel handelt, welche in der angeschlossenen „Kaiserlichen Verordnung" vom 27. 3. 99 RGBl. 219f., siehe S. 3f., als solche angeführt sind und in dem entscheidenden Zeitpunkt vorhanden waren. Diese Verordnung hat auch heute noch Gültigkeit und hat auch keine Abänderung ihrer Bestimmungen, weder durch Gesetz noch Verordnung, bisher stattgefunden.

Nach den Materialien (*Mugdan* S. 140) wurde die Festsetzung der Fristen und der Bestimmung, welche Fehler Hauptmängel sein sollen, nicht in das Gesetz aufgenommen, sondern der Regelung im Verordnungswege überlassen, weil beides stets dem jeweiligen Stande der Tierheilwissenschaft angepaßt sein müsse und daher wegen Ermöglichung der raschen Durchführung einer schwerfälligen Änderung im Gesetzeswege entzogen sein muß. Die Praxis hat allerdings gezeigt, daß sich bisher eine solche Notwendigkeit zu einer Änderung trotz Verlauf vieler Jahrzehnte nicht ergeben hat, wenn auch verschiedentlich gewisse Wünsche in dieser Hinsicht vorgebracht wurden.

Eine Ergänzung oder Änderung dieser Verordnung müßte derzeit nach Art. 129 und Art. 80/II GG durch die Bundesregierung bzw. dem zuständigen Fachminister mit Zustimmung des Bundesrates erfolgen.

Ebenso RGRKomm. zu § 482 (ohne weitere Begründung); es handelt sich hier um ein umstrittenes Problem, nämlich ob Rechtsvorschriften, die zum Erlaß von Rechtsvorschriften ermächtigen, gemäß Art. 129, Abs. III GG erloschen sind, wie es bei wörtlicher Auslegung dieser Vorschrift anzunehmen wäre.

Das Grundgesetz hat aber nur diejenigen früheren Ermächtigungen für erloschen erklärt, die zu einer Änderung oder Ergänzung der ermächtigenden Rechtsvorschrift oder zum Erlaß von Rechtsvorschriften an Stelle von Gesetzen ermächtigen. Ebenso BVerf.G Beschl. v. 10. 6. 53 in NJW 1953, 1177, und dazu kritisch, aber im Ergebnis gleich *Schmidt* in NJW 54, 249; ebenso *Holtkotten* Art. 129, II. Erläuterung D, 2d, S. 13; siehe auch *Wolff*, „Zur Zulässigkeit von gesetzändernden Rechtsverordnungen" in JZ 54, 628. Um eine solche gesetzesvertretende Rechtsverordnung handelt es sich vorliegend nicht, so daß diese Ermächtigung nicht erloschen ist.

Anm. 1. Hauptmängel

Hauptmängel sind die Mängel, die in der Kaiserlichen Verordnung als Hauptmängel namentlich angeführt sind.

Der Verkäufer haftet für diese Hauptmängel unbeschränkt; wegen anderer Mängel als Hauptmängel nur, wenn er die Gewährleistung für sie übernommen hat (§ 492, RG 60, 236).

Z. B. haftet der Verkäufer nicht für das Tier, welches an Maul- und Klauenseuche erkrankt ist, bzw. im Zeitpunkte des Gefahrüberganges mit dieser Krankheit behaftet war, weil eben diese Krankheit, so gefährlich und ansteckend sie auch sein mag, kein Hauptmangel im Sinne der Kaiserlichen Verordnung ist.

Ebenso haftet der Verkäufer eines Schlachtschweines bei Binneneberschaft nicht (Binneneber, Spitzeber), obwohl diese Eigenschaft eine versteckte ist und oft nicht rechtzeitig vor der Schlachtung entdeckt wird und ihre Folge, geschmackliche Beeinträchtigung des Fleisches, dann nicht mehr behebbar ist; denn auch hier handelt es sich um keinen Hauptmangel (LG Marburg U. v. 23. 9. 53 in DRsp. I (130) 34a).

Dies gilt selbst dann, wenn der Verkäufer die Krankheit beim Verkauf arglistig verschwiegen hat. Wohl wäre in diesem Fall der Käufer berechtigt gewesen, die Annahme eines solchen Tieres überhaupt als Vertragserfüllung abzulehnen (*Stölzle*, Slg. II, S. 41 KG, ebenso *Soergel* zu § 482). Hat er das Tier aber einmal als vertraglich angenommen, hat er keinen Gewährleistungsanspruch mehr gegen den Verkäufer (RG 102, 308, *Stölzle*, Slg. II, S. 107, OLG Hamburg und S. 109, OLG Stuttgart, ebenso *Meisner* S. 67 und h. M.; a. A. *Palandt* zu § 482/I, RGRKomm. zu § 482/I.

Die hier als herrschend bezeichnete Meinung ist richtig: Wegen solcher nicht unter die Hauptmängel fallender Fehler geben die über den Kauf aufgestellten Vorschriften des BGB unter keinem Gesichtspunkte, auch nicht unter den in den §§ 459 bis 492 vielfach wiederkehrenden Gesichtspunkten des arglistigen Verschweigens, einen Anspruch (Motive Bd. 2, S. 463 zu § 409 des 1. Entwurfs).

Die entgegengesetzte Auffassung würde den Vorschriften der §§ 481 ff. einen großen Teil ihrer praktischen Bedeutung rauben.

Der Käufer hat im übrigen, wenn die sonstigen Voraussetzungen dafür gegeben sind, die Möglichkeit, den Vertrag nach § 123 anzufechten oder Schadenersatzansprüche nach §§ 823, 826 oder beides geltend zu machen, allerdings mit der Einschränkung, daß keine vorbehaltlose Annahme des Tieres seitens des Käufers vorliegt (BGH U. v. 20. 10. 53, NJW 54, 145).

Anm. 2. Zeitpunkt des Gefahrüberganges

Der Hauptmangel muß im Zeitpunkte des Gefahrüberganges vorhanden sein (siehe Anm. 4 bei § 483 S. 81). Der Verkäufer haftet also dafür, daß das Tier im Zeitpunkte des Gefahrüberganges von Hauptmängeln frei ist.

Das gleiche gilt aber auch hinsichtlich von Nichthauptmängeln, soweit die Gewährleistung für diese vom Verkäufer gemäß § 492 vertraglich übernommen wurde oder soweit gemäß § 492 vom Verkäufer vertraglich eine Eigenschaft zugesichert wurde. Auch hinsichtlich dieser Nichthauptmängel bzw. zugesicherten Eigenschaften gilt, daß das Tier im Zeitpunkte des Gefahrüberganges von diesen Nichthauptmängeln frei sein muß bzw. diese zugesicherten Eigenschaften haben muß.

Der Verkäufer haftet nicht, wenn der Hauptmangel zwar im Zeitpunkte des Vertragsabschlusses, aber nicht mehr im Zeitpunkte des Gefahrüberganges vorhanden war.

Wenn also z. B. das verkaufte Tier beim Kaufabschluß an einem noch heilbaren Hauptmangel gelitten hat, im Zeitpunkte des Gefahrüberganges aber, also in der Regel bei der Übergabe des Tieres an den Käufer, dieser Hauptmangel geheilt war, haftet der Verkäufer nicht.

Nach RG 55, 207 ist dies in der Regel auch dann der Fall, wenn das verkaufte Tier beim Übersendungskauf (§ 447) durch den Verkäufer auf Verlangen des Käufers nach einem anderen Ort als den Erfüllungsort übersendet wird und der bei der Übergabe des Tieres an einen Frachtführer vorhandene Mangel im Zeitpunkte der Ankunft des Tieres beim Käufer weggefallen ist. Auch in diesem Falle haftet also der Verkäufer für den inzwischen weggefallenen Mangel nicht, obwohl nach BGH U. v. 6. 2. 54 in NJW 54, 794 beim Versendungskauf der Verkäufer regelmäßig seine Leistung schon mit der Übergabe an den Spediteur bewirkt hat.

Andererseits haftet der Verkäufer auch dann, wenn der Hauptmangel nach dem Zeitpunkte des Gefahrüberganges wegfällt (*Stölzle*, Slg. II, S. 92, LG Kempten).

Als Begründung dafür gibt die Entscheidung mit Recht an, daß man dem Käufer nicht zumuten könne, die Gefahr einer späteren Wiederholung oder Verschlimmerung der Krankheit des Tieres auf sich zu nehmen.

Das gleiche gilt auch für den Fall der vertraglichen Haftungsübernahme, etwa „für alle Fehler" des Tieres. Auch wenn in diesem Falle nach dem Zeitpunkte des Gefahrüberganges ein erheblicher

Mangel wegfällt, bleibt die Haftung des Verkäufers bestehen (ebenso *Meisner* S. 50, allerdings mit der Einschränkung, daß dies nicht gelte, wenn es sich nur um vorübergehende Krankheiten oder Mängel handle).

Dieser Ansicht ist nach §§ 242 und 459/I 2. Satz zuzustimmen.

Anm. 3. „Zeigen" der Mängel

§ 482 macht die Haftung davon abhängig, daß sich die Hauptmängel innerhalb bestimmter Fristen zeigen. Zeigt sich also ein — selbst arglistig verschwiegener — Hauptmangel erst nach Ablauf der Gewährfrist, haftet der Verkäufer nicht mehr dem Käufer aus dem Kaufvertrage.

Er kann dann höchstens den Kaufvertrag nach §§ 123ff. anfechten oder Schadenersatzansprüche nach §§ 823, 826 geltend machen.

Nach den Materialien (*Mugdan* S. 139) ist bei späterem Hervortreten der Mängel der Beweis des Vorhandenseins zum entscheidenden Zeitpunkt nicht zugelassen; er ist dann abgeschnitten.

Nach dem Wortlaut der Gesetzesbestimmung (§ 482) haftet der Verkäufer nur dann, wenn sich der Fehler innerhalb bestimmter Fristen zeigt. Dies könnte zu Zweifel Anlaß geben, ob die Haftung des Verkäufers auch dann eintritt, wenn sich der Hauptmangel vor Beginn der Gewährfrist aber nach dem Zeitpunkte des Gefahrüberganges zeigt. Nach dem Sinn der Gesetzesstelle aber muß angenommen werden, daß auch in diesem Falle die Haftung des Verkäufers eintritt.

Das Wort „gezeigt" bedeutet, daß es einerseits nicht genügt, daß der Hauptmangel während der Gewährfrist entstanden ist, sondern er muß von irgend jemanden auch wahrgenommen worden sein.

Andererseits genügt es, daß diese Wahrnehmung durch irgendeine dritte Person erfolgt ist; es ist also nicht notwendig, daß der Käufer selbst den Hauptmangel wahrgenommen hat.

Das Wahrnehmen dieser Hauptmängel durch den Käufer oder eine dritte Person ist aber unbedingte Notwendigkeit, es genügt also nicht etwa durch Sachverständige den Beweis darüber zu führen, daß nach dem Krankheitsstand unbedingt geschlossen werden muß, daß der Hauptmangel zu dieser Zeit (innerhalb der Gewährfrist) schon vorhanden gewesen sein mußte.

Es ist allerdings nicht erforderlich, daß die Eigenschaft der Krankheit innerhalb der Gewährfrist auch als Hauptmangel erkannt wird (ebenso *Palandt* zu § 482/II und *Meisner* 89).

Es genügt, daß innerhalb der Gewährfrist solche Symptome an dem Tier beobachtet wurden, auf Grund deren dann festgestellt werden kann, daß der Hauptmangel sich schon innerhalb der Gewährfrist beim Tiere gezeigt hat (*Hirsch-Nagel* S. 22).

Es ist auch nicht notwendig, daß das Tier bei Wahrnehmung der Hauptmängel noch lebte. Es genügt also, wenn der Hauptmangel innerhalb der Gewährfrist durch die Zerlegung des toten Tieres festgestellt wird (ebenso *Meisner* S. 89).

Auch die Nichthauptfehler, für welche aber der Verkäufer die Gewährleistung nach § 492 übernommen hat oder der Mangel der zugesicherten Eigenschaft des Tieres müssen sich innerhalb der Gewährfrist gezeigt haben, obgleich § 492, der von dieser vertraglichen Haftungsübernahme handelt, nicht auf § 482 verweist.

Sowohl *Meisner* S. 90 als auch *Krückmann* S. 99 vertreten die Ansicht, daß auch in diesem Fall die Voraussetzung gegeben ist, daß diese Nichthauptmängel, für welche die Gewährleistung übernommen wurde, und das Nichtvorhandensein der zugesicherten Eigenschaft eines Tieres sich innerhalb der Gewährfrist gezeigt haben müssen. Dieser Ansicht ist beizupflichten, wie sich aus dem Begriff der Gewährfrist selbst ergibt.

Anm. 4. Ausschluß der Gewährleistung des Verkäufers

In folgenden Fällen tritt die Gewährleistungsverpflichtung des Verkäufers nicht ein, obwohl zur Zeit des Gefahrüberganges ein Hauptmangel vorhanden war, der sich innerhalb der Gewährfrist zeigte:

a) Kenntnis des Hauptmangels beim Kaufabschluß (§ 460 Satz 1).
b) Verkauf des Tieres in öffentlicher Versteigerung als Pfand (§ 461)
oder Verkauf des Tieres im Wege der Zwangsvollstreckung (§§ 806, 814ff. und 825 ZPO).
c) Öffentliche Versteigerung des Tieres auf richterliche Anordnung hin gemäß § 489.
d) Annahme des Tieres durch den Käufer trotz Kenntnis des Mangels (§ 464).
e) Vertraglicher Gewährleistungsausschluß (§ 476)
oder nachträglicher Verzicht auf die Gewährleistung.
f) Verkauf des Tieres im Wege des Erbschaftsverkaufes (§§ 2371, 2376, 2380).

Anm. 4a. Kenntnis des Hauptmangels beim Kaufabschluß (§ 460 Satz 1)

Wenn der Käufer des Tieres den Hauptmangel beim Abschluß des Kaufes kannte, dann haftet der Verkäufer nicht (§ 460). Man spricht dann von einem stillschweigenden Verzicht.

Das gleiche gilt hinsichtlich des Fehlens der nach § 492 zugesicherten Eigenschaften. Der Verkäufer haftet also auch dann nicht, wenn der Käufer das Fehlen solcher zugesicherter Eigenschaften beim Abschluß des Kaufvertrages kannte. Dies gilt jedoch dann nicht, es bleibt also die Haftung des Verkäufers für zugesicherte Eigenschaften bestehen, wenn der Käufer zwar deren Fehlen kannte, der Verkäufer aber die Verpflichtung zur Herstellung der Eigenschaft übernahm (Recht 08, 960).

Es wird die Kenntnis des Hauptmangels (oder des Fehlens der zugesicherten Eigenschaft) verlangt, es genügt also nicht ein bloßes Vermuten des Mangels.

Es genügt auch nicht Kenntnis des äußerlichen Fehlers ohne tatsächliche Erkenntnis der Minderung der Brauchbarkeit oder des Wertes des Tieres (RG 149, 402).

Es genügt auch nicht Offensichtlichkeit des Mangels, wenn der Käufer aus besonderen Gründen (Blindheit, Kurzsichtigkeit, schlechter Sicht) den Mangel tatsächlich nicht erkannte (soweit nicht grobe Fahrlässigkeit vorlag).

Andererseits ist aber Kenntnis anzunehmen, auch wenn sich der Käufer der vollen Tragweite des Mangels nicht bewußt ist oder sich keine richtige Vorstellung von dem Umfang des Mangels machen mußte (*Meisner* S. 52, RG 52, 167; OLG 33, 279, Königsberg).

Die Kenntnis ist auch dann anzunehmen, wenn der Käufer beim Kaufabschluß selbst erklärt hat, sich von der Beschaffenheit des Tieres überzeugt zu haben (RG JW 12, 343).

Nach OLG Breslau, OLG 17, 387, liegt z. B. auch keine Kenntnis des Mangels der Lammfrommheit für den Käufer vor, wenn der Verkäufer — als das Pferd bei der Besichtigung unruhig war und nach dem Käufer schnappte — dem Käufer versicherte, es sei lammfromm und nur infolge längeren Stehens müde (siehe *Meisner* S. 52).

Der Käufer muß den Hauptmangel (oder das Fehlen der zugesicherten Eigenschaften) kennen.

Bei mehreren Käufern ist die Kenntnis aller erforderlich.

Wurde der Kauf nicht durch den Käufer persönlich abgeschlossen sondern durch einen Vertreter, so kommt es auf die Kenntnis oder das Kennen-müssen des Vertreters an und nicht auf Kenntnis oder Kennen-müssen des Käufers (§ 166/I).

Wenn jedoch der Käufer den Hauptmangel (oder das Fehlen der zugesicherten Eigenschaften) gekannt hat und dennoch seinem Vertreter den Auftrag zum Ankauf des Tieres erteilte, dann haftet der Verkäufer nicht, selbst wenn der Vertreter des Käufers den Mangel nicht kannte (§ 166 Abs. 2, *Stölzle-Graminger* S. 119, *Meisner* S. 51).

Entscheidend für die Kenntnis ist die Zeit des Vertragsabschlusses. Der Vertrag ist abgeschlossen, wenn der Käufer den Antrag des Verkäufers oder der Verkäufer den Antrag des Käufers angenommen hat (§§ 145, 151).

Nach *Stölzle*, Slg. II, S. 43, OLG Stuttgart, ist z. B. in den Worten des Käufers, „er gebe keinen Pfennig mehr wie 800,—DM", kein bindendes Angebot zu erblicken. Wenn ein bindendes Angebot aber nicht vorlag, kann ein solches auch nicht angenommen werden und konnte daher auch der Viehkauf nicht als abgeschlossen gelten; oder *Stölzle*, Slg. II, S. 49, RG: Auch wenn der Käufer nicht weiß, daß die mit ihm abschließende Person nicht Eigentümer der Kaufsache ist, also trotz Irrtums des Käufers über die Person des Verkäufers, kommt der Kaufvertrag doch rechtswirksam zustande; denn es handelt sich in diesem Falle um eine reine Sachleistung, bei der nur der Umstand, daß der Verkäufer auch der Eigentümer des Kaufsstückes ist, nicht aber die Person des Verkäufers auf die Erfüllbarkeit des Geschäftes Einfluß oder sonst verkehrswesentliche Bedeutung gehabt habe.

Ein vor der Annahme erklärter einseitiger Vorbehalt kann nach Recht 16 Nr. 656 den Ausschluß der Mangelhaftung des Verkäufers nicht beseitigen.

Ebenso haftet der Verkäufer, wenn der Käufer erst nach dem Kaufabschluß von dem Hauptmangel Kenntnis erlangt hat.

Ein wirksamer Vorbehalt, welcher den Ausschluß der Haftung aufhebt, also die Haftung des Verkäufers weiter bestehen läßt, liegt nur dann vor, wenn sich der Käufer seine Rechte bei der Annahme unzweideutig vorbehält. Der Vorbehalt darf nicht allgemein sein, sondern muß sich auf einen bestimmten angeführten Mangel beziehen (*Meisner* S. 56).

Ist dem Käufer der Mangel infolge grober Fahrlässigkeit unbekannt geblieben, so haftet der Verkäufer nur, wenn er den Fehler arglistig verschwiegen hat (außer er hätte die Abwesenheit des Fehlers zugesichert).

Hinsichtlich grober Fahrlässigkeit, siehe § 277 und BGH U. v. 11.5.53 in BGHE 10, 14: Grobe Fahrlässigkeit ist im allgemeinen ein Handeln, bei dem die erforderliche Sorgfalt nach den gesamten Umständen in ungewöhnlich großem Maße verletzt worden ist und bei dem dasjenige unbeachtet geblieben ist, was im gegebenen Falle jedem hätte einleuchten müssen. Der Begriff der groben Fahrlässigkeit als solcher ist ein Rechtsbegriff und daher durch das Revisionsgericht nachprüfbar. Dagegen ist die Feststellung des Umfanges der erforderlichen Abweichung von der gewöhnlichen Fahrlässigkeit, d. h. was im Einzelfall „grob“ ist, eine tatrichterliche Frage; ebenso RG 163, 106: wenn nicht einmal die einfachsten Überlegungen angestellt werden.

Grobe Fahrlässigkeit ist in der Regel dann ausgeschlossen, wenn der Käufer infolge beruhigender Äußerungen des Verkäufers von einer näheren Besichtigung des Tieres Abstand nahm (RG JW 09, 108).

Der Käufer hat nur unter besonderen Umständen Anlaß, den eigenen Angaben des Verkäufers zu mißtrauen und sich anderweitig zu erkundigen. Es ist also in dem Unterlassen der Erkundigung keine grobe Fahrlässigkeit zu erblicken (RG Recht 12 Nr. 2205 bei *Stölzle-Graminger* S. 121).

Grobe Fahrlässigkeit des Käufers ist jedoch bei arglistigem Verschweigen von Fehlern durch den Verkäufer unerheblich.

Arglistiges Verschweigen liegt dann vor, wenn der Verkäufer den Mangel kennt oder das Vorhandensein desselben vermutet und der Mangel für den Entschluß des Käufers zum Kauf von Bedeutung sein kann (RG 62, 149; RG DR 44, 409). Bei arglistigem Verschweigen des Hauptmangels wird der Verkäufer dennoch von seiner Haftung befreit, wenn der Käufer den Hauptmangel kannte, nicht jedoch auch dann, wenn er ihn kennen mußte.

In *Stölzle*, Slg. II, S. 113, OLG Stuttgart, wird folgendes ausgeführt: Nach dem Wortlaut des § 460 und dessen Bezugnahme auf § 459 sowie nach dem Umstand, daß § 459 bei Tierkäufen nur mit der Einschränkung der §§ 481 bis 493 in Anwendung kommt, hat der Verkäufer nur für die sog. Hauptmängel aufzukommen und kann auch dann nicht für andere Mängel in Anspruch genommen werden, wenn er sie kannte und sie in dem Bewußtsein, daß sie dem Käufer entgehen, verschwieg. Beim Viehkauf gilt eben gerade mit Rücksicht auf die Besonderheiten hinsichtlich der Gewährleistungen für die Mängel der Satz: „Beim Kauf die Augen auf."

Nach BGH U. v. 20. 10. 53 in NJW 54, 145 verliert der Käufer, der eine mangelhafte Sache in Kenntnis des Mangels vorbehaltlos annimmt (§ 464) auch bei arglistigem Verhalten des Verkäufers nicht nur die Gewährleistungsansprüche, sondern er geht auch gleichzeitig etwaiger Schadenersatzansprüche aus unerlaubter Handlung (also aus Delikt) verlustig (ebenso RG 59, 104; 101, 64), Umkehr der Beweislast nach § 363 und *Stölzle*, Slg. II, S. 78, RG.

Anm. 4b. Verkauf des Tieres in öffentlicher Versteigerung als Pfand (§ 461) oder Verkauf des Tieres im Wege der Zwangsvollstreckung (§§ 806, 814 und 825 ZPO)

Auch hier ist die Gewährleistung des Verkäufers ausgeschlossen.

Selbstverständlich kann auch in diesem Falle trotzdem durch Vereinbarung der Parteien die nach dieser Vorschrift ausgeschlossene Haftpflicht des Verkäufers begründet werden.

Dem Pfandrecht nach §§ 1235/I, 1236ff. entspricht auch die Bestimmung der §§ 806, 814ff. und § 825/I ZPO und § 56 ZVG.

Die letztere Bestimmung kann für das Viehzubehör von Bedeutung sein.

Unter öffentlicher Versteigerung ist diejenige nach § 383/III zu verstehen.

Die Versteigerung hat also durch einen für den Versteigerungsort bestellten Gerichtsvollzieher oder zur Versteigerung befugten anderen Beamten oder öffentlich angestellten Versteigerer und zwar öffentlich zu erfolgen.

Die gesetzlichen Voraussetzungen einer „öffentlichen Versteigerung" sind also dann nicht gegeben, wenn

z. B. ein Verkauf aus freier Hand (z. B. nach § 1245) gemäß Vereinbarung zwischen Eigentümer und Pfandgläubiger erfolgt.

Zeit und Ort der Versteigerung müssen unter allgemeiner Bezeichnung der Sache öffentlich bekanntgemacht werden.

Eine Versteigerung von Tieren, die zwar öffentlich, aber z. B. als freiwillige Versteigerung oder als Versteigerung durch den Konkursverwalter erfolgt, fällt auch nicht unter die obgenannte Bestimmung (öffentliche Versteigerung als Pfand verkaufter Tiere), weil in diesem Falle eben keine Versteigerung als Pfand erfolgt und daher trotzdem die Gewährleistungshaftung eintreten würde.

Wird in einer solchen öffentlichen Versteigerung eine bestimmte Eigenschaft des Tieres durch den Pfandgläubiger zugesichert, so bleibt die Gewährschaftshaftung bestehen, denn durch eine solche ausdrückliche Zusicherung wird ausdrücklich zum Erkennen gegeben, daß damit entgegen der gesetzlichen Bestimmung doch die Gewährschaftshaftung eintreten soll; ebenso *Stölzle-Graminger* S. 122 und RGRKomm. zu § 461.

Auch bei arglistigem Verschweigen von Hauptmängeln durch den Pfandgläubiger beim Pfandverkauf wird der Pfandgläubiger dennoch nicht haftbar, denn nach dem Gesetz (§ 461) besteht eben keine Haftung für Hauptmängel und dann besteht für den Pfandgläubiger auch keine Verpflichtung dieselben bekanntzugeben (ebenso RGRKomm. zu § 461, ebenso *Palandt* zu § 461).

Selbstverständlich hat jedoch der Käufer die Möglichkeit evtl. nach §§ 823 und 826 gegen den Verkäufer vorzugehen.

Anm. 4c. Öffentliche Versteigerung des Tieres auf richterliche Anordnung hin gemäß § 489

Der Ausschluß der Haftung in diesem Falle ergibt sich aus der Analogie zu § 461. Erfolgt aber eine öffentliche Versteigerung des Tieres nicht auf Grund der Anordnung des Richters sondern auf Grund einer freiwilligen, zwischen den Parteien getroffenen Vereinbarung, so bleibt die Gewährsverpflichtung demjenigen gegenüber, welcher das Tier einsteigert, gegeben (ebenso *Stölzle-Graminger* S. 125, *Meisner* S. 188).

Anm. 4d. Annahme des Tieres durch den Käufer trotz Kenntnis des Mangels (§ 464)

Der Ausschluß der Gewährleistung des Verkäufers für diesen Fall ergibt sich daraus, daß in diesem Falle, also bei vorbehaltloser Annahme einer mangelhaften Sache, ein Verzicht des Käufers auf seine Mangelrechte angenommen wird.

Diese Bestimmung ist eine gewisse Ergänzung zu § 460 insofern, als dort die Kenntnis des Käufers beim Abschluß des Kaufvertrages als Verzicht der Geltendmachung seiner Gewährleistungsansprüche betrachtet wird; bei § 464 gilt dasselbe bei Annahme des mangelhaften Tieres trotz Kenntnis der Mängel, wenn die Gewährleistungsansprüche nicht vorbehalten worden sind.

Ähnlich Anm. 1 zu § 464 RGRKomm. und RG 101, 73; nach BGH U. v. 10. 7. 53 in BGHE 10, 242 und 249 kann der Käufer bei vorbehaltloser Annahme des Tieres als Erfüllung auch keine Ansprüche wegen Mangelhaftigkeit aus allgemeinen Grundsätzen, insbesondere nach §§ 322ff. herleiten.

Der Fall wird vor allem dann praktisch, wenn der Käufer zwar beim Kaufabschluß den Mangel nicht kennt, in dem Zeitpunkte aber, in welchem das Tier übergeben wird, der Mangel bekannt wird oder inzwischen bekannt geworden war; dann wird der Verkäufer von der Haftung frei, wenn der Käufer das Tier in Kenntnis des Mangels vorbehaltlos annimmt.

Unter Annahme ist die Entgegennahme des Tieres als eine dem Vertrag in der Hauptsache entsprechende Erfüllung zu verstehen (RG 64, 236).

Eine Annahme ist auch dann gegeben, wenn sich der Käufer gewisse Vorbehalte macht oder gewisse Mängel rügt (RG 71, 23, JW 11, 486).

Keine Annahme ist ein bloßes „Inempfangnehmen" des Tieres, z. B. zur Besichtigung, zur Aufbewahrung, zur Probe, denn in diesem Falle handelt es sich nicht um eine Annahme als Erfüllung (RG 59, 104).

Die Haftung des Verkäufers bleibt aber trotzdem bestehen, wenn der Käufer bei der Annahme des mangelhaften Tieres sich seine Rechte wegen des Mangels (oder wegen des Fehlens der zugesicherten Eigenschaft) ausdrücklich vorbehalten hat.

Der Vorbehalt kann von dem Käufer auch schon vor der Annahme erfolgt sein, wenn dieser Vorbehalt bei der Annahme erkennbar aufrecht erhalten wurde (RG JW 44, 406; RG 58, 262). Allgemeine Vorbehalte ohne Angabe einzelner Mängel genügen nicht und außer Anzeige der Mängel muß ein ausdrücklicher oder stillschweigender Rechtsvorbehalt durch den Käufer stattgefunden haben.

Der Vorbehalt muß gegenüber dem Verkäufer oder dessen Stellvertreter erfolgen, nicht bloß gegenüber dem Überbringer (Boten) (siehe OLG 24, 329 bei *Palandt* zu § 464); ebenso kann nur der Käufer den Vorbehalt machen, nicht der Übernehmer des Tieres (Bote, Viehtreiber; siehe *Stölzle-Graminger* S. 128, *Meisner* S. 57).

Anm. 4e. Vertraglicher Gewährleistungsausschluß (§ 476) oder nachträglicher Verzicht auf die Gewährleistung

Auch durch Vereinbarung zwischen dem Verkäufer und Käufer des Tieres kann die Verpflichtung des Verkäufers zur Gewährleistung wegen der Hauptmängel erlassen werden (§ 476) und ebenso kann durch nachträglichen Verzicht auf die Gewährleistung diese ausgeschlossen werden.

Nach den Protokollen (*Mugdan* S. 692) war eine Änderung des Gesetzestextes beantragt worden. Es sollte nämlich die Vereinbarung, daß wegen aller oder einzelner Hauptmängel nicht gehaftet werden soll, nur dann gültig sein, wenn die Einwilligung dazu schriftlich erklärt werde. Als Begründung dafür war angegeben worden, daß dadurch die Prozesse vermindert würden. Es ist richtig, daß durch die Festlegung der Schriftform für solche Vereinbarungen die Beweisfrage darüber völlig geklärt gewesen wäre und dadurch auch zahlreiche Prozesse unsicherer Art hätten vermieden werden können.

Entscheidend für die Ablehnung dieser Änderung war aber der Standpunkt, daß dies dem Prinzip der Formfreiheit widersprechen würde und daß sich insbesondere schriftliche Erklärungen für den Marktverkehr nicht eignen. Auch für diesen Ausschluß der Haftung durch Vereinbarung sei also keinerlei schriftliche Erklärung notwendig.

Im ursprünglichen Entwurf I war auch noch die Anführung enthalten „die Haftung des Veräußerers wegen Mängel kann durch Vertrag erweitert, beschränkt oder aufgehoben werden". Dieser Satz kam später in Wegfall, weil er selbstverständlich sei (*Mugdan* S. 677).

Daraus ergibt sich schon die Selbstverständlichkeit, daß die Gewährleistungspflicht durch Vereinbarung erweitert, beschränkt oder überhaupt aufgehoben werden kann.

Ist aber auch die Gewährleistung vertraglich ausgeschlossen, bedeutet dies nicht, daß auch die Anfechtung wegen Irrtums ausgeschlossen sei.

Diese wird also regelmäßig von dem Käufer geltend gemacht werden können trotz vertraglichen Ausschlusses der Gewährleistung des Verkäufers (ebenso *Meisner* S. 58).

Die Vereinbarung bedarf jedoch, weil sie eben von den Vorschriften über die gesetzliche Gewährleistung abweicht, besonderer Klarheit und ist regelmäßig eng auszulegen (st. Rspr. RG 163, 31, *Palandt* zu § 476). Sie kann ausdrücklich oder stillschweigend getroffen werden, wobei sie oft nur aus den am Verkaufsort üblichen Redensarten und Handelsbräuchen festzustellen ist. Solche Redensarten sind

z. B., wenn der Verkäufer folgende Erklärung abgibt: Er verkaufe das Vieh schlecht für gerecht, krumm für gerade, wie es vor Augen steht, in dem Zustande, wie es seither besessen wurde (siehe *Stölzle-Graminger* S. 128, 129), wodurch im allgemeinen die Haftung für alle Mängel ausgeschlossen wird.

Nach RG 94, 285 hat der Käufer bei einer „auf Besicht" verkauften Sache ein Recht darauf, daß ihm die kontraktliche Sache angedient, d. h. zunächst zur Untersuchung gestellt werde: Der Käufer könne trotz Billigung im Sinne des § 495 Ansprüche aus kontraktwidriger Beschaffenheit bei der Sache erheben. Deshalb habe er unter allen Umständen den Anspruch darauf, daß ihm durch Vorführung der Sache Gelegenheit gegeben werde, sich darüber zu entscheiden, ob er die Sache billigen wolle oder nicht.

Werde dieser Anspruch auf Untersuchung nicht erfüllt, so erwachse dem Käufer nach erfolgloser Fristsetzung ein Anspruch auf Schadenersatz wegen Nichterfüllung. Ob in diesem Falle ein Spezies- (Stück) oder ein Genus (Gattungs)-Kauf vorliege, sei nicht von entscheidender Bedeutung, denn in beiden Fällen würde als kontraktliche (vertragliche) Ware Handelsgut mittlerer Art und Güte, sog. kurrante Ware, zu gelten haben. Allerdings ist die Einschränkung zu machen, daß bei einem Kauf auf „Besicht" gemäß § 495, abgesehen von den Fällen der Zusicherung und der Arglist nur solche Sachmängel zu vertreten sind, die der Käufer zur Zeit der Billigung weder kannte noch kennen mußte (also infolge grober Fahrlässigkeit nicht kannte).

Nach RGRKomm. wird bei einem Kauf auf „Besicht" im Zweifel nur die Haftung für sichtbare Mängel ausgeschlossen (RG 94, 287).

Wenn sich der Verkäufer Gewährfreiheit ausbedingt und der Käufer damit einverstanden ist, jedoch mit der Einschränkung, „aber gesund muß das Tier sein", ist diese Vereinbarung dahingehend auszulegen, daß die Haftung des Verkäufers auch nur nach § 476 gilt.

Der Ausschluß der Haftung des Verkäufers gilt also nicht, wenn dem Verkäufer Mängel oder Fehler des Tieres bekannt sind.

Ebenso kann aus der Festsetzung eines besonders niedrigen Preises unter Umständen entnommen werden, daß der Verkäufer seine Haftung ausschließen wollte und der Käufer damit einverstanden war (siehe *Stölzle-Graminger* S. 129).

Bei dem Verkauf eines Landgutes mit lebendem und totem Inventar um einen Gesamtpreis (Kauf in Bausch und Bogen) ist regelmäßig anzunehmen, daß eine Gewährleistungspflicht für Mängel einzelner mitverkaufter Tiere durch stillschweigende Vereinbarung erlassen ist (siehe *Meisner* S. 47).

Nach OLG Celle U. 157/52 in DRsp. I (130) 32f zu § 459, näher ausgeführt in MDR 53, 432, läßt vertraglicher Ausschluß der Gewährleistungsansprüche bei fahrlässig falschen Angaben über Eigenschaften der Kaufsache keine „Ansprüche aus Verschulden bei Vertragsabschluß" entstehen. Ebenso dort: „Durch den vertraglichen Ausschluß der Gewährleistungshaftung bleibt es beim gesetzlich festgelegten Ausschluß des Anspruches aus Verschulden beim Vertragsabschluß."

Nach *Stölzle*, Slg. II, S. 93, LG Kempten, S. 94 LG Gießen und LG Kempten, S. 95 OLG Kiel, gilt hinsichtlich der Weiterveräußerung des mangelhaften Tieres durch den Käufer im allgemeinen folgendes: Trotz der Bestimmung des § 487, nach welcher abweichend von § 467 beim Tierkauf der Käufer sogar dann Gewährleistungsanspruch begehren kann, wenn er infolge Verfügung über das Tier zu dessen Rückgabe außerstande ist, ist die Geltendmachung solcher Ansprüche dann ausgeschlossen, wenn der Käufer das Tier in Kenntnis des Mangels ohne Verständigung des Verkäufers weiterveräußert und dadurch die Unmöglichkeit der Rückgabe des Tieres an den Verkäufer herbeigeführt hat. In einer solchen Verfügung muß in der Regel ein Verzicht auf die Gewährleistungsansprüche gefunden werden.

Jedenfalls wird dies immer dann als Verzicht gewertet werden müssen, wenn das Tier zum Schlachten weiterveräußert wurde, denn in einem solchen Fall würde der Käufer, der die Rückgabe des Tieres durch die dem Verkäufer geheimgehaltene Veräußerung unmöglich gemacht hat, gegen die Grundsätze von Treu und Glauben im Verkehr verstoßen (wenn er trotzdem die Gewährleistungsansprüche begehren wollte).

Das Gleiche wird der Fall sein, wenn das vom Kläger weiterverkaufte Tier gesund wurde oder zumindest gesünder wurde und infolge seines verbesserten Zustandes der Käufer einen erhöhten Wert veräußert und dementsprechend einen erhöhten Kaufpreis erhält. Auch hier wird man einen Verzicht des Käufers auf die Gewährleistungsansprüche annehmen müssen, weil es wider Treu und Glauben verstoßen würde, wenn die Werterhöhung des Tieres als ungerechtfertigte Bereicherung dem Käufer zufließen würde.

Nach RG 123, 212, *Auerbach* 52, Schuldverhältnis Bd. 5 S. 149 wird ein Verzicht des Käufers auf Geltendmachung von Gewährschaftsrechten von allem darin erblickt, wenn der Käufer die Tiere jahrelang behielt und selbst nutzte (auch wenn er die Vollzahlung des Kaufpreises unterläßt). Nach Treu und Glauben und der Verkehrssitte habe er durch solches Verhalten doch schließlich die Tiere genehmigt.

Beim Verkauf von Schlachtvieh „unter halber Gewährschaft" ist im allgemeinen anzunehmen, daß zwischen den Kaufparteien vereinbart wurde, daß der Verlust, den der Käufer infolge irgendeines Mangels (nicht bloß Hauptmangels) beim Schlachten erleidet, vom Verkäufer und Käufer je zur Hälfte getragen wird und alle anderen Ansprüche des Käufers ausgeschlossen sind (*Stölzle-Graminger* S. 130, *Meisner* S. 61).

Der vertragliche Gewährleistungsausschluß nach § 476, durch welchen die Verpflichtung des Verkäufers zur Gewährleistung wegen Mängel des Tieres erlassen oder beschränkt wird, ist jedoch nichtig, wenn der Verkäufer oder einer von mehreren Verkäufern (Recht 1915 Nr. 1058, *Meisner* S. 61) Hauptmängel (siehe OLG Köln in JW 1933, 2401 Ziff. 7) arglistig verschweigt oder Eigenschaften oder Abwesenheit von Fehlern arglistig vorspiegelt (RG 83, 242, siehe auch *Palandt*, Anm. 2 zu § 476, RG 62, 125, hinsichtlich Teilnichtigkeit des Gewährleistungsausschlusses, nämlich nur bezüglich der arglistig verschwiegenen Mängel).

Neben dieser Nichtigkeit nach § 476 kann eine Nichtigkeit auch aus allgemeinen Gründen, z. B. unter Umständen wegen Verstoßes gegen die guten Sitten, § 138, geltend gemacht werden oder auch der ganze Vertrag nach § 123 angefochten werden.

Anm. 4f. Verkauf des Tieres im Wege des Erbschaftsverkaufes (§§ 2371, 2376, 2380)

Beim Erbschaftsverkauf, bei welchem der Erbe die ihm angefallene Erbschaft, der Miterbe seinen Erbanteil (§ 1922/II) und der Nacherbe sein Anwartschaftsrecht (RG 101, 186) verkauft, ist ebenfalls die Gewährleistung des Verkäufers für die mitverkauften Tiere ausgeschlossen; denn gemäß § 2376/II hat der Verkäufer Fehler einer zur Erbschaft gehörenden Sache nicht zu vertreten.

Andererseits trägt der Käufer in diesem Falle gemäß § 2380 von dem Abschluß des Kaufvertrages an die Gefahr des zufälligen Unterganges und einer zufälligen Verschlechterung der zur Erbschaftsmasse gehörigen Tiere. (Abweichend von § 446.)

Anm. 5. Kaiserliche Verordnung vom 27. 3. 1899 RGBl. S. 219

Betreffend die Hauptmängel und Gewährfristen beim Viehmangel:

Nach den Materialien (*Mugdan* 140) erfolgte die Festsetzung der Gewährfristen und der Hauptmängel nicht im Gesetzeswege, sondern wurde diese Bestimmung einer Kaiserlichen Verordnung überlassen, damit diese Festsetzung nach dem jeweiligen Stand der Tierheilwissenschaft und zwar entsprechend rasch erfolgen kann. Tatsächlich wurde seit dieser Verordnung von einer Änderung der Bestimmungen dieser Verordnung bis heute kein Gebrauch gemacht. Die hauptsächlichsten Erwägungen, die für den Inhalt der Kaiserlichen Verordnung vom 27. 3. 99 maßgebend waren, sind dem Reichsanzeiger Nr. 130 vom 5. 6. 99 zu entnehmen. Nach *Planck* zu § 482 wurden die Fristen der

Kaiserlichen Verordnung unter Berücksichtigung, daß die Tiere vielfach erst in den Zwischenhandel gebracht werden und oft weit versandt werden, festgelegt.

In formelltextlicher Beziehung muß zunächst darauf hingegewiesen werden, daß zu § 1 I Nr. 2 zwar nur das „Pferd“ angeführt ist, was offenbar ein Irrtum ist; denn die Anführung bezieht sich dort außer Zweifel nicht nur auf das Pferd, sondern auf alle unter I angeführten Tierarten, also auch auf Esel, Maulesel und Maultiere, so daß es also im § 1 I 2 statt des „Pferdes“ richtig heißen sollte: des „Tieres“.

Anm. 5a. Unterscheidung zwischen Nutz- und Zuchttier einerseits und Schlachttier andererseits

Die Verordnung unterscheidet zwischen dem Verkauf als Nutz- und Zuchttier einerseits und als Schlachttier andererseits. Diese Unterscheidung wurde deshalb notwendig, weil im Verkehr der Gebrauchszweck für die Erheblichkeit der Fehler ausschlaggebend ist, und gewisse Fehler, welche den Wert des Tieres als Nutz- oder Zuchttier wesentlich herabsetzen, ohne Bedeutung oder von geringerer Bedeutung für den Wert des Tieres sind, wenn dieses nur zum Schlachten bestimmt ist.

Der Verkauf als Nutz- oder Zuchttier ist die Regel, der Verkauf als Schlachttier die Ausnahme, so daß im Zweifelsfalle der Verkauf als Nutztier anzunehmen ist (ebenso *Stölzle*, Slg. II, S. 69, AG Schwiebus u. *Oertmann*, Anm. zu § 482). Maßgebend wird immer der Inhalt des Kaufvertrages selbst sein, aus welchem sich gewöhnlich der Verkaufszweck ergibt.

Maßgebend ist ferner der Zeitpunkt des Kaufabschlusses. Soweit sich der Verkaufszweck nicht aus dem Kaufvertrag selbst ergibt, wird dieser aus der Beschaffenheit des Tieres, der Höhe des Kaufpreises, aus der Person des Käufers oder Verkäufers, aus der Art des Ortes (Viehmarkt) zu entnehmen sein und danach festzustellen sein, ob ein Tier als Nutz- oder Zuchttier oder als Schlachttier verkauft wurde.

Beim Verkauf eines Tieres an einen Metzger wird im Zweifel anzunehmen sein, daß das Tier zum Schlachten verkauft wird.

Wenn dagegen ein Tier von einem Käufer zum Mästen gekauft wird (z. B. ein junges Schwein), so ist dieses nicht als Schlachttier verkauft, weil kein alsbaldiges Schlachten vorliegt (*Stölzle-Graminger* S. 133, a. A. jedoch nicht überzeugend *Krückmann* S. 42, welcher in diesen Fällen die Sondervorschriften der Viehgewährschaft ausschließen will, weil ein solches Tier weder ein Schlachttier noch ein Nutztier sei; wirtschaftlich wird man aber doch in diesem Fall von einem Nutztier sprechen müssen).

Dazu *Stölzle*, Slg. II, S. 68 RG: „Von einem Verkauf von Schlachtschweinen wird dann nicht die Rede sein können, wenn die verkauften Tiere nicht ‚alsbald‘, d. h. nicht in absehbarer Zeit, geschlachtet werden, sondern erst durch ein länger dauerndes Mästen schlachtreif gemacht werden und dann später vom Käufer oder nach Weiterveräußerung von einem anderen geschlachtet werden sollen."

Nach *Soergel* zu § 482 S. 72 sind Nutz- und Zuchttiere alle Tiere, die bestimmt sind, durch ihre in Aussicht genommene kürzere oder längere Haltung Nutzen zu bringen, gleichgültig, ob die Art der Nutzung eine gewöhnliche oder außergewöhnliche ist, ebenso *Hanke* S. 32.

Tuberkuloseerkrankung eines Schlachttieres, dessen Fleisch für genießbar erklärt, aber auf die Freibank verwiesen wird, ist ein Hauptmangel (*Stölzle*, Slg. I, S. 61, LG Gießen und *Stölzle*, Slg. I, S. 65, LG Düsseldorf und *Stölzle*, Slg. I, S. 67, OLG Köln).

Nach *Warn.* 08,29, siehe *Palandt* zu § 482, begründet polizeiliche Seuchensperre und die daraus folgende Nichtmarktfähigkeit keine Gewährleistung für den Verkäufer.

Unter Schlachtgewicht gemäß § 2/II ist dasjenige Gewicht zu verstehen, welches das Tier sogleich nach erfolgter Schlachtung gehabt hat (a. A. *Stölzle*, Slg. I, S. 71, LG Görlitz, aber auch von *Stölzle* selbst mit Recht als unrichtig bezeichnet, weil dadurch ein Nicht-Hauptmangel zum „Hauptmangel" würde).

Nach *Stölzle*, Slg. II, S. 63, LG Frankfurt a. M., finden auf den Verkauf von geschlachteten Tieren, also Fleisch, nur die allgemeinen Bestimmungen über Mängelgewähr (§§ 459ff.), nicht aber die Sonderbestimmungen der §§ 481ff. Anwendung. Die gegenteilige Auffassung würde den Bestimmungen über Viehgewährschaft ausdrücklich zuwiderlaufen, weil diese Bestimmungen deutlich erkennen lassen, daß sie sich nur auf den Kauf lebenden Viehs beziehen.

Hinsichtlich der einzelnen Erkrankungen wird insbesondere auf *Fröhners* Lehrbuch der gerichtlichen Tierheilkunde und auf *M. Hellich-Störiko*, Die deutsche Tierseuchengesetzgebung, sowie auf die Änderung des Viehseuchengesetzes v. 2. 1. 55 in BGBl. 1955, 1f. verwiesen.

Allenfalls ist zur Klärung ein Sachverständigen-Gutachten, eventuell einer tierärztlichen Hochschule, einzuholen.

Es besteht Streit darüber, ob die Bestimmung des § 1/II, wonach bei Rindvieh Tuberkuloseerkrankung dann ein Hauptmangel ist, sofern infolge dieser Erkrankung eine allgemeine Beeinträchtigung des Nährzustandes des Tieres herbeigeführt ist, so zu verstehen ist, daß sich die durch die Tuberkulose verursachte allgemeine Beeinträchtigung des Nährzustandes schon während der Gewährfrist gezeigt hat oder ob zu dieser Zeit nur der Keim dieses Hauptmangels, welcher die Abmagerung herbeiführte, vorhanden sein mußte.

Stölzle, Slg. II, S. 84, LG München, ebenso *Meisner* vertreten die Ansicht, daß es nicht erforderlich ist, daß die Abmagerung schon während der Gewährfrist tatsächlich eingetreten sei; dagegen vertritt *Stölzle-Graminger*, der die Entscheidung für unrichtig hält in Übereinstimmung mit einem Gutachten der tierärztlichen Hochschule München, die gegenteilige Ansicht, also daß es erforderlich sei, daß die Abmagerung schon während der Gewährfrist tatsächlich eingetreten ist.

Dieser letzteren Ansicht *Stölzle-Graminger* wird man mit Rücksicht auf dieses Gutachten der Universität München (tierärztliche Hochschule) hauptsächlich aus praktischen Gründen beitreten müssen, da nach diesem Gutachten keine Möglichkeit besteht, die Tuberkulose schon in ihrem Entwicklungszustande als solche zu erkennen und diese Ansicht auch dem Wortlaut der Verordnung selbst entspricht.

Anm. 6. Erläuterungen zu den Hauptmängeln, angeführt in der Kaiserlichen Verordnung vom 27. 3. 1899

Anm. 7. Hauptmängel der Pferde, Esel, Maulesel und Maultiere

Bei allen Hauptmängeln, betreffend diese Tiere, ist eine 14tägige Gewährfrist festgesetzt.

Anm. 8. Beim Verkauf als Nutz- oder Zuchttier:

Anm. 8a. Der Rotz

Der Rotz (Wurm): Eine Wurmkrankheit; zum sicheren Nachweis ist Tötung und Zerlegung des Tieres erforderlich.

Inkubationsfrist 3—5 Tage, so daß unter Umständen der Nachweis, daß die Krankheit im Zeitpunkte der Übergabe noch nicht vorhanden war, möglich ist und daher Widerlegung der Vermutung des § 484. Die Gewährfrist beträgt 14 Tage.

Anm. 8b. Der Dummkoller

Der Dummkoller (Koller), Dummsein: eine unheilbare Gehirnerkrankung mit Herabsetzung des Bewußtseins. Zu unterscheiden davon ist die sog. „wahre", bewußte Stätigkeit (fortgesetzte Widersetzlichkeit und Unfolgsamkeit), welche entweder angeboren ist oder auch durch fehlerhafte Behandlung selbst innerhalb eines Tages entstehen kann. Nur die „falsche" sog. unbewußte Stätigkeit fällt unter den Begriff des Hauptmangels „Dummkoller" (*Stölzle-Graminger* S. 427 bzw. *Fröhner* S. 78). Die Gewährfrist beträgt 14 Tage.

Anm. 8c. Dämpfigkeit

Dämpfigkeit (Dampf, Hartschlägigkeit, Bauchschlägigkeit), unheilbar.

Der Nachweis der Krankheit kann nur am lebenden Tiere erfolgen.

Die Gewährfrist beträgt 14 Tage.

Anm. 8d. Kehlkopfpfeifen

Kehlkopfpfeifen (Pfeiferdampf, Hartschnaufigkeit, Rohren), unheilbarer Krankheitszustand des Kehlkopfes, nämlich eine durch einen chronischen und unheilbaren Krankheitszustand des Kehlkopfs oder der Luftröhre verursachte und durch ein hörbares Geräusch gekennzeichnete Atemstörung. Nachweis der Krankheit nur am lebenden Tiere möglich.

Die Gewährfrist beträgt 14 Tage.

Anm. 8e. Periodische Augenentzündung

Periodische Augenentzündung (innere Augenentzündung, Mondblindheit), die auf inneren Einwirkungen (also nicht auf äußeren z. B. Stoß, Schlag) beruhende entzündliche Veränderung an den inneren Organen des Auges. Da das Vorliegen eines chronischen und unheilbaren Leidens nicht Voraussetzung dieses Hauptmangels ist, ist der Nachweis, daß die Krankheit im Zeitpunkte der Übergabe noch nicht vorhanden war, unter Umständen möglich und somit die Widerlegung der Vermutung des § 484. Der Nachweis der Krankheit kann nur am lebenden Tiere erfolgen. Besonderheit: die periodische Wiederkehr.

Die Gewährfrist beträgt 14 Tage.

Anm. 8f. Koppen

Koppen (Krippensetzen, Aufsetzen, Freikoppen, Luftschnappen, Windschnappen): nach *Fröhner* eine Spielerei, nämlich ein Öffnen des Schlundkopfes mit hörbarem Geräusch verbunden, welche den Kaufwert um $^1/_3$ bis $^1/_6$ verringert und vor allem bei Luxuspferden ein Hauptmangel ist. Ob auch sonst ein Hauptmangel, ist gewöhnlich nur durch Sachverständige feststellbar. Dieser Fehler kann oft innerhalb weniger Tage erlernt sein (nach *Fröhner*) und kann daher unter Umständen der Nachweis erbracht werden, daß die Krankheit im Zeitpunkte der Übergabe noch nicht vorhanden war. Die Widerlegung der Vermutung des § 484 kann daher möglich sein.

Die Gewährfrist beträgt 14 Tage.

Anm. 9. Beim Verkauf als Schlachttier:

Anm. 9a. Rotz

Siehe vorher Anm. 8a, Hauptmangel.

Anm. 10. Hauptmängel beim Rindvieh:

Anm. 11. Beim Verkauf als Nutz- oder Zuchttier:

Anm. 11a. Tuberkulöse Erkrankung

Tuberkulöse Erkrankung, sofern infolge dieser Erkrankung eine allgemeine Beeinträchtigung des Nährzustandes des Tieres herbeigeführt ist.

Die Gewährfrist beträgt 14 Tage.

Der Nachweis einer solchen tuberkulösen Erkrankung, wie sie die Kaiserliche Verordnung vorschreibt, wird bei den lebenden Tieren schwer zu erfüllen sein. Auch nach *Fröhner* ist ein sicherer Nachweis der tuberkulösen Schwindsucht, welche allein Hauptmangel ist, nur durch Schlachtung und Zerlegung des Tieres innerhalb der Gewährfrist erbringbar.

Husten sei nicht einmal ein Symptom für diese Krankheit.

Hierbei ist der Unterschied zwischen dem Begriff dieser Erkrankung nach der Kaiserlichen Verordnung und nach § 10 des Viehseuchengesetzes vom 26. 6. 09 bemerkenswert. Dieser § 10 spricht nur von offener Tuberkulose.

Anm. 11b. Lungenseuche

Eine ansteckende Lungenbrustfellentzündung:

Die Gewährfrist beträgt 28 Tage (wegen der langsamen Entwicklung der Krankheit).

Sie ist nur durch Schlachtung und Zerlegung des Tieres feststellbar.

Die Krankheit kommt derzeit in der Bundesrepublik nicht mehr vor.

Anm. 12. Beim Verkauf als Schlachttier:

Anm. 12a. Tuberkulöse Erkrankung

sofern infolge dieser Erkrankung mehr als die Hälfte des Schlachtgewichtes nicht oder nur unter Beschränkungen als Nahrungsmittel für Menschen geeignet ist.

Die Gewährfrist beträgt 14 Tage.

Fröhner verweist diesbezüglich auf die Ausführungsbestimmungen vom 10. 8. 33 zum Reichsfleischbeschaugesetz (in Bayern wurde die Fleischbeschauordnung durch Bayer. Staatsanzeiger Nr. 9/54 geändert, die Änderung ist aber hier nicht in Betracht kommend), insbesondere auf die §§ 32, 34, 36 und 47, welche Grundsätzliches über die Genußtauglichkeit des Fleisches für den menschlichen Gebrauch feststellen, nämlich

a) das untaugliche (§§ 32 und 34)
b) das bedingttaugliche, das nur im gekochten Zustand abgegeben werden darf (§ 47)
c) das taugliche, aber minderwertige (Freibank, § 47).

Nach dem Wortlaut der Kaiserlichen Verordnung, § 2/II in Verbindung mit den Motiven, fällt nicht nur das bedingttaugliche, sondern auch das minderwertige Fleisch unter den Teil des Schlachtgewichts, der bei der Berechnung der maßgebenden Hälfte als nicht bzw. beschränkt geeignet, zu zählen ist.

Nicht zu den Hauptmängeln gehört die Maul- und Klauenseuche; Inkubationszeit 3—6 Tage, ausnahmsweise 1—2 (nach *Fröhner*). Der Mangel ist wegen der großen Ansteckungsgefahr erheblich.

Wenn daher für „gesund“ oder „fehlerfrei“ gehaftet wird, ist das Vorhandensein der Krankheit ein Vertragsmangel.

Anm. 13. Hauptmängel der Schafe:

Anm. 14. Beim Verkauf als Nutz- oder Zuchttier: Räude

Räude: eine Milbenhauterkrankung durch Räudemilben.

Die Gewährfrist beträgt 14 Tage, welche viel zu lang erscheint.

Inkubationszeit 24 Stunden, so daß unter Umständen der Nachweis, daß die Krankheit im Zeitpunkte der Übergabe noch nicht vorhanden war und daher die Widerlegung der Vermutung des § 484 möglich ist.

Anm. 15. Beim Verkauf als Schlachttier: allgemeine Wassersucht

Ein durch eine innere Erkrankung oder durch ungenügende Ernährung herbeigeführter wassersüchtiger Zustand des Fleisches (gewöhnlich Leberegelkrankheit).

Die Gewährfrist beträgt 14 Tage.

Die Krankheit ist erst nach der Schlachtung des Tieres feststellbar. Es handelt sich um einen praktisch bedeutungslosen Hauptmangel.

Anm. 16. Hauptmängel der Schweine:

Anm. 17. Beim Verkauf als Nutz- oder Zuchttier:

Anm. 17a. Rotlauf

Rotlauf: eine Magen- und Nierenentzündung mit Rotfärbung der Haut, eine Infektionskrankheit, hervorgerufen durch den Rotlaufbazillus.

Die Gewährfrist beträgt 3 Tage.

Die Krankheit ist mit Sicherheit nur durch Schlachtung und Zerlegung des Tieres feststellbar.

Anm. 17b. Schweineseuche

Schweineseuche, einschließlich Schweinepest: nach *Fröhner* eine seuchenhafte Erkrankung, die zur Zeit der Herausgabe der Kaiserlichen Verordnung so genannt wurde, zu welcher Zeit auch diese beiden Krankheiten noch nicht zu unterscheiden waren. Derzeit gehört auch noch die sog. Ferkelgrippe dazu.

Die Gewährfrist beträgt 10 Tage, welche unrichtig lang bemessen ist.

Da bei Schweineseuchen die Inkubationsfrist 1—2 Tage beträgt, kann unter Umständen der Nachweis möglich sein, daß die Krankheit im Zeitpunkte der Übergabe noch nicht vorhanden war. Die Widerlegung der Vermutung des § 484 ist daher möglich.

Die Krankheit ist mit Sicherheit nur durch Schlachtung und Zerlegung des Tieres innerhalb der Gewährfrist feststellbar.

Anm. 18. Beim Verkauf als Schlachttier:

Anm. 18a. Tuberkulöse Erkrankung

sofern infolge dieser Erkrankung mehr als die Hälfte des Schlachtgewichts nicht oder nur unter Beschränkung als Nahrungsmittel für den Menschen geeignet ist.

Die Gewährfrist beträgt 14 Tage.

Diese Tuberkulose ist also nur bei Schlachtschweinen ein Hauptmangel. Auch hier werden für die Beurteilung der Krankheit die Ausführungsbestimmungen vom 10. 8. 33 zum Reichsfleischbeschaugesetz von Bedeutung sein, weshalb auch auf die Ausführungen unter Anm. 12a verwiesen wird.

Die praktische Bedeutung dieses Hauptmangels ist gering.

Anm. 18b. Trichinenkrankheit

Trichinen sind kleine spiralig aufgewickelte Würmer, kommen als Darm- und Muskeltrichinen vor; nur bei Schlachttieren ein Hauptmangel.

Die Gewährfrist beträgt 14 Tage.

Die Krankheit ist als Hauptmangel nicht von Belang, weil sie selten vorkommt, aber insofern von Wichtigkeit, als sie auch für die Menschen eine große Gefahr bedeutet, wenn sie auf diese übertragen wird. Sie verursacht dann auch bei diesen langwierige und äußerst schmerzhafte Muskel- und Gelenkschmerzen, die vielfach mit Muskelrheumatismus verwechselt werden. Die Trichinen werden im Schweinefleisch durch Braten oder Kochen abgeschwächt oder abgetötet, aber durch Pökeln und Räuchern nicht beeinflußt. Die Gefahr für den Menschen kann nur dadurch vermieden werden, daß der Genuß von nicht beschautem Schweinefleisch vermieden wird, weil das Fleisch vor Freigabe auf Trichinen untersucht und trichinenbefallenes Fleisch nicht in den freien Verkehr gelangt.

Anm. 18c. Finnenkrankheit,

eine Erkrankung durch die Vorstufen (Finnen) bestimmter Bandwürmer.

Sie ist nur bei Schlachtvieh ein Hauptmangel.

Nach *Fröhner* ist zu unterscheiden, ob das Fleisch stark oder schwach finnig ist, letzteres Fleisch kann durch pökeln, kochen, dämpfen tauglich gemacht werden.

Die Gewährfrist beträgt 14 Tage.

§ 483

Die Gewährfrist beginnt mit dem Ablaufe des Tages, an welchem die Gefahr auf den Käufer übergeht.

Übersicht:

Vorbemerkung: Inhalt des § 483 und Unterschied gegenüber den allgemeinen Gewährleistungsbestimmungen

Anm. 1. Beginn der Gewährfrist und ihre Besonderheiten, insbesondere als Ausschlußfrist

Anm. 2. Zusammenhang der Gewährfrist mit Sonn- und Feiertagen; Übersicht über dieselben

Anm. 3. Berechnung und Ende der Gewährfrist

Anm. 4. Übergang der Gefahr

Anm. 5. Handlungen, welche der Übergabe gleichgestellt sind

Anm. 6. Ausnahmen vom Grundsatz, daß der Gefahrenübergang „mit der Übergabe des Tieres“ eintritt

Anm. 6a. Vereinbarung der Vertragsparteien
Anm. 6b. Versendungskauf nach § 447
Anm. 6c. Gattungskauf
Anm. 6d. Erbschaftskauf
Anm. 6e. Kauf unter einer aufschiebenden Bedingung
Anm. 6f. Annahmeverzug des Käufers (§§ 283, 300)
Anm. 6g. Beweislast

Vorbemerkung: Inhalt des § 483 und Unterschied gegenüber den allgemeinen Gewährleistungsbestimmungen

§ 483 enthält Bestimmungen über den Beginn der Gewährfrist. Auch nach den allgemeinen Gewährleistungsbestimmungen (§ 459) ist grundsätzlich der Zeitpunkt des Gefahrüberganges für den Beginn der Gewährleistung maßgebend, allerdings mit der Einschränkung, daß gemäß § 463, also bei Schadenersatzansprüchen wegen Fehlens einer zugesicherten Eigenschaft, der Zeitpunkt des Vertragsabschlusses maßgebend ist.

Nach § 483 aber ist grundsätzlich, also abgesehen von gewissen Ausnahmen, die noch später erörtert werden, der Zeitpunkt des Gefahrüberganges maßgebend, von welchem Zeitpunkt an die gesetzliche Gewährfrist zu laufen beginnt.

Anm. 1. Beginn der Gewährfrist und ihre Besonderheiten, insbesondere als Ausschlußfrist

Der Beginn der Gewährfrist, also der im § 482 genannten Frist, innerhalb der sich der Hauptmangel zu zeigen hat, fällt mit dem Ablauf des Tages zusammen, an welchem die Gefahr auf den Käufer übergeht. Dieser Tag, an welchem also die Gefahr auf den Käufer übergeht, wird nicht mitgerechnet.

Solange der Anspruch des Käufers auf die Gewährleistung gegenüber dem Verkäufer nicht entstanden ist, also der Kaufvertrag noch nicht gültig abgeschlossen ist, beginnt auch noch nicht die Gewährfrist.

Wenn ein Tier z. B. vor Kaufabschluß dem Käufer übergeben wird, beginnt die Gewährfrist erst mit Ablauf des Tages, an dem der Kauf abgeschlossen wurde.

Die Gewährfrist ist eine Ausschlußfrist, anders wie die Verjährung, welche nur eine Einrede gegen den Anspruch erzeugt und ausdrücklich vorgebracht werden muß. Die Versäumnis der Ausschlußfrist beseitigt das Recht selbst (RG 128, 47) und ist von Amts wegen vom Richter zu berücksichtigen (die Unterschiede zwischen Ausschluß- und Verjährungsfristen siehe S. 25f.). Die Gewährfrist kann nicht unterbrochen (§§ 208ff.) und auch nicht gehemmt (§§ 202ff.) werden (RG 158, 140), noch gibt es eine Wiedereinsetzung nach Ablauf derselben (RG 148, 298).

Anm. 2. Zusammenhang der Gewährfrist mit Sonn- und Feiertagen; Übersicht über dieselben

Die Bestimmung des § 193, nämlich daß in dem Falle, daß der letzte Tag der Frist auf einen Sonntag oder einen am Erklärungsorte staatlich anerkannten allgemeinen Feiertag fällt, an Stelle des Sonntags oder des Feiertags der nächstfolgende Werktag tritt, ist für die Gewährfrist nicht anwendbar; dies aus dem Grunde, weil nach § 485 auch nach Ablauf der Gewährfrist noch eine Nachfrist gegeben wird und daher der Grund dieser Bestimmung des § 193, an einen Sonn- oder Feiertag die Ruhe des Einzelnen nicht zu stören, vorliegend nicht gegeben ist; der Betreffende muß mit Rücksicht auf die dann noch bestehende Nachfrist an dem letzten Tage der Gewährfrist selbst noch keine Erklärung abgeben und andererseits kann sich auch noch am letzten Sonntag oder Feiertag der Mangel zeigen; ebenso *Meisner* S. 91, *Staudinger* zu § 483, S. 293, *Palandt* Anm. 2 zu § 483; dagegen *Soergel* zu § 483, aber nicht überzeugend.

Die staatlich anerkannten Feiertage waren früher durch Gesetz vom 27. 2. 34 (RGBl. I 129) einheitlich für das ganze Reichsgebiet geregelt, wozu während des Krieges die Verordnung vom 27. 10. 41 (RGBl. 662) trat. Derzeit sind die staatlich anerkannten Feiertage durch Landesgesetze geregelt,

z. B. Bayer. GVBl. 50, 41; GVBl. Hessen 46, 72; GVBl. RhW 51, 127; GVBl. RhPf. 48, 253; GVBl. SaAnh. 47, Nr. 1; RegBl. WüB 46, 39 und DDR GBl. 50, 355.

Im Freistaat Bayern sind beispielsweise nach dem Gesetz über den Schutz der Feiertage vom 15. Dez. 1949 als gesetzliche Feiertage anerkannt:

a) im ganzen Staatsgebiet:
   1. das Neujahrsfest
   2. das Fest der Erscheinung des Herrn (Epiphani, Hl. Drei Könige) — 6. 1. —
   3. der Karfreitag
   4. der Ostermontag
   5. der 1. Mai
   6. das Fest Christi Himmelfahrt
   7. der Pfingstmontag
   8. der 1. Weihnachtsfeiertag
   9. der 2. Weihnachtsfeiertag

b) in Gemeinden mit überwiegend katholischer Bevölkerung:
   1. das Fronleichnamsfest
   2. das Fest Mariä Himmelfahrt — 15. 8. —
   3. das Fest Allerheiligen — 1. 11. —

c) in Gemeinden mit überwiegend evangelischer Bevölkerung:
   1. der 1. November, wenn die Kreisverwaltungsbehörde nach Anhörung des zuständigen evangelischen Dekanats feststellt, daß dieser Tag in der Gemeinde auch von der evangelischen Bevölkerung gefeiert wird
   2. der Buß- und Bettag — am Mittwoch vor dem letzten Trinitatis-Sonntag —

d) im Stadtkreis Augsburg: Das Friedensfest — 8. 8. —

Es gibt neben diesen gesetzlich anerkannten Feiertagen auch andere kirchliche Feiertage, welche staatlich geschützt sind, z. B. der St. Peter- und Pauls-Tag — 29. 6. —, diese Feiertage sind jedoch keine allgemeinen Feiertage im Sinne der Bestimmungen über Fristen und Termine.

Das gleiche gilt bezüglich der Israelitischen Feiertage, das ist

a) das Osterfest
b) das Wochenfest
c) das Laubhüttenfest
d) Neujahrsfest
e) Versöhnungstag

Auch diese Feiertage gelten also nicht als allgemeine Feiertage im Sinne des § 193, auch wenn beide Vertragsteile Israeliten sind.

Selbstverständlich können die Vertragsparteien auch eine gegenteilige Vereinbarung treffen.

Unter Erklärungsort im Sinne des § 193 ist der Ort zu verstehen, an welchem die bestimmte Erklärung abgegeben werden muß. Dieser ist verschieden, je nachdem, ob es sich gemäß § 485 um eine Mängelanzeige handelt (hier ist als Erklärungsort der Wohnort des Käufers anzusehen, weil die Absendung der Mängelanzeige genügend ist) oder ob es sich um die Klageerhebung oder Streitverkündung handelt (für diese beiden ist der Ort, an dem dem Verkäufer Klage oder Streitverkündung zugestellt werden, Erklärungsort) oder ob es sich um einen Beweissicherungsantrag handelt (für diesen ist der Erklärungsort der Ort des Gerichtes, bei dem der Beweissicherungsantrag eingebracht wurde).

Anm. 3. Berechnung und Ende der Gewährfrist

Die Frist wird nur nach vollen Tagen gerechnet und beginnt auch dann zu laufen, wenn der auf den Tag des Gefahrüberganges folgende Tag ein Sonntag oder allgemeiner Feiertag ist.

Die Berechnung der Frist geschieht nach §§ 188, 191 und 192. Eine nach Tagen bestimmte Frist endigt mit dem Ablauf des letzten Tages der Frist.

Nach der Kaiserlichen Verordnung sind alle Gewährfristen nach Tagen bestimmt.

Soweit die Vertragsparteien eine Frist nach Wochen oder Monaten vereinbaren sollten oder nach einem mehrere Monate umfassenden Zeitraum, was möglich ist (denn eine gesetzliche Gewährleistungspflicht besteht nur für Hauptmängel, so daß eine Vereinbarung über eine Gewährfrist für andere Mängel oder dem Mangel an zugesicherten Eigenschaften erfolgen kann), endigt die vereinbarte Gewährfrist mit dem Ablauf desjenigen Tages der letzten Woche oder des letzten Monats, welcher durch seine Benennung oder seine Zahl dem Tage entspricht, an welchem die Gefahr übergegangen ist.

Fehlt in diesem Falle bei einer nach Monaten bestimmten Frist in dem letzten Monate der für ihren Ablauf maßgebende Tag, so endigt die Frist mit dem Ablauf des letzten Tages des Monats (§ 188 III).

Ein Beispiel für die Berechnung der Frist: Das gekaufte Tier wurde dem Käufer am Mittwoch, dem 1. Sept., übergeben. Die 14tägige Gewährfrist, innerhalb welcher sich die Tuberkuloseerkrankung des Tieres zeigen muß, beginnt an dem dem 1. Sept. folgenden Tage, also am Donnerstag, den 2. Sept., und endigt mit dem Ablauf des 14. Tages, also mit Ablauf vom Mittwoch, den 15. Sept.

Gemäß § 486 kann die gesetzliche Gewährfrist durch Vertrag verlängert oder abgekürzt werden. Dann tritt die vereinbarte Frist an die Stelle der gesetzlichen.

Dies entspricht dem allgemeinen Prinzip der Vertragsfreiheit. Wohl besteht eine gesetzliche Gewährleistungspflicht nur für Hauptmängel, so daß an und für sich schon danach eine Vereinbarung über eine Gewährfrist für andere Mängel oder den Mangel zugesicherter Eigenschaften erfolgen kann. Aber es kann auch durch Vereinbarung sogar die gesetzliche Gewährfrist für Hauptmängel ausgeschlossen werden, wie es sehr häufig vorkommt, z. B. durch die Worte „ohne Garantie“, „schlecht für Recht“, „wie es geht und steht“.

Anm. 4. Übergang der Gefahr

Der Verkäufer haftet dafür, daß zu der Zeit, zu welcher die Gefahr auf den Käufer übergeht — es ist also nicht entscheidend der Zeitpunkt des Kaufabschlusses —, das Tier von Hauptmängeln frei ist, bzw. zu dieser Zeit die zugesicherte Eigenschaft besitzt (§§ 459 und 482) *Stölzle*, Slg. II, S. 73, RG; SA 66, 183).

Voraussetzung ist ein gültiger Kaufvertrag, nicht nur ein rechtmäßiger Besitzübergang (*Stölzle-Graminger* S. 142, *Meisner* S. 84, RG Recht 11 Nr. 975).

Gemäß § 446 geht mit der Übergabe des Tieres die Gefahr, d. h. Haftung für den zufälligen Untergang oder eine zufällige Verschlechterung des Tieres auf den Käufer des Tieres über.

Gegenüber der allgemeinen Regel des § 323 (handelnd von der Unmöglichkeit, die von keiner Partei zu vertreten ist), ist § 446 eine Ausnahme hinsichtlich, aber auch nur hinsichtlich der Gefahr des zufälligen Unterganges oder der zufälligen Verschlechterung des Tieres (RG 106, 16). Zufällig ist der Untergang oder die Verschlechterung des Tieres dann, wenn sie von keinem der Vertragsteile zu vertreten ist.

Übergabe ist nach § 433 die vom Verkäufer geschuldete Besitzverschaffung. Hier genügt aber nicht die mittelbare Besitzverschaffung wie bei § 433 (siehe *Palandt* Anm. 3 zu § 446), sondern es muß immer unmittelbarer Besitz verschafft werden.

Von der Übergabe an gebühren dem Käufer die Nutzungen des Tieres und trägt er die Lasten,

z. B. Milchertrag, Junge, andererseits Versicherungsbeiträge.

Im Innenverhältnis gilt § 101, d. h. sofern nichts anderes bestimmt ist, gebühren die Früchte demjenigen, der sie zu dem Zeitpunkte zu trennen berechtigt ist.

Nach *Stölzle*, Slg. II, S. 74, OLG Kiel, geht ebenfalls die Gefahr erst mit der Abnahme auf den Käufer über, auch wenn das Tier „mit der Versicherung“ oder „mit der Selbstversicherung“ verkauft wird. Beim Schlachtviehhandel versichert nämlich oft der Käufer das gekaufte Tier bei sich selbst, indem er dem Verkäufer von dem Kaufpreis pro Stück einen bestimmten vereinbarten Betrag abzieht. Diese Selbstversicherung ist gewissermaßen ein Verzicht des Käufers auf die Gewährspflicht für Hauptmängel gegenüber dem Verkäufer, der dafür den Kaufpreis ermäßigt. Hinsichtlich des Gefahrüberganges gilt also auch bei diesen Verkäufen, daß die Gefahr erst mit der Übergabe auf den Käufer übergeht.

Auch bei einem Verkauf nach Probe (§ 494) oder nach Muster handelt es sich doch um einen unbedingten Kauf, bei dem die Gefahr auch erst mit der Übergabe des Tieres übergeht,

z. B. wenn zunächst ein Tier verkauft wird und nach diesem verkauften Tier werden dann andere weitere Tiere verkauft.

Ebenso geht bei einem Verkauf eines Tieres unter Eigentumsvorbehalt bis zur Bezahlung des Kaufpreises (ein Kauf unter der aufschiebenden Bedingung der vollständigen Zahlung), die Gefahr doch bereits mit der Übergabe des Tieres auf den Käufer über; bis zum Wegfall der Bedingung ist der Käufer Besitzmittler für den Verkäufer,

RG 54, 396, ebenso *Stölzle*, Slg. I, S. 75, OLG Jena und *Stölzle*, Slg. I, S. 76, OLG Darmstadt und *Haegele*; siehe auch BGH U. v. 9. 10. 51 in NJW 52, 141, das sich insbesondere darüber in Verbindung mit dem Abzahlungsgesetz vom 16. 5. 1894 auseinandersetzt.

Anm. 5. Handlungen, welche der Übergabe gleichgestellt sind

a) Die Einigung der Vertragsparteien über den Übergang des Eigentums, wenn der Käufer das Tier bereits im Besitz hat,

z. B. als unmittelbarer Besitzer, Mieter, Pächter, Verwahrer, Pfandgläubiger, Nießbraucher oder als mittelbarer Besitzer, z. B. bei Weiterverpachtung, Unterverwahrung usw.

Die Einigung zwischen dem Erwerber, der bereits im Besitze des Tieres ist, und dem bisherigen Eigentümer steht also der Übergabe gleich (§ 929 Satz 2 und § 868).

b) Ebenso steht die Vereinbarung zwischen dem Eigentümer, (Verkäufer), welcher im Besitze des Tieres ist, und dem Käufer darüber, daß zwischen ihm, dem Eigentümer, und dem Käufer ein Rechtsverhältnis vereinbart wird, nach welchem der Käufer den mittelbaren Besitz erlangt, der Übergabe gleich.

Z. B. wenn vereinbart wird, daß nunmehr der Verkäufer das Tier als Mieter, Pächter, Verwahrer, Pfandgläubiger, Nießbraucher usw. besitzen soll, also nicht mehr als Eigentümer, der Käufer daher fortan nur durch die Person des Verkäufers, also nur mittelbaren Besitz an dem Tier haben soll (§§ 868, 930; RG 132, 186).

c) Der Übergabe steht ferner eine Vereinbarung gleich, wonach der Eigentümer als Verkäufer dem Käufer den Anspruch auf Herausgabe des Tieres gegen einen Dritten, der im Besitz des Tieres ist, abtritt (§§ 931, 398ff. und 151).

Anm. 6. Ausnahme vom Grundsatz, daß der Gefahrenübergang „mit der Übergabe des Tieres" eintritt

a) Vereinbarung der Vertragsparteien
b) Versendungskauf nach § 447
c) Gattungskauf
d) Erbschaftskauf (§ 2380)
e) Kauf unter einer aufschiebenden Bedingung
f) Annahmeverzug des Käufers (§§ 283, 300)

Anm. 6a. Vereinbarung der Vertragsparteien

Zu a)

Durch Vereinbarung kann hinsichtlich Überganges der Gefahr etwas anderes bestimmt werden.

Nach *Stölzle*, Slg. II, S. 71, AG Berlin, geht z. B. durch Handschlag die Gefahr, d. h. die Haftung für zufälligen Untergang und zufällige Verschlechterung des Tieres, auf den Käufer über, wenn es in den betreffenden Marktbedingungen ausdrücklich so angeführt ist und sich die Vertragsteile bei Platzgeschäften durch die ausgehändigten Schlußscheine den dortselbst geltenden Verkaufs- und Geschäftsbedingungen unterworfen haben.

Nach *Stölzle*, Slg. II, S. 75, OLG Hamburg, geht bei Verkauf nach Schlachtgewicht oder nach Lebendgewicht auch erst mit der Übergabe und nicht mit dem Einschneiden der Marke in das Haar des Tieres die Gefahr auf den Käufer über.

Nach RGRKomm. und *Soergel* zu § 483 trägt bei der Vereinbarung, daß das Tier sofort beim Wiegen in Empfang genommen werden muß, der Käufer von dem Wiegen auf der Waage ab die Gefahr.

Anm. 6b. Versendungskauf nach § 447

Zu b)

Auch beim Versendungskauf nach § 447 geht die Gefahr nicht mit der Übergabe des Tieres an den Käufer über, sondern in dem Zeitpunkte, in welchem der Verkäufer das Tier dem Spediteur, dem Kraftführer oder der sonst zur Ausführung der Versendung bestimmten Person oder Anstalt ausgeliefert hat.

Versendungskauf ist ein Kauf, bei dem der Verkäufer die Nebenverpflichtung übernommen hat, für Versendung des Tieres an den vom Käufer gewünschten Ablieferungsort Sorge zu tragen (also z. B. nicht an den Wohnsitz oder an die Niederlassung des Käufers, dem sog. Erfüllungsort).

Der Käufer trägt in diesem Falle die Transportgefahr (RG 99, 58).

Nach RG 103, 129 bedeutet die Vereinbarung „frei Waggon" nach Handelsbrauch, daß der Verkäufer auch die Versendung der Tiere zu bewirken hat.

Vielfach besteht weiters der Handelsbrauch, daß der Verkäufer bei allen Versendungskäufen vor Zahlung die Tiere zu übersenden hat und die Untersuchung durch den Käufer ermöglichen muß (*Palandt* Anm. 2 zu § 447).

Nach RG 55, 201 besteht regelmäßig dann keine Gewährleistungspflicht für den Verkäufer beim Versendungskauf, wenn der Mangel wohl bei Gefahrübergang vorhanden ist, bei der Ankunft der Tiere beim Käufer jedoch weggefallen war.

Auch eine Versendung innerhalb der gleichen Ortschaft (meistens Großstädten) gilt als Versendungskauf, außer die Beförderung erfolgt durch eigene Leute des Verkäufers. Das Gleiche gilt auch für die Überbringung durch Beförderungsmittel des Verkäufers nach außerhalb, weil auch hier keine Versendung mittels selbständigen Spediteurs, Frachtführers usw. vorliegt, wie es das Gesetz verlangt. Ebenso *Palandt* Anm. 4 zu § 447; RGRKomm. § 447 A 2b; KG OLG 20, 174; a. A., jedoch nicht überzeugend: RG 96, 258.

Mit der Auslieferung der Tiere an die Beförderungsperson geht die Beförderungsgefahr, also die Gefahr für solche Schäden, für welche die Beförderung ursächlich oder mitursächlich ist, auf den Käufer über (RG 93, 830; OLG Kiel SchlHA 47, 97).

Nach RG 106, 17 gehört eine behördliche Beschlagnahme im Inland nicht zur Beförderungsgefahr.

Versendungskauf liegt auch dann vor, wenn die Versendung des Tieres nicht an den Käufer selbst, sondern an einen von diesem bezeichneten Dritten erfolgt.

Nach OLG Hamburg U. v. 18. 8. 47 in DRsp. I (130) 8e, ausführlicher in MDR 48, 15, können die Vorschriften über Gefahrübergang beim Versendungskauf nur dann angewendet werden, wenn die Transportgefahr deshalb vom Käufer getragen werden mußte, weil er sich mit der Versendung ab einem anderen als dem Erfüllungsort einverstanden erklärt hat.

Anm. 6c. Gattungskauf

Zu c)

Bei Gattungskauf, wenn also vom Verkäufer nur der Gattung nach bestimmte Tiere verkauft wurden und bei welchem nach § 243 der Verkäufer ein Tier von mittlerer Art und Güte zu liefern hat, geht die Gefahr auch vor der Übergabe auf den Käufer über, nämlich mit dem Zeitpunkt, in dem der Käufer die aus der Gattung ausgeschiedenen und ihm angebotenen Tiere nicht annimmt.

Mit diesem Zeitpunkte kommt der Käufer in Verzug und geht die Gefahr auf ihn über (§ 243 II, § 300/II, siehe auch RG 57, 141; 88, 391 und 108, 187).

Anm. 6d. Erbschaftskauf

Zu d)

Beim Erbschaftskauf gemäß § 2380 geht die Gefahr des zufälligen Unterganges und der zufälligen Verschlechterung schon mit dem Kaufabschluß auf den Käufer über, also nicht erst mit der Übergabe.

Anm. 6e. Kauf unter einer aufschiebenden Bedingung

Zu e)

Für den bedingten Kauf gelten hinsichtlich des Zeitpunktes des Gefahrüberganges die allgemeinen Vorschriften nach §§ 158—160. Bei der auflösenden Bedingung trägt der Käufer vom Zeitpunkte der Übergabe an die Gefahr, da in diesem Falle die Wirkungen des Rechtsgeschäftes ohne weiteres eintreten (§ 158/II).

Bei der aufschiebenden Bedingung, in welchem Falle der Kaufvertrag erst mit dem Eintritt der Bedingung wirksam wird, geht die Gefahr erst in diesem Zeitpunkte auf den Käufer über, vorausgesetzt, daß ihm das Tier schon früher übergeben war, sonst erst mit der Übergabe des Tieres oder wenn Annahmeverzug des Käufers eintritt.

Auch ein Kauf unter Eigentumsvorbehalt ist ein aufschiebend bedingter Kauf, wobei die Bedingung die vollständige Bezahlung des Kaufpreises ist. Während des Schwebens der Bedingung ist der Käufer unmittelbarer Besitzer, der Verkäufer mittelbarer Besitzer (OLG 42, 207).

Bei Zahlungsverzug des Käufers ist der Verkäufer im Zweifel zum Rücktritt berechtigt, ohne daß es in diesem Falle einer Fristsetzung durch ihn nach § 326 bedarf (RG 144, 65). Nach der herrschenden Meinung geht beim Verkauf eines Tieres unter Eigentumsvorbehalt die Gefahr bereits mit der Übergabe des Tieres auf den Käufer über und nicht erst mit der erfolgten Bezahlung.

(Siehe *Stölzle-Graminger* S. 149, ebenso *Meisner* S. 87 und *Stölzle*, Slg. II, S. 76, OLG Colmar.

Die Entscheidung führt insbesondere an, daß sich der Verkäufer des Tieres nur eine Sicherung für die Kaufpreisforderung schaffen wollte, im übrigen aber derselbe wirtschaftliche Erfolg eintreten sollte, als wenn dem Käufer mit dem Besitz auch das Eigentum übertragen worden wäre; dafür gebühren dem Käufer von dieser Zeit an auch die Nutzungen des Tieres, z. B. das von der Kuh geworfene Kalb.)

Anm. 6f. Annahmeverzug des Käufers (§§ 283, 300)

Zu f)

Im Falle des Annahmeverzuges des Käufers hinsichtlich des ihm angebotenen Tieres geht die Gefahr mit dem Zeitpunkte des Verzugs auf den Käufer über.

Die Folge des Verzugs ist, daß von dem Verkäufer von dem Zeitpunkte an, zu dem der Käufer hinsichtlich seiner Abnahmeverpflichtung in Verzug gekommen ist, Mängel, welche erst nach diesem Zeitpunkte eintreten, nicht zu vertreten sind.

In Verzug kommt der Käufer dann, wenn er die ihm tatsächlich angebotene Lieferung des Tieres, welche am rechten Ort (§ 269) und zur rechten Zeit (§ 271) erfolgt ist, nicht annimmt. Die Voraussetzungen des Annahmeverzuges sind in den §§ 293—299 geregelt. Der Verzug des Käufers setzt kein Verschulden desselben voraus, der Käufer kommt also auch dann in Verzug, wenn er wegen eines Zufalles oder beispielsweise einer Krankheit die Annahme des Tieres nicht vornehmen kann. Ein Annahmeverzug des Käufers liegt dann nicht vor, wenn die Leistung auf Seite des Verkäufers unmöglich ist oder Unvermögen auf Seite des Verkäufers vorliegt, also wenn der Verkäufer nicht leisten kann (RG 106, 276).

Damit der Käufer in Verzug kommt, muß dem Käufer von dem Verkäufer die Leistung, also die Lieferung des Tieres, am rechten Ort vom Verkäufer angeboten werden, d. h. an dem Orte, der von den Vertragsparteien ausdrücklich oder stillschweigend als Ort der Lieferung bestimmt wurde oder der aus den Umständen, insbesondere der Natur des Schuldverhältnisses oder dem sonst nach Treu und Glauben im Verkehr anzunehmenden Willen der Vertragsteile, zu entnehmen ist, sonst an dem Ort, an welchem der Verkäufer zur Zeit der Entstehung des Schuldverhältnisses seinen Wohnsitz hat (§ 269/I).

Im Zweifel hat also der Käufer des Tieres dieses beim Wohnsitz des Verkäufers abzuholen. Nebenpflichten sind im Zweifel am Ort der Hauptverpflichtung zu erfüllen; RG 70, 199 (Bürgschaftsschulden dagegen haben ihren selbständigen Leistungsort, RG 137, 11 ebenso *Palandt* Anm. 5 zu § 269).

Hätte der Verkäufer zur Zeit des Vertragsabschlusses keinen Wohnsitz, so wäre die Abholung beim Aufenthaltsort des Verkäufers vorzunehmen.

Ist die Verbindlichkeit im Gewerbebetrieb des Verkäufers entstanden und die gewerbliche Niederlassung des Verkäufers an einem anderen Ort als an seinem Wohnsitz, dann hat die Lieferung des Tieres am Ort der gewerblichen Niederlassung und nicht am Wohnsitz des Verkäufers zu erfolgen (§ 269/II).

Auch wenn zwischen den Parteien vereinbart wurde, daß die Bezahlung an einem bestimmten Ort zu erfolgen hat, so ist damit noch nicht vereinbart, daß auch dort der Verkäufer das Tier zu liefern hat (JW 38, 1891); ebenso ist es auch unbedeutend, wenn nach Abschluß des Vertrages einseitig, besonders auf Rechnungen, ein bestimmter Erfüllungsort angeführt ist. Dadurch wird der andere Teil nicht gebunden (RG 57, 411; 52, 133). Wenn der Käufer jedoch vor Kaufabschluß Preislisten erhielt oder Geschäftsbedingungen oder Bestellscheine, welche den Erfüllungsort angeben und er dem nicht widerspricht, so gilt dies als Einverständnis des Käufers mit diesem angeführten Erfüllungsort (RG JW 01, 621). Siehe Näheres bei *Koehler*.

Im allgemeinen wird auch als stillschweigender Lieferungsort der Ort anzunehmen sein, an welchem sich das Tier vertragsmäßig befindet (RG 55, 112).

Dagegen hat der Käufer im Zweifel auf seine Gefahr und seine Kosten die Bezahlung für das gekaufte Tier an den Wohnsitz des Verkäufers zu übermitteln, bzw. wenn im Gewerbebetrieb die Schuld entstanden ist und der Verkäufer seine gewerbliche Niederlassung an einem anderen Ort hat als an seinem Wohnsitz, an dem Ort der Niederlassung. Geldschulden sind also Bringschulden. Dies gilt selbstverständlich nur, soweit nichts anderes zwischen den Vertragsteilen vereinbart ist.

Die Lieferung des Tieres muß aber auch zur rechten Zeit dem Käufer angeboten worden sein, wenn dieser bei Nichtannahme in Verzug geraten soll (§ 271/II).

Ist die Lieferungszeit nicht bestimmt, dann kann der Käufer die Lieferung sofort verlangen und der Verkäufer sie sofort vornehmen. „Sofort" ist nach *Palandt* zu § 271, 1 I, nicht wörtlich zu nehmen und nach Treu und Glauben muß dem Verkäufer auch unter Umständen eine gewisse Zeit belassen werden, wie sich andererseits auch aus Treu und Glauben eine Pflicht zur vorzeitigen Lieferung ergeben kann (RG Recht 25, 2189).

Ist der Lieferungstag ein Sonn- oder Feiertag, so wird die Lieferungspflicht auf den nächsten Werktag verschoben (§ 193). Im allgemeinen gilt § 242, daß also auch, was die Tageszeit anbetrifft, die mit Rücksicht auf Treu und Glauben anzuwendende Verkehrssitte zu berücksichtigen ist.

Der Käufer kommt jedoch dann nicht in Verzug, wenn er nur vorübergehend an der Annahme der angebotenen Lieferung des Tieres verhindert ist (§ 299),

nach *Palandt* Anm. 2 zu § 299 tritt jedoch diese Vergünstigung nicht ein, wenn der Verkäufer die Lieferung dem Käufer eine angemessene Zeit vorher angekündigt hat.

In diesem Falle kommt der Käufer durch die Nichtannahme in Verzug, weil er eben die entsprechenden Vorkehrungen zur Annahme hätte treffen müssen.

Neben der Rechtsfolge des Annahmeverzuges, nämlich daß die Gefahr mit dem Annahmeverzug auf den Käufer übergeht, treten noch weitere Rechtsfolgen ein.

Der Verkäufer haftet während des Annahmeverzuges des Käufers gemäß § 300 nur noch für Vorsatz und grobe Fahrlässigkeit (eine Schadenersatzpflicht wird durch den Annahmeverzug des Käufers dem Verkäufer gegenüber nicht begründet, auch nicht aus dem Gesichtspunkt der unerlaubten Handlung: RG 123, 340). Es wird also die Verschuldenshaftung des Verkäufers, wenn sie höher gewesen war, auf Vorsatz und grobe Fahrlässigkeit herabgesetzt.

Eine weitere Rechtsfolge des Annahmeverzuges ist, daß der Verkäufer das Tier am Lieferungsort gem. §§ 383, 384 versteigern lassen und den Erlös hinterlegen kann.

Eine weitere Rechtsfolge des Annahmeverzuges ist schließlich Pflicht des Käufers zum Ersatz der Mehraufwendungen (§ 304). Der Verkäufer kann die Mehraufwendungen, die er für das erfolglose Angebot, sowie für die Aufbewahrung und Erhaltung des Tieres machen mußte, von dem Käufer, der in Abnahmeverzug gerät, ersetzt bekommen, soweit diese tatsächlich erforderlich waren (RG 45, 302).

Im allgemeinen wird sich die Berechnung dieser Mehraufwendungen nach den Regeln über die Geschäftsführung ohne Auftrag (§§ 677 ff.) richten.

Wegen dieser seiner Ersatzansprüche hat der Verkäufer dem Käufer gegenüber ein Zurückbehaltungsrecht nach § 273. Er kann also die Lieferung des Tieres solange verweigern, bis ihm der Ersatz für diese Aufwendungen gewährt wird. Siehe insbes. RG 68, 32; Motive zu § 273.

Soweit es sich um ein Handelsgeschäft handelt, kommt hinsichtlich dieses Zurückbehaltungsrechtes nicht § 273, sondern kommen die §§ 369 ff. HGB in Betracht.

Anm. 6g. Beweislast

Zu g)

Der Käufer hat den Zeitpunkt des Gefahrüberganges zu beweisen. Der Ablauf der Gewährfrist, auch der vereinbarten, auch bezüglich Nichthauptmängel, ist von Amts wegen zu berücksichtigen.

§ 484

Zeigt sich ein Hauptmangel innerhalb der Gewährfrist, so wird vermutet, daß der Mangel schon zu der Zeit vorhanden gewesen sei, zu welcher die Gefahr auf den Käufer übergegangen ist.

Übersicht:

Vorbemerkung: Inhalt des § 484
Anm. 1. § 484 bezieht sich auch auf Nichthauptmängel
Anm. 2. Gegenbeweis des Verkäufers zulässig
Anm. 3. Beweislast

Vorbemerkung: Inhalt des § 484

§ 484 enthält die Aufstellung der Vermutung über das Vorhandensein von Hauptmängeln zum Zeitpunkte des Gefahrüberganges.

Die Aufstellung dieser Vermutung erfolgt im Interesse des Käufers, da dieser dadurch der Beweisführung hinsichtlich der Tatsachen, welche Gegenstand der Vermutung sind, enthoben wird.

Hat also der Käufer bewiesen, daß das von ihm gekaufte Tier mit einem Hauptmangel behaftet ist und daß sich dieser Hauptmangel innerhalb der Gewährfrist gezeigt hat, dann wird vermutet, daß der Mangel schon zur Zeit des Gefahrüberganges vorhanden war.

Der Käufer braucht dann also einen Beweis darüber, daß der Mangel tatsächlich schon zur Zeit des Gefahrüberganges vorhanden war, nicht zu führen.

In den Materialien (*Mugdan* S. 140) ist ausdrücklich angeführt, daß diese Vermutung „bis zum Beweis des Gegenteils" gilt.

Dieser Beweis muß also zugelassen werden. Er ist nicht ausgeschlossen, nämlich darüber, daß der Mangel erst nach diesem Zeitpunkte des Gefahrüberganges entstanden ist.

Bei späterem Hervortreten des Mangels wird der Beweis des Vorhandenseins desselben zum entscheidenden Zeitpunkte nicht zugelassen. Hier wird also der Beweis abgeschnitten.

Aus den Worten „innerhalb der Gewährfrist" könnte geschlossen werden, daß diese Vermutung nicht gilt, wenn sich der Mangel vor Beginn der Gewährfrist zeigt, weil in diesem Falle das Auftreten des Mangels nicht innerhalb der Gewährfrist liegen würde.

Dies scheint jedoch nur eine Ungenauigkeit in der Gesetzesfassung zu sein, denn der Sinn der Gesetzesstelle ist jedenfalls der, daß die Vermutung des § 484 auch dann eintritt, wenn sich der Hauptmangel nicht innerhalb der Gewährfrist, sondern auch schon vor Beginn derselben zeigt.

Wenn sich z. B. ein Hauptmangel nach der Übergabe zeigt, aber noch an dem Übergabstag selbst, gilt auch in diesem Falle die Vermutung, daß der Fehler auch schon zu der Zeit vorhanden war, zu welcher die Gefahr auf den Käufer übergegangen ist, also vorliegend bei der Übergabe, obzwar die Gewährfrist, welche erst mit dem Ablauf des Tages beginnt, an welchem die Gefahr auf den Käufer übergeht, in diesem Falle noch gar nicht begonnen hätte.

Es ist außer Zweifel, daß in einem solchen Falle trotzdem auch die Vermutung des § 484 Platz greift, also obwohl sich der Mangel nicht innerhalb der Gewährfrist, sondern vor Beginn derselben gezeigt hat.

Aus der früheren Fassung des Gesetzestextes „bis zum Ablauf" der Gewährfrist ergibt sich jedenfalls einwandfrei, daß diese Art der Auslegung auch Absicht des Gesetzgebers war.

Anm. 1. § 484 bezieht sich auch auf Nichthauptmängel

§ 484 spricht nur von Hauptmängeln (gemäß § 482). Aus der Bestimmung des § 492 folgt jedoch, daß die Vermutung des § 484 auch dann gilt, wenn vom Verkäufer die Haftung wegen eines nicht zu den Hauptmängeln gehörigen Fehlers übernommen wurde oder von ihm das Vorhandensein einer Eigenschaft des Tieres zugesichert wurde und weiterhin gleichzeitig eine Gewährfrist vereinbart worden ist.

Wenn sich also innerhalb der vereinbarten Gewährfrist auch ein nicht zu den Hauptmängeln gehöriger Fehler zeigte, für den der Verkäufer die Haftung übernommen hatte oder wenn die zugesicherte Eigenschaft nicht vorhanden war, wird ebenfalls vermutet, daß dieser Fehler bereits zur Zeit des Gefahrüberganges vorhanden war, bzw. daß zu dieser Zeit die zugesicherte Eigenschaft des Tieres fehlte.

Anm. 2. Gegenbeweis des Verkäufers zulässig

Hinsichtlich des Gegenbeweises gilt folgendes:

Dem Verkäufer steht gegenüber der gesetzlichen Vermutung, daß der Mangel schon in der Zeit vorhanden gewesen sei, zu welcher die Gefahr auf den Käufer übergegangen ist, der Gegenbeweis offen, daß der Hauptmangel (oder der Nichthauptmangel, für den der Verkäufer die Haftung übernommen hat oder das Nichtvorhandensein der zugesicherten Eigenschaft, wenn in beiden Fällen eine Gewährfrist vereinbart wurde) erst nach dem Übergang der Gefahr auf den Käufer entstanden sei.

Nach § 292 ZPO kann dieser Beweis durch jedes Beweismittel, auch Parteivernehmung nach §§ 445, 447 ZPO geführt werden.

Der Gegenbeweis besteht in dem Nachweis, daß die als wahr zu unterstellende Tatsache nicht vorliegt, also der Mangel erst nach dem Zeitpunkte des Gefahrüberganges entstanden ist (RG 92, 72; *Schönke* § 58 V 1).

Nach *Stölzle-Graminger* S. 166 ist dieser Nachweis erbracht, wenn dies mit einer an Sicherheit grenzenden Wahrscheinlichkeit festgestellt wird. Näheres dazu siehe RG 15, 339; 95, 249; 162, 229; 162, 326.

Nach *Palandt* Anm. 1 zu § 484 sind besonders strenge Anforderungen an diesen Gegenbeweis zu stellen.

Nach *Meisner* S. 99ff. wird diese Beweisfrage eine besondere Rolle spielen bei der Gewährleistung für „Frömmigkeit“, das ist „kein widersetzliches Benehmen des Pferdes im Stall beim Beschlagen und beim Dienstgebrauch“ oder „Zugfestigkeit“, das ist nach *Fröhner* „willig zum ein- und zweispännigen Zug“, nicht etwa „fähig zum Ziehen“.

Es kommt oft vor, daß das Pferd an einem einzigen Tage derart verdorben werden kann, daß es die Frömmigkeit oder Zugfestigkeit verliert, besonders bei jungen, lebhaften Pferden und bei außergewöhnlich unsachgemäßer Behandlung.

Dennoch wird der Beweis für den Verkäufer, daß diese Änderung erst nachträglich entstanden sei, sehr schwer sein, um so mehr als (nach *Meisner* S. 100) derjenige, welcher Zugfestigkeit oder Frömmigkeit gewähren läßt, darunter versteht, daß das Pferd unter normalen Verhältnissen und in der Hand einer jeden fachkundigen Person diese Eigenschaften zeigt und nicht nur bei der gewohnten Behandlung durch bestimmte Personen, am bestimmten Ort. Zumindest darf auch nach der Eingewöhnung des Pferdes die Widersetzlichkeit nicht anhalten.

Meisner S. 100 führt als weiteres Beispiel an:

Wenn der Verkäufer für Gesundheit des Tieres Gewähr geleistet hat und dieses einen Fremdkörper, z. B. einen Nagel verschluckt hat, an welchem es schließlich eingeht, so muß der Käufer beweisen, daß der Fremdkörper schon zur Zeit der Übergabe von dem Tiere aufgenommen worden war, nicht auch, daß er damals schon einen Entzündungsprozeß hervorgerufen hatte.

Nach *Stölzle*, Slg. II, S. 191, AG Weinsberg, müßte der Käufer bezüglich des Mangels der Zugfestigkeit, welcher keinen Hauptmangel darstellt, beweisen, daß der Mangel zur Zeit des Gefahrüberganges tatsächlich schon vorhanden gewesen sei.

Selbst das Versagen des Pferdes bei der Fahrprobe besage nichts, da es eine Erfahrungstatsache sei, daß lebhafte, rassige Pferde, welche nicht richtig behandelt werden oder in fremde Umgebung kommen, unter Umständen in wenigen Tagen eine mangelhafte Zugfestigkeit zeigen.

Anm. 3. Beweislast

Zusammenfassend ist hinsichtlich der Beweislast festzustellen: Der Käufer hat zu beweisen, daß der Hauptmangel im Zeitpunkte des Gefahrüberganges vorhanden gewesen sein muß. Dem Verkäufer steht Gegenbeweis offen.

§ 485

Der Käufer verliert die ihm wegen des Mangels zustehenden Rechte, wenn er nicht spätestens zwei Tage nach dem Ablaufe der Gewährfrist oder, falls das Tier vor dem Ablaufe der Frist getötet worden oder sonst verendet ist, nach dem Tode des Tieres den Mangel dem Verkäufer anzeigt oder die Anzeige an ihn absendet oder wegen des Mangels Klage gegen den Verkäufer erhebt oder diesem den Streit verkündet oder gerichtliche Beweisaufnahme zur Sicherung des Beweises beantragt. Der Rechtsverlust tritt nicht ein, wenn der Verkäufer den Mangel arglistig verschwiegen hat.

Übersicht:

Vorbemerkung: Inhalt des § 485, Zweck desselben nach den Motiven zum BGB und Unterschied gegenüber den allgemeinen Gewährschaftsbestimmungen

Anm. 1. Die Mängel, auf welche sich die Anzeigeverpflichtung bezieht und die Folgen der Nichtanzeige

Anm. 2. Inhalt der Mängelanzeige
Anm. 3. Anzeigefrist
Anm. 4. Die Rechtshandlungen, welche der Anzeige gleichgestellt sind
Anm. 4a. Die Absendung der Anzeige
Anm. 4b. Die schriftliche Erhebung der Klage und deren Zustellung
Anm. 4c. Streitverkündung an den Verkäufer gemäß §§ 72ff. ZPO
Anm. 4d. Beweissicherungsantrag gemäß §§ 485ff. ZPO
Anm. 5. Einfluß der Nichtigkeit der Klage oder Unzuständigkeit des Gerichts oder der Klagerücknahme auf die in der Klage enthaltene Anzeige
Anm. 6. Rechtswirkungen des Unterlassens der Anzeige mit den Ausnahmen des arglistigen Verschweigens durch den Verkäufer oder des Verzichts durch den Käufer
Anm. 7. Beweislast

Vorbemerkung: Inhalt des § 485, Zweck desselben nach den Motiven zum BGB und Unterschied gegenüber den allgemeinen Gewährschaftsbestimmungen

§ 485 enthält die Verpflichtung des Käufers zur Anzeige des Mangels oder zur Vornahme einer der Anzeige gleichstehenden Rechtshandlung bei Verlust seiner ihm sonst zustehenden Rechte.

Nach den Materialien (*Mugdan* S. 141) ist der Grund dieser geforderten Anzeige darin gelegen, daß andernfalls dem Verkäufer die Möglichkeit des Gegenbeweises gegen die Rechtsvermutung des § 484 genommen wäre.

Der erste Entwurf hatte nur bestimmt, daß sich der Käufer bei Unterlassung der Anzeige (oder der, der Anzeige gleichgestellten Ersatzhandlungen) nicht mehr auf die Vermutung des § 484 berufen könne. Die endgültige Gesetzesfassung aber verbindet mit der Unterlassung der Anzeige den vollständigen Verlust des Rechtsanspruches aus der Mängelgewährleistung, der dem Käufer dann auch die diesbezügliche Einrede aus dem Mangel nimmt.

Nur eine Ausnahme läßt diese gesetzliche Bestimmung zu: Es tritt nämlich die Folge dieses Rechtsverlustes nicht ein, wenn ein arglistiges Verschweigen des Hauptmangels auf Seite des Verkäufers vorliegt.

Die Vorschrift des § 485 stellt eine Abweichung — und zwar zugunsten des Verkäufers — von den Bestimmungen über die allgemeine Gewährleistung dar, welche (siehe § 464) in der Regel keine Verpflichtung des Käufers feststellen, binnen bestimmter Frist dem Verkäufer über einen hervorgetretenen Mangel Mitteilung zu machen.

Anm. 1. Die Mängel, auf welche sich die Anzeigeverpflichtung bezieht und die Folgen der Nichtanzeige

Die im § 485 angeführten Mängel, bezüglich welcher die Anzeigepflicht des Käufers festgestellt wird, umfassen die Hauptmängel und andere Mängel, soweit hierfür eine Gewährfrist besonders vereinbart wurde (siehe § 492, welcher sich ausdrücklich auf § 485 beruft, und RG 123, 214).

Die nicht rechtzeitige Anzeige bringt für den Käufer nur den Verlust der ihm nach § 487 zustehenden Rechte, also der Rechte aus der Gewährleistung mit sich, nicht auch den Verlust der Rechte wegen Nichterfüllung, insbesondere nicht der Ansprüche wegen eines Mangels im Recht (§ 434), (wenn ihm das Tier nicht frei von Rechten verschafft wurde, die von Dritten gegen den Käufer geltend gemacht werden können).

Diese Freiheit von Rechten Dritter muß bei Eigentumsübergang bestehen (RG 111, 89), daher bei Verkauf unter Eigentumsvorbehalt mit Eintritt (Erfüllung) der Bedingung, also der vollständigen Bezahlung (RG 83, 215).

Der Käufer kann auch das ihm vom Verkäufer angebotene Tier zurückweisen, beim Versendungskauf sogar noch nach dem Übergang der Gefahr. Er kann gegenüber einer Klage auf Abnahme oder Zahlung auch dann, wenn er keine Anzeige von dem Mangel erstattet hat, die Einrede des „nichterfüllten Vertrages" erheben, auch wenn er die Annahme des Tieres ohne Angabe eines Grundes abgelehnt hätte (siehe *Meisner* S. 110).

Anm. 2. Inhalt der Mängelanzeige

Der Mangel, welchen der Käufer dem Verkäufer anzeigen muß, muß so genau bezeichnet werden, daß der Verkäufer in der Lage ist, sich dagegen verteidigen zu können. Allerdings dürfte die falsche Diagnose durch einen Fachmann nicht die Verwirkung sachlich begründeter Ansprüche zur Folge haben.

Es genügt, wenn Symptome der Krankheit so mitgeteilt werden, daß der Verkäufer keinen Zweifel haben kann, um welche Krankheit es sich handelt.

Nach Möglichkeit sollen die Fehler mit denselben Bezeichnungen angezeigt werden, wie sie in der Kaiserlichen Verordnung gebraucht sind (siehe *Fröhner* S. 12 und die dort angeführte Entscheidung des OLG Stettin). Jedenfalls genügen allgemeine Mitteilungen nicht,

wie, daß das Tier krank sei, daß es an einem Hauptmangel leide, daß es nicht fresse.

Nach *Stölzle*, Slg. II, S. 79, OLG Kiel, wurde die allgemeine Bezeichnung „altes Leiden" als nicht genügende Mängelbezeichnung befunden. Die Entscheidung führt dazu an, daß der Käufer den Mangel in einer Form anzeigen müßte, die keinen Zweifel darüber aufkommen lasse, welche Krankheit er meine.

Nach *Stölzle*, Slg. II, S. 83, LG Leipzig wird in gleicher Weise verlangt, daß die Bezeichnung des Mangels so beschaffen sein müsse, daß der Verkäufer daraus zu erkennen vermag, für welchen speziellen Fehler der Käufer Rechte gegen ihn herleiten will.

Nach *Stölzle*, Slg. I, S. 78, LG Straßburg, soll der Verkäufer durch die Anzeige in die Lage versetzt werden,

a) rechtzeitig den Entschluß zu fassen, das verkaufte Tier eventuell zurückzunehmen,
b) sich den Gegenbeweis zu sichern,
c) Rückgriff gegen seinen Rechtsvorgänger, also seinen Verkäufer, zu nehmen.

Deshalb sei eine allgemeine Anzeige ungenügend. Wenn der Käufer aus dem Grunde, weil ihm noch kein Sachverständiger zur Verfügung steht oder dessen Gutachten noch nicht fertig ist, zu einer genauen „Anzeige" nicht in der Lage sei, müsse er eben alle in Betracht kommenden Mängel anführen.

Es muß derjenige Mangel angezeigt werden, aus dem der Käufer seine Rechte ableiten will. Wegen eines anderen als des angezeigten Mangels kann der Käufer keine Rechte geltend machen (ebenso *Meisner* S. 101).

Der Käufer braucht jedoch nicht anzugeben, welche Rechte er aus dem Mangel ableiten will (siehe *Meisner* S. 101, ebenso *Stölzle*, Slg. II, S. 83 LG Leipzig).

Ist der Käufer im Zweifel, um welche Mängel es sich handelt, wird er zweckmäßigerweise alle in Betracht kommenden Mängel in der Anzeige anführen.

Bei der Beurteilung des Inhaltes der Mängelanzeige muß auf die Ausdrucksweise der Bevölkerung Rücksicht genommen werden.

Nach *Stölzle*, Slg. II, S. 84, LG München, bedeutet die Anführung in der Anzeige „die Kuh hustet" regelmäßig den Hauptmangel Tuberkulose.

Beim Verkauf von mehreren Tieren muß das mangelhafte Tier vom Käufer so genau bezeichnet sein, daß der Verkäufer daraus erkennen kann, welches von den verkauften Tieren damit gemeint ist.

Nach *Stölzle-Graminger* S. 174 genügt es z. B. nicht, daß der Käufer in der Anzeige nur anführt, daß das eine von den vier verkauften Tieren tuberkulös sei; denn der Verkäufer muß in der Lage sein, den Mangel dem Vorbesitzer anzuzeigen, wozu eben die genaue Bezeichnung des betreffenden Tieres notwendig ist.

Die Mängelanzeige ist an keine Form gebunden, sie kann mündlich, fernmündlich oder schriftlich erfolgen, jedoch wird der Käufer darauf Rücksicht nehmen müssen, daß er den Nachweis für die Abgabe der Mängelanzeige und ihren Inhalt zu erbringen hat.

Aus diesem Grunde wird es zweckmäßig sein, nach Möglichkeit schriftliche Mängelanzeige zu erstatten. Die Mängelanzeige muß der Käufer oder sein dazu bevollmächtigter Vertreter vornehmen.

Durch die Prozeßvollmacht ist ein Anwalt auch zur Mängelanzeige ermächtigt. Legt jedoch der Bevollmächtigte bei der Anzeige keine entsprechende Bevollmächtigungsurkunde vor und der Verkäufer weist aus diesem Grunde unverzüglich die Anzeige zurück, so ist nach §§ 180, 174 die Anzeige unwirksam (siehe ebenso *Meisner* S. 103).

Es wird daher immer zweckmäßig sein, wenn der beauftragte Anwalt von vornherein eine entsprechende Bevollmächtigung beischließt oder die Mängelanzeige von der Partei mit unterschreiben läßt.

Nach *Stölzle*, Slg. II, S. 81, OLG Hamburg, ist der Rechtsanwalt regelmäßig im Verhältnis zu seiner Partei zur Mängelanzeige nicht verpflichtet, wenn er dazu nicht ausdrücklich den Auftrag erhalten hat oder bei Beobachtung der erforderlichen Sorgfalt hätte erkennen müssen, daß eine solche Anzeige zur Wahrung der Rechte seines Mandanten noch erforderlich sei.

OLG München hat im U. v. 16. 11. 51 3 U 618/51 bei einer schuldhaften Unterlassung durch den Rechtsanwalt hinsichtlich der Frage, wie ohne diese schuldhafte Unterlassung das Gericht die Rechtssache entschieden haben würde, folgendes festgestellt: Hängt aber die Entscheidung, ob ein Ereignis einen Schaden verursacht hat, davon ab, wie ein Gericht eine bestimmte Sache entschieden haben würde, so ist stets zu unterstellen, daß es im Sinne des jetzt urteilenden Gerichts richtig entschieden haben würde. Dabei berief sich das Urteil auf *Palandt*, Vorbem. 5bff. vor § 249.

Hat ein Dritter als Vertreter des Käufers, der hierzu vom Käufer nicht bevollmächtigt war, die Anzeige erstattet und hat der Verkäufer die von dem Vertreter behauptete Vertretungsmacht bei der Vornahme der Anzeige nicht beanstandet, so hängt die Wirksamkeit der Anzeige von der nachträglichen Genehmigung des Käufers ab (§§ 180 und 184, siehe dazu OLG Stuttgart in NJW 54, 36 hinsichtlich Rückwirkung der Genehmigung).

Der Käufer, welcher verspätete Mängelanzeige erstattet hat, kann sich nicht darauf berufen, daß der Verkäufer rechtzeitig den Mangel von anderer Seite erfahren hat (*Staudinger* zu § 485).

Die Mängelanzeige muß dem Verkäufer oder dessen Vertreter gegenüber erfolgen.

Der Unterhändler ist regelmäßig nicht Vertreter des Verkäufers, so daß ihm also die Mängelanzeige nicht erstattet werden darf. Sie wäre nur dann wirksam, wenn sie durch den Verkäufer nachträglich genehmigt wird (§ 180).

Obwohl die frühere Bestimmung des § 86 HGB, daß die Anzeige von Mängeln einer Ware und andere Erklärungen dem Handelsagenten gegenüber abgegeben werden können, in dem Gesetz über das Recht der Handelsvertreter vom 6. 8. 53, Bundesgesetzbl. 53, 771 nicht ausdrücklich in dieser Fassung angeführt ist, muß dennoch nach dem allgemeinen Charakter der §§ 84, 86 HGB geschlossen werden, daß auch der jetzige Handelsvertreter (früher Handelsagent) zur Entgegennahme der Mängelanzeige als ermächtigt gilt.

Dasselbe gilt hinsichtlich der kaufmännischen Angestellten, siehe RG 102, 295,

welches dazu insbesonders folgendes ausführt: Es genügt, wenn eine Mängelanzeige in den Geschäftsräumen von einem Angestellten des Empfängers entgegengenommen wird; denn wenn sich der Betreffende zur Erledigung des Geschäftsverkehrs besonderer Geschäftsräume mit Angestellten bedient, gibt er hierdurch zu erkennen, daß er zu dieser Einrichtung mit Dritten zu verkehren, bereit ist. Hierbei ist es für den Dritten nicht nachteilig, wenn der Angestellte (nicht Putzfrau) die rechtzeitige Weitergabe an den Empfänger unterläßt.

Der Rechtsanwalt, der für den Verkäufer ein Mahnschreiben an den Käufer abgeschickt hat oder die Kaufpreisklage erhoben hat, muß ebenfalls zur Entgegennahme der Anzeige als ermächtigt angesehen werden (siehe *Meisner* S. 104).

Nach *Stölzle*, Slg. II, S. 84, LG München, wurde die Mängelanzeige an die Ehefrau des Verkäufers als genügend erachtet, wobei das Urteil als Begründung anführt:

Denn selbstverständlich bevollmächtigt ein Bauer, der ein Tier verkauft hat, für den Fall seiner Abwesenheit stillschweigend seine Ehefrau oder überhaupt jede erwachsene Person, die er in einem solchen Falle in seinem Anwesen zurückläßt, zur Empfangnahme von Erklärungen, die mit diesem Geschäft oder seinem ländlichen Betriebe überhaupt zusammenhängen.

Nach *Stölzle*, Slg. II, S. 82, OLG Kiel, kann bei der Kaufpreisforderung die Mängelanzeige auch an den neuen Gläubiger, der an Stelle des bisherigen trat, gerichtet werden.

In gleicher Weise aber kann auch die Anzeige, wenn der Aufenthalt des früheren Verkäufers unbekannt geworden ist, durch öffentliche Zustellung gemäß § 132 Abs. 2 erfolgen (siehe dazu OLG Düsseldorf U. v. 18. 5. 49 in NJW 49, 789 hinsichtlich dieser öffentlichen Zustellung).

Eine öffentliche Zustellung der Anzeige nach § 132 könne auch dann erfolgen, wenn dem Käufer die Person des Verkäufers — nicht aus Fahrlässigkeit — unbekannt blieb oder dieser die Annahme verweigert.

Für die Bewilligung ist das Amtsgericht zuständig, in dessen Bezirk der Käufer seinen Wohnsitz bzw. Aufenthalt hat oder bei unbekanntem Aufenthalt des Verkäufers das Amtsgericht, in dessen Bezirk die Person, welcher zuzustellen ist, den letzten Wohnsitz oder Aufenthalt hatte.

Nach *Meisner* S. 105 sei aber auch die Absendung einer Mängelanzeige an die letzte bekannte Adresse des Verkäufers genügend, und zwar auch dann, wenn der Käufer wisse, daß sich der Verkäufer dort nicht mehr befinde, weil er damit rechnen könne, daß der Verkäufer in diesem Falle Maßnahmen getroffen habe, daß Zustellungen ihm nachgesandt werden.

Anm. 3. Anzeigefrist

Im Entwurf war die Frist zunächst mit 24 Stunden angeführt. Diese Frist wurde dann auf zwei Tage erhöht, weil man davon ausging, daß der Mangel sich noch in den letzten Stunden des Tages zeigen könnte und dann keine Möglichkeit mehr zur Anzeige bestünde.

Die Anzeige des Mangels muß spätestens innerhalb zweier Tage nach dem Ablauf der Gewährfrist — und zwar entweder der gesetzlichen oder der nach § 486 vertraglich vereinbarten — oder falls das Tier vor dem Ablauf der Gewährfrist getötet wurde oder sonst auf eine Weise verendet ist, innerhalb zweier Tage nach dem Tode des Tieres erstattet werden oder eine der Anzeige nach § 485 gleichgestellte Handlung vorgenommen werden.

Es handelt sich hierbei um eine Ausschlußfrist, (siehe S. 25) welche weder verlängert noch abgekürzt werden kann.

Sie beginnt mit Ablauf der Gewährfrist, also mit dem Anfange des dem letzten Tage der Gewährfrist folgenden Tages, bzw. bei der Tötung des Tieres mit dem Anfange des auf den Todestag folgenden Tages.

Die Ausschlußfrist endigt mit Ablauf des zweiten Tages nach dem Ablauf der Gewährfrist oder nach dem Todestag des Tieres (§ 188/I).

Unter Tötung versteht man auch die Schlachtung eines als Schlachttier verkauften Tieres, weiters auch die Schlachtung eines als Nutz- und Zuchttier verkauften Tieres, die Notschlachtung oder wenn das Tier wegen eines Unfalles getötet werden muß.

Die Gewährfrist wird durch den Tod des Tieres nicht geändert.

Die sechswöchige Verjährungsfrist des § 490 beginnt erst mit dem auf den Ablauf der Gewährfrist folgenden Tag und, wenn keine Gewährfrist vereinbart ist, mit dem auf Ablieferung des Tieres folgenden Tag. Nach RG 123, 214 ist die Rechtzeitigkeit der Anzeige von Amts wegen zu prüfen und zwar nicht nur hinsichtlich von Hauptmängeln, sondern auch von anderen, sofern sie vertraglich einbezogen sind, sowie hinsichtlich des Fehlens zugesicherter Eigenschaften, wenn eine Gewährfrist vereinbart wurde (siehe auch *Ermann* zu § 485).

Anm. 4. Die Rechtshandlungen, welche der Anzeige gleichgestellt sind

Bestimmte Rechtshandlungen sind der Anzeige des § 485 gleichgestellt: Es sind die gleichen, von welchen nach § 478/I die Erhaltung der Einreden abhängt; es sind dies folgende:

a) Absendung der Anzeige,
b) Schriftliche Erhebung der Klage und deren Zustellung,
c) Streitverkündung an den Verkäufer,
d) Beweissicherungsantrag.

Anm. 4a. Die Absendung der Anzeige

Es genügt die Absendung der Anzeige durch den Käufer vor Ablauf des Endtermines zur Wahrung der Rechte desselben und ist nicht erforderlich, daß die Anzeige bei dem Verkäufer auch angekommen ist.

Diese Absendung genügt sogar dann, wenn die Zustellung unmöglich vor dem Endtermin an den Verkäufer erfolgen kann (siehe *Meisner* S. 106). Deshalb muß der Käufer nur die ordnungsmäßige Absendung nachweisen, wozu allerdings die richtige Adressierung des Briefes notwendig ist. Um den entsprechenden Nachweis darüber führen zu können, ist es daher empfehlenswert, die Anzeige durch eingeschriebenen Brief abzusenden.

Anm. 4b. Die schriftliche Erhebung der Klage und deren Zustellung

Die schriftliche Erhebung (also Einreichung und Zustellung) der Klage beim Amtsgericht: Diese wird also der „Anzeige“ gleichgestellt.

Die Einreichung ist mit Empfangnahme durch einen zuständigen, zur Vornahme des Eingangsvermerks befugten Beamten bewirkt (RG JW 31, 2019). Einwurf in den Briefkasten genügt nicht (RG 76, 127 und *Baumbach-Lauterbach*, Anm. B zu § 496 ZPO).

Hierbei ist besonders zu berücksichtigen, daß der dem Armenrechtsgesuch beigeschlossene Klageentwurf erst mit dem Tage der Bewilligung des Armenrechts als Klage eingereicht gilt (DR 40, 205 und dazu auch JZ 52, 524). Siehe jedoch bezgl. Berufungsverfahren BGHU. v. 9. 12. 54. in NJW55, 345.

Die Erklärung der Klage zu Protokoll der Geschäftsstelle ist der eingereichten Klage gleichzustellen.

Die Frist für die Anzeige, die in der Klage enthalten ist, welche innerhalb der zweitägigen Frist eingereicht wurde, ist gewahrt, sofern die Zustellung demnächst erfolgt. Die Zustellung wirkt also zurück, sofern sie „demnächst" vorgenommen wurde. Unter „demnächst" ist „innerhalb einer angemessenen Frist" zu verstehen (RG 105, 427).

Nach BGH U. v. 22. 12. 52 in DRsp. IV (414) 77b = NJW 53, 620 ist die Zustellung „demnächst" erfolgt, wenn sie innerhalb vier Wochen nach Klageeinreichung erfolgt.

Nach OLG Celle U v. 13. 12. 52 in MdR 53, 684 ist die Zustellung bei absichtlicher oder aus Nachlässigkeit erheblicher Verzögerung nicht „demnächst" erfolgt.

Anm. 4c. Streitverkündung an den Verkäufer gemäß §§ 72ff. ZPO

Die Streitverkündung an den Verkäufer gem. §§ 72ff. ZPO wird der Anzeige gleichgestellt. Die Streitverkündung liegt vor, wenn der Käufer für den Fall eines ungünstigen Ausgangs eines Rechtsstreits, einen Anspruch auf Gewährleistung oder Schadloshaltung gegen den Verkäufer erheben zu können glaubt oder den Anspruch eines Dritten besorgt und deshalb dem Verkäufer den Streit verkündet, was bis zur rechtskräftigen Entscheidung des Rechtsstrittes geschehen kann.

Schadloshaltung heißt Rückgriff aus Vertrag oder Gesetz.

Gerade beim Kauf kommt die Streitverkündung wegen Ansprucherhebung auf Gewährleistung von Mängeln besonders oft vor.

Bei Viehkäufen tritt diese Streitverkündung vor allem dann ein, wenn der Käufer das Tier weiterveräußert hat und er infolgedessen nicht in der Lage ist, sich rechtzeitig von dem Vorhandensein des Mangels zu überzeugen und er von dem Drittkäufer wegen eines Hauptmangels im Prozeß belangt wird.

In diesem Falle wird er dem ersten Verkäufer gemäß §§ 72ff. ZPO den Streit verkünden und mit der Einreichung der Streitverkündung innerhalb der zweitägigen Frist seine Rechte hinsichtlich der Mangelanzeige wahren, unter der Voraussetzung, daß die Streitverkündung „demnächst" zugestellt wird.

Die Streitverkündung unterbricht auch die Klageverjährung nach §490.

Anm. 4d. Beweissicherungsantrag gemäß §§ 485ff. ZPO

Ein Beweissicherungsantrag gemäß §§ 485ff. ZPO, vom Käufer zum Zwecke der Feststellung des Mangels eingereicht, wird ebenfalls der Anzeige gleichgestellt. Voraussetzung ist auch hier, daß er innerhalb der zweitägigen Frist an das Gericht eingereicht wird und den formellen Voraussetzungen des § 485 ZPO entspricht. Er muß den Antrag auf Einnahme des Augenscheins und Vernehmung von Zeugen oder Sachverständigen zur Sicherung von Beweisen enthalten.

Der Antrag ist nur zulässig, wenn der Gegner zustimmt, was glaubhaft zu machen ist, oder wenn zu besorgen ist, daß das Beweismittel verloren geht, z. B. Gefahr des Todes eines Zeugen oder daß seine Benützung erschwert werde, z. B. Ausreise des Zeugen ins Ausland, oder wenn der gegenwärtige Zustand einer Sache festgestellt werden soll und der Antragsteller ein rechtliches Interesse an dieser Feststellung hat.

Bei Viehprozessen wird es sich vor allem immer darum handeln, den Mangel der Kaufsache festzustellen.

Der Antrag ist bei dem Gericht einzubringen, bei dem der Rechtsstreit anhängig ist; in dringenden Fällen auch bei dem Amtsgericht, in dessen Bezirk die Person sich aufhält, welche zu vernehmen ist, oder das in Augenschein zu nehmende Tier sich befindet.

Das Gesuch muß außer der Bezeichnung des Gegners, die Bezeichnung der Tatsachen enthalten, über welche die Beweisaufnahme erfolgen soll, das ist also die genaue Bezeichnung des Mangels des Tieres, eventuell die Bezeichnung der zu vernehmenden Zeugen evtl. Sachverständigen. Schließlich muß der Grund angegeben werden, der die Besorgnis rechtfertigt, daß das Beweismittel verloren oder seine Benutzung erschwert werde. Dieser Besorgnisgrund ist auch glaubhaft zu machen.

Das Gericht wird bei Viehgewährschaftssachen stets ein rechtliches Interesse des Käufers an dieser Feststellung eines Mangels des Tieres dann annehmen müssen, wenn der Mangel die Grundlage eines Anspruches des Antragstellers oder gegen ihn bilden kann.

Die Erheblichkeit der Beweistatsachen, also z. B. des Mangels, hat das Gericht nicht zu prüfen (RG 49, 389).

Auch der Verkäufer kann die Beweisaufnahme gemäß § 488 Abs. 1 ZPO beantragen, wenn ihm der Käufer des Tieres einen Hauptmangel anzeigt oder wenn der Käufer die Annahme des Tieres wegen eines Hauptmangels verweigert.

Anm. 5. Einfluß der Nichtigkeit der Klage oder Unzuständigkeit des Gerichts oder der Klagerücknahme auf die in der Klage enthaltene Anzeige

Die Rechte aus der eingereichten Klage und den ihr gleichgestellten Rechtshandlungen werden dem Käufer gewahrt, auch wenn die Klage nichtig oder vor einem unzuständigen Gericht eingereicht worden ist (ebenso *Meisner* S. 107).

In der Klagerücknahme ist nicht ohne weiteres die Zurücknahme der Mängelanzeige zu erblicken; siehe *Stölzle*, Slg. I, S. 91, RG.

Diese Entscheidung führt an, daß unter Anzeige im Sinne des § 478 jede Erklärung zu verstehen ist, welche geeignet ist, den Mangel zur Kenntnis des Verkäufers zu bringen, wie sich sowohl aus dem Wortbegriff als auch aus der Gleichstellung der Absendung der Anzeige mit ihr im § 478 ergibt.

Demgemäß muß die Zustellung einer Klage, welche auf den bestimmten Mangel der verkauften Sache gestützt ist, der Anzeige des Mangels gleichstehen, denn sie bringt den Mangel zur Kenntnis des Verkäufers.

Die Tatsache der Anzeige wird aber durch die Zurücknahme der Klage nicht beseitigt, soweit nicht aus dem Inhalt der Klagerücknahme das Gegenteil hervorgeht.

Jede der im § 485 bezeichneten Handlungen kann auch schon vor dem Ablauf der Gewährfrist, also vor Beginn der zweitägigen Ausschlußfrist, vorgenommen werden.

Anm. 6. Rechtswirkungen des Unterlassens der Anzeige mit den Ausnahmen des arglistigen Verschweigens durch den Verkäufer oder des Verzichts durch den Käufer

Wenn der Käufer eine der im § 485 vorgeschriebenen Handlungen nicht spätestens innerhalb der zweitägigen Frist vornimmt, verliert er den Rechtsanspruch aus dem Mangelbestande (einschließlich der damit zusammenhängenden Einwendungen).

Eine Ausnahme tritt nur in zwei Fällen ein:

a) Wenn der Verkäufer den Hauptmangel arglistig verschwiegen hat (siehe S. 22). In diesem Falle tritt also der Rechtsverlust trotz Unterlassung der Anzeige oder der Ersatzhandlungen für den Käufer nicht ein.

Als solcher arglistig verschwiegener Mangel kommt auch hier bezüglich der gesetzlichen Haftung nur ein Hauptmangel in Frage; bei Zusicherung einer vorhandenen Eigenschaft nach § 492 oder vertragsmäßig übernommener Gewährleistung tritt diese Haftung auch für arglistig verschwiegene Nebenmängel ein.

Der Verkäufer kann sich auch durch Vereinbarung der Gewährsfreiheit seiner Haftung wegen Arglist in bezug auf einen Hauptmangel nicht entziehen.

b) Eine weitere Ausnahme ist dann gegeben, wenn der Käufer auf den Eintritt der Rechtsfolgen verzichtet. An den Nachweis eines derartigen Verzichts werden strenge Anforderungen zu stellen sein.

Anm. 7. Beweislast

Der Käufer muß die fristgemäße Erstattung der Anzeige oder Absendung oder rechtzeitige Vornahme der sonstigen im § 485 angeführten Rechtshandlungen (Klage, Streitverkündung, Beweissicherungsantrag) beweisen. Der Verkäufer, welcher den Verlust der Rechte des Käufers bzgl. des Mangels behauptet, muß beweisen, daß die zweitägige Abschlußfrist abgelaufen ist.

Die Beweislast hinsichtlich der Arglist trifft den Käufer.

§ 486

Die Gewährfrist kann durch Vertrag verlängert oder abgekürzt werden.

Die vereinbarte Frist tritt an die Stelle der gesetzlichen Frist.

Übersicht:

Vorbemerkung: Inhalt des § 486

Anm. 1. Dauer der Gewährfrist
Anm. 2. Beweislast

Vorbemerkung: Inhalt des § 486

§ 486 enthält die Feststellung der Möglichkeit, die Gewährfrist vertraglich zu verlängern oder abzukürzen, und die Feststellung, daß diese vereinbarte Frist dann an Stelle der gesetzlichen Frist tritt.

Die Gewährfrist selbst (bei der gesetzlichen Haftung des Verkäufers für Hauptmängel) kann nicht durch Vereinbarung der Parteien ausgeschlossen werden. Dies ergibt sich nach *Planck* zu § 486 aus der Bestimmung des Inhaltes der gesetzlichen Haftung im § 482 Abs. 1, aus der Nichterwähnung des Ausschlusses der Gewährfrist im § 486 und aus § 490 Abs. 1 Satz 1, der die Bestimmung einer Gewährfrist allgemein voraussetzt.

Wohl ist es möglich, daß gemäß § 476 zwischen den Vertragsparteien eine Vereinbarung getroffen wird, durch welche die Verpflichtung des Verkäufers zur Gewährleistung wegen Mängel der Sache überhaupt erlassen oder beschränkt wird (mit Ausnahme des arglistigen Verschweigens des Mangels durch den Verkäufer). Als Abweichung von der gesetzlichen Gewährleistung wird eine solche Vereinbarung regelmäßig eng auszulegen sein (RG 163, 31). Durch eine solche Vereinbarung fällt die Haftung des Verkäufers für die Hauptmängel überhaupt weg.

Ist aber eine solche Vereinbarung nicht getroffen, besteht also die Haftung des Verkäufers für Hauptmängel, dann kann die Gewährfrist allein nicht ausgeschlossen werden.

Anm. 1. Dauer der Gewährfrist

Über die Dauer der Gewährfrist können die Parteien Vereinbarungen treffen. Sie können also die Gewährfrist entweder verlängern oder abkürzen. In beiden Fällen muß die Verlängerung oder Verkürzung eine bestimmte sein, weil die Gewährfrist einen bestimmten Zeitraum voraussetzt.

Der Vertrag, durch welchen die Verlängerung oder Abkürzung der Gewährfrist vereinbart wird, bedarf keiner besonderen Form, kann jedoch unter Umständen nach § 138 nichtig sein, nämlich wenn dadurch der Zweck der Gewährfrist vereitelt würde.

Z. B., wenn eine fünfjährige Gewährfr ist vereinbart oder wenn die Frist unangemessen kurz festgesetzt werden würde.

Die Nichtigkeit der Vereinbarung einer verkürzten Gewährfrist ist nach § 476 auch dann gegeben, wenn der Verkäufer einen Hauptmangel arglistig verschwiegen hat.

Nach *Stölzle*, Slg. I, S. 92, OLG Augsburg, kann durch Handelsbrauch eine Gewährfrist nicht bestimmt werden, sondern nur durch Vereinbarung der Vertragsparteien oder dadurch, daß sich diese ausdrücklich den betreffenden Marktordnungen usw. unterwerfen.

Nach *Stölzle*, Slg. II, S. 90, LG Kempten, ist es überhaupt rechtlich unzulässig, daß Änderungen der gesetzlichen Bestimmungen über Viehgewährschaft durch Gewohnheitsrecht, Handelsbrauch oder Marktregeln eintreten

Auch rücksichtlich anderer als Hauptmängel, nämlich solcher Mängel, für welche der Verkäufer die Gewährhaftung übernommen hat, gilt das Erfordernis, daß sie sich innerhalb der vereinbarten Frist gezeigt haben müssen, und auch hier ist der Ablauf der vereinbarten Gewährfrist von Amts wegen zu berücksichtigen (siehe *Meisner* S. 91).

Selbstverständlich bedeutet eine Weiterveräußerung des Tieres keine Verlängerung der Gewährfrist. Diese kann nur unter Umständen eine Verwirkung der Rechte des Käufers mit sich bringen (RG 123, 215).

Bei einer Abkürzung oder Verlängerung der Gewährfrist tritt die vereinbarte Frist an Stelle der gesetzlichen. Auch in diesem Falle gelten alle sonstigen Bestimmungen über die Gewährschaft, soweit nicht zwischen den Parteien etwas anderes vereinbart ist.

Die Zusage der Trächtigkeit bedeutet nach *Fröhner* S. 208 die Zusage einer Eigenschaft (§ 492); weiteres darüber siehe S. 178ff.

Anm. 2. Beweislast

Die Beweislast dafür, daß eine andere Gewährfrist vereinbart sei als die gesetzliche, trägt derjenige, der die vom Gesetze abweichende Gewährfrist behauptet.

§§ 487, 488

§ 487 I. Der Käufer kann nur Wandelung, nicht Minderung verlangen.

II. Die Wandelung kann auch in den Fällen der §§ 351 bis 353, insbesondere wenn das Tier geschlachtet ist, verlangt werden; an Stelle der Rückgewähr hat der Käufer den Wert des Tieres zu vergüten. Das gleiche gilt in anderen Fällen, in denen der Käufer infolge eines Umstandes, den er zu vertreten hat, insbesondere einer Verfügung über das Tier, außerstande ist, das Tier zurückzugewähren.

III. Ist vor der Vollziehung der Wandelung eine unwesentliche Verschlechterung des Tieres infolge eines von dem Käufer zu vertretenden Umstandes eingetreten, so hat der Käufer die Wertminderung zu vergüten.

IV. Nutzungen hat der Käufer nur insoweit zu ersetzen, als er sie gezogen hat.

§ 488 Der Verkäufer hat im Falle der Wandelung dem Käufer auch die Kosten der Fütterung und Pflege, die Kosten der tierärztlichen Untersuchung und Behandlung sowie die Kosten der notwendig gewordenen Tötung und Wegschaffung des Tieres zu ersetzen.

Übersicht:

Vorbemerkung 1: Inhalt der §§ 487 und 488 mit Begründung aus den Materialien
Vorbemerkung 2: Ausdehnung der Bestimmung des § 487 auch auf die vertragsmäßig übernommenen Mängel nach § 492
Vorbemerkung 3: Wesen des § 488

Anm. 1. Ausschluß des Minderungsanspruches, Vereinbarungen hierüber
Anm. 2. Ausschluß der Gewährleistungsansprüche
Anm. 2a. Ungültiger Vertrag
Anm. 2b. Vereinbarung der Vertragsparteien
Anm. 2c. Garantievertrag
Anm. 3. Rechte des Käufers
Anm. 4. Der Wandelungsanspruch
Anm. 5. Unterschied des Wandelungsanspruches nach § 487 gegenüber dem Wandelungsanspruch nach den allgemeinen Gewährschaftsbestimmungen der §§ 464 bis 467, 469 bis 471
Anm. 6. Tötung des Tieres
Anm. 7. Vollzug der Wandelung
Anm. 8. Ausschluß des Wandelungsrechtes durch Fristsetzung seitens des Verkäufers
Anm. 9. Abstandnahme des Käufers vom Wandelungsbegehren
Anm. 10. Durchführung der Wandelung
Anm. 11. Gegenseitige Rückgewähr der Leistungen
Anm. 12. Pflichten des Käufers nach Vollzug der Wandelung
Anm. 13. Zeitpunkt für die Wertberechnung
Anm. 14. Unmöglichkeit der Rückgabe des Tieres nach Vollzug der Wandelung
Anm. 15. Unwesentliche Verschlechterung des Tieres
Anm. 16. Ersatz der Nutzungen durch den Käufer

Anm. 17. Verzug des Käufers
Anm. 18. Verzug des Verkäufers.
Anm. 19. Pflichten des Verkäufers nach Vollzug der Wandelung
Anm. 20. Anwendung der Bestimmungen des § 487 auch bei einem mangelfreien Tauschtier
Anm. 21. Beweislast
Anm. 22. Anfechtung der vollzogenen Wandelung
Anm. 23. Umfang der Wandelung und Art der Verrechnung bei Wandelung nur hinsichtlich einzelner Tiere
Anm. 24. Verkauf von Haupt- und Nebensache
Anm. 25. Anspruch auf Schadenersatz nach § 463 statt der Wandelung
Anm. 26. Berechnung des Schadens

Vorbemerkung 1: Inhalt der §§ 487 und 488 mit Begründung aus den Materialien

§ 487 enthält die Festsetzung über die Ausschließung des Minderungsanspruches und zusammen mit dem nächsten § 488 besondere Bestimmungen bezüglich der Wandelung. Deshalb werden auch beide Paragraphen zusammen behandelt. Nach den Materialien und Protokollen (siehe *Mugdan* S. 142) ist der Ausschluß der Minderungsklage praktischer Natur. Er dient zur Rechtsvereinfachung und um der Gefahr des Mißbrauches der Minderungsklage vorzubeugen. Es sollen vor allem Schätzungen vermieden werden, die bei lebenden Tieren der Natur der Sache nach stets unsicher sind.

In den Protokollen ist auch noch ein besonderer Fall angeführt, nämlich, daß bei verdächtigen Viehherden nicht die ganze Herde zurückgenommen werden muß, sondern nur das einzelne tatsächlich kranke Tier.

Vorbemerkung 2: Ausdehnung der Bestimmung des § 487 auch auf die vertragsmäßig übernommenen Mängel nach § 492

§ 487 als solcher gilt nur bezüglich gesetzlicher Hauptmängel. Er wird aber durch § 492 auch auf die vertragsmäßig übernommenen Leistungen ausgedehnt.

Vorbemerkung 3: Wesen des § 488

Der Wandelungsanspruch duldet bei seiner besonderen Gestaltung eigentlich keinerlei Nebenansprüche (Protokolle I, *Mugdan* S. 741).

§ 488 hat die dort angeführten Ersatzansprüche zum Gegenstand des Wandelungsanspruches selbst gestaltet (siehe *Staudinger* zu § 488, 10g). Es handelt sich also um Nebenforderungen, welche in einem Abhängigkeitsverhältnis zum Wandelungsanspruch selbst stehen (RG 52, 164). Dies ist wegen der Frage der Verjährung gemäß § 224 von

Bedeutung, weil mit dem Hauptanspruch auch der Anspruch auf die von ihm abhängenden Nebenleistungen verjährt, auch wenn die für diesen Anspruch geltende besondere Verjährung noch nicht vollendet ist.

Bei dem Inhalt des § 488 handelt es sich jedenfalls um eine Ausnahmevorschrift.

Anm. 1. Ausschluß des Minderungsanspruches, Vereinbarungen hierüber

Bei der Viehgewährschaft ist der gesetzliche Minderungsanspruch ausgeschlossen. Es ist jedoch nicht ausgeschlossen, daß die Parteien vertragsmäßig und zwar durch formlosen Vertrag auch eine Minderung vereinbaren.

Eine solche vertragliche Vereinbarung ist dann eine Nebenabrede beim Kauf und mit der Klage aus dem Kaufvertrage geltend zu machen, aber nicht aus §§ 462, 467

Der Käufer kann einen Schadenersatzanspruch wegen des Mangels des Tieres geltend machen und zwar in der Höhe des Minderwertes, dann ist dieser aber nicht nach § 472 zu berechnen (RG 60, 234), sondern nach § 347.

Selbstverständlich ist es den Vertragsparteien auch möglich, die Wirkungen der Gewährleistung in einer anderen, vom Gesetz abweichenden Weise zu bestimmen. Die Vertragsparteien können z. B. vereinbaren, daß der Käufer nur Minderung verlangen kann oder sie können vereinbaren, daß der Käufer die Wahl zwischen Wandelung oder Minderung hat oder sie können vereinbaren, daß der Verkäufer, wenn das Tier mit einem Hauptmangel behaftet ist, oder wenn die zugesicherte Eigenschaft fehlt, statt des mit dem Hauptmangel behafteten Tieres, ein anderes vertragsmäßiges, also gesundes Tier zu liefern hat; oder sie können vereinbaren, daß der Verkäufer dem Käufer für jeden Tag, den das Kalb später als zu dem bestimmten Tage geworfen wird, ein Futtergeld in gewisser Höhe zu bezahlen hat; oder sie können vereinbaren, daß sich der Kaufpreis um einen gewissen Betrag mindern soll, wenn das Tier eine gewisse Krankheit hat bzw. bis zu einem bestimmten Zeitpunkt sich die Krankheit bei dem Tiere zeigt.

Wenn aber keine besondere Vereinbarung über die Wirkung der Gewährleistung zwischen den Vertragsparteien stattgefunden hat, dann können die Gewährleistungsansprüche des Käufers nur durch Wandelung, das ist nach § 462 Rückgängigmachung des Kaufes, nicht aber durch Minderung, das ist nach § 462 Herabsetzung des Kaufpreises, geltend gemacht werden.

Anm. 2. Ausschluß der Gewährleistungsansprüche

Anm. 2a. Ungültiger Vertrag

Ist der Vertrag ungültig oder nichtig, z. B. infolge Anfechtung, können Gewährleistungsansprüche nicht erhoben werden; es können evtl. Schadenersatzansprüche oder Ansprüche aus Bereicherung geltend gemacht werden.

Anm. 2b. Vereinbarung der Vertragsparteien

Die Gewährleistungsansprüche sind ausgeschlossen, wenn durch Vertrag etwas anderes zwischen den Parteien bestimmt wurde; denn die Haftung des Verkäufers wegen Mangels kann durch Vertrag jederzeit aufgehoben werden (in diesem Falle ist regelmäßig auch die Anfechtung wegen Irrtums nicht ausgeschlossen). Eine solche Vereinbarung, wonach die Haftung des Verkäufers für Mängel der Kaufsache ausgeschlossen wird, kann auch aus den Umständen zu entnehmen sein.

Eine solche Ausschließung wird z. B. dann anzunehmen sein, wenn sich der Käufer beim Kaufabschluß ausdrücklich vorbehalten hat, vom Vertrage zurückzutreten (§ 346), wobei manchmal dieser Rücktritt von dem Eintreten einer bestimmten Bedingung abhängig gemacht wird. In diesem Falle kann der Käufer nur vom Vertrag zurücktreten: Die Gewährleistungsbestimmungen treten dann nicht in Gültigkeit. Ebenso wird bei Übernahme eines Landgutes mit lebendem und totem Inventar um einen Gesamtpreis (Pauschalsumme) regelmäßig auch anzunehmen sein, daß eine Gewährleistungspflicht für die einzelnen verkauften Tiere des Verkäufers nicht eintritt,

oder, wenn die Vertragsteile eine sog. Umtauschvereinbarung treffen, also wenn dem Käufer die Befugnis eingeräumt ist, nach Kaufabschluß und Übergabe ohne Angabe von Gründen an Stelle des gelieferten ein anderes Tier zu verlangen oder das nur dann verlangen zu können, wenn er das Vorhandensein eines bestimmten Hauptmangels oder das Fehlen einer zugesicherten Eigenschaft beweist.

Eine solche Umtauschvereinbarung stellt nach *Stölzle*, Slg. II, S. 188, LG Karlsruhe, die Rückgängigmachung des ursprünglichen und den Abschluß eines neuen Kaufvertrages dar.

Nach *Stölzle*, Slg. I, S. 98, OLG Dresden, habe die Umtauschvereinbarung die Natur eines Vergleiches, durch den zwar der Käufer nicht endgültig auf den von ihm behaupteten Wandelungsanspruch verzichtet, wohl aber dem Verkäufer das Recht eingeräumt habe, die Wandelung durch Lieferung eines fehlerfreien Tieres abzuwenden; ist dann der Verkäufer mit der Erfüllung der Umtauschvereinbarung in Verzug geraten, hätte der Käufer zunächst nach § 326 eine angemessene Frist mit der Erklärung zu bestimmen, daß er die Annahme des zu liefernden Ersatztieres nach Ablauf der Frist ablehne und könne erst dann von der Umtauschvereinbarung zurücktreten und Wandelung verlangen.

Anm. 2c. Garantievertrag

Auch durch den Garantievertrag, welcher zwischen den Vertragsteilen vereinbart wird, werden die Gewährleistungsbestimmungen ausgeschlossen.

Wesen des Garantievertrages siehe RG 146, 123.

Garantievertrag ist der selbständige Vertrag, durch den jemand einem anderen verspricht, für einen Erfolg einzustehen, insbesondere die Gefahr (das Risiko), die dem anderen aus irgendeiner Unternehmung erwächst, also einen künftigen, noch nicht entstandenen (RG 90, 418) Schaden zu übernehmen (siehe *Palandt* Einführung vor § 765 Anm. 3c).

Dieser Vertrag ist im BGB nicht geregelt; er kann formlos abgeschlossen werden. Von der Bürgschaft unterscheidet er sich vor allem dadurch, daß die Schuld des Gewährleistenden von der zu sichernden Schuld unabhängig ist.

Der Anspruch aus dem Garantie (Gewähr)vertrag ist ein Erfüllungsanspruch, nicht ein Anspruch auf Schadenersatz (RG 137, 85; *Palandt*, ebendort). Bezgl. Unterschied zwischen Garantievertrag und Bürgschaft siehe BGH U. v. 28. 10. 54 in DRsp. I (138) 53e.

Verpflichtet sich z. B. der Verkäufer des Tieres gewisse Eigenschaften dem Tiere beizubringen oder abzugewöhnen, liegt ein Garantievertrag hinsichtlich dieser Vereinbarung vor.

Ebenso ähnlich *Meisner* S. 79, der einen Garantievertrag vor allem in der Zusicherung als gegeben ansieht, daß eine zur Zeit des Gefahrüberganges vorhandene Eigenschaft auch in Zukunft fortdauert oder eine nicht vorhandene Eigenschaft in Zukunft vorhanden sein werde.

Es sei jedoch genau zu unterscheiden, ob nicht damit eine gegenwärtige Eigenschaft in der Art zugesichert werden wollte, daß sie auch in Zukunft noch vorhanden sein werde, denn dann würde es sich doch um eine die Gewährleistung auslösende Zusicherung handeln.

Anm. 3. Rechte des Käufers

a) Soweit im Gesetz angeführt ist, daß der Käufer nur Wandelung, nicht Minderung verlangen kann, so ist das Wort „nur" in bezug auf die beiden Begriffe Wandelung und Minderung zu verstehen, d. h. also, daß der Käufer grundsätzlich hinsichtlich der gesetzlichen Haftung des Verkäufers für Hauptmängel oder für die Gewährleistung, die der Verkäufer wegen anderer Mängel oder wegen des Nichtvorhandenseins einer Eigenschaft durch besondere Verabredung übernommen hat, oder soweit der Verkäufer besondere Eigenschaften zugesichert hat, „nur" Wandelung und nicht Minderung verlangen kann.

Daneben aber kann der Käufer

b) statt der Wandelung bei arglistigem Verschweigen eines Hauptmangels oder beim Fehlen einer zugesicherten Eigenschaft Schadenersatz wegen Nichterfüllung verlangen (§ 463; RG 60, 239, siehe S. 132ff;

c) beim Gattungskauf nach § 491 statt der Wandelung verlangen, daß ihm an Stelle der mangelhaften Sache ein mangelfreies Tier geliefert wird, evtl. Schadenersatz wegen Nichtlieferung (§ 480); siehe S. 157ff. und schließlich

d) Ansprüche wegen positiver Vertragsverletzung, also wegen schuldhafter Verletzung von Vertragspflichten durch den Verkäufer nach allgemeinen Vorschriften (§ 276) geltend machen; siehe S. 37.

Bei Geltendmachung dieses Anspruches muß der Käufer ein Verschulden des Verkäufers nachweisen im Gegensatz zu der Geltendmachung von Gewährleistungsansprüchen.

Alle diese Ansprüche kann der Käufer wegen der auf Vertrag beruhenden Haftung des Verkäufers gegen diesen erheben. Neben diesen Ansprüchen aus dem Vertrag hat der Käufer unter Umständen, wie bereits oben S. 20 ausgeführt, auch die Möglichkeit,

e) den Vertrag nach § 123 anzufechten oder

f) Schadenersatzansprüche wegen unerlaubter Handlung nach §§ 823, 826 geltend zu machen (S. 29).

Anm. 4. Der Wandelungsanspruch

Der Wandelungsanspruch ist ein vertraglicher Anspruch. Voraussetzung dafür ist daher das Vorliegen eines gültigen Vertrages neben einem Mangel, für den der Verkäufer zu haften hat und welcher mangels gegenteiliger Vereinbarung zur Zeit des Gefahrüberganges vorhanden sein muß (*Stölzle,* Slg. II, S. 73, RG). Ein Wandelungsanspruch ist ausnahmsweise vorher schon gegeben, wenn vorher schon feststeht, daß Mangelbeseitigung nicht möglich oder vom Verkäufer schon vorher endgültig abgelehnt ist (RG JW 12, 461; ebenso *Palandt* Anm. 3c zu § 320; a. A., aber nicht überzeugend: RG 53, 73).

Hinsichtlich der Wandelung als Rechtsbegriff gibt es verschiedene Theorien. Nach der einen, der sog. Vertragstheorie, habe der Käufer zunächst nur den Anspruch auf vertragsmäßige Einwilligung des Verkäufers in die Wandelung und erst auf Grund dieses Vertrages könne Rückgabe des Kaufpreises verlangt werden (so *Oertmann* zu §§ 462 und 465, *Endemann,* § 161 A 36).

Nach der anderen Theorie dagegen, der sog. Herstellungstheorie, wird der Anspruch des Käufers auf Vertragsabschluß in Abrede gestellt und ein unmittelbarer Anspruch auf Rückgängigmachung anerkannt (*Enn.-Lehmann,* § 110; § 377, A 60f; *Staudinger-Ostler,* A 13).

Die Rechtsprechung des Reichsgerichtes dagegen, welche einen vermittelnden Standpunkt einnimmt, gestattet dem Käufer unmittelbar das Recht, ohne vorhergehende Klage, auf vertragsmäßige Einwilligung in die Wandelung, Klage auf Rückzahlung des Kaufpreises oder Befreiung von Verpflichtungen, billigt also insoweit die Herstellungstheorie, vertritt aber gleichzeitig den Standpunkt, daß eine vorhergehende Klage auf Vollziehung der Gewährleistung nicht schadet (RG 101, 71; 94, 331).

Nach RG 101, 71 ist es nicht notwendig, daß der Käufer erst auf Einwilligung in die Wandelung klagt, sondern er kann sofort auf Rückzahlung des Kaufpreises gegen Rückgabe des Tieres (Zug um Zug) klagen. Trotzdem wird es zweckmäßig sein, auch auf die Zustimmung des Verkäufers zum Wandelungsbegehren zu klagen, weil sonst, infolge der kurzen Verjährungsfrist, gewisse Nebenansprüche auf deren Geltendmachung man z. B. erst nachträglich kommt, verjährt sein könnten.

Siehe dazu auch *Boetticher*, Die Wandelung als Gestaltungsakt, und *A. Blomeyer*, Anspruch auf Wandlung oder Minderung in Arch. Civ. Pr. 151, 99ff.; gegen letzteren *Larenz*, Derogierende Kraft des Gerichtsgebrauchs? in NJW 51, 497.

Die jetzt allgemein gehandhabte Praxis, daß die Klage auf unmittelbare Rückgabe des gezahlten Kaufpreises oder Befreiung von Verpflichtungen entsprechend der Herstellungstheorie zulässig ist, daß daneben aber auch gleichzeitig auf vertragsmäßige Einwilligung des Verkäufers in die Wandelung geklagt werden könne, dem auch *Palandt* (siehe zu Anm. 1 zu § 465 und RGRKomm. zu § 465 A I) zustimmt, dürfte der jedenfalls für die Praxis einzig annehmbaren Lösung entsprechen. Es wird eben davon ausgegangen, daß in dem Antrag auf Rückgewähr stillschweigend auch der Antrag auf Zustimmung zur Wandelung mitenthalten ist. Auch im Urteilsspruch wird, wenn nicht ausdrücklich ein solcher Antrag gestellt wird, nicht ausdrücklich die Einwilligung des Beklagten zur Wandelung auszusprechen sein (a. A. *Meisner* S. 113).

Das Recht des Käufers auf Wandelung wird nicht durch die nachträgliche Beseitigung des Mangels durch den Verkäufer — selbst wenn dies möglich sein sollte — aufgehoben, außer es würde nach Treu und Glauben der Verkehrssitte zuwiderlaufen, wenn der Käufer etwa wegen der Geringfügigkeit des beseitigten Mangels trotzdem auf seinem Rechte beharren würde (a. A. *Meisner* S. 123, die jedoch nach den jetzigen Begriffen über Anwendung von Treu und Glauben nicht mehr haltbar erscheint).

Anm. 5. Unterschied des Wandelungsanspruches nach § 487 gegenüber dem Wandelungsanspruch nach den allgemeinen Gewährschaftsbestimmungen der §§ 464 bis 467, 469 bis 471

Der Anspruch auf Wandelung nach § 487 ist gegenüber dem allgemeinen Gewährleistungsanspruch einerseits erweitert und andererseits seine Geltendmachung erleichtert.

a) Der Wandelungsanspruch kann nach § 487 Abs. 2 Satz 1 auch in den Fällen der §§ 351 bis 353, nach denen ein Rücktritt vom Vertrag ausgeschlossen wäre, geltend gemacht werden, also insbesondere auch, wenn dem Käufer die Rückgabe des Tieres unmöglich ist oder wenn die Rückgabe nur in verschlechtertem Zustande möglich ist,

z. B. wenn das Tier beim Käufer durch Zufall, d. h. infolge eines vom Käufer nicht zu vertretenden Umstandes, untergegangen oder wesentlich verschlechtert worden ist.

b) Die Wandelung kann aber auch verlangt werden, wenn der Käufer den Untergang oder die Verschlechterung des Tieres (vorsätzlich oder fahrlässig) verschuldet hat.

Die Wandelung kann auch dann verlangt werden, wenn eine unwesentliche Verschlechterung des Tieres infolge eines von dem

Käufer zu vertretenden Umstandes eingetreten ist, nur hat in diesem Falle der Käufer die Wertminderung zu vergüten.

„Unwesentliche“ Verschlechterung ist hier dem Worte „unerheblich“, angeführt im § 459, gleichgestellt. Siehe dazu über „unerheblich“ BGH U. v. 10. 7. 53 in BGHE 10, 243, nach welchem dieser Begriff nach der Verkehrsauffassung und den Umständen des Einzelfalles auszulegen ist.

c) Die Wandelung ist auch dann zulässig, wenn eine Umgestaltung durch Verarbeitung usw. geschah sowie wenn der Käufer sonst irgendeine rechtliche Verfügung (gem. § 353) über das Tier getroffen hat,

z. B. wenn der Käufer das Tier geschlachtet und den Mangel erst an dem geschlachteten Tier gefunden hat, oder wenn er das zur Zucht bestimmte Tier kastriert hat. Gerade diese Bestimmung setzt den Käufer in die Lage, daß er nach Feststellung des Hauptmangels, das Tier auch ohne Einwilligung des Verkäufers schlachten lassen darf, um den Hauptmangel genau feststellen lassen zu können.

An Stelle der Rückgewähr des Tieres hat in diesen Fällen der Käufer den Wert des Tieres zu vergüten. Auch eine Weiterveräußerung des Tieres, ohne Kenntnis des Mangels durch den Käufer, schließt die Geltendmachung der Wandelung durch den Käufer nicht aus.

Das gleiche gilt, wenn er das Tier verpfändet hat oder wenn dem Käufer das Tier im Wege der Zwangsvollstreckung gepfändet wurde.

Nach *Stölzle*, Slg. II, S. 94, LG Gießen, ist in der Weiterveräußerung eines fehlerhaften Tieres an sich noch kein Verzicht auf das Wandelungsrecht zu erblicken.

Nach *Stölzle*, Slg. II, S. 97, LG Kempten, gilt dasselbe, selbst dann, wenn die Veräußerung des Tieres während des Prozesses erfolgt ist, wobei das Urteil insbesondere auf die Bestimmung des § 265 ZPO verweist, welche Bestimmung ausdrücklich die Berechtigung zur Weiterveräußerung der im Streit befangenen Sache anerkennt.

Wohl aber liegt nach *Stölzle*, Slg. II, S. 95, OLG Kiel, dann ein Verzicht auf den Wandelungsanspruch durch die Weiterveräußerung eines gekauften Tieres vor, wenn der Käufer das Tier in Kenntnis des Mangels ohne Verständigung des Verkäufers weiterverkauft und dadurch die Unmöglichkeit der Rückgabe des Tieres an den Verkäufer herbeiführt; in einer solchen Verfügung muß in der Regel ein Verzicht auf die Wandelung gefunden werden, insbesondere dann, wenn das Tier zum Schlachten weiterveräußert wird.

In einem solchen Fall würde der Käufer, der die Rückgabe des Tieres durch die vor dem Verkäufer geheim gehaltene Veräußerung unmöglich gemacht hat, gegen die Grundsätze von Treu und Glauben verstoßen, wenn er trotzdem Wandelung verlangen würde.

Dagegen ist der Käufer berechtigt, das von ihm gekaufte Tier auch bei Kenntnis des Mangels und auch nach Erhebung der Wandelungsklage zu benützen, auch wenn es sich nicht um eine unbedingt notwendige Benützung handelt. Dies folgt schon aus § 487/IV, welche

Bestimmung die Nutzung des Tieres durch den Käufer voraussetzt (vgl. *Stölzle-Graminger*, S. 203, mit dort zitierter Rechtsprechung, insbesondere des LG Kiel).

Allerdings kann in der jahrelangen Benützung ein stillschweigender Verzicht auf Wandelung liegen (JW 29, 1972).

Anm. 6. Tötung des Tieres

Nach § 487 wird durch den Tod des Tieres der Wandelungsanspruch nicht ausgeschlossen. Das ergibt sich auch aus den §§ 485 und 488.

Darunter ist sowohl der Fall des natürlichen Verendens des Tieres (gleichgültig ob ein Verschulden des Käufers vorliegt oder nicht), als auch der Fall der gewaltsamen Tötung (z. B. Notschlachtung) zu verstehen.

Der Käufer ist berechtigt, auch noch nach Entdeckung des Fehlers, das Tier zu schlachten, ohne seinen Wandelungsanspruch zu verlieren.

Die Tötung des Tieres durch den Käufer ist insbesondere dann als zufälliger Untergang anzusehen, wenn sie notwendig war, z. B. auf polizeiliche Anordnung oder auf Anordnung des Tierarztes erfolgt ist.

Bei einem Verkauf des Tieres als Schlachttier ist die Tötung des Tieres selbstverständlich notwendig (siehe *Meisner* S. 116).

Anm. 7. Vollzug der Wandelung

Dieser geschieht entweder durch Vertrag oder rechtskräftige richterliche Entscheidung.

Nach *Larenz* ist die Wandelung erst mit dem Einverständnis des Verkäufers vollzogen, wobei Urteil auf Rückzahlung des Kaufpreises die Einverständniserklärung des Verkäufers ersetzt.

Das Recht des Käufers auf Wandelung ist der Anspruch desselben, vom Verkäufer die Einwilligung in die Aufhebung des Kaufvertrages zu verlangen. Dieses Verlangen ist formlos wirksam und kann auch einredeweise vom Käufer erhoben werden.

Auf dieses Wandelungsbegehren finden die Bestimmungen der §§ 145ff. Anwendung, das aber nach *Palandt* Anm. 2 zu § 465, abweichend von den §§ 145ff., jederzeit angenommen werden kann, weil regelmäßig anzunehmen ist, daß der Käufer an seinem Wandelungsbegehren solange festhalten will, solange er es nicht widerruft. Dies gilt jedenfalls solange er die Wandelungsklage weiterverfolgt (auch *Meisner* S. 120).

Der Käufer ist an seinen Antrag, mit dem er Wandelung verlangt, sobald der Antrag dem Verkäufer zugegangen ist, gebunden, außer der Käufer hätte die Gebundenheit ausdrücklich ausgeschlossen. Dieser Ausschluß der Bindung müßte spätestens gleichzeitig mit dem Antrage zugehen, da sonst die Bindung schon eingetreten und nicht mehr widerruflich ist.

In dem Ausschluß der Bindung von Seite des Käufers, welcher z.B. mit den Worten „ohne mich daran binden zu wollen“, „unter Vorbehalt des Widerrufs“ oder „freibleibend“ zum Ausdruck gebracht wird, ist gewöhnlich nur eine Aufforderung zur Abgabe eines Antrages an den Verkäufer zu erblicken.

Der Antrag erlischt, d. h. die Bindung des Käufers hört auf, entweder, wenn der Verkäufer den Antrag des Käufers ablehnt (§ 146) oder, wenn der Verkäufer den Antrag des Käufers nicht rechtzeitig annimmt.

Wenn Käufer und Verkäufer gleichzeitig anwesend oder mittels Fernsprecher verbunden sind (siehe RG 90, 167), muß der Verkäufer sofort erklären, ob er in die verlangte Wandelung einwillige oder nicht. Schweigen des Verkäufers allein hat nicht als Annahme zu gelten (RG JW 11, 535).

Sind Käufer und Verkäufer nicht gleichzeitig anwesend, dann ist der Käufer an seinen Antrag nur solange gebunden, wie er den Eingang der Antwort des Verkäufers unter regelmäßigen Umständen erwarten darf (§ 147/II).

Hat der Käufer dem abwesenden Verkäufer für die Annahme des Antrages auf Wandelung eine Frist bestimmt, so kann die Annahme durch den Verkäufer nur innerhalb der Frist erfolgen (§ 148).

Ist die Annahmeerklärung des Verkäufers dem Käufer verspätet zugegangen, aber derart abgesendet worden, daß sie bei regelmäßiger Beförderung dem Käufer rechtzeitig zugegangen wäre und mußte der Käufer dies erkennen, so hat der Käufer die Verspätung dem Verkäufer unverzüglich nach dem Empfange der Erklärung anzuzeigen, sofern es nicht vorher schon geschehen ist, andernfalls gilt die Annahme durch den Verkäufer als nicht verspätet; sonst gilt eine verspätete Annahme, die also dem Käufer verspätet zugegangen ist, nur als ein neuer Antrag des Verkäufers (§§ 149, 150).

Auch eine Annahme unter Erweiterungen, Einschränkungen oder sonstigen Änderungen durch den Verkäufer gilt als Ablehnung, verbunden mit einem neuen Antrage.

Unter Kaufleuten allerdings wird die Ausnahme anzunehmen sein, daß bei widerspruchsloser Annahme des Bestätigungsschreibens des Verkäufers an den Käufer, auch wenn dieses Abweichungen enthält, Schweigen durch den Käufer als Einverständnis mit dem Inhalt zu bewerten sein wird (RG 103, 401), wenn nicht der Inhalt arglistig verstellt oder frei erfunden ist (RG 129, 346, siehe dazu auch BGH U. v. 12. 2. 1952 in NJW 52, 499). Die Grundsätze von Treu und Glauben sind auch im Rahmen des § 150 II anzuwenden, insbesondere bei Abweichung von dem Vertragswillen des anderen.

Siehe ferner zum Schweigen im Handelsverkehr BGH U. v. 29. 9. 51 in JZ 51, 783.

Die Einverständniserklärung des Verkäufers, welche formlos wirksam ist, kann auch stillschweigend erfolgen. Ein solches stillschweigendes Einverständnis ist jedoch dann nicht zu erblicken, auch wenn der Verkäufer das Tier zurücknimmt (aus Entgegenkommen), wenn er gleichzeitig die Beanstandung durch den Käufer nicht anerkennt. (Es liegt dann nur eine Rückgängigmachung des Erfüllungsgeschäftes vor; RG 91, 110 ebenso OLG Saarbrücken DRZ 50, 496.)

Wohl aber ist eine Einverständniserklärung des Verkäufers dann anzunehmen, wenn dieser das angesagte und zurückgesandte Tier widerspruchslos annimmt (Recht, 1920 Nr. 3340, Stuttgart) oder ein anderes Tier zu bringen verspricht (*Meisner* S. 121, *Scherer*, Viehgewährschaftsrecht, S. 156).

Nach *Stölzle*, Slg. II, S. 92, OLG Dresden, ist der Vollzug der Wandelung dann nicht zustande gekommen, wenn der Verkäufer sich zwar zur Zurücknahme des Tieres bereit erklärt hat, aber das Nebenverlangen des Käufers auf Erstattung der geforderten Futterkosten und sonstigen Spesen abgelehnt hat und in dieser Hinsicht selbst Vorschläge unterbreitet hat. In diesem Falle ist eine Übereinstimmung über die gesamte Wandelungsangelegenheit nicht zustande gekommen (ebenso *Gruchot* 51, 170, ähnlich Recht, 06, 2092).

Die Erklärungen des Käufers und des Verkäufers zur Wandelung sind rechtsgeschäftliche Willenserklärungen und deshalb bei Irrtum anfechtbar (Rostock OLG 20, 47).

Nach *Stölzle*, Slg. II, S. 101, AG Ettenheim, kann die Anfechtung des Wandelungsvertrages nach den allgemeinen Vorschriften (§§ 119, 123ff.) erfolgen, wobei auf *Staudinger* III, 1 zu § 465 berufen wird. Dieselbe Entscheidung führt weiters an: „Mit der Erklärung des Einverständnisses des Verkäufers zu dem Wandelungsbegehren des Käufers ist die Wandelung vollzogen. Sie bildet von da ab die Grundlage des Rechtsverhältnisses zwischen Käufer und Verkäufer. Der Käufer ist durch den Vollzug der Wandelung an diese definitiv gebunden."

Dazu führt *Stölzle-Graminger* S. 199 an, daß der Käufer, selbst wenn das Tier inzwischen gesund geworden wäre oder die Preise wesentlich gestiegen wären, es daher in seinem Interesse wäre, das Tier weiterhin zu behalten, dazu dennoch nicht berechtigt ist und der Verkäufer nach Vollzug der Wandelung ein Recht auf das Tier hat (ebenso *Hirsch Nagel* 47 und *Meisner* S. 121).

Mit berechtigter Wandelungserklärung des Käufers gerät der Verkäufer in Annahmeverzug, falls er das Tier nicht zurücknimmt; dann haftet der Käufer nur noch gemäß § 300 für Vorsatz und grobe Fahrlässigkeit (RG 56, 270; RG Warn. 12, 376; *Palandt* Anm. 2 zu § 465).

Für den Verkäufer entsteht der Anspruch auf Rückgewähr des Tieres erst mit dem Vollzuge der Wandelung (RG 94, 331).

Die Wirkung der Vollziehung der Wandelung ist nur verpflichtend, nicht dinglich (RG 108, 27). Das Eigentum an dem Tier fällt also nicht kraft Gesetzes an den Verkäufer zurück, sondern der Käufer ist verpflichtet, das Eigentum an dem Tier auf den Verkäufer zurückzuübertragen.

Zum Eigentumserwerb durch den Verkäufer ist also noch die Übergabe des Tieres durch den Käufer (§ 929) oder die Vereinbarung eines Rechtsverhältnisses nach § 930 erforderlich (Recht 24, 627; siehe dazu *Boetticher*, Die Wandelung als Gestaltungsakt, und *Larenz*, NJW 51, 500). Bis dahin bleibt der Käufer Eigentümer des Tieres.

Fällt z. B. der Käufer nach Vollziehung der Wandelung, aber vor tatsächlicher Rückgewähr, in Konkurs, hat der Verkäufer kein Aussonderungsrecht. Dieser kann auch der Pfändung des Tieres beim Käufer vorher nicht widersprechen, außer der Verkäufer hätte sich bis zur Bezahlung des Kaufpreises das Eigentumsrecht vorbehalten, was empfehlenswert ist.

Rücktritt von der Wandelung gem. § 326 ist unzulässig, weil durch Wandelung kein neues Vertragsverhältnis begründet wird (RG 93, 49), sondern nur das alte „beseitigt wird". Es wird dadurch ein besonderes, gesetzliches Schuldverhältnis auf beiderseitige Rückgewähr begründet und gelten daher nach § 348 die §§ 320, 322.

Anm. 8. Ausschluß des Wandelungsrechtes durch Fristsetzung seitens des Verkäufers

Behauptet der Käufer dem Verkäufer gegenüber einen Hauptmangel des Tieres, so kann der Verkäufer ihn unter dem Erbieten zur Wandelung und unter Bestimmung einer angemessenen Frist, zur Erklärung darüber auffordern, ob er Wandelung verlange. Die Wandelung kann in diesem Falle seitens des Käufers nur bis zum Ablaufe der Frist verlangt werden (§ 466).

Diese gesetzliche Bestimmung ist im Interesse des Verkäufers geschaffen, um diesem eine Möglichkeit zu geben, den Käufer zu einer endgültigen Entscheidung zu zwingen, ob er die Wandelung verlangen will oder nicht und damit den Schwebezustand zu beseitigen; denn bis zum Vollzug der Wandelung hat der Käufer diese Wahl und auch dann erst entsteht dem Verkäufer der Anspruch auf Rückgewähr der Kaufsache.

Voraussetzung der Befugnis des Verkäufers zur Ausübung seines Fristsetzungsrechtes ist also, daß der Käufer dem Verkäufer gegenüber einen Hauptmangel behauptet hat (also nicht etwa einem Dritten gegenüber), der Verkäufer sich zur Wandelung erbietet, d. h. erklärt, daß er mit der Rückgängigmachung des Vertrages einverstanden ist und schließlich, daß der Verkäufer dem Käufer eine angemessene Frist zur Abgabe dieser Erklärung setzt.

Die Angemessenheit der Frist muß nach den Umständen des Falles, insbesondere den Aufenthaltsverhältnissen der Beteiligten unter Berücksichtigung beider Teile, betrachtet werden. Wenn die Frist unangemessen kurz gesetzt wurde, verwandelt sich die Frist von selbst in eine angemessene Frist (RG 56, 234).

Wenn der Käufer auf diese Aufforderung hin innerhalb der gestellten Frist Wandelung verlangt, so ist damit die Wandelung vollzogen, denn es liegt dann Einverständnis beider Vertragsteile vor.

Gibt der Käufer keine Erklärung ab oder verlangt er keine Wandelung, so ist er vom Ablauf der gesetzten oder angemessenen Frist an von der Wandelung ausgeschlossen.

Es gibt keine Wiedereinsetzung bei dieser Frist, die streng zu beachten ist, außer es würde Arglist oder unzulässige Rechtsausübung vorliegen (*Palandt* A 2 zu § 466 und RG 166, 276).

Nach *Meisner* S. 117 liegt die praktische Bedeutung dieser Bestimmung vor allem in folgendem:

Nach § 490 kann der Käufer auch nach der Verjährung des Wandelungsanspruches die Zahlung des Kaufpreises verweigern, wenn die Voraussetzungen des Wandelungsanspruches gegeben sind: Wenn der Käufer auf die Aufforderung des Verkäufers mit der Behauptung des Mangels nicht hervortritt, ist damit erwiesen, daß er die Wandelung nicht mehr geltend machen kann.

Wenn somit der Verkäufer diese Erklärung des Käufers hervorruft, hat er die Sicherheit, wenn der Käufer nicht oder negativ darauf antwortet, daß er später auch nicht auf die Kaufpreisklage hin mit Erfolg die Zahlung des Kaufpreises gegenüber dem Verkäufer verweigern kann.

Auch nach Ablauf der gesetzten Frist kann der Käufer wegen anderer weiterer Hauptmängel noch Wandelung verlangen.

Für den Verkäufer ist es empfehlenswert auch dann, wenn vom Käufer gegen ihn eine Schadenersatzklage nach § 463 erhoben wird, die Aufforderung mit Fristsetzung nach § 466 an den Käufer zu richten, damit dieser, wenn er mit der Schadenersatzklage abgewiesen würde, nicht noch nachträglich auf Wandelung klagen kann.

Bezüglich des Gattungskaufes gelten besondere Bestimmungen (siehe S. 159).

Nach Geltendmachung des Wandelungsrechtes hat der Verkäufer nicht mehr das Recht zur Nachlieferung mangelhafter Tiere (OLG Köln in JW 22, 1537).

Der Anspruch auf Wandelung ist grundsätzlich nur hinsichtlich schon gelieferter Tiere gegeben (*Staudinger* zu § 465 II 5).

Anm. 9. Abstandnahme des Käufers vom Wandelungsbegehren

Wenn der Verkäufer in der gestellten oder angemessenen Frist seine Zustimmung zur Wandelung nicht gegeben hat, kann der Käufer bis zur Annahme des Wandelungsbegehrens durch den Verkäufer von seinem Wandelungsbegehren Abstand nehmen und wieder auf dem Vertrag bestehen bleiben. Er kann nach § 463 Schadenersatz wegen Nichterfüllung oder nach § 491 (bei Gattungskauf) die Lieferung eines mangelfreien Tieres verlangen, all dies auch noch nach Erhebung der Klage.

Auch wenn der Käufer auf Wandelung verzichtet hat (Weiterverkauf in Kenntnis des Mangels), so ist darin noch nicht ein Verzicht auf seinen eventuellen Schadenersatz zu erblicken (RG 17, 65).

Nach *Stölzle*, Slg. II, S. 31, OLG Nürnberg, ist bei der Wandelung eines beiderseits vollzogenen Kaufvertrages da zu erfüllen, wo sich das herauszugebende Tier — dem Vertrage gemäß (wird man ergänzen müssen) — befindet.

Es wird dadurch zwar die Lage des Verkäufers erschwert, dies komme aber deshalb nicht in Betracht, als gerade durch mangelhafte Erfüllung seiner Leistungspflicht ihn die Schuld an der Wandelung treffe.

Anm. 10. Durchführung der Wandelung

Hinsichtlich der Durchführung der bindend gewordenen Wandelung finden die Vorschriften des vertragsmäßigen Rücktritts entsprechende Anwendung (vgl. § 467, der hierbei auf die §§ 346 bis 348, 350 bis 354, 356 verweist; die hierbei ausgelassenen §§ 349 und 355 haben eine besondere Regelung erfahren durch die §§ 465 und 466).

Der Hauptunterschied zwischen Rücktritt und Wandelung besteht darin, daß die Wandelung nicht durch eine einseitige Erklärung, sondern erst durch das Einverständnis des Verkäufers vollzogen wird.

Bei der Anwendung der Bestimmungen über das vertragsmäßige Rücktrittsrecht muß infolgedessen an Stelle „der Rücktrittserklärung", die „Vollziehung der Wandelung" gem. § 465 als diejenige Rechtshandlung anzusehen sein, bis zu welcher ein Verschulden der im § 351 bezeichneten Art den Ausschluß des Wandelungsrechtes zur Folge hat. Solange als die Wandelung nicht vollzogen ist, kann ein solches Verschulden des Berechtigten den Verlust des bis dahin begründeten Wandelungsanspruches herbeiführen.

Für diese Auslegung der §§ 467 und 351 spricht auch deren Entstehungsgeschichte. Die darin enthaltenen Vorschriften schließen sich nämlich ausweislich der Motive des ersten Entwurfs des BGB wesentlich an die Grundsätze des gemeinen Rechtes an. Nach diesem letzteren wurde aber namentlich angenommen, daß, wenn der Käufer nach Dispositionsstellung einer Ware in einer Weise über dieselbe verfügte, wie sie bei unterstellter Redlichkeit nur dem Willen auf Aufrechterhaltung des Vertrages entsprechend sein könne, er damit auf das Wandelungsrecht verzichtete (RG 59, 97).

An Stelle des bisherigen Vertrages tritt die Verpflichtung aus § 346, einander die empfangenen Leistungen zurückzugewähren (RG 71, 277); § 326, Verzug bei gegenseitigen Verträgen, ist auf Rückgängigmachung nicht anwendbar. Es gibt daher auch keinen Rücktritt von der Wandelung wegen Verzugs des Vertragsgegners (RG 93, 47; ebenso *Palandt* Anm. 1 zu § 467).

Beide Teile sind durch den Vollzug der Wandelung so zu stellen, als ob der Kauf nicht geschlossen wäre (RG 55, 105).

Anm. 11. Gegenseitige Rückgewähr der Leistungen

Die gegenseitig empfangenen Leistungen sind Zug um Zug (§§ 348, 467) zurückzugewähren (RG 71, 277), d. i. wechselseitig zu gleicher Zeit.

Die Folge dieser Rückgewährsverpflichtung „Zug um Zug“ ist die, daß jeder Teil die ihm obliegende Leistung bis zur Bewirkung der Gegenleistung des anderen Vertragsteiles verweigern kann (§ 320 und § 756 ZPO). Eine Ausnahme würde nur dann bestehen, wenn ein Teil vorzuleisten verpflichtet ist.

Diese Einrede des „nichterfüllten Vertrages“, solange also der andere nicht leistet, ist eine Unterart der Einrede des Zurückbehaltungsrechtes des § 273 und hat auch ihren Ursprung in § 242 (RG 149, 328 und *Palandt* zu § 320).

Diese Einrede ist nicht von Amts wegen zu berücksichtigen, sie findet bei der Wandelung statt, obwohl eigentlich bei dieser kein neues gegenseitiges Vertragsverhältnis geschaffen wird, sondern nur das alte beseitigt wird (RG 136, 33; 93, 49).

Diese Einrede bleibt auch dann gewahrt, wenn die Gegenleistung verabredungsgemäß nicht an den die Einrede Erhebenden, sondern an einen Dritten zu leisten ist (RG 65, 48), oder wenn der die Einrede Erhebende den Anspruch auf die Gegenleistung bereits an einen anderen abgetreten hat (RG 88, 254).

Für das Einrederecht ist nicht Voraussetzung, daß der Einredegegner seine Leistung bisher schuldhaft nicht bewirkt hat (RG 145, 282), insbesondere, daß er mit ihr bereits im Verzuge ist (RG HRR 32, 438). Selbstverständlich aber muß die Leistung fällig sein.

Gleichgültig ist es, in welchem Umfange die Gegenleistung noch nicht erfüllt ist; auch bei einem nur teilweisen Ausstehen kann der Schuldner seine Gegenleistung voll zurückhalten (RG JW 15, 1003).

Das Einrederecht besteht auch nicht nur bei teilweiser, sondern auch bei unvollständiger oder nicht gehöriger Leistung (RG 57, 400); diese Leistungen ist der Gläubiger von vornherein abzulehnen berechtigt, falls nicht § 242 zur Anwendung kommt, wie z. B. wegen Geringfügigkeit des ausstehenden Leistungsteiles oder der Käufer hätte das Tier, aber nicht das mitverkaufte Geschirr oder die Halfter zurückgegeben oder, wenn wegen Sicherheitsleistung oder aus anderen Gründen nach Treu und Glauben im Verkehr die Geltendmachung des Einrederechtes unbillig wäre.

Die Wirkung dieser Einrede und damit des Leistungsverweigerungsrechtes ist die, daß der Einredeberechtigte nicht in Schuldnerverzug kommt, auch ohne daß er die Einrede ausdrücklich erhebt (im Gegensatz zum Zurückbehaltungsrecht des § 273; RG 126, 385).

Nur dann käme der Schuldner in Verzug, wenn der Gläubiger mahnt und auch tatsächlich zur Erbringung der eigenen Leistung im Stande und auch bereit ist (RG 126, 285). Die eigene Leistung braucht er bei der Mahnung nicht schon anzubieten (RG 151, 310).

Die Verjährung des Anspruchs des einen Vertragsteils wird auf Grund der ausdrücklichen Vorschrift des § 202/II durch das Bestehen oder durch die Erhebung der Einrede durch den anderen nicht gehemmt, im Gegensatz zu anderen Einreden.

Die Erhebung der Einrede führt nicht zur Abweisung der Klage „als zur Zeit unbegründet“, verhindert also nicht die Verurteilung, sondern hat nur die Wirkung, daß der andere Teil zur Erfüllung „Zug um Zug“ verurteilt wird (§ 322).

Nur fortgesetzte Verweigerung der Leistung durch den Kläger kann nach § 242 (vgl. RG DR 39, 1005 Nr. 26) die Abweisung der Klage zur Folge haben.

Von dieser Einrede des nicht erfüllten Vertrages ist der Anspruch auf Wandelung selbst zu unterscheiden, der zwar auch einredeweise erhoben werden kann, der aber selbst keine Einrede des nicht erfüllten Vertrages darstellt.

Hat die Rückgewähr an mehrere zu erfolgen, so kann dem einzelnen der ihm gebührende Teil bis zur Bewirkung der ganzen Gegenleistung verweigert werden (§§ 320 und 348).

Aus dieser Verpflichtung zur Leistung Zug um Zug ergibt sich also, daß zwar der Käufer zur Herausgabe des Tieres auch dann verpflichtet ist, wenn der Verkäufer nicht vorgeleistet und nicht seine Bereitwilligkeit zur Leistung erklärt oder auch die Leistung nicht angeboten hat. Der Käufer braucht aber seine Leistung nur zu bewirken, wenn der Verkäufer gleichzeitig die ihm obliegende Leistung bewirkt.

Das Empfangene ist einschließlich der möglichen Nutzungen seinem wirtschaftlichen Werte nach zurückzugewähren. Mangels dinglicher Wirkung der Wandelung (RG 108, 27) hat dabei die Rückübertragung der in Erfüllung des Kaufs übertragenen Sachen zu erfolgen (siehe *Palandt* Anm. 3 zu § 467).

a) Ist der Kaufvertrag noch von keiner Seite erfüllt, so werden die bestehenden Rechtsverhältnisse des Kaufes (Rechte und Pflichten für beide Teile) durch die Wandelung aufgehoben.

Der Verkäufer braucht also das Tier nicht zu liefern, und der Käufer den Kaufpreis nicht zu bezahlen.

b) Hat aber bereits eine Leistung stattgefunden, dann muß nach §§ 467, 346 die Rückerstattung des Kaufpreises und andererseits die Rückgewähr des Tieres erfolgen, wie wenn der Kauf überhaupt nicht abgeschlossen worden wäre. Der Empfänger der Leistung wird dann wie der Besitzer einer fremden Sache behandelt. Es besteht für ihn vom Empfang der Leistung an dieselbe strenge Haftung wie sie für den Besitzer sonst erst mit der Rechtshängigkeit gegeben ist (§ 347 in Verbindung mit §§ 989ff.; RG 44, 252; 145, 79 in JW 34, 2685, ebenso *Staudinger* I 2b). Die Vorschriften, die hier analog in Betracht kommen, sind die der §§ 989 (Verantwortlichkeit des Käufers für Schaden, der infolge Verschuldens des Käufers durch Verschlechterung, Untergang oder sonstige Unmöglichkeit der Herausgabe entstanden ist) und § 994 II (Anspruch des Käufers auf den Ersatz nur für notwendige Verwendungen nach den Vorschriften über Geschäftsführung ohne Auftrag; RG 50, 144).

Da § 996 nicht zu den in Betracht kommenden Vorschriften gehört, besteht kein Ersatzanspruch für nicht notwendige Verwendungen (ebenso RGRKomm. Anm. 1 zu § 347).

Ein Anspruch auf Schadenersatz wegen Nichterfüllung des Vertrages, wenn nichts anderes vereinbart wurde, ist ausgeschlossen. Haftung für Schaden bei Eingehung des Vertrages bleibt bestehen.

Nach *Stölzle*, Slg. I, S. 101, OLG Dresden, ist der Käufer nach §§ 467, 346 verpflichtet, das empfangene Tier in dem Zustande zu erhalten, in welchem es vom Verkäufer übergeben war. Bediente er sich hierbei der Dienste eines anderen, so hat er dessen Verschulden gemäß § 278 wie sein eigenes zu vertreten, also nach § 276 für jede Fahrlässigkeit des Erfüllungsgehilfen einzustehen. Begriff „Erfüllungsgehilfe" siehe BGH U. v. 21. 4. 54 in JZ 1954, 447. Der Verkäufer hat einen Anspruch auf Schadenersatz nach den §§ 347, 989, 251 wegen Verletzung des Tieres. Der Verweis auf Geschäftsführung ohne Auftrag (§ 683) bedeutet, daß der Verkäufer nur insofern für notwendige Verwendungen Ersatz zu leisten hat, als diese seinem Interesse oder seinem wirklichen oder mutmaßlichen Willen entsprochen haben; daneben siehe aber die weitgehenderen Ansprüche des Käufers nach § 488 S. 126 ff.

Für den Anspruch aus der vollzogenen Wandelung ist nicht der besondere Gerichtsstand des AG nach § 23 GVG maßgebend. Für ihn gilt auch nicht die kurze Verjährungsfrist der §§ 477 und 490, sondern die dreißigjährige Verjährung.

Als Erfüllungsort für den Anspruch aus der vollzogenen Wandelung gilt der Ort, an dem die Kaufsache zurückzugewähren ist, also der Ort, wo sich das Tier dem Vertrage gemäß befindet (RG 57, 14). Erfüllungsort ist also nicht der gleiche Erfüllungsort wie für den Kaufvertrag; soweit es sich um Zug um Zug-Leistungen handelt, besteht nur ein gemeinsamer Erfüllungsort. Sind mehrere als Käufer oder Verkäufer beteiligt, so kann die Wandelung nur durch alle und gegen alle erfolgen. Erlischt das Wandelungsrecht für den einen, wirkt dies auch für die übrigen (§ 356).

Anm. 12. Pflichten des Käufers nach Vollzug der Wandelung

a) Der Käufer hat das Tier samt Zubehör dem Verkäufer zurückzugeben. Unter Zubehör sind gemäß § 97 die beweglichen Sachen zu verstehen, die, ohne Bestandteil der Hauptsache zu sein, dem wirtschaftlichen Zweck der Hauptsache zu dienen bestimmt sind

z. B. Zaumzeug, Geschirr, Kette.

Kommt der Käufer mit der Rückgewähr der Sache oder sonstigen Verpflichtungen aus der Wandelung in Verzug, so kann ihm der Verkäufer nach § 354 eine angemessene Frist mit der Erklärung bestimmen, daß er die Annahme nach dem Ablaufe der Frist ablehne. Mit fruchtlosem Fristablauf wird die Wandelung unwirksam und der Käufer verliert seinen Gewährleistungsanspruch (§§ 467, 354). Die Fristsetzung ist nur dann nicht notwendig, wenn der andere Teil die Rückgewähr des Tieres von vornherein verweigert.

b) Für die Überlassung der Benutzung des Tieres ist vom Käufer entsprechender Wertersatz zu leisten (§ 346) und zwar der gemeine Wert (vgl. RG 138, 33) während der Dauer der Überlassung.

c) Kann der Käufer das Tier deshalb nicht zurückgeben, weil dasselbe durch Zufall untergegangen oder durch Zufall wesentlich verschlechtert ist (also infolge eines vom Käufer nicht zu vertretenden Umstandes, § 350) ist zu unterscheiden, ob diese nachteilige Veränderung des Tieres vor oder nach Vollziehung der Wandelung geschehen ist.

Ist dies vor Vollziehung der Wandelung geschehen, so trägt in diesem Falle der Verkäufer die Gefahr des zufälligen Unterganges (§ 275) und der zufälligen Verschlechterung. Der Käufer hat also für das untergegangene oder wesentlich verschlechterte Tier dem Verkäufer keinen Ersatz zu leisten, während der Verkäufer, obwohl er nichts bekommt, dennoch den Kaufpreis nebst Zinsen dem Käufer wieder herausgeben muß.

Der Käufer ist in diesem Falle nur verpflichtet, das, was ihm von dem Tiere doch noch etwa übrig geblieben ist, z. B. Haut, Hörner usw. dem Verkäufer herauszugeben, ebenso den Ersatz oder Ersatzanspruch, den er für das zugrunde gegangene oder wesentlich verschlechterte Tier erhalten hat.

Eine wesentliche Verschlechterung ist eine solche Verschlechterung, welche dem wirtschaftlichen Erfolge nach eine erhebliche Wertminderung des Tieres herbeiführt (*Meisner* S. 139).

Der Käufer muß jedoch die erhaltene Versicherungssumme (RG 89, 38 und 281) oder den Anspruch darauf dem Verkäufer nicht herausgeben (*Staudinger* zu § 487/III unter Verweis auf RG 64, 350; 68, 45 und 70, 101, ferner *Oertmann* S. 111 ff. und *Hanke* S. 68).

A. A. *Stölzle-Graminger* S. 209, jedoch nicht überzeugend, da die Identität der rechterzeugenden Tatsachen fehlt: Die Verletzung des Tieres löst nur die Bedingung für den Anspruch auf die Versicherungsgelder aus, bildet aber nicht den Entstehungsgrund; außerdem erhält der Käufer die Versicherungsleistungen nicht unentgeltlich, sondern als Gegenleistung für die eingezahlten Prämien.

d) Ist dagegen die Unmöglichkeit der Rückgabe auf einen vom Käufer zu vertretenden Umstand zurückzuführen (vorsätzliches oder fahrlässiges Handeln oder sonstige Verfügung des Käufers z. B. Schlachtung, Kastration, Veräußerung), so hat der Käufer dem Verkäufer den Wert des Tieres in Geld zu ersetzen.

Der Verkäufer ist also nicht verpflichtet, wohl aber evtl. berechtigt, das noch vorhandene, aber wesentlich verschlechterte Tier zurückzunehmen.

Der Verkäufer kann aber auch das wesentlich verschlechterte Tier zurücknehmen und Ersatz für die Wertminderung vom Käufer verlangen, denn wenn er dieses Recht bei der vom Käufer zu vertretenden unwesentlichen Verschlechterung hat, muß er es auch bei wesentlicher Verschlechterung des Tieres haben.

Anm. 13. Zeitpunkt für die Wertberechnung

Die Wertberechnung (statt Schadenersatz nach § 347) erfolgt nach dem Zeitpunkt der Vollziehung der Wandelung.

Auch nach *Mugdan* II, S. 696 ist die Bemessung des Wertersatzes nach dem Werte vorzunehmen, den das Tier bei Vollziehung der Wandelung haben würde, wenn es nicht zugrunde gegangen oder verschlechtert worden wäre.

Siehe ebenso *Stölzle*, Slg. II, S. 103, LG Würzburg, das ebenfalls als zu ersetzenden Wert den Wert bestimmt, den das Tier im Zeitpunkte des Vollzugs der Wandelung gehabt hat.

Der Käufer hat also im Falle der Schlachtung des Tieres nur den Wert zu ersetzen; er hat aber weder das Fleisch, noch die Haut dem Verkäufer zurückzugeben.

Für die Feststellung der verschuldeten Verschlechterung der Kaufsache ist es wichtig, von welchem Zeitpunkte an im Falle der Wandelung der Käufer für die von ihm verschuldete Verschlechterung der Kaufsache haftet. Diese Haftung für verschuldete Verschlechterung besteht nach § 347 bereits vom Empfang der Leistung an.

Zwar wird im Schrifttum und Rechtsprechung dieser Standpunkt vielfach nicht geteilt. Teils wird der Zeitpunkt der Entstehung des Rücktritts- oder Wandelungsrechtes als maßgebend angesehen (*Planck*, *Oertmann*, RGRKomm. zu § 347/1), teils wird der Zeitpunkt als maßgebend betrachtet, in dem der Leistungsempfänger von dem Eintritt der gesetzlichen Voraussetzungen des Rücktritts oder der Wandelung Kenntnis erlangt (*Palandt* allg. zu § 347), teils wird der Zeitpunkt der Rücktrittserklärung als der maßgebende Zeitpunkt angesehen (*Warneyer*). Es kann aber nur der auch in RG 145, 79 vertretene Rechtsstandpunkt (veröffentlicht in Entscheidungen des RG, Schuldverhältnisse 3, 364) als richtig erkannt werden, daß diese Haftung schon vom Empfang der Leistung an gelten muß; auch für den Beginn des Anspruches des Verkäufers auf Herausgabe oder Vergütung von Nutzungen ist derselbe Zeitpunkt maßgebend, denn auch der Verkäufer muß den Kaufpreis vom Tage des Empfangs an verzinsen. In der Praxis würde es vom Standpunkt der Beweisführung nahezu unmöglich sein, den Nachweis für ein Verschulden des Käufers gerade in der dann maßgebenden Zeit zu führen, während er diesen Beweis für den Zeitpunkt der Übergabe eher in der Lage ist zu führen.

Der Unbilligkeit, die man etwa darin erblicken könnte, daß die Haftung des Käufers schon zu einer Zeit eintritt, als er noch gar nicht wissen konnte, daß er das Tier zurückgeben muß (im Gegensatz zu dem vereinbarten Rücktrittsrecht, bei welchem er von vornherein damit rechnen muß), kann dadurch begegnet werden, daß man hinsichtlich der Frage, welche Verschlechterung als vom Käufer verschuldet anzusehen ist, einen billigen Standpunkt einnimmt. Hier wird festzustellen sein: Solange der Käufer sich noch nicht entschlossen hat Wandelung zu verlangen, hat er das Recht, das Tier zu benutzen, auch wenn diese Benutzung eine Verschlechterung zur Folge hat.

Eine derartige Benützung im Rahmen des üblichen und wirtschaftlich vorgenommenen Gebrauches des Tieres wird deshalb dem Käufer in diesem Zeitpunkte nicht als Verschulden angerechnet werden können. Dies wird nur dann der Fall sein, wenn er das Tier unpfleglich behandeln würde oder in sonst einer Weise die Verschlechterung verursachen würde.

Erst von dem Zeitpunkte ab, in dem der Käufer Wandelung verlangt hat, wird die Benützung des Tieres einzustellen sein, wenn dies gleichzeitig eine Verschlechterung bedeutet.

Ein gewisser maßvoller Gebrauch, wie er z. B. bei Pferden zur Erhaltung derselben sogar notwendig ist, wird auch hier nicht schaden.

Die Pflicht zur Unterlassung des Gebrauchs besteht selbst dann, wenn sich der Verkäufer mit der Rücknahme des Tieres in Verzug befinden sollte. Hier ist allerdings die Haftung des Käufers dann nur auf Vorsatz und grobe Fahrlässigkeit beschränkt (§ 300).

Anders wiederum wäre es, wenn der Verkäufer ausdrücklich oder stillschweigend, z. B. durch sein Verhalten dem Käufer gegenüber, etwa durch Nicht-Zurücknahme des Tieres, seine ausdrückliche Zustimmung zur Weiterbenützung durch den Käufer gibt; dann wird auch kein Verschulden des Käufers anzunehmen sein.

Den Behauptungen des Verkäufers gegenüber, daß ein schuldhaftes Verhalten des Käufers vorliegt, wird auch unter Umständen der Käufer Mit- oder Selbstverschulden des Verkäufers hinsichtlich des geltend gemachten Schadenersatzanspruches einwenden können. Im Ergebnis gleich RG 145, 79; ähnlich *Stölzle*, Slg. II, S. 101, AG Ettenheim, das dazu insbesonders feststellt, daß eine vorübergehende Verschlechterung und Wertminderung immer eine „unwesentliche“ im Sinne des § 487 ist.

Anm. 14. Unmöglichkeit der Rückgabe des Tieres nach Vollziehung der Wandelung

a) Soweit es sich um einen zufälligen Untergang oder um eine zufällige wesentliche Verschlechterung des Tieres nach Vollziehung der Wandelung handelt, gilt dasselbe wie wenn dies vor Vollziehung der Wandelung geschieht. Der Verkäufer trägt also die ganze Gefahr und der Käufer braucht für das untergegangene oder wesentlich verschlechterte Tier keinen Ersatz zu leisten, sondern nur das, was ihm von dem Tiere übrig blieb oder ihm sonst als Ersatz zugekommen ist, herauszugeben.

b) Ist aber der Untergang bzw. die wesentliche Verschlechterung — und dasselbe gilt hier auch bezüglich der unwesentlichen Verschlechterung — infolge eines von dem Käufer zu vertretenden Umstandes, nach Vollziehung der Wandelung erfolgt, hat der Käufer dem Verkäufer gemäß §§ 249ff. und zwar vom Empfange des Tieres an, das volle Interesse zu ersetzen (§§ 347, 989, 467). Dieses wird regelmäßig darin bestehen, daß der Käufer dem Verkäufer den Betrag bezahlen muß, für den der Verkäufer sich selbst ein anderes Tier beschaffen kann (RG 101, 420; 103, 40).

Als Beispiele für ein solches vom Käufer zu vertretendes Verschulden führt *Meisner* S. 140 an: wenn das Tier dadurch beschädigt oder verletzt wird, daß das Tier ungeeignet benützt oder behandelt wird, daß der Stall mangelhaft eingerichtet ist oder die Tiere im Stall zu nahe aneinander stehen müssen oder, wenn die Tiere infolge ungeeigneter Fütterung erkranken oder, wenn es der Käufer unterläßt nach Wahrnehmung einer im Anfang heilbaren Krankheit oder bei einer schweren Geburt durch Beiziehung eines Tierarztes für sachgemäße Behandlung zu sorgen. Hierbei haftet er voll für seine Erfüllungsgehilfen (Dienstpersonen, Freunde).

Anm. 15. Unwesentliche Verschlechterung des Tieres

Bei unwesentlicher Verschlechterung des Tieres durch den Käufer erfolgt nicht wie bei wesentlicher Verschlechterung Wertersatz statt Rückgabe, sondern Rückgabe und Vergütung der Wertminderung in Geld § 487/III.

Z. B. es tritt eine gewisse unwesentliche Wertminderung dadurch ein, daß der Käufer dem Pferde den Schweif kupieren läßt.

Bei Wandelung muß der Käufer, der das Tier zurückgibt, die Wertminderung in Geld ersetzen; denn der Käufer, welcher Wandelung verlangt, hat hinsichtlich der pfleglichen Behandlung des Tieres bis zum Vollzug der Wandelung nicht nur Vorsatz und Fahrlässigkeit, sondern auch jede leichte Fahrlässigkeit zu vertreten (§ 276).

Nur wenn sich der Verkäufer bezüglich des von ihm zurückzunehmenden Tieres in Annahmeverzug befindet,

z. B. durch das Wandelungsbegehren des Käufers, sofern nicht aus den Umständen zu entnehmen ist, daß der Käufer trotz des Wandelungsbegehrens die sofortige Rücknahme des Tieres nicht verlangen will,

beschränkt sich die Haftung des Käufers bezüglich der pfleglichen Behandlung des Tieres auf Vorsatz und grobe Fahrlässigkeit.

§ 300; RG 56, 267; *Stölzle*, Slg. II, S. 101, AG Ettenheim, das insbesondere feststellt, daß nach der Regel des § 276 der Käufer, falls er Wandelung verlangt, hinsichtlich der pfleglichen Behandlung des Kaufgegenstandes bis zum Vollzug der Wandelung, Vorsatz und Fahrlässigkeit, also auch jede leichte Fahrlässigkeit zu vertreten hat, was sich erst dann ändere, sobald der Verkäufer in Annahmeverzug gesetzt ist. Dann beschränkt sich die Haftung auf Vorsatz und grobe Fahrlässigkeit. Allerdings ist der Käufer auch berechtigt, ein Verschulden, evtl. sogar überwiegendes Verschulden des Verkäufers, unter Umständen einzuwenden.

Eine Ausnahme hinsichtlich der Haftung des Käufers für unwesentliche Verschlechterung besteht nur in dem Falle, wenn die vor der Vollziehung der Wandelung eingetretene unwesentliche Verschlechterung des Tieres auf einen Zufall, also nicht auf einen von dem Käufer zu vertretenden Umstand zurückzuführen ist. Dann hat der Käufer nach Vollziehung der Wandelung das Tier nur zurückzugeben, aber keine Wertminderung zu ersetzen; dies ergibt sich aus § 487/III.

Anm. 16. Ersatz der Nutzungen durch den Käufer

Der Käufer hat weiter die Nutzungen zu ersetzen, die er wirklich gezogen hat. Dies bedeutet also eine Erleichterung gegenüber der im § 467 angeführten Vorschrift des § 347. Der Käufer ist also nicht verpflichtet, Nutzungen aus dem Tier zu ziehen.

Er ist also z. B. nicht verpflichtet, das Tier zu benützen, auch wenn er trotz des Mangels dazu imstande gewesen wäre. Er muß auch das Reitpferd nicht reiten.

Die Nutzungen gebühren dem Käufer erst von der Übergabe des Tieres an (§ 446 I Satz 2), selbst beim Versendungskauf nach § 447, bei welchem die Gefahr schon vor der Übergabe auf den Käufer übergeht; deshalb gebührt das während des Transportes geworfene Tier oder die gewonnene Milch noch dem Verkäufer.

Unter Nutzungen sind hier Erzeugnisse des Tieres oder die sonstige Ausbeute zu verstehen, welche aus dem Tier seiner Bestimmung gemäß gewonnen werden oder die Vorteile, welche der Gebrauch des Tieres gewährt (§§ 99, 100).

Diese Nutzungen werden vor allem in den jungen Tieren bestehen, in dem Dünger, bei der Kuh in der Milch, beim Schaf in der Wolle, oder auch in den Einnahmen aus der Verwendung des Pferdes zum Lohnfuhrwerk oder zum Pferdeverleih und in allgemeinen Vorteilen, nämlich, daß das Tier für die Landwirtschaft oder zu sonstigen (z. B. Reit-) Zwecken benützt wird.

Soweit eine Herausgabe von Nutzungen in Natur möglich oder wirtschaftlich tunlich ist, ist die Herausgabe in Natur zu leisten, z. B. ist das von der Kuh geworfene Kalb herauszugeben; aber z. B. wird für den Dünger oder den Milchnutzen der entsprechende Wert zu ersetzen sein. Andererseits hat der Käufer gemäß § 488 das Recht die Unterhaltskosten für das Tier in Abzug zu bringen.

Nach *Meisner* S. 145, der sich hierbei auf RG JW 1912, 288 und SA 67, Nr. 175 beruft, ist der Käufer zur Rechnungslegung über die gezogenen Nutzungen nicht verpflichtet.

Der Käufer kann aber insofern schadenersatzpflichtig gemacht werden, als er durch schuldhafte Unterlassung einer Nutzung z. B. Nichtmelken einer Kuh, eine Verschlechterung des Tieres verursacht hat.

Anm. 17. Verzug des Käufers.

Bei Verzug des Käufers nach vollzogener Wandelung (§ 465) in der Rückgewähr des Tieres, wird die Wandelung unwirksam, wenn die Rückgewähr auch dann nicht erfolgt, wenn der Verkäufer dem Käufer eine angemessene Frist gesetzt hat, mit der Erklärung, daß er nach Ablauf der Frist die Annahme des Tieres ablehne.

Die Mahnung kann formlos erfolgen und wirkt von dem Zeitpunkte an, nach dem sie ihm zugegangen ist.

Auch die Erhebung der Klage auf Verurteilung zur Leistung kommt der Mahnung gleich. Kommt der Käufer innerhalb dieser Mahnfrist der Rückgewähr des Tieres nicht nach, wird die Wandelung unwirksam, und der Käufer ist verpflichtet, dem Verkäufer den durch seinen Verzug entstandenen Schaden zu ersetzen. Dieser kann insbesondere in dem Ersatz der Prozeßkosten bestehen, zu deren Tragung der Verkäufer in dem vorhergehenden Wandelungsstreit rechtskräftig verurteilt worden war.

Er ist auch verpflichtet, die Wertminderung dem Verkäufer zu ersetzen, die etwa nach Eintritt seines Verzuges eingetreten ist und ist evtl. auch verpflichtet, den Gewinnentgang nach § 252 zu ersetzen.

Nach Eintritt des Verzugs haftet der Käufer auch für Fahrlässigkeit und für durch Zufall eintretende Unmöglichkeit der Leistung (§ 287), außer er beweist, daß dieser durch Zufall entstandene Schaden auch im Falle rechtzeitiger Leistung entstanden wäre.

Verschlechterung des Tieres steht in diesem Falle der Unmöglichkeit der Lieferung des Tieres gleich.

Anm. 18. Verzug des Verkäufers

Verzug des rechtskräftig zur Wandelung verurteilten Verkäufers in der Rücknahme des Tieres und Zurückzahlung des Kaufpreises:

Kommt der rechtskräftig zur Wandelung und zur Zurücknahme des Tieres und zur Rückzahlung des vom Käufer bereits bezahlten Kaufpreises verurteilte Verkäufer in Verzug, dann ist der Käufer berechtigt, dem Verkäufer eine angemessene Frist zur Zurücknahme des Tieres und Rückzahlung des Kaufpreises zu bestimmen und zwar mit der Erklärung, daß er, der Käufer, nach Fristablauf die Rückgabe des Tieres und die Annahme des Kaufpreises verweigere (§ 283). Es wird praktisch sein, wenn der Käufer gemäß § 255 ZPO den Antrag, daß diese Frist im Urteil bestimmt werde, schon in der Klage oder während des Verfahrens stellt. Es ist nicht notwendig, daß in diesem Falle der Kläger eine bestimmte Frist beantragt, aber zweckmäßig, weil dann der Richter über die vorgeschlagene Frist nicht hinausgehen darf.

Hat der Verkäufer auch bis zum Ablauf der Frist das Tier nicht zurückgenommen und den Kaufpreis nicht zurückbezahlt, ist der Käufer nicht mehr verpflichtet, das Tier zurückzugeben (der Verkäufer auch nicht verpflichtet, den Kaufpreis und Ersatz der Futterkosten usw. herauszubezahlen). Der Käufer hat aber das Recht, Schadenersatz wegen Nichterfüllung statt Leistung und Gegenleistung zu verlangen.

Ist z. B. das nach dem Urteil herauszugebende Tier gegenüber dem Zeitpunkte des Kaufabschlusses mehr wert geworden, kommt diese Wertsteigerung dem Käufer zugute, d. h. der Verkäufer muß sie als Schaden dem Käufer ersetzen. Es findet dann eine beiderseitige Schadensberechnung wie bei gegenseitigen Verträgen, und zwar nach den Bestimmungen der §§ 252ff., statt.

Der Anspruch aus § 283 geht nicht auf Schadenersatz wegen Nichterfüllung des Vorurteiles, sondern wegen Nichterfüllung des Anspruches selbst (RG 117, 67).

Anm. 19. Pflichten des Verkäufers nach Vollzug der Wandelung

Der Verkäufer ist verpflichtet,

a) den Kaufpreis nebst Zinsen vom Tage des Empfanges an zurückzugewähren (§§ 346/I, 347, 467).

Die Zinsen betragen 4% (§ 246); sofern es sich bei dem Kauf um ein beiderseitiges Handelsgeschäft gehandelt hat 5% (§ 352 HGB).

b) Der Verkäufer ist weiter verpflichtet, eine Draufgabe, welche er vom Käufer beim Kaufe erhalten hat, diesem zurückzugeben (§§ 337/II, 812ff. entsprechend anwendbar). Soweit ein Schuldschein über die Kaufgeldforderung vom Käufer ausgestellt wurde, muß der Verkäufer denselben zurückgeben (§ 371).

c) Der Verkäufer ist weiter verpflichtet, Verwendungen, die der Käufer auf das Tier gemacht hat und andere Nebenausgaben dem Käufer zu ersetzen; wie oben S. 119ff. ausgeführt, handelt es sich nur um solche Verwendungen, die der Käufer auf das Tier oder Tierjunge gemacht hat, die dem Interesse und dem wirklichen oder mutmaßlichen Willen des Verkäufers entsprechen (§§ 467, 347, 683, 994, z. B. Schlacht-, Freibank- und Beschaugebühren).

Nach *Stölzle*, Slg. II, S. 132, OLG Augsburg, werden weitergehende Ansprüche als die im § 488 angeführten nicht ausgeschlossen, wenn die sonstigen Voraussetzungen dafür gegeben sind, entweder Schadenersatzansprüche (§§ 823ff.), Ansprüche aus Geschäftsführung ohne Auftrag (§§ 677ff.) oder bei ausdrücklicher vertraglicher Vereinbarung.

Die tatsächlich gezogenen Nutzungen muß sich der Käufer auf alle Ersatzansprüche anrechnen lassen.

Hinsichtlich der im § 488 angeführten Nebenkosten (Kosten der Fütterung und Pflege, Kosten der tierärztlichen Untersuchung und Behandlung und Kosten der notwendig gewordenen Tötung und Wegschaffung des Tieres) hat der Verkäufer die Verpflichtung, diese unter allen Umständen zu ersetzen, ohne Rücksicht darauf, ob sie notwendig waren und ob sie dem Interesse oder dem wirklichen oder mutmaßlichen Willen des Verkäufers entsprachen, soweit sie nur im Rahmen des Üblichen liegen.

Nach *Stölzle*, Slg. II, S. 85, LG München, ist der tatsächlich aufgewendete Betrag der Fütterungskosten innerhalb der rationellen Wirtschaftsgrundsätze zu ersetzen.

Unter die Kosten der Pflege fallen nicht nur die außergewöhnlichen, durch Krankheit verursachten Auslagen, sondern auch die Kosten der gewöhnlichen Wartung und Pflege des Tieres durch die Angestellten des Käufers.

Die Kosten, welche dadurch aufgewendet wurden, daß Schutzmaßnahmen herbeigeführt wurden gegen Seuchengefahr, gehören, soweit sie auf das Tier selbst aufgewendet wurden, zu den notwendigen Verwendungen, trotz gegenteiliger Ansicht nach den Protokollen; siehe *Mugdan* S. 743 und *Stölzle-Graminger* S. 282; richtig *Meisner* S. 132, der diese Aufwendungen als notwendige Pflegekosten bezeichnet und mit Recht nur die weiteren Aufwendungen, die auf andere Tiere gemacht werden, welche in Gefahr der Ansteckung stehen, als nicht mehr ersatzfähig bezeichnet.

Die Kosten sind zu erstatten, auch wenn sie nicht durch den Mangel des Tieres verursacht wurden; jedoch dann nicht, wenn sie auch ohne den Kauf entstanden wären. Tierärztliche Kosten sind auch dann zu ersetzen, wenn die Untersuchung sich nicht auf einen Hauptmangel bezog und nur im Rahmen der üblichen Pflege des Tieres lag.

Unter Kosten der tierärztlichen Untersuchung fallen auch die Kosten mehrerer Tierärzte, wenn deren Zuziehung notwendig wurde, besonders wenn sie durch einen Tierarzt empfohlen wurde; andererseits gehören dazu auch die Kosten für Medikamente usw. Es können aber nur die Kosten des nächstwohnenden Tierarztes, wenn nicht ganz besondere Gründe dagegen stehen, verlangt werden.

Auch die Kosten eines eventuellen tierärztlichen Gutachtens gehören zu den zu ersetzenden Kosten. Die Kosten der notwendig gewordenen Tötung sind vor allem die Kosten, welche bei den sog. Notschlachtungen entstehen, ferner jene, wenn die Tötung von einem Tierarzt angeordnet wird oder aus dem Grunde erfolgt, um den Mangel an dem toten Tiere mit Sicherheit feststellen zu können, aber auch jene bei den Schlachtungen der Tiere, welche als Schlachtvieh verkauft wurden.

Diese Kosten werden vor allem in den Schlachtkosten, den Kosten des Abdeckers, den Transportkosten zum Schlachtraum, den Kosten für die Benutzung des Schlachtraumes, den Schlachtbeschaugebühren und Freibankgebühren bestehen.

Siehe *Palandt* Anm. 1 zu § 488, ebenso *Meisner* S. 131, der insbesondere auch die auf die betreffende Zeit entfallenden Kosten des Pferdewärters als zu den Kosten der Pflege gehörig ansieht, insoweit dessen Dienstleistung für das Tier in Anspruch genommen wurde: ferner die Hufbeschlagkosten und die Kosten für das Zureiten des Pferdes.

Gegen eine unzulässige Ausdehnung der Ansprüche des Käufers gegenüber dem Verkäufer kann evtl. § 226 Schutz bieten.

Meisner S. 132 hält eine Tagesmenge von 15—20 kg Heu für eine mittlere Kuh, 2—3 kg Hafer, 5—6 kg Heu und ebensoviel Stroh (einschließlich Streu) für ein Arbeitspferd als angemessen. In der Praxis wird der Wert des Futters und der Pflegekosten im allgemeinen mit den Nutzungen gleich veranschlagt, insoweit das Tier zur Arbeit genutzt wurde, so daß diesbezüglich gegenseitig aufgerechnet wird, wenn auch eine solche Aufrechnung den gesetzlichen Bestimmungen nicht entspricht.

d) Der Verkäufer ist weiter verpflichtet, die Kosten der Ausführung des Vertrages zu tragen. Dazu gehören insbesondere die Kosten, welche mit der Abnahme, der Versendung des Tieres nach einem anderen Ort als dem Erfüllungsort, (Fracht- und evtl. Zoll) entstehen, ebenso die Rücktransportkosten, nicht jedoch solche Transportkosten, welche dadurch entstanden sind, daß das Tier nachher an einen anderen Ort transportiert wurde.

Siehe dazu *Stölzle*, Slg. I, S. 106, LG Görlitz, welches diese Transportkosten nur dann als ersatzpflichtig für den Verkäufer erklärt, wenn der Transport des Tieres dem Interesse und dem wirklichen oder mutmaßlichen Willen des Verkäufers entsprochen hat und ebenso Stölzle, Slg. I, S. 108, LG Kiel, welches feststellt, daß die Transportkosten, die durch den Weiterverkauf des Pferdes und durch den Rücktransport entstehen, durch den Verkäufer auch zu tragen sind.

e) Der Verkäufer ist auch verpflichtet, die Vertragskosten gemäß § 467, letzter Satz, zu ersetzen.

Darunter fallen alle Aufwendungen, die mit dem Abschluß des Vertrages selbst zusammenfallen, insbesondere Kosten des Kaufvertrages, etwaige Urkunden- und Umsatzsteuer (RG 44, 250), Maklergebühren (OLG Kiel 10, 176), die aber nach OLG Braunschweig, Beschl. v. 31. 8. 53 in MDR 54, 100, bei Wandelung vom Makler nicht verlangt werden können; übliche Trinkgelder und Halftergelder und die Kosten der Herbeiziehung eines Sachverständigen zum Kaufe sowie die Kosten der Bevollmächtigung eines Dritten, der als Vertreter des Käufers abschließt (OLG Kiel 10, 176).

f) Ferner hat der Verkäufer dem Käufer die Kosten der Mängelanzeige und eines eventuellen Vorprozesses zu ersetzen, wobei es dem Käufer anzuraten sein wird, dem Verkäufer nicht nur von diesem Streit Mitteilung zu machen, sondern ihm regelrecht den „Streit zu verkünden" nach §§ 72ff. ZPO.

Nach *Stölzle*, Slg. II, S. 152, LG Kempten, ergebe sich diese Verpflichtung nicht aus dem Rechtsgrunde der Schadenersatzpflicht, sondern aus dem Wesen der Wandelung (hierbei auf *Planck* Anm. b und c zu § 467, verweisend) und aus §§ 677, 583, Geschäftsführung ohne Auftrag.

Ebenso *Stölzle*, Slg. II, S. 152, OLG Posen, aber mit anderer, nicht überzeugender Begründung.

Anm. 20. Anwendung der Bestimmungen des § 487 auch bei einem mangelfreien Tauschtier

Es wird allgemein als zulässig angesehen, daß § 487 auch bei dem mangelfreien Tauschtier zur Anwendung kommt und nicht die Bestimmungen der §§ 467, 347; ebenso *Staudinger* zu § 487 und RGR-Komm. Anm. 6 zu § 487; a. A., jedoch nicht überzeugend, *Planck* Anm. 5 zu § 487.

Anm. 21. Beweislast

Dem Käufer obliegt der Nachweis, daß der Hauptmangel, auf den er seinen Anspruch stützt, vor Ablauf der Gewährfrist hervorgetreten ist. (Siehe auch RG 57, 399: Beweislast bei der Wandelungsklage.)

Dem Verkäufer steht insbesondere neben den allgemeinen Einwendungen die Einwendung des § 485 zu, sowie der Gegenbeweis, daß der Fehler entgegen der Vermutung des § 484 zur maßgebenden Zeit des Gefahrüberganges nicht vorhanden war.

Anm. 22. Anfechtung der vollzogenen Wandelung

Wenn der Verkäufer des Tieres auf das Verlangen des Käufers auf Wandelung, weil das Tier angeblich an einem Hauptmangel leidet, in die Wandelung eingewilligt hatte und das Tier zurückgenommen und den Kaufpreis wieder herausbezahlt hat, aber sobald er im Besitze des Tieres ist, feststellt, daß das Tier überhaupt an keinem Hauptmangel leidet, ist der Verkäufer berechtigt, das von ihm gegebene Einverständnis mit dem Vollzug der Wandelung wegen arglistiger Täuschung nach § 123 anzufechten.

Es handelt sich in diesem Fall aber nicht um einen Rechtsstreit wegen eines Viehmangels; dementsprechend ist auch nicht die ausschließliche Zuständigkeit des Amtsgerichts gegeben, denn der Grund der Klage ist nicht das Vorhandensein eines Viehmangels, sondern die arglistige Täuschung des Verkäufers durch den Käufer über das Vorhandensein eines Hauptmangels.

Eine Wandelungserklärung kann eben ohne Einschränkung nach § 119 oder § 123 angefochten werden.

Anm. 23. Umfang der Wandelung und Art der Verrechnung bei Wandelung nur hinsichtlich einzelner Tiere

Nach den Materialien (siehe *Mugdan* S. 143) hat es bei einer ansteckenden Erkrankung eines Tieres bei der Bestimmung zu verbleiben, daß nur hinsichtlich des erkrankten Tieres Wandelung verlangt werden kann, obwohl die Ansteckungsmöglichkeit auch bezüglich der übrigen Tiere gegeben ist.

Der Wandelungsanspruch erstreckt sich somit nur auf die Tiere, bei denen sich die Krankheit innerhalb der Gewährfrist gezeigt hat.

Die Tatsache, daß die anderen Tiere der Gefahr der Ansteckung ausgesetzt waren und daher möglicherweise auch noch erkranken können, bleibt unbeachtlich. Läßt sich die Anzahl der erkrankten Tiere nicht mit Sicherheit feststellen, so kann sie nach § 287 ZPO geschätzt werden (siehe *Stölzle-Graminger* S. 192, der hierbei auf ein Urteil des LG Stuttgart verweist).

Sind von mehreren verkauften Tieren nur einzelne mangelhaft, so kann nur hinsichtlich dieser Wandelung verlangt werden, auch wenn ein Gesamtpreis für alle Tiere festgesetzt wurde; nur wenn die Tiere als zusammengehörend verkauft wurden, kann jeder Teil verlangen, daß die Wandelung auf alle Tiere erstreckt wird, wenn die mangelhaften Tiere nicht ohne Nachteil für den Betreffenden von den übrigen getrennt werden können.

Als zusammengehörend, also dazu bestimmt, zusammenzubleiben, gelten die Tiere dann, wenn dies der Wille der beiden Vertragsteile war und es nach RG 66, 156 auch das rechtliche Interesse war, über die Tiere nur in ihrer Zusammengehörigkeit den Vertrag zu schließen.

Z. B. als Paare, als Gespann, als Herden; siehe auch *Stölzle*, Slg. II, S. 129, LG Kempten, welches als zusammengehörig dasjenige bezeichnet, „was bestimmt ist, zusammenzubleiben". Siehe auch RG 138, 337.

Wenn die Voraussetzungen dafür gegeben sind, also die Tiere nach der Absicht beider Vertragsschließenden als zusammengehörend verkauft worden sind und die mangelhaften Tiere nicht ohne Nachteil für die Vertragspartei von den übrigen getrennt werden können (RG 87, 338), kann der Käufer, wenn er durch die Trennung Nachteile erleiden würde, andererseits auch der Verkäufer, wenn der Käufer nur bezüglich der mangelhaften Tiere die Wandelung begehrt, dem Verkäufer aber durch die Trennung ein Nachteil droht, Erstreckung der Wandelung auf alle Tiere verlangen.

Im Falle eines Doppelkaufes oder eines Tausches wird wegen der gegenseitigen Abhängigkeit die Wandelung ohnehin in der Regel die beiderseitig gekauften oder getauschten Tiere ergreifen (ähnlich auch RGRKomm. zu § 469/I).

Findet im Falle des Verkaufes mehrerer Tiere für einen Gesamtpreis die Wandelung nur hinsichtlich einzelner Tiere statt, so ist die Verrechnung folgendermaßen vorzunehmen:

Der Gesamtpreis ist in dem Verhältnisse herabzusetzen, in welchem zur Zeit des Verkaufs der Gesamtwert der Tiere in mangelfreiem Zustande zu dem Werte der von der Wandelung nicht betroffenen Tiere gestanden haben würde (§ 471).

Verkauft z. B. der Verkäufer zwei Kühe um den Gesamtpreis von 1200,— DM und hat er diesen Kaufpreis auch ausbezahlt erhalten und würde der Gesamtwert der beiden Kühe in mangelfreiem Zustand zur Zeit des Verkaufs 1500,— DM betragen haben und beträgt der Wert der nicht von der Wandelung betroffenen Kuh 600,— DM, wird der Betrag, den der Verkäufer zurückzugeben hat, folgendermaßen errechnet:

Gesamtpreis	1200,— DM
Gesamtwert	1500,— DM
Wert der nicht von der Wandelung betroffenen Kuh	600,— DM

Gesamtpreis verhält sich zu herabgemindertem Preis wie Gesamtwert zum Wert der fehlerfreien, nicht von der Wandelung betroffenen Kuh. Herabsetzung ist daher

$$1200 : x = 1500 : 600; \; x = 480,\text{— DM.}$$

480,— DM ist somit der herabgeminderte Preis, den der Käufer zu zahlen hat oder umgekehrt die Summe, die der Verkäufer für die fehlerfreie Kuh behalten darf. Der Verkäufer hat daher dem Käufer, der ihm die fehlerhafte Kuh zurückgibt, 1200,— DM weniger 480,— DM, daher 720,— DM mit Zinsen, vom Tage der Bezahlung an, zurückzugeben.

Wäre z. B. der Käufer aber infolge Weiterverkaufs einer fehlerhaften Kuh nicht in der Lage, diese fehlerhafte Kuh zurückzugeben, muß er dem Verkäufer den Wert der Kuh zur Zeit des Vollzugs der Wandelung ersetzen.

Ist dieser Wert der Kuh also z. B. 600,— DM, so muß unter Abrechnung der Gegenforderung von 480,— DM der Käufer 120.— DM dem Verkäufer bezahlen.

Die Berechnung nach § 471 würde nur dann nicht Platz greifen, wenn für die einzelnen Tiere vertragsgemäß ausdrücklich Anschlagspreise festgesetzt worden wären, denn dann wäre damit zum Ausdruck gebracht, daß diese Anschlagspreise maßgebend sein sollen.

Wird z. B. der Tierbestand eines Gutes um den Gesamtpreis von 10000,— DM verkauft, in welchem Betrage ein Pferd mit 3000,— DM veranschlagt wird, müßte der vereinbarte Anschlagspreis für das Pferd daher 3000,— DM der gegenseitigen Berechnung bei Rückstellung des Pferdes zugrunde gelegt werden (siehe ebenso auch *Meisner* S. 126).

Anm. 24. Verkauf von Haupt- und Nebensache

Die Wandelung wegen eines Mangels der Hauptsache erstreckt sich auch auf die Nebensache.

Ist die Nebensache mangelhaft, so kann nur wegen dieser Nebensache Wandelung verlangt werden.

Muttertier und Junges stehen regelmäßig im Verhältnis von Haupt- und Nebensache. Die Veräußerung eines Muttertieres mit einem Jungen fällt daher unter § 470, nicht unter § 469.

Zeigt sich beim Muttertier ein Hauptmangel, so kann Wandelung verlangt werden. Diese erstreckt sich aber nicht nur auf das Muttertier, sondern auch auf das Junge.

Zeigt sich der Hauptmangel nur beim Jungtier, so kann in der Regel nur in Ansehung dieses Wandelung verlangt werden.

Nach *Stölzle*, Slg. I, S. 103, LG Augsburg, wurden bei einem Gesamtkaufpreis für eine Kälberkuh nebst Saugkalb beide mit der Zusicherung der vollständigen Gesundheit verkauft. Der Wandelungsanspruch wurde nur bezüglich des Kalbes für begründet erachtet, weil dieses zwei Tage nach der Übergabe von beiden Tieren an den Käufer notgeschlachtet werden mußte.

Ausnahmsweise wird es allerdings auch vorkommen, daß das mitverkaufte Jungtier Hauptgegenstand des Vertrages sein kann, so daß also nach Absicht der Parteien Muttertier und Jungtier nicht im Verhältnis von Haupt- und Nebensache stehen,

z. B. wegen des Stammbaumes des Jungtieres.

Wurde das Jungtier erst nach dem Gefahrübergang geboren, so steht dem Käufer mangels gegenteiliger Vereinbarung wegen des Mangels des Jungtieres ein Anspruch auf Gewährleistung überhaupt nicht zu.

Kommt es aber wegen eines beim Muttertier vorhandenen Hauptmangels zur Wandelung, dann erstreckt sich die Wandelung auch auf das nachgeborene Jungtier.

Da sich die Wandelung wegen eines Mangels der Hauptsache auch auf die Nebensache erstreckt, muß der Käufer nicht nur das Tier, sondern auch das Zubehör als Nebensache dem Verkäufer zurückgeben, also z. B. die mitverkaufte Kette, die Halfter, das Geschirr, den Sattel, das Zaumzeug usw.

Ist er nicht mehr in der Lage diese Nebensachen zurückzugeben, muß er den Wert derselben ersetzen. Wenn Pferd und Wagen zusammen verkauft werden, ist trotzdem regelmäßig nur ein Verkauf mehrerer, selbständiger Sachen anzunehmen.

Anm. 25. Anspruch auf Schadenersatz nach § 463 statt der Wandelung

Der Anspruch auf Schadenersatz, der nach § 463 statt der Wandelung vom Käufer geltend gemacht werden kann, gilt auch für die Sonderbestimmungen über das Viehgewährschaftsrecht. Dies ergibt sich aus den Bestimmungen der §§ 481 und 490.

Diese Haftung des Verkäufers nach § 463 ist eine „qualifizierte", gesteigerte Gewährschaftshaftung und zwar handelt es sich um einen

Anspruch auf Schadenersatz wegen Nichterfüllung des Vertrages. Er bleibt ein vertraglicher Anspruch, auch soweit er ausdrücklich darauf gegründet wird, daß der Verkäufer einen Fehler arglistig verschweigt; andererseits muß ein gültiger Vertrag vorliegen (RG 132, 76 und 71, 433); weil es aber trotzdem ein Gewährleistungsanspruch ist, ist nicht Voraussetzung für die Geltendmachung des Anspruches, daß ein Verschulden des Verkäufers vorliegt (RG 102, 394).

Der Schadenersatzanspruch nach § 463 verlangt keinen ursächlichen Zusammenhang zwischen der Zusicherung oder arglistigen Täuschung des Verkäufers und dem Entschluß des Käufers zu dem Vertrage (siehe *Staudinger* zu § 463b). Soweit § 463 anführt, daß dieser Schadenersatzanspruch wegen Nichterfüllung „statt" der Wandelung vom Käufer verlangt werden kann, ist damit zum Ausdruck gebracht, daß einerseits die Voraussetzungen für die Wandelung vorliegen müssen,

eine Einrede, welche also dem Wandelungsanspruch entgegensteht, z. B. daß der Käufer den Mangel beim Abschluß des Kaufes gekannt hat (§ 460) oder in Kenntnis des Mangels das Tier vorbehaltlos angenommen hat (§ 464) oder daß der Mangel im Zeitpunkte des Vertragsabschlusses noch nicht vorhanden gewesen sei, auch der Geltendmachung dieses Schadenersatzanspruches entgegensteht,

andererseits, daß der Käufer wegen Nichterfüllung nach § 463 nicht beides d. h. Wandelung und Schadenersatz verlangen kann.

Davon ist allerdings zu unterscheiden, daß der Käufer neben dem Wandelungsanspruch oder dem Schadenersatzanspruch nach § 463 jederzeit auch — wenn die Voraussetzungen dafür gegeben sind — eventuelle Schadenersatzansprüche aus allgemeinen Rechtsgründen geltend machen kann, nämlich wenn nach Vertragsabschluß nach Vertragsrecht oder aus unerlaubter Handlung nach §§ 823 ff. ein Schadenersatzanspruch entsteht (Staudinger 2d zu § 463).

Verschweigt z. B. der Verkäufer eines Tieres, das an einem Hauptmangel und außerdem an Maul- und Klauenseuche leidet, diese letztere Tatsache und wird dadurch der Viehbestand des Käufers angesteckt und erleidet er dadurch Schaden, kann der Käufer wegen des Hauptmangels Wandelung, wegen der unerlaubten Handlung des Verkäufers aber auch Schadenersatz nach §§ 823, 826 verlangen.

Ebenso kann der Käufer wegen arglistiger Täuschung den Anfechtungsanspruch aus § 123 geltend machen, dann aber keinen Gewährschaftsanspruch mehr, da der vertragliche Anspruch vernichtet ist.

Voraussetzung für den Schadenersatzanspruch nach § 463 ist, daß sowohl im Zeitpunkte des Kaufabschlusses als auch des Gefahrüberganges die Voraussetzung der Wandelung und die besonderen Voraussetzungen des § 463 vorliegen müssen (entgegen dem Wortlaut des § 463, welcher in seiner jetzigen Fassung nur vom Zeitpunkt des Kaufes spricht).

Diese besonderen Voraussetzungen sind:

a) Zusicherung einer bestimmten Eigenschaft

b) arglistiges Verschweigen eines Fehlers (eines Gewährschaftsfehlers), und zwar eines Hauptmangels (RG 102, 308).

Wohl ist der Käufer auch in diesen Fällen des § 463 in der Lage, die Wandelung zu verlangen (RG 92, 295), aber auch dieser Wandelungsanspruch ist insofern bevorzugt als der Käufer zu b) dies tun kann, auch wenn er keine der im § 485 näher bezeichneten Handlungen innerhalb der zweitägigen Frist vorgenommen hat, die sonst zur Erhaltung dieser Rechte des Käufers notwendig sind.

Er ist weiter auch insofern bevorzugt, als diese dem Käufer zustehenden Rechte wegen arglistigen Verschweigens nicht nach 6 Wochen vom Ende der Gewährfrist an, sondern erst nach 30 Jahren verjähren (§§ 490 Abs. 1 Satz 2, 477 und RG 66, 430).

Zu a: Zusicherung einer bestimmten Eigenschaft

Nach den Protokollen P I 688 hat nach Verkehrsgrundsätzen jeder, der eine Zusicherung gibt, auch uneingeschränkt für den Inhalt der letzteren einzustehen.

Eine solche feste Zusicherung wird eben als ein qualifiziertes, also gesteigertes Versprechen der Garantie für die betreffenden Eigenschaften aufgefaßt, so daß beim Mangel dieser Eigenschaften der Verkäufer nicht bloß auf Wandelung, sondern auch wegen Nichterfüllung auf vollen Schadenersatz nach § 463 vom Käufer belangt werden kann.

Ein sehr häufiger Fall liegt vor, wenn der Verkäufer für Trächtigkeit der verkauften Kuh garantiert, die Kuh aber im Zeitpunkte des Vertragsabschlusses nicht trächtig ist, so daß dann die Schadenersatzpflicht des Verkäufers nach § 463 eintritt.

Voraussetzung der Zusicherung ist, daß diese Zusicherung vertragsmäßig erfolgt ist, daß also eine bestimmte Eigenschaft durch den Inhalt des gegenseitigen Vertrages bedungen ist (siehe *Staudinger* IV 1 a zu § 459).

Meisner führt auf S. 71 ff. als Beispiele solcher vertraglicher Zusicherungen an, daß etwa die Erklärung des Verkäufers, „wenn den Schweinen etwas passiert, so bin ich auch noch da", als eine Zusicherung voller Schadloshaltung aufzufassen ist, ebenso in der Erklärung, „die Kuh sei bisher von einem Manne gemolken worden", die Zusicherung zu erblicken ist, daß sich die Kuh von einem Manne melken lasse.

Nach *Stölzle*, Slg. I, S. 34, OLG Kiel, ist unter Zusicherung nicht jede auf den Kaufgegenstand sich beziehende Erklärung des Verkäufers zu verstehen, vielmehr sei eine rechtlich bedeutsame Zusicherung immer nur dann vorhanden, wenn die Parteien darüber einig sind, daß sich der Verkäufer mit der Erklärung vertragsmäßig binden will und daß der Käufer auch jene Erklärung eine als die Haftung des Verkäufers vertragsmäßig erweiternde verlangt, daß also die Haftungserweiterung durch übereinstimmenden Parteiwillen zu einem Teil des Vertrages wird (ebenso RG 53, 200; 54, 223 und 114, 38).

Der Verkäufer haftet auch für Zusicherungen des Vertreters, wenn dieser gemäß §§ 164, 166 innerhalb der ihm zustehenden Vertretungsmacht gehandelt hat, wozu genügt, daß das Rechtsgeschäft, bei dem der Vertreter diese Zusicherung abgibt, innerhalb der ihm erteilten Vollmacht liegt.

Da es sich bei § 463 um einen vertraglichen Anspruch handelt, kann sich der Verkäufer, um sich von seiner Haftungspflicht für den Vertreter zu befreien, nicht auf § 831 berufen, der eine unerlaubte Handlung voraussetzt (RG 83, 242).

Der Vertreter selbst wird regelmäßig nach § 463 vom Käufer nicht in Anspruch genommen werden können, höchstens wegen Haftung auf Grund unerlaubter Handlungen (§§ 823, 826).

In einer nur stillschweigenden Zusicherung des Verkäufers wird bei der Besonderheit des Viehkaufs ein Verpflichtungswille auf Seiten des Verkäufers in der Regel nicht erblickt werden können (ähnlich RG 114, 241), da gerade beim Viehkauf nur für den genau bestimmten Mangel gehaftet wird und daher in der Regel angenommen werden muß, daß der Verkäufer, welcher keine ausdrückliche Erklärung über eine bestimmte Eigenschaft abgibt, auch keine Haftung oder Zusicherung für diese Eigenschaft übernehmen will.

Selbst wenn daher für den Verkäufer der Gebrauchszweck des Tieres beim Kauf völlig klar oder zumindest erkennbar war, wird auch nicht ohne weiteres eine Zusicherung einer Eigenschaft gemäß § 463 erblickt werden können (RG 123, 148).

Das Gegenteil wird man allerdings dann annehmen müssen, wenn beispielsweise ein Pferd ausdrücklich als „Reitpferd", etwa in einer Zeitungsannonce, angekündigt war; denn dann muß zumindest angenommen werden können, daß eine Zusicherung dafür vorliegt, daß das betreffende Tier tatsächlich schon als Reitpferd benützt worden ist.

Von den Zusicherungen nach § 463 werden insbesondere allgemeine Redensarten oder unbestimmte Anpreisungen zu unterscheiden sein, wenn daraus nicht ein bestimmter Wille, sich in dieser Hinsicht auch zu verpflichten, erkennbar ist, z. B. sind die Ausdrücke, daß es kein besseres Tier im ganzen Ort gibt oder, daß an dem Tier nichts auszusetzen ist, daß es sich um ein Prachtexemplar handelt oder um ein erstklassiges oder tadelloses Tier, nur als nichtverbindliche Anpreisungen zu betrachten.

Anders sind diese Erklärungen nur dann aufzufassen, wenn der Verkäufer auf eine ausdrückliche Anfrage seitens des Käufers, ob ein bestimmter Mangel vorliegt, diesen wider besseren Wissen ableugnet (*Stölzle*, Slg. I, S. 36, LG Bremen)

oder, wenn der Verkäufer vor diesen Erklärungen die Worte gebraucht, daß er die Haftung dafür übernimmt oder garantiert, daß das betreffende Tier keinen Fehler habe usw.

Nach *Stölzle*, Slg. I, S. 30, AG Vorsfelde, sind die Worte des Verkäufers, die Kuh sei „gut und reell" oder „recht", nicht als eine Garantie für „Fehlerfreiheit", sondern als einfache Anpreisung aufzufassen.

Auch die Zusicherung der Abwesenheit, also des Nichtvorhandenseins eines Hauptmangels, steht der Zusicherung einer Eigenschaft gleich (RG 101, 69).

Nach *Meisner* S. 82 haftet der Verkäufer bei Haftung für Fehlerfreiheit nicht für jeden noch so unbedeutenden Fehler, sondern nur für erhebliche Fehler. Die Erheblichkeit ist dann gegeben, wenn das Tier mit einer Krankheit, einer Abnormität oder einer Untugend behaftet ist, die den Wert oder die Tauglichkeit des Tieres zu dem gewöhnlichen oder nach dem Vertrag vorausgesetzten Gebrauch aufhebt oder erheblich mindert.

Vorübergehende Krankheiten sind regelmäßig nicht erheblich. Übernahme der Gewährschaft für alle „gesetzlichen Fehler" oder für alle „Gewährfehler" bezieht sich nur auf Hauptmängel.

Die Beweislast für die Zusicherung und für das Fehlen zugesicherter Eigenschaften trifft den Käufer (RG 66, 279 und 95, 119). Sollte der Käufer seinen Anspruch nur auf unerlaubte Handlung stützen, obzwar der Sachverhalt auch den Anspruch nach § 463 begründet, hat dies nach Recht 1914 Nr. 605 der Richter von Amts wegen zu beachten. Soweit Dritte als Mittäter oder Gehilfen an der arglistigen Täuschung teilgenommen haben, haften sie neben dem Verkäufer wie dieser nach § 463 und zwar für das volle, positive Erfüllungsinteresse (RG 103, 161; 103, 154).

Zu b: Arglistiges Verschweigen eines Hauptmangels

Der Begriff „arglistiges Verschweigen" bei § 463 ist derselbe wie der im § 460.

Jedenfalls handelt der Verkäufer dann arglistig, wenn er Mängel verschweigt, die er kannte oder deren Vorhandensein er vermutete, dieser Umstand aber für den Entschluß des Käufers zum Kauf von Bedeutung war (RG 69, 15; 62, 149); nur das absichtliche Verschweigen des Verkäufers ist arglistig (RG 55, 210).

Es ist genügend, daß arglistiges Verschweigen auf Seiten eines Verkäufers vorliegt, andererseits genügt arglistiges Verschweigen gegenüber einem von mehreren Käufern.

Die Haftung nach § 463 tritt nur bei arglistigem Verschweigen eines Hauptmangels ein.

Nach *Stölzle*, Slg. II, S. 109, OLG Stuttgart, welche Entscheidung insbesondere auf die Motive Bd. 2 S. 463 des ersten Entwurfes verweist, ferner auf *Planck* und *Staudinger* zu § 482, könne der Käufer wegen nicht unter die Hauptmängel fallender Fehler unter keinem Gesichtspunkt, auch nicht wegen arglistigen Verschweigens nach § 463 den Verkäufer zur Haftung heranziehen.

Wurde vom Verkäufer ein Nichthauptmangel arglistig verschwiegen, kann der Käufer weder Wandelung noch Schadenersatz wegen Nichterfüllung nach § 463 verlangen, er kann dann nur, wenn die Voraussetzungen dazu gegeben sind, nach § 123 die Anfechtung des Vertrages und Ersatz des negativen Vertragsinteresses verlangen (z. B. arglistiges Ableugnen eines Nebenmangels: OLG Stuttgart, Seuff Bl. 12, 150ff.).

Nach *Stölzle*, Slg. II, S. 116, AG Aurich, liegt kein arglistiges Verschweigen auf Seiten des Verkäufers vor, wenn der Verkäufer zwar den Hauptmangel kannte, die Mitteilung desselben aber an den Käufer im guten Glauben unterließ, weil der Mangel offensichtlich war (insbesondere für den Käufer als Fachmann).

Auch dann liegt kein arglistiges Verschweigen vor, wenn der Verkäufer erst nach dem Vertragsabschluß von dem Hauptmangel oder dem Fehlen der zugesicherten Eigenschaft Kenntnis erhielt.

Die Beweislast trifft den Käufer, der arglistiges Verschweigen des Verkäufers behauptet und zwar dafür, daß der Verkäufer Kenntnis von dem Hauptmangel (oder dem Fehler der zugesicherten Eigenschaft) hatte, was allerdings auch aus den Umständen des Falles entnommen werden könne (RG 83, 242). Dafür daß das arglistige Verschweigen für den Vertragsabschluß ohne Bedeutung gewesen sei, trägt der Verkäufer die Beweislast (RG JW 1938, 2613; *Rosenberg*, Beweislast, § 27/II 2a).

Anm. 26. Berechnung des Schadens

Die Berechnung des Schadens kann nach der Wahl des Käufers konkret oder abstrakt erfolgen.

Stölzle-Graminger S. 241 führt als Beispiel für die konkrete Schadensberechnung folgendes an:

Ein Käufer hat zwei Pferde zur Holzabfuhr im Winter gekauft. Da die Pferde die zugesicherten Eigenschaften nicht haben und vom Käufer daher nicht für den Zweck benützt werden können, verlangt der Käufer vom Verkäufer den Schaden, den er dadurch erlitten hat, daß er ein anderes Pferdepaar mieten und hierfür pro Tag Mietlohn dem Dritten bezahlen mußte. Der Gesamtmietlohn ist der konkrete Schadenersatz, den der Käufer vom Verkäufer verlangt.

Als Beispiel des abstrakten Schadens führt er an:

Die Pferde sind, infolge Fehlens der zugesicherten Eigenschaft, um 1500,— DM weniger wert als wie sie dem Käufer vom Verkäufer verkauft wurden.

Der Käufer kann als abstrakten Schaden vom Verkäufer den Betrag von 1500,— DM ersetzt verlangen.

Schließlich wird in diesem Zusammenhang auch angeführt, und zwar unter Verweis auf RG JW 05, 286 und *Gruchot* 54, 530, daß auch der Minderwert der Tiere, infolge Fehlens der zugesicherten Eigenschaft, seitens des Käufers als Schadenersatz wegen Nichterfüllung verlangt werden kann.

Hierbei kommen jedoch nicht die im § 472 aufgestellten Grundsätze hinsichtlich der Berechnung der Minderung in Betracht, um die der Kaufpreis herabzusetzen ist. Z. B. das um 1000,— DM verkaufte und ohne den Fehler auch auf diesen Betrag gewertete Pferd ist infolge des Mangels nur 600,— DM wert.

In diesem Falle kann der Käufer 400,— DM als Schadenersatz verlangen.

Nach RG 60, 234 kann der Richter in diesem Fall § 287 ZPO anwenden und dadurch den Unbilligkeiten entgegentreten, zu denen beim Viehhandel ein Minderungsanspruch nach § 472 führen könnte.

Der Käufer muß jedenfalls so gestellt werden, als ob der arglistig verschwiegene Fehler nicht vorhanden wäre (RG 66, 337).

Der Schadenersatzanspruch ist in Geld zu leisten (nicht nach § 472). Zum Schadenersatzanspruch gehören auch die Kosten des Rechtsstreits, den der Käufer im Interesse des Verkäufers gegen seine Weiterabnehmer führen mußte. Andererseits kann der Verkäufer nach § 254 evtl. eigenes Verschulden bzw. Mitverschulden des Käufers einwenden (RG 69, 281; 76, 323).

Im Falle des arglistigen Verschweigens eines Hauptmangels durch den Verkäufer ist gemäß § 476 eine Vereinbarung, durch welche die Verpflichtung des Verkäufers zur Gewährleistung wegen Mängel des Tieres erlassen oder beschränkt wird, nichtig. Dadurch wird der Grundsatz, daß die Gewährleistungspflicht vertraglich sowohl erweitert als auch beschränkt und selbst gänzlich erlassen werden kann (ausdrücklich oder stillschweigend, z. B. insbesonders beim Verkauf in Bausch und Bogen), für diesen Fall durchbrochen.

Nach OLG Hamburg in JW 37, 384 bleibt dadurch die eventuelle Haftung des Verkäufers aus „Verschulden bei Vertragsschluß" unberührt (ebenso *Staudinger* zu § 476).

§ 489

Ist über den Anspruch auf Wandelung ein Rechtsstreit anhängig, so ist auf Antrag der einen oder der anderen Partei die öffentliche Versteigerung des Tieres und die Hinterlegung des Erlöses durch einstweilige Verfügung anzuordnen, sobald die Besichtigung des Tieres nicht mehr erforderlich ist.

Übersicht:

Vorbemerkung: Inhalt des § 489; Verweis auf die Materialien dazu

Anm. 1. Voraussetzungen zur Erlassung der einstweiligen Verfügung nach § 489
Anm. 2. Verfahren nach § 489
Anm. 3. Einzelheiten zu § 489

Vorbemerkung: Inhalt des § 489; Verweis auf die Materialien dazu

§ 489 enthält die Bestimmungen über die Versteigerung des Tieres während des Rechtsstreites über den Wandelungsanspruch.

Es handelt sich um eine Verfahrensvorschrift im Viehgewährschaftsrecht, durch welche die Bestimmung des § 935 ZPO besonders geregelt ist.

Die Bestimmung des § 489 steht in Beziehung mit dem vorhergehenden § 488, den sie gewissermaßen ergänzt.

Nach den Materialien (siehe *Mugdan* S. 144) wurde diese Bestimmung eingeführt, um dem fortwährenden Anwachsen der Unterhaltskosten für das Vieh und dadurch evtl. einer großen wirtschaftlichen Belastung für den Verkäufer, wenn er in dem Streit unterliegt, vorzubeugen.

Wohl hat der Käufer als Eigentümer des Tieres die Pflicht zur Fütterung und Pflege und zwar auch dann, wenn das Tier während des Streites in dem Stall eines Dritten eingestellt ist; ihm steht aber gegenüber dem Verkäufer diesbezüglich ein Ersatzanspruch zu, wenn er mit seinem Wandelungsanspruch durchdringt.

Anm. 1. Voraussetzungen zur Erlassung der einstweiligen Verfügung nach § 489

a) Anhängigkeit eines Rechtsstreites wegen der Wandelung des Kaufes,

b) das Vorliegen eines Antrages einer der Prozeßparteien auf Versteigerung des Tieres nach § 489

c) und als negative Voraussetzung, daß eine Besichtigung des Tieres nicht mehr erforderlich ist.

Zu a:

Anhängigkeit des Rechtsstreites wegen der Wandelung:

Diese ist gegeben, wenn die Wandelungsklage dem Verkäufer zugestellt ist (§§ 253, 263; 498 ZPO) oder, wenn der Käufer gegenüber der Klage des Verkäufers auf Bezahlung des Kaufpreises innerhalb der sechswöchentlichen Verjährungsfrist in der mündlichen Verhandlung Widerklage auf Wandelung erhebt (§§ 33, 281 ZPO) oder, wenn der Käufer gegenüber der Klage auf Bezahlung des Kaufpreises vor oder nach Ablauf der sechswöchigen Verjährungsfrist die Einrede der Wandelung erhebt und damit die Weigerung, den Kaufpreis zu bezahlen, geltend macht.

Nach *Stölzle*, Slg. II, S. 135, OLG Karlsruhe, ist ein Rechtstreit über einen Anspruch auf Wandelung im Sinne des § 489 nicht anhängig, wenn der Käufer des Tieres gegenüber der Kaufpreisklage des Zessionars, also des Neugläubigers, an den die Hauptforderung vom Verkäufer, dem Altgläubiger, abgetreten wurde, einredeweise Wandelung geltend macht.

Ein Wandelungsanspruch nach § 489 würde nur dann „anhängig" sein, wenn die Kaufpreisklage vom ursprünglichen Verkäufer oder von einem solchen Rechtsnachfolger des Verkäufers erhoben würde, dem nicht nur die Kaufpreisforderung, sondern das ganze durch den zu wandelnden Vertrag geschaffene Rechtsverhältnis abgetreten worden ist, der also im vollen Umfange in die Rechte und Pflichten des Verkäufers eingetreten ist.

Nach *Stölzle*, Slg. II, S. 134, OLG Celle, bezieht sich § 489 nur auf Wandelungsprozesse; es handle sich um eine Ausnahmevorschrift, die nicht auf andere Fälle ausgedehnt werden darf.

Zu b:

Eine weitere Voraussetzung zur Erlassung der einstweiligen Verfügung nach § 489 ist das Vorliegen eines Antrages einer der Prozeßparteien auf Versteigerung des Tieres nach § 489.

Antragsberechtigt sind beide Teile, Käufer und Verkäufer. Der Antrag muß auf „öffentliche Versteigerung des Tieres und Hinterlegung des Erlöses" aus der Versteigerung lauten.

Zu c:

Eine weitere Voraussetzung zur Erlassung der einstweiligen Verfügung nach § 489 ist, daß eine Besichtigung des Tieres nicht mehr erforderlich ist.

Der Richter wird also abzuwägen haben, ob in dem betreffenden Falle der wirtschaftliche Zweck dieser Gesetzesbestimmung den Vorrang hat (Herabsetzung der weiteren Kosten) oder die Notwendigkeit der Beweisführung.

Nach *Meisner* S. 191 ist im Zweifel der Sicherheit der Beweisführung der Vorrang zu geben. Im übrigen entscheidet darüber das Gericht nach freiem Ermessen. Nach vorangegangener Beweissicherung oder Untersuchung des Tieres durch einen unparteiischen Sachverständigen wird der Erlaß der einstweiligen Verfügung jedenfalls erfolgen können.

Anm. 2. Verfahren nach § 489

Zuständig zur Erlassung der einstweiligen Verfügung nach § 489 ist das Prozeßgericht (§§ 937, 943 ZPO).

Die Bestimmung des § 942 ZPO, nämlich, daß in dringenden Fällen das Amtsgericht, in dessen Bezirk sich das Tier befindet, die einstweilige Verfügung erlassen kann, muß der Sonderbestimmung des § 489 weichen, so daß also das Amtsgericht des „Verbleibs" selbst in dringenden Fällen nicht zuständig ist, weil eben nur das Prozeßgericht darüber entscheiden kann, ob die Besichtigung des Tieres noch erforderlich ist oder nicht.

Dieses Prozeßgericht, das für die einstweilige Verfügung nach § 489 zuständig ist, ist entweder das Gericht des ersten Rechtszuges oder wenn die Sache, der Wandelungsprozeß, in der Berufungsinstanz anhängig ist, das Berufungsgericht. Wenn die Voraussetzungen, wie unter a—c (vorhergehende Anm. 1) angeführt, gegeben sind, dann ist das angerufene Gericht verpflichtet, dem Antrag auf Erlaß der einstweiligen Verfügung nach § 489 stattzugeben, also die öffentliche Versteigerung des Tieres durch einstweilige Verfügung und Hinterlegung des Erlöses aus der Versteigerung (§§ 383/III, 156 und 456) zugunsten des Verkäufers und Käufers anzuordnen.

Der Antrag darf also dann nicht etwa wegen fehlender Dringlichkeit oder aus sonstigen Zweckmäßigkeitsgründen abgelehnt werden; insofern besteht also eine Abweichung von der Regelung der einstweiligen Verfügung nach §§ 935ff. ZPO, die im übrigen sonst analog anzuwenden sind (unanwendbar §§ 942, 945 ZPO).

Die Verpflichtung des Richters zur Anordnung der einstweiligen Verfügung nach § 489 besteht nach *Stölzle*, Slg. II, S. 134, OLG Marienwerder, selbst dann, wenn der Antragsgegner dem Antrag zugestimmt hat; denn, wie *Meisner* S. 193 richtig feststellt, wird nur durch eine Versteigerung nach § 489 bewirkt, daß eine Gewährleistungspflicht aus der Versteigerung entfällt.

Der Vollzug der einstweiligen Verfügung darf nur von dem Antragsteller vorgenommen werden, erfolgt auch nicht von Amts wegen und kann insbesondere auch nicht durch den Antragsgegner, der den Antrag auf Erlaß der einstweiligen Verfügung nach § 489 nicht gestellt hat, herbeigeführt werden.

Der Vollzug muß innerhalb der einmonatlichen Frist des § 929 Abs. 2 ZPO nach Verkündung oder Zustellung an die antragstellende Partei erfolgen. Der Fristablauf ist von Amts wegen zu beachten. Die Frist ist durch Beginn des Vollzuges der einstweiligen Verfügung gewahrt.

Der Zweck der Festsetzung dieser einmonatlichen Vollziehungsfrist geht dahin, daß nicht einstweilige Verfügungen auf Vorrat erwirkt werden und dann unter möglicherweise völlig veränderten Umständen später vollzogen werden, insbesondere, wenn der Betroffene mit solchen Vollstreckungsmaßnahmen nicht mehr rechnet.

Siehe auch *Stölzle*, Slg. I, S. 114, OLG München, welches auch diese Notwendigkeit der Fristeinhaltung bei § 489 als gegeben betrachtet.

Allerdings fällt dieses Bedenken weg, wenn die Zwangsvollstreckung innerhalb der einmonatlichen Frist vollzogen wurde und es sich nur um weitere ergänzende Vollstreckungshandlungen auch noch nach dieser Frist handelt (OLG München, Beschl. v. 20. 3. 1952 in NJW 52, 982),

z. B. die Versteigerung blieb an dem Orte, wo sich das Tier befand, ergebnislos und eine neuerliche Versteigerung wird nach der Monatsfrist an einem anderen günstigeren Ort beantragt.

Der Erwirkung einer neuerlichen einstweiligen Verfügung nach § 489 steht jedoch die Tatsache, daß schon eine einstw. Verfügung erwirkt worden war, aber nicht rechtzeitig vollzogen wurde, nicht entgegen (vgl. KG Beschluß v. 5. 12. 49 in NJW 50, 707).

Käufer und Verkäufer können bei der Versteigerung mitbieten.

Die öffentliche Versteigerung findet an dem Orte statt, an dem sich das Tier befindet, wenn das Gericht keine andere Bestimmung getroffen hat oder die Parteien sich über keinen bestimmten Ort geeinigt haben.

Der Begriff der „öffentlichen Versteigerung" ergibt sich aus § 383 Abs. 3. „Öffentlich" ist danach eine Versteigerung, welche durch einen für den Versteigerungsort bestellten Gerichtsvollzieher oder einen anderen zur Versteigerung befugten Beamten (Notar) oder öffentlich angestellten Versteigerer durchgeführt wird.

Der Begriff „Hinterlegung" ist aus den §§ 372ff., aus der Hinterlegungsordnung v. 10. 3. 37, RGBl. 285, der DfVO v. 12. 3. 37, RGBl. 296, den Ausführungsvorschriften v. 15. 3. 37, DJ 426, 431 und der Justizkassenordnung „Hinterlegungsstellen" zu entnehmen.

Dazu siehe *Palandt,* Einführung vor § 372, Anm. 3a.

Anm. 3. Einzelheiten zu § 489

a) Nach Hinterlegung des Erlöses, der zugunsten sowohl des Käufers, als auch des Verkäufers zu erfolgen hat, tritt der Erlös an die Stelle des Tieres.

Im Falle der Wandelung hat deshalb der Verkäufer statt des Anspruches auf Rückgewähr des Tieres, den Anspruch auf Einwilligung zur Auszahlung des Erlöses an ihn.

b) § 461 ist bei Durchführung nach § 489 entsprechend anwendbar: auch in diesem Fall ist daher die Gewährleistung des die Versteigerung beantragenden Käufers oder Verkäufers für das Tier gegenüber dem Ersteher ausgeschlossen (*Meisner* S. 188, *Soergel, Staudinger* zu § 489; a. A. RGRKomm. ebenso *Planck* zu § 489. Nach *Ermann* könne der Käufer, nicht auch der Verkäufer, die Haftung ausschließen).

Es ist der ersteren Ansicht zuzustimmen, die auch *Stölzle-Graminger* S. 124 vertritt, nämlich daß eine Gewährleistung des die Versteigerung beantragenden Käufers oder Verkäufers gegenüber dem Ersteher nicht eintritt. Dies ergibt sich nicht nur daraus, daß die Veräußerung auf Grund gerichtlicher Anordnung erfolgt, sondern auch in Analogie zu § 806 ZPO und § 56 ZVG. Andererseits bleibt die gesetzliche Gewährschaftpflicht bestehen, wenn eine öffentliche Versteigerung des Tieres, ohne richterliche Anordnung einer einstweiligen Verfügung nach § 489, auf Vorschlag des Käufers, dem der Verkäufer zustimmt, stattfand.

In diesem Falle wäre auch eine vertragsmäßige Ausschließung der Gewährleistung, ohne Zustimmung des Verkäufers zu diesem Ausschluß, unzulässig (RG 19, 198).

c) Das Gericht ist nicht befugt, auf einseitigen Antrag hin, durch einstweilige Verfügung, die Tötung des Tieres anzuordnen, auch nicht von Amts wegen; denn dies würde einer Zerstörung der im Streit befangenen Sache gleichkommen, was unzulässig ist. Eine solche Verfügung darf das Gericht selbst dann nicht treffen, wenn ein Sachverständiger feststellt, daß der Fehler nur durch Tötung und Zerlegung des Tieres festgestellt werden könne.

Die Zerlegung des bereits toten Tieres kann selbstverständlich angeordnet werden.

d) Neben der Sondervorschrift des § 489 können entsprechend den allgemeinen prozeßrechtlichen Vorschriften auch andere einstweilige Verfügungen nach §§ 935ff. und 940 ZPO erlassen werden. Diese können insbesondere dahin gehen, daß eine freihändige Veräußerung angeordnet wird oder die Unterbringung des Tieres in den Stall eines Dritten oder, daß das Tier unter Beobachtung gestellt wird oder durch eine bestimmte Person zu gewissen Zeiten geritten oder ausgeführt wird. Über Schadenersatz nach § 945 ZPO siehe BGH U. v. 3. 12. 54 in NJW 55, 377.

e) Ein Schadenersatzanspruch nach § 945 ZPO kann bei Anordnung von § 489 nicht gestellt werden, weil es sich um eine richterliche Anordnung handelt, die dem Gesetze nach immer gerechtfertigt ist.

f) Die Lieferung aus Versteigerungen, die auf Grund einstweiliger Verfügungen gemäß § 489 vorgenommen werden, ist gemäß § 4/6 UStG v. 16. 10. 34, RGBl. I, S. 942, umsatzsteuerfrei, weil es sich um eine Lieferung aus einer Versteigerung im Wege der Zwangsvollstreckung handelt (Siehe *Stölzle*, Slg. II, S. 136. RFH).

g) Kosten, welche durch eine außergerichtliche Gutachtertätigkeit im Verfahren nach § 489 entstanden sind, sind erstattungsfähig, wenn sie zur zweckentsprechenden Rechtsverfolgung notwendig waren (siehe *Stölzle*, Slg. II, S. 137, LG III Berlin, ähnlich OLG Düsseldorf Beschl. v. 2. 9. 53 in NJW 53, 1675: „Kosten eines vorprozessualen Privatgutachtens bei mittelbarer Einwirkung auf die Beweisführung" sind erstattungsfähig).

§ 490

I. Der Anspruch auf Wandelung sowie der Anspruch auf Schadenersatz wegen eines Hauptmangels, dessen Nichtvorhandensein der Verkäufer zugesichert hat, verjährt in sechs Wochen von dem Ende der Gewährfrist an. Im übrigen bleiben die Vorschriften des § 477 unberührt.

II. An die Stelle der in den §§ 210, 212, 215 bestimmten Fristen tritt eine Frist von sechs Wochen.

III. Der Käufer kann auch nach der Verjährung des Anspruchs auf Wandelung die Zahlung des Kaufpreises verweigern. Die Aufrechnung des Anspruchs auf Schadensersatz unterliegt nicht der im § 479 bestimmten Beschränkung.

Übersicht:

Vorbemerkung 1: Inhalt des § 490 unter Bezugnahme auf die Materialien
Vorbemerkung 2: Wirkung der Verjährung

Anm. 1. Unterschiede gegenüber der Verjährung nach allgemeinem Gewährschaftsrecht
Anm. 2. Verjährungsfrist
Anm. 3. Unterbrechung und Hemmung der Verjährung
Anm. 4. Unterbrechung der Verjährung, insbesonders Unterbrechungsgründe
Anm. 4a. Anerkennung des Anspruches (§ 208)
Anm. 4b. Klageerhebung (§ 209 Abs. 1)
Anm. 4c. Zahlungsbefehl (§ 209 Abs. 2 Ziff. 1)
Anm. 4d. Anmeldung des Anspruchs im Konkurse (§ 209 Abs. 2 Ziff. 2)
Anm. 4e. Erhebung des Aufrechnungseinwandes im Prozeß
Anm. 4f. Streitverkündung gemäß §§ 72 bis 75 ZPO
Anm. 4g. Vornahme einer Vollstreckungshandlung
Anm. 4h. Gerichtliche Beweisaufnahme zur Sicherung eines Beweises
Anm. 4i. Vorentscheid durch die Verwaltungsbehörde oder Bestimmung des zuständigen Gerichts durch ein höheres Gericht
Anm. 5. Hemmung der Verjährung, insbesonders Hemmungsgründe
Anm. 6. Trotz Verjährung des Gewährleistungsanspruches: Fortdauer der Gewährleistungseinrede
Anm. 7. Dreißigjährige Verjährung
Anm. 8. Beweislast und Allgemeines

Vorbemerkung 1: Inhalt des § 490 unter Bezugnahme auf die Materialien

Nach den Materialien (siehe *Mugdan* S. 145) soll durch die Bestimmungen des § 490 über die kurzen Verjährungsfristen der Verdunkelung des Tatbestandes und Unsicherheit des Sachverständigengutachtens nach längerer Zeit vorgebeugt und vermieden werden, daß grundlose Ansprüche nach längerer Zeit erhoben werden und Fütterungskosten anwachsen.

Vorbemerkung 2: Wirkung der Verjährung

Die Wirkung der Verjährung besteht darin, daß nach Ablauf der Verjährungsfrist Kauf- und Erfüllungsgeschäft so angenommen werden, als ob kein Mangel des Tieres vorliegen würde. Es können dann nach RG 144, 93 auch keine Ansprüche mehr wegen ungerechtfertigter Bereicherung (§ 812ff.) geltend gemacht werden, auch nicht aus Verschulden bei Vertragsschluß. Nur noch die allgemeine Arglisteinwendung steht offen (RG 135, 346).

Der Käufer eines Tieres kann also nach Ablauf der Verjährungsfrist des § 490 seine Ansprüche auf Wandelung und Schadenersatz im Wege der Klage oder Widerklage nicht mehr geltend machen.

Hat er innerhalb der zweitägigen Frist des § 485 auch keine der dort bezeichneten Handlungen vorgenommen, kann er mit Ablauf der Verjährungsfrist auch die entsprechenden Einreden nicht mehr geltend machen. Seine Ansprüche sind endgültig erloschen, mit der einzigen Ausnahme, wenn auf Seite des Verkäufers ein arglistiges Verschweigen vorliegt.

Anm. 1. Unterschiede gegenüber der Verjährung nach allgemeinem Gewährschaftsrecht

§ 490 ändert die Bestimmungen der §§ 477 bis 479, betreffend die Verjährung der Ansprüche auf Wandelung oder Schadenersatz wegen allgemeiner Gewährleistung in zweifacher Beziehung:

Die Dauer der Verjährungsfrist wird noch wesentlich gekürzt (6 Wochen, statt 6 Monate); der Anfangstermin der Verjährungsfrist wird insofern geändert als dieser mit Ablauf der gesetzlichen oder vereinbarten Gewährfrist beginnt und nur, wenn keine solche vereinbart ist, mit dem Ablauf des Tages der Ablieferung des Tieres.

Daneben gelten auch die allgemeinen Bestimmungen über Verjährung (§§ 194ff.), soweit nicht abweichende Bestimmungen getroffen sind, z. B. § 477/I Satz 2, welcher in Verbindung mit § 490/I Satz 2 entgegen § 225 Satz 1 feststellt, daß die Verjährungsfrist durch vertragliche Vereinbarung verlängert werden kann.

Es gelten auch die allgemeinen Bestimmungen, die die Rechtsprechung hinsichtlich der Frage aufgestellt hat, wann die Verjährungseinrede gegen Treu und Glauben nach § 242 verstoßen würde. Dies ist z. B. dann der Fall, wenn der Verkäufer den Käufer durch sein Verhalten, z. B. durch Vergleichsverhandlungen (RG 57, 372) oder häufigen Wohnungswechsel oder falsche polizeiliche Anmeldung (HRR 41, 111) oder auch unabsichtlich (RG 153, 101), von der rechtzeitigen Klageerhebung abgehalten hat, vgl. *Palandt*, Einführung vor § 194 Anm. 3.

Daneben siehe auch Verwirkungseinrede wegen Nichtausübung des Rechtes durch längere Zeit hindurch, wobei besondere Umstände hinzukommen, die die spätere Geltendmachung des Anspruches gegen Treu und Glauben erscheinen lassen (RG 159, 107), was ebenfalls einen Sonderfall des Einwands unrichtiger Rechtsausübung nach § 242 darstellt.

Anm. 2. Verjährungsfrist

Die Ansprüche des Käufers

a) auf Wandelung (§ 487),

b) auf Schadenersatz (§ 463) und

c) auf Nachlieferung eines mangelfreien Tieres (§§ 491, 480/II)

unterliegen der kurzen Verjährungsfrist von 6 Wochen, sofern nicht der Verkäufer einen Hauptmangel des Tieres arglistig verschwiegen hat.

Diese kurze Verjährungsfrist tritt neben die Ausschlußfrist des § 485, so daß also der Käufer beide Fristen beachten muß.

Hinsichtlich der Nebengebühren, wie Futterkosten usw., gilt dieselbe Verjährungszeit, weil es sich um Nebenansprüche des Wandelungsanspruches handelt (§ 224).

Ist der Wandelungsanspruch verjährt, so sind auch die Nebenansprüche, insbesondere des § 488 verjährt und zwar auch dann, wenn sie ansonsten noch nicht verjährt wären; denn das Gesetz verfolgt den Zweck, im Interesse des Verkehrs und der Rechtssicherheit, baldmöglichst eine klare Rechtslage zu schaffen (siehe *Stölzle*, Slg. II, S. 155, AG Kaufbeuren).

Diese Sechswochenfrist des § 490 kann durch Vertrag (auch nachträglich) entgegen der Bestimmung des § 225 verlängert oder auch abgekürzt werden (§ 477 I Satz 2, § 490 I Satz 2).

Der kurzen 6wöchentlichen Verjährungsfrist unterliegen auch die auf § 276 gestützten allgemeinen Schadenersatzansprüche wegen schuldhaft mangelhafter Erfüllung (§§ 477, 481), soweit dieselben auf Sachmängel gegründet sind (RG 53, 200; 117, 316, ebenso *Staudinger* Ia zu § 490); ferner die Ansprüche wegen Verschuldens bei Vertragsschluß (RG 129, 282; ebenso *Palandt* A 1 zu § 477).

Die Verjährung kann nicht vor Entstehung des Anspruches beginnen (§ 198; *Stölzle*, Slg. I, S. 115, RG, welches noch feststellt, daß die rückwirkende Kraft der Genehmigung nicht den Lauf der Verjährungsfrist beeinflußt).

Ist z. B. der Käufer schon vor Kaufabschluß im Besitz des Tieres, weil es etwa schon vorher bei ihm eingestellt worden war, läuft dennoch die sechswöchentliche Verjährungsfrist erst vom Kaufabschluß an, oder

ein Kaufvertrag, der beispielsweise der vormundschaftsgerichtlichen Genehmigung bedarf, wird erst mit dieser Genehmigung wirksam; auch in diesem Falle beginnt die Verjährungsfrist mit der erteilten vormundschaftsgerichtlichen Genehmigung (RG 65, 245).

Im übrigen beginnt die sechswöchige Verjährungsfrist vom Ende der Gewährfrist an (§ 490) oder, wenn eine Gewährfrist nicht vereinbart wurde, mit der Ablieferung des Tieres (§ 492). Bezüglich „Ablieferung" siehe S. 168, insbesondere die nähere Anführung des Unterschiedes zwischen „Ablieferung" und bloßer „Übergabe" und darüber, daß „Ablieferung" nicht dasselbe sein muß, wie „vertragsmäßige Lieferung"; auch ein „mangelhaftes Tier" kann „abgeliefert" sein. Der Tag der Ablieferung des Tieres wird in der sechswöchigen Frist nicht mitgerechnet (§ 187).

Die Frist endigt jedoch gemäß § 188 II mit dem Ablauf desjenigen Tages der letzten Woche, welcher durch seine Benennung dem Tage der Ablieferung entspricht, also des entsprechenden Wochentages.

Bei aufschiebend bedingtem Kauf beginnt die Frist erst mit Eintritt der Bedingung; siehe *Müller, Hans Karl,* Zur Beweislast bei der aufschiebenden Bedingung in JZ 53, 727.

Es ist auch zulässig, daß durch Vereinbarung der Vertragsparteien der Beginn der Verjährung hinausgeschoben wird (*Stölzle,* Slg. II, S. 138, RG).

In dem betreffenden Falle war als stillschweigende Vereinbarung der Parteien angenommen worden, daß das Recht des Käufers, den Verkäufer wegen des Fehlens der zugesicherten Eigenschaft in Anspruch zu nehmen, nicht früher abgelaufen sei, als der Käufer durch das vom Verkäufer zu liefernde Pedigree (Bescheinigung über die Eintragung in das Register für inländische Vollblutpferde) die Möglichkeit habe, sich von der entsprechenden Eigenschaft des Pferdes zu überzeugen; deshalb war die sechswöchentliche Verjährungsfrist erst von der Lieferung des Pedigrees an zu rechnen.

Wurde z. B. das Tier am Mittwoch abgeliefert, beginnt die Sechswochenfrist am Donnerstag und endigt am Mittwoch der sechswöchigen Frist.

Fällt der letzte Tag der Sechswochenfrist auf einen Sonntag oder auf einen an dem betreffenden Erklärungsort staatlich anerkannten Feiertag, so endigt die Frist am nächstfolgenden Werktag (RG 151, 347, ebenso *Staudinger* und *Palandt* Anm. 2 zu § 477; a. A. *Stölzle-Graminger,* die sich hierbei auf eine überholte Entscheidung des RG in *Stölzle,* Slg. I, S. 118, berufen vgl. *Soergel* zu § 490).

Der Ansicht, daß hier § 193 anzuwenden ist und daher erst der nächste Werktag an Stelle des Sonntags oder Werktags tritt, ist beizutreten, weil der gesetzgeberische Grund des § 193, Sicherstellung der Sonntagsruhe, auch hier gilt.

Nach *Stölzle,* Slg. II, S. 153, AG Hammelburg, ist bei einer Klageänderung durch Geltendmachung eines neuen Klagegrundes für die Berücksichtigung der Verjährungsfrist nicht der Zeitpunkt der ursprünglichen Klageerhebung maßgebend, sondern der Zeitpunkt der Klageänderung.

Nach *Warn.* 11, 369 ebenso RG 61, 177 läuft die Frist auch, wenn der Käufer den Mangel nicht kannte und fristgemäß gar nicht erkennen konnte.

Auf die Einrede der Verjährung kann verzichtet werden; Voraussetzung ist die Kenntnis der Verjährung (RG JW 12, 286 Nr. 5).

Anm. 3. Unterbrechung und Hemmung der Verjährung

Hinsichtlich Unterbrechung und Hemmung der Verjährung gelten die allgemeinen Vorschriften (§§ 202ff.). Ist die Einrede der Verjährung einmal erhoben, dann hat das Gericht von Amts wegen zu prüfen, ob die Voraussetzungen der Verjährung gegeben sind, insbesondere, ob die Verjährung nicht unterbrochen oder gehemmt ist. Die Unterbrechung oder Hemmung der Verjährung wegen Wandelung bewirkt auch die Unterbrechung bzw. Hemmung der Verjährung des Einspruches wegen Schadenersatz (§§ 477/III, 490 I Satz 2 und RG 93, 158).

Wurde z. B. der Käufer mit der Wandelungsklage abgewiesen, so kann er immer noch die Schadenersatzklage nach § 463 erheben, wenn dieser Anspruch im Zeitpunkte der Erhebung der Wandelungsklage noch nicht verjährt war.

Die Entstehungsgeschichte des § 477 Abs. 3 wird in der Entscheidung des RG 134, 272 insbesondere unter Verweis auf *Mugdan* S. 923 näher ausgeführt, vor allem der gesetzgeberische Grund, der zur Einführung des § 477 Abs. 3 geführt hat, nämlich, daß die Hemmung oder Unterbrechung der Verjährung des Wandelungsanspruches auch die Hemmung oder Unterbrechung der Verjährung des Schadenersatzanspruches bewirkt; denn sonst wäre der Käufer jeweils genötigt, vorsichtshalber alle Ansprüche nebeneinander geltend zu machen.

Anm. 4. Unterbrechung der Verjährung, insbesonders Unterbrechungsgründe

Die Unterbrechung der Verjährung bewirkt, daß die bis zur Unterbrechung vollendete Zeit für die Verjährungsfrist außer Betracht bleibt und die Verjährungsfrist nach Beendigung der Unterbrechung von neuem zu laufen beginnt (§ 217) und zwar wiederum die kurze 6wöchige Frist.

Der neue Verjährungsbeginn schließt sich unmittelbar an das Ende der Unterbrechung an. § 201 gilt hier nicht (RG 65, 268).

Eine Unterbrechung findet aber nur bezüglich des Mangelanspruches statt, dessentwegen die die Unterbrechung bewirkende Handlung vorgenommen wurde (RG 78, 297).

Wurde wie *Stölzle-Graminger* S. 309 als Beispiel anführt, nur wegen des Hauptmangels „Dämpfigkeit" geklagt, so läuft die Verjährungsfrist für die Ansprüche wegen „Kehlkopfpfeifens" weiter.

Unterbrechungsgründe sind:

Anm. 4a. Anerkennung des Anspruches (§ 208)

Das Anerkenntnis hinsichtlich des Wandelungsanspruches des Käufers muß ihm gegenüber abgegeben sein, ausdrücklich oder stillschweigend, formlos, jedoch muß sich aus dem Verhalten des Verkäufers gegenüber dem Käufer ergeben, daß der Verkäufer das Bewußtsein von dem Bestehen des Anspruches unzweideutig hat (RG 113, 238).

Ein solches Anerkenntnis liegt insbesondere in Leistung von Abschlagszahlungen, Zinsenzahlungen, Erteilung einer Sicherheit, dem Gesuch um Stundung, dem Angebot anderweitiger Verrechnung; auch Anerkenntnis dem Grunde nach genügt schon.

Dagegen können Äußerungen allgemeiner Art, die nur zur Beruhigung des Käufers dienen sollen, nicht als ein solches Anerkenntnis aufgefaßt werden, etwa „hab keine Angst, ich bin ja versichert", außer es wird damit ausdrücklich auch ein Anerkenntnis verbunden, etwa „Du brauchst nicht zu klagen, ich werde Dich schon schadlos halten".

Nach Vollendung der Verjährung kann eine Unterbrechung derselben durch Schuldanerkenntnis nicht mehr erfolgen, weil eben die Verjährung schon beendet ist (RG 78, 130). Der Verkäufer kann aber auf die Einrede der Verjährung auch nach eingetretener Verjährung verzichten.

Von Amts wegen wird die Einrede nicht berücksichtigt, sondern nur, wenn sie der Verkäufer geltend macht. Der Verkäufer kann auch vertragsmäßig eine schon verjährte Forderung ausdrücklich anerkennen (§§ 222 und 781). Was aber zur Befriedigung eines verjährten Anspruches geleistet wurde, kann nicht mehr zurückgefordert werden, auch wenn die Leistung in Unkenntnis der Verjährung bewirkt wurde. Das gleiche gilt von einem vertragsmäßigen Anerkenntnis oder einer Sicherheitsleistung.

Anm. 4b. Klageerhebung (§ 209 Abs. 1)

Es handelt sich hier um die Klage auf Wandelung oder Schadenersatz oder Lieferung eines mangelfreien Tieres. Es genügt die Einreichung der Klage, wenn sie „demnächst" zugestellt wird. Auch Klageerhebung bei einem unzuständigen Gericht genügt (§ 212).

Die Unterbrechung durch Klageerhebung endigt, sobald der Prozeß rechtskräftig entschieden oder anderweitig, z. B. durch gerichtlichen Vergleich, erledigt wurde. Anerkenntnis, Verzicht und außergerichtlicher Vergleich können die Unterbrechung nicht beendigen, weil dadurch der Prozeß nicht erledigt ist.

Die Unterbrechung endet auch, wenn der Rechtsstreit durch Untätigkeit der Parteien oder Vereinbarung zum Stillstand kommt, und zwar nicht erst durch Anordnung des Ruhens des Verfahrens nach § 251 oder § 251a ZPO (RG 157, 382). Die neue Verjährungsfrist ist bei Anordnung des Ruhens während der Frist des § 251/II ZPO gehemmt (RG 136, 193). Die neue Verjährungsfrist läuft dann, beginnend mit der letzten Prozeßhandlung des Gerichts oder einer Partei (RG 77, 324). Auch das Armenrechtsgesuch einer Partei gilt als Weiterbetreiben des Prozesses (siehe *Palandt* Anm. 2 zu § 211/II).

Bei rechtswirksamer Klagerücknahme verliert die Unterbrechung der Verjährung ihre Wirksamkeit; ebenso bei klagabweisendem Prozeßurteil (§ 212/I). Die unterbrechende Wirkung der ersten Klage bleibt aber bei erneuter Einklagung oder Erhebung des Anspruches in den Formen, wie im § 209 angeführt, in der Frist von 6 Wochen (abweichend von § 212/II nach § 490/II) erhalten. Es handelt sich dann um eine Ausschlußfrist; auch Erhebung einer neuen Klage usw. vor Rücknahme der früheren fällt darunter (RG 149, 321).

Anm. 4c. Zahlungsbefehl (§ 209 Abs. 2 Ziff. 1)

Auch die Einreichung des Gesuchs wegen Erlaß eines Zahlungsbefehls durch den Käufer im Mahnverfahren bewirkt die Unterbrechung der Verjährung, wenn die Zustellung desselben alsbald erfolgt, soweit nicht inzwischen der Verkäufer in Konkurs fällt (RG 129, 339).

Dies kann nur bei der Schadenersatzklage in Betracht kommen, nicht bei der reinen Wandelungsklage, weil hier die Voraussetzungen der Erlassung eines Zahlungsbefehles fehlen.

Der Zahlungsbefehl verliert jedoch seine Wirksamkeit und die Unterbrechung durch Zustellung des Zahlungsbefehls gilt daher als nicht erfolgt, wenn Widerspruch erhoben wurde und kein Terminsantrag gestellt oder um die Erlassung des Vollstreckungsbefehls nicht in der sechsmonatlichen Frist des § 701 ZPO nachgesucht wurde.

Anm. 4d. Anmeldung des Anspruchs im Konkurse (§ 209 Abs. 2 Ziff. 2)

In diesem Falle dauert die Unterbrechung bis zur Beendigung des Konkurses (§ 214), das ist Aufhebung oder Einstellung desselben. Die Unterbrechung gilt als nicht erfolgt, wenn die Anmeldung zurückgenommen wird (§ 214/II).

Anm. 4e. Erhebung des Aufrechnungseinwands im Prozeß

Die Unterbrechung tritt nur bezüglich des zur Aufrechnung verwendeten Betrages ein, also nicht über die Klageforderung hinaus (RG 59, 372). Auch hier kann nur der Schadenersatzanspruch in Betracht kommen, z. B. wenn der Verkäufer den Kaufpreis einklagt und der Käufer mit seiner Schadenersatzforderung aufrechnet.

Anm. 4f. Streitverkündung gemäß §§ 72 bis 75 ZPO

Hier tritt die Unterbrechung mit Zustellung des Streitverkündigungsschriftsatzes ein.

Wird der ursprüngliche Käufer, der das Tier weiterveräußert hat, wegen eines Gewährmangels von seinem Käufer belangt, kann er die Unterbrechung der gegen ihn aus dem ersten Kaufgeschäft laufenden sechswöchigen Verjährung dadurch herbeiführen, daß er seinem Verkäufer den Streit verkündet. Hierbei ist vorausgesetzt, daß der Käufer zur Erhaltung seines Anspruches rechtzeitig, d. h. spätestens zwei Tage nach Ablauf der Gewährfrist, die im § 485 vorgeschriebenen Handlungen vorgenommen hat.

Da unter diesen Handlungen auch die Streitverkündung angeführt ist, so wird die Verjährung unterbrochen, wenn die Streitverkündung innerhalb der zweitägigen Frist nach § 485 erfolgt ist.

Die Streitverkündung unterbricht nur im Falle des ungünstigen Ausgangs des Rechtsstreits die Verjährung (RG JW 13/32).

Anm. 4g. Vornahme einer Vollstreckungshandlung

Darunter fällt nicht Arrest und einstweilige Verfügung, wohl aber Arrestpfändung.

Anm. 4h. Gerichtliche Beweisaufnahme zur Sicherung eines Beweises

Gemäß § 477/II ist ferner der vom Käufer gestellte Antrag auf Beweisaufnahme zur Sicherung eines Beweises gemäß §§ 485, 496, 497 BGB und 490 bis 494 ZPO ein weiterer Unterbrechungsgrund der Verjährung

(Beweisdurchführung bevor ein Prozeß anhängig wurde oder im Prozeß vor Beweisbeschluß).

Die Unterbrechung der Verjährung dauert gemäß § 477/II bis zur Beendigung des Verfahrens.

Die Unterbrechung gilt als nicht erfolgt, wenn der Antrag zurückgenommen oder rechtskräftig zurückgewiesen wird. In diesem Falle kann aber der Käufer binnen 6 Wochen nach Zurücknahme bzw. Eintritt der Rechtskraft des ablehnenden Beschlusses neuerdings den Antrag stellen oder Klage erheben; dann gilt die Verjährung schon mit dem Zeitpunkte der Stellung des ersten Antrages als unterbrochen (§§ 477/II und 202).

Anm. 4i. Vorentscheid durch die Verwaltungsbehörde oder Bestimmung des zuständigen Gerichts durch ein höheres Gericht

Einreichung eines Gesuches um Vorentscheid über die Zulässigkeit des Rechtswegs durch die Verwaltungsbehörde oder um Bestimmung des zuständigen Gerichts (§ 210) durch das höhere Gericht, wenn binnen 6 Wochen nach Erledigung des Gesuches die Klage erhoben wird, unterbrechen ebenfalls die Verjährung.

Anm. 5. Hemmung der Verjährung, insbesonders Hemmungsgründe

Die Hemmung der Verjährung bewirkt, daß der Zeitraum, während dessen die Verjährung gehemmt ist, in die Verjährungsfrist nicht eingerechnet wird (§ 205).

Hemmungsgründe sind:

a) Wenn der Verpflichtete vorübergehend zur Verweigerung der Leistung berechtigt ist, insbesondere ihm die Leistung gestundet wurde (§ 202); eine Behinderung auf Seite des Berechtigten ist aber kein Hemmungsgrund (BGHE 10, 310, U. v. 24. 9. 53).

Eine Stundung besteht nur dann, wenn sie nach Abschluß des Vertrages vereinbart wurde. Wenn die Vereinbarung von Anfang an dahin ging, daß die Fälligkeit erst später eintritt, wird nur der Verjährungsbeginn hinausgeschoben.

Die Vereinbarung des Ruhens des Verfahrens im Prozeß enthält nicht ohne weiteres eine Stundungsvereinbarung (*Palandt* Anm. 2 zu § 202, RG 73, 394).

Im allgemeinen ist die Verjährung gehemmt, wenn vorübergehend ein tatsächliches oder rechtliches Hindernis die Geltendmachung des Anspruches unmöglich macht (RG 136, 193).

b) Stillstand der Rechtspflege.

Dieser Hemmungsgrund tritt dann ein, wenn der Berechtigte durch Stillstand der Rechtspflege, insbesondere wegen Einstellung der Gerichtstätigkeit infolge von Kriegs- oder Nachkriegsverhältnissen, innerhalb der Verjährungsfrist an der Rechtsverfolgung verhindert ist.

c) das Eintreten von höherer Gewalt, wenn dadurch der Betreffende innerhalb der Verjährungsfrist an der Rechtsverfolgung verhindert ist.

Höhere Gewalt ist nach *Palandt* Anm. 1 zu § 203 im wesentlichen dasselbe wie „unabwendbarer Zufall" im § 233 ZPO, nämlich ein außergewöhnliches Ereignis, das unter den gegebenen Umständen auch durch äußerste, nach Lage der Sache vom Betroffenen zu erwartende Sorgfalt nicht verhindert werden kann (RG 101, 95 und 158, 361); jedoch schließt das geringste eigene Verschulden höhere Gewalt aus.

Beispiele: Erdbeben, Überschwemmung, Brand, Gewalt, Aufruhr.

Siehe im übrigen Seite 26.

d) Ein Hemmungsgrund besteht weiters bei Ansprüchen zwischen Ehegatten, solange die Ehe besteht, ferner bei Ansprüchen zwischen Eltern und Kinder während der Minderjährigkeit der Kinder und bei Ansprüchen zwischen dem Vormund und dem Mündel während der Dauer des Vormundschaftsverhältnisses.

e) Ein Hemmungsgrund besteht schließlich auch dann, wenn eine geschäftsunfähige Person z. B. eine minderj. oder in der Geschäftsfähigkeit beschränkte Person ohne gesetzlichen Vertreter ist. Hier wird die gegen sie laufende Verjährung nicht vor dem Ablauf von 6 Wochen nach dem Zeitpunkte, in dem die Person unbeschränkt geschäftsfähig wird oder der Mangel der Vertretung aufhört (§ 206), vollendet; in gleicher Weise wird die Verjährung eines Anspruches gehemmt, der zu einem Nachlaß gehört.

Wenn z. B. der wandelungsberechtigte Käufer stirbt oder sich der Anspruch gegen einen Nachlaß richtet, falls der schadenersatzpflichtige Verkäufer gestorben ist, wird die Verjährung nicht vor Ablauf von 6 Wochen nach dem Zeitpunkt vollendet, in dem die Erbschaft von den Erben angenommen oder der Konkurs über den Nachlaß eröffnet wurde oder zu welchem der Anspruch von einem Vertreter oder gegen einen Vertreter geltend gemacht werden kann (§§ 206, 207).

Gerichtsferien sind kein Hemmungsgrund (RG 68, 57).

Im allgemeinen wird einem Anwalt empfohlen werden müssen, in Viehgewährschaftsprozessen weder mit einem Ruhen des Verfahrens, noch mit einer Aussetzung des Verfahrens einverstanden zu sein, weil der Ablauf der Fristen leicht zu Nachteilen führen kann.

Anm. 6. Trotz Verjährung des Gewährleistungsanspruches Fortdauer der Gewährleistungseinrede

Nach § 490 III kann der Käufer auch nach der Verjährung des Anspruches auf Wandelung die Zahlung des Kaufpreises verweigern, also den Anspruch auf Wandelung oder Schadenersatz einredeweise geltend machen. Diese Einrede kann der Käufer gegen die Kaufpreisklage des Verkäufers oder auch, wenn er gegen den Verkäufer einen Wandelungsprozeß führt und der Verkäufer eine Widerklage auf Bezahlung des Kaufpreises erhoben hat, gegen diese Widerklage nach Ablauf der Verjährungsfrist geltend machen. Diese Bestimmung entspricht inhaltlich der Bestimmung des § 478.

§ 490 III macht zwar nicht die Fortdauer der Einrede von der Vornahme einer im § 478 angeführten Handlungen abhängig, aber es gilt auch hier die selbstverständliche Voraussetzung, daß der Käufer dazu nur berechtigt ist, „soweit er auf Grund der Wandelung dazu berechtigt sein würde". Das bedeutet, daß die Gefahr auf den Käufer übergegangen sein muß und weiter, daß der Käufer die Voraussetzung nach § 485 insofern erfüllt haben muß, daß er den Mangel dem Verkäufer angezeigt oder die Anzeige an ihn abgesendet oder die anderen Handlungen nach § 485 vorgenommen hat (dies sind im übrigen dieselben Handlungen, wie sie im § 478 angeführt sind, wozu noch die „Klageerhebung", die nach § 478 an und für sich als Mängelanzeige gilt, hinzukommt).

Die Beobachtung der Vorschrift des § 479 erübrigt sich also hier, weil der § 490 ohnehin zur Voraussetzung hat, daß der Käufer zur Erhaltung der ihm wegen des Mangels zustehenden Rechte nach § 485 spätestens zwei Tage nach dem Ablaufe der Gewährfrist die Mängelanzeige bewirkt hat; denn nur in diesem Falle war ihm der Wandelungsanspruch erhalten geblieben, was die Voraussetzung für die Fortdauer der Einrede — trotz Eintritt der Verjährung — und auch zur Geltendmachung der Aufrechnung ist.

Durch diese Bestimmung in Abs. 3 des § 490 Satz 2 bleibt daher § 485 unberührt und dementsprechend die daraus sich ergebende Verpflichtung des Käufers zur rechtzeitigen Mängelanzeige.

Palandt Anm. 3 zu § 490, *Planck* Anm. 3 zu § 490, *Staudinger* Anm. 3 zu § 490 und RGRKomm. Anm. 2 zu § 490.

Auch abgesehen davon, kann die Einrede schon nach § 242 durch den Käufer nicht unbeschränkt ausgeübt werden (Verwirkung; RG 123, 212).

Die Voraussetzung der Anwendung der einredeweisen Geltendmachung des Wandelungs- bzw. Schadenersatzanspruches ist also verschieden, ob für den betreffenden Mangel eine Gewährfrist bestand oder nicht.

Bei Hauptmängeln wird immer eine Gewährfrist vorliegen, bei anderen Mängeln, also nicht Hauptmängeln sowie bei zugesicherten Eigenschaften kann die Gewährfrist besonders vereinbart sein (§ 492).

In den Fällen mit Gewährfrist ist Voraussetzung für den Gewährleistungsanspruch, daß sich der Mangel innerhalb der gesetzlichen oder vereinbarten Gewährfrist gezeigt hat und daß innerhalb der zweitägigen Frist des § 485 eine der dort bezeichneten Handlungen vorgenommen wurde. Im Falle der Nichtvereinbarung einer Gewährfrist und wenn der Verkäufer gemäß § 492 die Gewährleistung wegen eines nicht zu den Hauptmängeln gehörenden Fehlers übernimmt oder eine Eigenschaft des Tieres zusichert, muß der Käufer eine der im § 478 bezeichneten Handlungen vor Ablauf der Verjährung vornehmen.

Nur im Falle arglistigen Verschweigens durch den Verkäufer ist die Vornahme dieser Handlungen nicht erforderlich.

Es genügt nicht, daß der Käufer die Bezahlung des Kaufpreises im Prozeß verweigert, er muß ausdrücklich einredeweise den Anspruch auf Wandelung oder Schadenersatz erheben. Durch diese Einrede erhält der Käufer erst das Recht, die Bezahlung des Kaufpreises zu verweigern und zwar durch Geltendmachung der Wandelung, oder das Recht zur Aufrechnung mit dem Schadenersatzanspruch gegenüber der Kaufpreisforderung des Verkäufers.

Die Aufrechnung ist nach Verjährung und nach erfolgter Vornahme der Handlungen nach § 478 nur gegen den Kaufpreisanspruch zulässig (RG 56, 171).

Eine Aufrechnung gegen andere Ansprüche aus anderen Geschäften zwischen den Parteien ist nach Verjährung trotz Erhebung der Mängeleinrede ausgeschlossen.

Nach *Meisner* S. 176 kann der Wandelungs- oder Schadenersatzanspruch gegenüber dem Klageanspruch auf Grund eines Schuldscheines, der über das Viehkaufgeschäft ausgestellt wurde, einredeweise geltend gemacht werden, weil es sich auch hier eigentlich nur um eine Klage auf Bezahlung des Kaufpreises handelt, da im Viehhandel die Ausstellung eines Schuldscheines regelmäßig nur die Bedeutung eines Beweismittels für die Kaufpreisforderung hat.

Nach *Stölzle*, Slg. I, S. 96, OLG Naumburg, hat das lediglich über die Wandelungseinrede zu erkennende Urteil keine Rechtskraft für den Wandelungsvollzug, weil durch die Entscheidung über die Wandelungseinrede keine Rechtskraft hinsichtlich des Wandelungsanspruches selbst erzeugt wird. Klagt beispielsweise der Verkäufer den vom Käufer geschuldeten Restkaufpreis ein und wird auf Grund der Wandelungseinrede des Käufers, nach Ablauf der Verjährungsfrist zur Wandelung, der Verkäufer mit seiner Restkaufpreisforderung abgewiesen, kann der Käufer den von ihm bereits bezahlten Teil des Kaufpreises nicht zurückverlangen, denn sein Wandelungsanspruch ist verjährt (RG 69, 388).

Der Käufer kann jederzeit von der Wandelungseinrede zur einredeweisen Geltendmachung des Schadenersatzanspruches übergehen, solange der Verkäufer nicht die Zustimmung zur Wandelung gegeben hat. Dies kann er nicht mehr, wenn auf Grund seiner Wandelungseinrede die Kaufpreisklage des Verkäufers rechtskräftig abgewiesen wurde; denn dann ist sein Wahlrecht verbraucht.

Anm. 7. Dreißigjährige Verjährung

Eine Reihe von Ansprüchen unterliegen der ordentlichen dreißigjährigen Verjährung:

a) Der Anspruch des Käufers wegen arglistigen Verschweigens eines Hauptmangels oder arglistiger Zusicherung einer nicht vorhandenen Eigenschaft:

In diesen Fällen verjährt der Anspruch auf Wandelung und Schadenersatz in dreißig Jahren vom Vertragsabschluß an.

b) Der anerkannte oder rechtskräftig festgestellte Gewährleistungsanspruch.

Dieser Anspruch hat durch die Anerkennung bzw. durch den Richterspruch eine neue selbständige Grundlage erhalten, der sich dann nicht mehr auf den Mangel stützt, sondern auf die Vereinbarung bzw. auf den Richterspruch (RG 69, 387).

Die dreißigjährige Verjährung gilt in diesem Falle auch für Nebenansprüche, weil sie mit dem Hauptanspruch gleichzeitig verjähren, und zwar auch dann, wenn sie im Urteil oder der Vereinbarung nicht ausdrücklich enthalten bzw. geltend gemacht wurden (*Staudinger* zu § 477 c).

Wurde der Anspruch des Klägers gemäß § 304 ZPO, also durch eine rechtskräftige Vorabentscheidung dem Grunde nach für gerechtfertigt erklärt, handelt es sich nicht um einen rechtskräftig festgestellten Anspruch gemäß § 218, der der 30jährigen Verjährung unterliegt (RG 117, 423), weil ein Grundurteil nicht materielle Rechtskraft schafft. Es bleibt also in diesem Fall bei der sechswöchigen Verjährung, wenn das Verfahren nach Erlaß der Vorabentscheidung nicht weitergeführt wurde.

c) Ansprüche wegen Lieferung eines anderen Tieres (aliud): Wurde dem Käufer vom Verkäufer nicht das gekaufte, sondern ein anderes Tier geliefert, so handelt es sich um einen Anspruch wegen nicht erfüllten Vertrages, so daß auch hier die kurze Verjährungsfrist ausgeschlossen ist, also die dreißigjährige Verjährungsfrist Platz greift (RG 116, 281).

Bezüglich „aliud" ist jedoch zu beachten, daß es sich in dieser Hinsicht tatsächlich um ein „anderes" Tier handeln muß, nicht nur um ein „mangelhaftes", weil sonst die nur auf Hauptmängel beschränkte gesetzliche Haftung widerrechtlich ausgedehnt werden könnte (Siehe LG Marburg U. v. 23. 9. 53 in DRsp. I [130] 34a. Siehe weiters *Flessa*, Die Aliudlieferung in MDR 55, 138.)

d) Die Ansprüche des Unmöglichkeitsrechtes aus §§ 323, 325 unterliegen ebenfalls der ordentlichen dreißigjährigen Verjährung, soweit sie neben den Gewährschaftsansprüchen in Betracht kommen.

e) Der Anspruch des Verkäufers auf Bezahlung des Kaufpreises: Auch dieser unterliegt selbstverständlich der ordentlichen dreißigjährigen Verjährung, ebenso

f) der Schadenersatzanspruch wegen eines während des Verzugs des Verkäufers entstandenen Viehmangels (ebenso *Staudinger* zu § 490 2d; a. A. LG. Braunschweig in JW 35, 2759, das hier die 6monatliche Frist des § 477 anwenden will), ebenso

g) der Anspruch wegen Verletzung von Nebenverpflichtungen, die nicht im Zusammenhang mit dem Mangel selbst stehen (RG 129, 282; 144, 162), ebenso

h) der Anspruch aus Bedingung oder Nebenabrede, der mehr in diesem Zusammenhang zu erwähnen ist, als daß er direkt dazu gehören würde: Der Unterschied zwischen Zusicherung einerseits (§ 492) und Bedingung der Nebenabrede andererseits, ist oft nicht leicht festzustellen.

Wenn z. B. vereinbart wird, daß der Käufer berechtigt ist, den Restkaufpreis zurückzubehalten, falls das Pferd weiterhin bis zum nächsten Hufbeschlag lahmt, liegt Bedingung (dreißigjährige Verjährung) vor und ebenso wenn vereinbart wird, daß der Käufer vom Vertrag zurücktreten kann, falls ein bestimmter Fehler durch den Tierarzt festgestellt würde (dreißigjährige Verjährung).

Wenn z. B. vereinbart wird, daß der Verkäufer einen gewissen Betrag dem Käufer zurückerstatten muß, falls die Kuh nicht bis zu einem bestimmten Tage kalbt, ist dies eine Nebenabrede (keine Zusicherung), und der Käufer kann innerhalb 30 Jahren den Betrag vom Verkäufer zurückfordern.

Siehe auch *Strauß*, Nebenabreden und Nebenverträge.

Nach *Stölzle*, Slg. I, S. 152, LG Konstanz, liegt dann eine Nebenabrede vor (und nicht etwa ein vereinbarter Schadenersatzanspruch mit sechswöchiger Verjährung), wenn eine Vereinbarung getroffen wurde, was Rechtens sein soll, falls die zugesagte Eigenschaft nicht oder nicht in der Weise vorhanden ist. Hier muß es sich um ein vollständig perfektes und wirksames Geschäft handeln. Demgegenüber steht die Vereinbarung einer Bedingung, bei welcher die Rechtwirksamkeit des Geschäftes vom Eintritt oder Nichteintritt einer bestimmten Tatsache abhängt. Umgekehrt kann eine Vereinbarung vorliegen, daß der Kauf unter der Bedingung abgeschlossen wird, daß das Tier eine bestimmte Eigenschaft hat. Hier handelt es sich dann trotzdem (trotz des Gebrauchs des Wortes „Bedingung“) dem Wesen nach und rechtlich um eine „Zusicherung“, welche der kurzen Verjährungsfrist unterliegt (*Meisner* S. 70 Anm. 3 unter dem Strich, *Staudinger*, Bem. IV 1g zu § 459).

Des innigen Zusammenhanges wegen zwischen § 490 und § 492, hier gesetzliche Hauptmängel, dort vertraglich übernommene Nebenmängel und Zusicherung von Eigenschaften, siehe auch die Ausführungen zu § 492 Seite 166ff., für den wiederum die Bestimmungen des § 490 auch in gleicher Weise maßgebend sind, weil er ausdrücklich auf § 490 verweist.

Für beide §§ ist § 377 HGB — unverzügliche Mängelrüge — unanwendbar. Die Maßnahmen nach § 377 HGB sind daher nicht notwendig.

Anm. 8. Beweislast und Allgemeines

Der Käufer hat den Beginn und Ablauf der Verjährungsfrist zu beweisen (RG 156, 298; *Rosenberg*, Beweislast § 31/I). Der Verkäufer hat zu beweisen, welche Handlungen etwa die Unterbrechung (§§ 209, 210) oder Hemmung (§§ 202 bis 204) oder Ablaufhemmung (§§ 206 bis 207) der Verjährung herbeigeführt haben.

Mit Rücksicht auf die besondere Verjährungsregelung ist nach Ablauf der Verjährung auch keine Klage wegen ungerechtfertigter Bereicherung (§§ 812ff.) zulässig (RG 128, 215). Es würde dies der Absicht des Gesetzgebers, Streitigkeiten aus dem Viehkauf wegen Gewährleistung an kürzeste Fristen zu binden, widersprechen, wenn über diesem Umweg der Streit offen bliebe.

Die Wandelungseinrede ist dem Bürgen versagt (nicht aber die Schadenersatzeinwendung RG 52, 355), außer der Hauptschuldner hätte die Wandelung bereits erklärt. Nach *Palandt*, Anm. 4 zu § 770, hat der Bürge, solange das Wandelungsrecht besteht, nur eine verzögerliche Einwendung in Analogie zu § 770.

§ 491

Der Käufer eines nur der Gattung nach bestimmten Tieres kann statt der Wandelung verlangen, daß ihm an Stelle des mangelhaften Tieres ein mangelfreies geliefert wird. Auf diesen Anspruch finden die Vorschriften der §§ 488 bis 490 entsprechende Anwendung.

Übersicht:

Vorbemerkung: Inhalt des § 491, Bezugnahme auf die Materialien und Unterschied gegenüber dem entsprechenden § 480 des allgemeinen Gewährschaftrechtes

Anm. 1. Voraussetzungen des Nachlieferungsanspruches
Anm. 2. Rechte des Käufers
Anm. 3. Vereinbarungen, bei welchen kein Anspruch des Käufers auf Nachlieferung entsteht
Anm. 4. Wahlrecht des Käufers und allgemeine Bestimmungen
Anm. 5. Bestimmungen, welche entsprechend auf den Nachlieferungsanspruch anzuwenden sind

Vorbemerkung: Inhalt des § 491, Bezugnahme auf die Materialien und Unterschied gegenüber dem entsprechenden § 480 des allgemeinen Gewährschaftrechtes

§ 491 betrifft die Regelung über den Verkauf eines nur der Gattung nach bestimmten Tieres.

Nach den Materialien (*Mugdan* S. 145) bestehe kein Grund dafür, wenn die Veräußerung nicht ein individuelles, sondern ein nur der Gattung nach bestimmtes Tier betrifft (in Abweichung von dem allgemeinen Grundsatz), dem Erwerber das Recht auf Lieferung eines anderen mangelfreien Tieres der betreffenden Gattung, statt des mit dem Hauptmangel behafteten Tieres, zu versagen.

Dieses Recht stehe ihm nach Wahl, neben dem Recht auf Wandelung zu. Dagegen stehe, wenn der Käufer Wandelung verlangt, dem Verkäufer kein Recht zu, diese durch Lieferung eines mangelfreien Tieres abzuwenden.

Die Bestimmung dieses § 491 über den Anspruch des Käufers auf Nachlieferung eines mangelfreien Tieres entspricht inhaltlich dem § 480 des allgemeinen Gewährschaftrechtes, dessen Bestimmungen daher auch gem. § 481 hier anzuwenden sind, allerdings mit der Abweichung, daß daneben die Sonderbestimmungen der §§ 488, 489 und 490 gelten, also hinsichtlich der Nebenkosten (§ 488), der beiderseitigen Berechtigung, das Tier versteigern lassen zu können (§ 489) und hinsichtlich der Verjährung (§ 490).

Der Anspruch auf Nachlieferung ist zwar ein Erfüllungsanspruch und kein Gewährleistungsanspruch (*Staudinger* zu § 480/21), trotzdem werden nach dem Gesetze vielfach Gewährleistungsgrundsätze darauf angewendet. Es wird hier aber nicht der Kaufvertrag als solcher aufgehoben, sondern es sollen nur gewisse Leistungen des Verkäufers rückgängig gemacht werden.

Es handelt sich im § 491 um einen weiteren Rechtsbehelf, nämlich den Anspruch auf Nachlieferung eines mangelfreien Tieres, der nur beim Gattungskauf dem Käufer noch zusätzlich zusteht.

Ein Gattungskauf liegt dann vor, wenn sich der Vertrag nicht auf die Leistung eines bestimmten Tieres bezieht, sondern auf eines nur der Gattung nach bestimmten Tieres.

Der Gegensatz dazu ist der Stückkauf (auch Species-Kauf genannt), der dann gegeben ist, wenn die Willenseinigung beider Vertragsteile dahin geht, daß sich der Vertrag auf die Leistung eines bestimmten Tieres beschränkt und daß mit einem anderen Tiere nicht erfüllt werden kann (RG 70, 426).

Daneben gibt es noch einen beschränkten Gattungskauf, wenn z. B. aus einem bestimmten Vorrat geleistet werden soll, z. B. 10 Stück aus einer Herde.

Auch für diesen beschränkten Gattungskauf gelten die Bestimmungen des § 491 (*Palandt*, Anm. 1 zu § 480).

Verkauf der gesamten Herde ist z. B. aber doch nur Stückverkauf, weil es sich eben dann um eine genau bestimmte Gesamtsache handelt. Vgl. *Stölzle*, Slg. II, S. 158, OLG Rostock:

Der Kauf über die in dem Stall stehenden Fettschafe ist ein Stückkauf, weil der Kauf die Gesamtheit der individuell bestimmten Fettschafe im Stalle des Verkäufers umfaßt; daß dabei die Zahl der dann übergebenen

Schafe mit der beim Verkauf angegebenen Zahl nicht übereinstimmt, bedeute nichts, weil die Zahlenangabe in der Regel nur eine unverbindliche Schätzung darstellt.

Nach § 243 hat der Verkäufer, wenn er nur der Gattung nach bestimmte Tiere schuldet, solche von mittlerer Art und Güte zu leisten (vgl. auch § 360 HGB: Mittlerer Art und Güte bedeutet „Durchschnittsware").

Wenn daher der Käufer statt der Wandelung gemäß § 491 die Lieferung eines mangelfreien Tieres verlangt, genügt es nicht, daß das Tier, welches der Verkäufer zu liefern hat, frei von Hauptmängeln und von Mängeln bedungener Eigenschaften ist, sondern es muß auch ein Tier mittlerer Art und Güte sein.

Anm. 1. Voraussetzungen des Nachlieferungsanspruches

Die Voraussetzungen des Nachlieferungsanspruches sind die gleichen wie die des Wandelungsanspruches.

a) Der Käufer muß also rechtzeitig eine der im § 485 bezeichneten Handlungen vorgenommen haben.

b) Der Nachlieferungsanspruch muß innerhalb der Verjährungsfrist des § 490 vom Käufer geltend gemacht werden (also 6 Wochen vom Ende der Gewährfrist an bzw. nach Ablieferung des Tieres, wenn keine Gewährfrist vereinbart wurde, § 492).

Auch nach Ablauf der Verjährung des Nachlieferungsanspruches kann der Käufer die Bezahlung des Kaufpreises einredeweise verweigern, wenn er rechtzeitig eine der im § 485 bezeichneten Handlungen vorgenommen hat.

c) Der Gefahrübergang hinsichtlich des gelieferten mangelhaften Tieres auf den Käufer muß bereits stattgefunden haben.

d) Bei mehreren Käufern oder Verkäufern muß das Nachlieferungsbegehren entsprechend § 356 von allen Käufern und gegen alle Verkäufer gestellt werden.

Anm. 2. Rechte des Käufers

Im Falle des Vorhandenseins eines Hauptmangels oder des Fehlens einer zugesicherten Eigenschaft stehen dem Käufer folgende Rechte zu (zunächst dieselben Rechte, die auch der Käufer einer bestimmten Sache hat, nämlich):

a) Der Wandelungsanspruch (§§ 491, 487):

Der Verkäufer hat nicht das Recht, den Wandelungsanspruch des Käufers dadurch zu erledigen, daß er dem Käufer ein mangelfreies Tier liefert. Unter Umständen kann jedoch die Ablehnung einer Ersatzlieferung, die durch den Verkäufer sofort angeboten wird, gegen Treu und Glauben verstoßen (RG 91, 112; ebenso *Palandt* Anm. 2 zu § 480 und *Staudinger* zu § 480).

Insofern ist die Rechtsprechung gemäß § 242 über die Absicht des Gesetzgebers (Motive, Vorbem. zu § 490), hinweggegangen.

b) Schadenersatzanspruch wegen Nichterfüllung statt Wandelung aus dem Vertrage (§ 480 II):

Hier gelten dieselben Grundsätze wie bei § 463 (RG 52, 352). Es gilt auch hier die kurze 6wöchentliche Verjährung und auch hier ist § 254 anwendbar.

Maßgebender Zeitpunkt für das Vorhandensein eines Hauptmangels oder des Mangels einer bedungenen Eigenschaft ist jedoch, im Gegensatz zu § 463, der Zeitpunkt des Gefahrüberganges.

c) Schadenersatzanspruch wegen unerlaubter Handlung (§§ 823, 826).

d) Schadenersatzanspruch wegen positiver Vertragsverletzung (§ 276).

e) Anspruch auf Lieferung eines mangelfreien Tieres an Stelle des mangelhaften Tieres (§ 491).

Diesen nach § 491 besonderen Anspruch kann der Käufer nur statt des Wandelungsanspruches geltend machen. Mit Ablauf des Tages, an welchem das Ersatztier vom Verkäufer dem Käufer übergeben wird, also die Gefahr auf den Käufer übergeht, beginnt eine neue Gewährfrist zu laufen und nach Ablauf derselben beginnt eine neue sechswöchige Verjährungsfrist (analog DRZ 50, 496).

Die Nachlieferung ist vollzogen, wenn sich der Verkäufer mit der von dem Käufer verlangten Nachlieferung eines mangelfreien Tieres einverstanden erklärt hat; dann ist der Verkäufer verpflichtet, das mangelhafte Tier zurückzunehmen und an Stelle des mangelhaften Tieres ein anderes mangelfreies Tier mittlerer Art und Güte zu liefern.

Wenn sich der Verkäufer aber nicht einverstanden erklärt, dem Käufer, der mit Recht die Annahme des Tieres wegen vertragswidriger Beschaffenheit verweigert hat und den Nachlieferungsanspruch gestellt hat, das Ersatztier zu liefern, liegt „Nichterfüllung des Vertrages" vor (RG 53, 70).

Der Verkäufer muß dem Käufer weiters die im § 488 angeführten Nebenkosten und notwendigen Verwendungen ersetzen.

Zur Rückgewähr des Kaufpreises ist der Verkäufer nicht verpflichtet, da der Vertrag weiterhin in Gültigkeit bleibt.

Der Käufer dagegen muß dem Verkäufer das mangelhafte Tier zurückgeben.

Nach *Stölzle*, Slg. II, S. 159, RG, entsteht der Anspruch des Verkäufers auf Rückgewähr mit der Einverständniserklärung zu dem Verlangen des Käufers auf Nachlieferung mangelfreier Ware beim Gattungskauf. Daher ist es nicht richtig, daß das mangelfreie Tier nur Zug um Zug gegen Rückgabe des mangelhaften Tieres verlangt werden kann.

A. A. *Staudinger* zu § 491, aber nicht überzeugend, denn mangels Vereinbarung entsteht der Anspruch des Verkäufers auf Rückgewähr erst mit dem Vollzug der Wahl, d. h. in dem Zeitpunkte, in welchem der Verkäufer sein Einverständnis mit dem Verlangen erklärt oder zur Abgabe der Erklärung rechtskräftig verurteilt ist.

Bei Verzug des Käufers in der Rückgewähr kann der Verkäufer nach § 354 den Nachlieferungsanspruch des Käufers wieder beseitigen.

Eine Verpflichtung des Käufers zur Rücksendung des Tieres besteht nicht; verlangt dies der Verkäufer, muß er die Kosten tragen.

Anm. 3. Vereinbarungen, bei welchen kein Anspruch des Käufers auf Nachlieferung entsteht

Kein Nachlieferungsanspruch entsteht, wenn der Käufer, nach der Vereinbarung mit dem Verkäufer, das beanstandete Tier verwerten soll, gleichgültig, ob ein Mangel besteht oder nicht. Durch diese Vereinbarung wurde das beanstandete Erfüllungsgeschäft rückgängig gemacht.

Wenn die Vereinbarung weiters dahin geht, daß der Käufer das Recht behält, die Lieferung eines anderen Tieres zu verlangen, ist dieses Recht nicht der gesetzliche Nachlieferungsanspruch, sondern der durch die Rückgängigmachung des Erfüllungsgeschäftes wiederhergestellte ursprüngliche Lieferungsanspruch (RG 93, 98).

Ist bei der Annahme nur Wandelung vorbehalten worden, so ist damit auf den Nachlieferungsanspruch nicht verzichtet worden und ist der Übergang zu diesem Anspruch möglich, wenn die Wandelung noch nicht vollzogen ist (*Staudinger* Anm. 22 zu § 480).

Anm. 4. Wahlrecht des Käufers und allgemeine Bestimmungen

Das Wahlrecht des Käufers, statt Wandelung den Nachlieferungsanspruch geltend zu machen, endet mit dem Vollzug der Wandelung, also mit der Einverständniserklärung des Verkäufers mit dem Wandelungsbegehren des Käufers oder mit der rechtskräftigen Verurteilung des Verkäufers (RG 94, 327).

Der Käufer ist nicht verpflichtet, gleichzeitig mit seiner Entschließung, den Nachlieferungsanspruch geltend zu machen, die Rückgabe des mangelhaften Tieres Zug um Zug anzubieten. Erst sobald der Verkäufer sein Einverständnis dazu erklärt ,hat der Verkäufer Anspruch auf Rückgabe des mangelhaften Tieres (RG 94, 331).

Das Schuldverhältnis erlischt erst mit der Nachlieferung des Tieres, nicht schon mit der Einigung über die Ersatzlieferung (RG 93, 98).

Gegenüber einer neuerlichen mangelhaften Erfüllung hat der Käufer wieder die Rechte aus § 480.

Zu unterscheiden von dem Recht auf Nachlieferung ist ein Umtauschvertrag (RG 94, 329).

Wenn der Käufer die mangelhafte Sache zurückweist und mangelfreie Lieferung verlangt, gerät der Verkäufer in Verzug (RG 123, 215). Der Anspruch des Käufers geht unmittelbar auf Lieferung des mangelfreien Tieres, nicht erst auf Einwilligung zur Leistung eines solchen.

Anm. 5. Bestimmungen, welche entsprechend auf den Nachlieferungsanspruch anzuwenden sind

Auf den Nachlieferungsanspruch, nämlich statt der Wandelung die Lieferung eines mangelfreien Tieres zu verlangen, haben die nachstehenden Vorschriften „entsprechende" Anwendung zu finden (§§ 480, 481):

a) Nach § 460 kann der Käufer den Nachlieferungsanspruch nur erheben, wenn er beim Kaufabschluß den Hauptmangel des Tieres nicht kannte und er ihm auch nicht infolge grober Fahrlässigkeit unbekannt blieb.

b) Nach § 464 kann der Käufer den Nachlieferungsanspruch nicht erheben, wenn er das der Gattung nach bestimmte Tier ohne Vorbehalt angenommen hat, obwohl er den Hauptmangel kannte.

c) Gemäß § 466 kann der Verkäufer dem Käufer, welcher einen Mangel des Tieres behauptet, die Lieferung eines mangelfreien Tieres anbieten und ihn unter Bestimmung einer angemessenen Frist zur Erklärung darüber auffordern, ob er die Lieferung verlange.

Die Lieferung kann dann nur bis zum Ablauf der Frist verlangt werden, und der Verkäufer kann auf diese Weise die Ungewißheit, ob der Käufer Wandelung oder Lieferung eines mangelfreien Tieres will, beseitigen.

In gleicher Weise kann der Verkäufer wie beim Stückkauf sich auch unter Bestimmung einer Frist zur Wandelung erbieten; dann kann die Wandelung vom Käufer nur bis zum Ablaufe der Frist verlangt werden.

d) Nach § 469 kann der Käufer, wenn von mehreren verkauften Tieren nur einzelne Tiere Hauptmängel haben, nur hinsichtlich dieser verlangen, daß an Stelle der fehlerhaften Tiere, fehlerfreie geliefert werden. Dies gilt nur dann nicht, wenn es sich um zusammengehörende Tiere handelt.

e) Gemäß § 470 bezieht sich die Nachlieferungspflicht bezüglich der Hauptsache auch auf die Nebensache. Bei mangelhafter Nebensache kann nur bezüglich dieser Nachlieferung verlangt werden.

f) Gemäß § 476 kann auch beim Kauf eines nur der Gattung nach bestimmten Tieres die Gewährpflicht erlassen oder beschränkt werden, außer der Verkäufer hätte den Mangel arglistig verschwiegen; dann wäre eine solche Vereinbarung nichtig.

Bei Arglist oder Fehlen zugesicherter Eigenschaften kann der Käufer die Rücknahme des mangelhaften Tieres verlangen und den Vertrag nach § 326 als nicht erfüllt behandeln und dementsprechend Schadenersatz verlangen (RG 123, 215).

Die Rückzahlung des Kaufpreises ist hierbei nur teilweiser Schadenersatz (RG 90, 334).

g) Nach § 480, der ausdrücklich nur § 467 Satz 1 (nicht aber Satz 2) als auch für den Gattungskauf geltend anführt, gilt für diesen also die Bestimmung des § 467 Satz 2 nicht, daß der Verkäufer dem Käufer auch die Vertragskosten zu ersetzen hat. Dies erklärt sich daraus, daß der Kaufvertrag als solcher nicht aufgehoben ist.

h) Irrigerweise ist im § 480 auch § 479 als entsprechend anwendbar mit angeführt; dieser betrifft aber nicht die Wandelung, er kann daher auch nicht entsprechend angewendet werden.

i) Auch der Nachlieferungsanspruch des Käufers kann durch ein entsprechendes Verhalten desselben verwirkt werden (RG 54, 82; 123, 215).

j) Der Nachlieferungsanspruch ist nach §§ 480, 467 Satz 1 und 350 nicht ausgeschlossen, wenn das Tier vor Vollziehung der Nachlieferung durch Zufall untergegangen oder durch Zufall wesentlich verschlechtert worden ist. Der Käufer braucht in diesem Falle dem Verkäufer keinen Ersatz zu leisten.

k) Dagegen ist der Nachlieferungsanspruch dann ausgeschlossen (da § 491 nicht auf § 487 Bezug nimmt), wenn der Käufer vor Vollziehung der Nachlieferung eine wesentliche Verschlechterung, den Untergang oder die anderweitige Unmöglichkeit der Herausgabe des mangelhaften Tieres verschuldet oder wenn der Käufer das mangelhafte Tier vor Vollziehung der Nachlieferung geschlachtet hat (außer es habe sich der Mangel erst bei der Schlachtung herausgestellt, vgl. *Staudinger*, Anm. 22d zu § 480) oder wenn der Käufer vor Vollziehung der Nachlieferung das mangelhafte Tier veräußert oder mit dem Rechte eines Dritten belastet hat und die Voraussetzungen nach §§ 351 oder 352 bei demjenigen, welcher das Tier infolge der Verfügung erlangt hat, eingetreten sind.

§ 492

Übernimmt der Verkäufer die Gewährleistung wegen eines nicht zu den Hauptmängeln gehörenden Fehlers oder sichert er eine Eigenschaft des Tieres zu, so finden die Vorschriften der §§ 487 bis 491 und, wenn eine Gewährfrist vereinbart wird, auch die Vorschriften der §§ 483 bis 485 ent-

sprechende Anwendung. Die im § 490 bestimmte Verjährung beginnt, wenn eine Gewährfrist nicht vereinbart wird, mit der Ablieferung des Tieres.

Übersicht:

Vorbemerkung: Inhalt des § 492, insbesonders in bezug auf die Gesetzesmotive
Anm. 1. Allgemeines zu § 492
Anm. 2. Unterschied, wenn Gewährfrist vereinbart ist oder nicht, Voraussetzung der Fortdauer des Einrederechts, wenn keine Gewährfrist vereinbart wurde
Anm. 3. Übernahme der Gewährleistung wegen eines nicht zu den Hauptmängeln gehörenden Fehlers
Anm. 4. Zusicherung einer Eigenschaft des Tieres, welche mit den Hauptmängeln nicht zusammenhängt
Anm. 5. Gewährleistung für Trächtigkeit, und zwar mit oder ohne Gewährfrist
Anm. 6. Beweis der Nichtträchtigkeit
Anm. 7. Einzelheiten zu der Zusicherung der Trächtigkeit
Anm. 8. Unterschied zwischen der Zusicherung der Eigenschaft der Trächtigkeit und einem Garantievertrag
Anm. 9. Beweislast
Anm. 10. Unanwendbarkeit des § 377 HGB

Vorbemerkung: Inhalt des § 492, insbesonders in bezug auf die Gesetzesmotive

§ 492 enthält die Bestimmungen über die Haftung des Verkäufers aus der Übernahme der Gewährleistung für einen nicht zu den Hauptmängeln gehörigen Fehler und aus der Zusicherung einer Eigenschaft.

Nach den Motiven (*Mugdan* S. 146) sei neben der gesetzlichen Gewährleistung eine besondere Verabredung jederzeit möglich, also wegen anderer als Hauptmängel. Dagegen könne der Veräußerer wegen eines nicht unter die Hauptmängel fallenden Mangels aus dem Grunde allein, weil er den Mangel gekannt hat, nicht in Anspruch genommen werden.

Ein allgemeines Versprechen des Veräußerers wegen aller Mängel zu haften, beziehe sich nur auf die gesetzlichen Hauptmängel. Die vereinbarte Frist trete an Stelle der gesetzlichen. Es bestehe kein genügender Grund, von der Formfreiheit abzugehen und diesbezüglich Schriftlichkeit zu verlangen.

Anm. 1. Allgemeines zu § 492

Während die Bestimmungen der §§ 482 bis 491 die gesetzliche Haftung des Verkäufers regeln, beinhaltet die Bestimmung des § 492 die vertragsmäßige Erweiterung der Haftung und zwar werden bei den verschiedensten Möglichkeiten der Haftungserweiterung, Bestimmungen für die Fälle getroffen, in denen vom Verkäufer die Haftung für

a) andere als Hauptmängel

b) besonders zugesicherte Eigenschaften übernommen worden ist.

Da völlige Vertragsfreiheit besteht, kann die Haftung des Verkäufers auch anders geregelt werden, also erweitert und mit Ausnahme des § 476 (arglistigen Verschweigens des Mangels durch den Verkäufer) auch eingeschränkt oder gänzlich erlassen werden und zwar ausdrücklich oder stillschweigend.

Die Vereinbarung kann sowohl bei Abschluß des Vertrages als auch nachher erfolgen.

Vertragsmäßig kann die Haftung auch bezüglich der Hauptmängel verschärft werden.

Die Folge der Vertragsfreiheit ist, daß dem Käufer auch die Wahl zwischen Wandelung und Minderung (Herabsetzung des Kaufpreises) vereinbarungsgemäß zustehen kann.

Die Bestimmung des § 492 findet nur auf die im § 481 angeführten Tiere Anwendung (sog. Gewährsvieh).

Hinsichtlich anderer Tiere gelten die allgemeinen Gewährschaftsbestimmungen der §§ 459 bis 480.

Bei einer Mehrheit von Verkäufern muß die Haftungsübernahme oder die Zusicherung von allen Verkäufern erteilt werden. Wenn die Zusicherung nur von einem Verkäufer erteilt wurde, ist sie auch für diesen unverbindlich, solange sie nicht von den Mitverkäufern auch genehmigt wurde. Regelmäßig wird allerdings auch aus den Umständen auf eine stillschweigende Bevollmächtigung des einen Verkäufers durch die übrigen geschlossen werden können.

Allenfalls könnte unter Umständen auch angenommen werden, daß ein Garantievertrag vorliegt, in welchem Falle Minderung und Schadenersatz geltend gemacht werden kann (*Staudinger* zu § 492/I); siehe auch BGH U. v. 28. 10. 54 in DRsp. I [138] 53e).

Der Verkäufer haftet nicht, wenn die Zusicherung durch einen Geschäftsvermittler abgegeben wurde, soweit nicht besondere Umstände vorhanden sind, aus denen nach den Grundsätzen von Treu und Glauben im Verkehr zu entnehmen ist, daß der Verkäufer diese Erklärung, bzw. Zusicherung billigt; auch bei Vertretern haftet er nur soweit, als die Erklärungen derselben mit den Erklärungen übereinstimmen, die der Verkäufer den Vertretern gegeben hat.

Der vom Verkäufer zum Vorführen Ermächtigte ist jedenfalls auch zur Abgabe von Erklärungen und Zusicherungen von Eigenschaften berechtigt.

Anm. 2. Unterschied, wenn Gewährfrist vereinbart ist oder nicht; Voraussetzung der Fortdauer des Einrederechts, wenn keine Gewährfrist vereinbart wurde

a) Ist eine Gewährfrist vereinbart, so ist eine Mängelanzeige nach § 485 spätestens zwei Tage nach dem Ablauf der Gewährfrist, oder falls das Tier vor dem Ablauf der Frist getötet worden oder verendet ist, nach dem Tode des Tieres — außer bei arglistiger Verschweigung — notwendig.

Ist eine Gewährfrist nicht vereinbart, ist auch eine Mängelanzeige nicht erforderlich, nur Klagestellung innerhalb der sechswöchigen Verjährungsfrist notwendig.

Die Vornahme einer der Handlungen nach § 478 innerhalb der Verjährungsfrist ist jedoch insofern von Bedeutung, als dann der Käufer berechtigt ist auch nach dem Ablauf der Verjährungsfrist die Bezahlung des Kaufpreises zu verweigern oder mit dem Anspruch auf Schadenersatz aufzurechnen.

b) Ist eine Gewährfrist bedungen, finden also die Bestimmungen der §§ 483 (über den Beginn der Gewährfrist) 484 (Mängelvermutung) und 485 (Anzeigepflicht innerhalb der zweitägigen Frist bei sonstigem Rechtsverlust) Anwendung.

Ist keine Gewährfrist bedungen worden, so finden die Bestimmungen der §§ 482 bis 486 keine Anwendung, weil alle diese Bestimmungen eine Gewährfrist voraussetzen.

In der Zusicherung, daß eine verkaufte Kuh von einem bestimmten Tag nach der Übergabe an eine gewisse Menge Milch gebe, liegt z. B. nicht die Vereinbarung einer bestimmten Gewährfrist; denn der hier festgesetzte Stichtag bestimmt den Inhalt der Zusicherung (nämlich ab dann trete wieder normaler Milchertrag ein), stellt aber keine Frist dar, innerhalb deren der Mangel der zugesicherten Eigenschaft sich zeigen müßte. § 485 ist daher nicht anzuwenden und dementsprechend auch eine Mängelanzeige innerhalb der zweitägigen Frist nicht notwendig (RG 123, 212).

c) Aus der Tatsache, daß nach § 492, wenn keine Gewährfrist bedungen ist, § 485 nicht zur Anwendung kommt und § 490 als mitgeltend angeführt ist — mit der im Schlußsatz des § 492 angeführten Abweichung, daß die Verjährung entsprechend dem § 477 I Satz 1 mit der Ablieferung des Tieres beginnt — würde sich ergeben, daß das Recht des Käufers, die Zahlung des Kaufpreises wegen Mangels auch nach Ablauf der Verjährungsfrist zu verweigern oder den Anspruch auf Schadenersatz aufzurechnen, nicht der vorhergehenden Anzeige oder einer sonstigen Handlungsvornahme durch den Käufer gemäß § 478 bedürfe.

Dies aber ist nicht Absicht des Gesetzgebers gewesen, weshalb auch die gesamte Rechtsprechung und das Schrifttum dem Gesetze die Auslegung geben, als ob doch auch die §§ 478, 479 mit angeführt worden wären, also etwa in dem Sinne, als ob angeführt wäre: „An Stelle des § 490 Abs. 3 treten jedoch die §§ 478, 479".

Der Käufer muß daher trotz der gegenteiligen Fassung des § 492, die Handlungen nach § 478 vornehmen, und zwar längstens innerhalb der Verjährungsfrist von 6 Wochen, wenn er sich das Recht auf einredeweise Geltendmachung des Wandelungsanspruches gegenüber der Klage des Verkäufers auf Zahlung des Kaufpreises sowie die Aufrechnung des Schadenersatzanspruches wegen des Mangels auch nach Ablauf der Verjährungsfrist erhalten will. Hinsichtlich dieser Verpflichtung des Verkäufers besteht also wohl der unrichtigen Fassung des Gesetzes nach ein Unterschied, je nachdem, ob eine Gewährfrist vereinbart ist oder nicht, nicht aber nach der allgemein richtigen Auslegung und Anwendung des Gesetzes.

Diesbezüglich verweise ich auf RG 60, 234; *Palandt* Anm. 3 zu § 492; *Staudinger* zu § 492 1c, RGRKomm. § 492 Nr. 4; *Planck* zu § 492 2a, ferner *Stölzle*, Slg. I, S. 119, OLG Naumburg, ebenso *Stölzle*, Slg. I, S. 122, OLG Stuttgart.

Nach dem Gesetzestext des § 492 würden für den Fall der Übernahme einer Gewährleistung wegen eines nicht zu den Hauptmängeln gehörenden Fehlers oder im Fall einer zugesicherten Eigenschaft, wenn keine Gewährfrist vereinbart wurde, die Bestimmungen der §§ 479 und 478 nach § 492 über § 490 III nicht zur Anwendung kommen, weil § 479 ausdrücklich und § 478 durch § 490 III ausgeschlossen wird, und § 485, weil er im § 492 nicht zitiert ist.

Dies ist offenbar nur deshalb der Fall, weil, wenn keine Gewährfrist vereinbart wurde, auch keine Verpflichtung festgesetzt werden kann, „innerhalb zweier Tage" nach Ablauf der „Gewährfrist" einen Mangel anzuzeigen.

Danach hätte also der Käufer unbeschränkt und unbefristet sein Einrederecht der Aufrechnung.

Das hat aber der Gesetzgeber nicht gewollt, deshalb muß man über § 481, der die für den Kauf im allgemeinen gegebenen Bestimmungen der §§ 479, 478 zuläßt, zu der Feststellung kommen, daß dem Käufer die Einreden wegen des Mangels und des Rechts auf Aufrechnung mit dem Anspruch auf Schadenersatz, auch nach der Verjährung, erhalten bleiben.

Z. B. Käufer verweigert die Bezahlung des Kaufpreises für ein Pferd, weil ihm der Verkäufer ohne Vereinbarung einer Gewährfrist die Zusicherung gegeben habe, daß das Pferd „gut im Zuge sei", was nicht der Fall war.

Der Käufer hatte es unterlassen, in der sechswöchigen Verjährungsfrist eine der Handlungen nach § 478 vorzunehmen (Mangel nicht angezeigt, Anzeige nicht abgesendet, gerichtliche Beweisaufnahme zur Sicherung des Beweises nicht beantragt oder in einem zwischen dem Käufer und einem späteren Erwerber des Pferdes wegen des Mangels anhängigen Rechtsstreite dem Verkäufer den Streit nicht verkündet). Trotz dieses Unterlassens wäre der Käufer nach der wörtlichen Fassung des § 492 berechtigt, seine Einwendungen wegen Wandelung bzw. aufrechnungsweiser Geltendmachung von Schadenersatzansprüchen zu erheben, weil in § 492 bei „Nichtvereinbarung" einer Gewährfrist nach § 490 III, auf welchen § 492 verweist, die Notwendigkeit, die Handlungen nach §§ 479, 478 vorzunehmen, nicht besteht und § 485 im § 492 für diesen Fall nicht zitiert ist und daher auch nicht gilt.

Aus der oben angeführten Begründung jedoch wird auch hier (über § 481) angenommen, daß § 479 und damit § 478 auch zum Zuge kommen und der Käufer daher wegen Verjährung mit seinen Einwendungen gegen die Kaufpreisforderung abgewiesen und zur Zahlung der Kaufsumme verurteilt werden muß.

d) Ist eine Gewährfrist bedungen, muß der Käufer beweisen, daß die zugesicherte Eigenschaft fehlte oder wenn die Haftung für alle Fehler oder wegen eines nicht zu den Hauptmängeln gehörenden Fehlers übernommen wurde, ein Fehler bzw. der betreffende Fehler innerhalb der Gewährfrist sich zeigte.

Ablieferung nach § 492 (wie auch § 477/I) ist nicht der „Übergabe" des § 433 gleichzusetzen; das Tier kann „übergeben", aber noch nicht „abgeliefert" sein.

Die „Ablieferung" ist auch nicht der „vertragsmäßigen" Lieferung gleichzusetzen. Auch ein mangelhaftes Tier kann abgeliefert sein (ergibt sich aus § 477).

„Ablieferung" ist der Vorgang, durch den der Verkäufer das Tier aus seiner Verfügungsgewalt entläßt und den Käufer in Erfüllung des Kaufvertrages in eine solche tatsächliche räumliche Beziehung zur Kaufsache versetzt, daß sich der Käufer einseitig sofort ihren tatsächlichen Gewahrsam verschaffen und über sie verfügen kann (dazu siehe RG JW 08, 431 und RG 91, 289).

e) Wurde bewiesen, daß sich der Fehler innerhalb der Gewährfrist zeigte, tritt die Vermutung nach § 484 ein, daß die zugesicherte Eigenschaft bereits im Zeitpunkte des Gefahrüberganges fehlte, bzw. daß der Fehler zu diesem Zeitpunkte bereits vorhanden war. Einen solchen weiteren Beweis muß der Käufer also nicht führen.

Ist keine Gewährfrist vereinbart, muß der Käufer, der das Fehlen der zugesicherten Eigenschaft oder den Mangel behauptet, wenn er das Tier als Erfüllung angenommen hatte, beweisen, daß der Mangel schon zur Zeit des Gefahrüberganges vorhanden war, bzw. daß in diesem Zeitpunkte die zugesicherte Eigenschaft fehlte.

Nach *Stölzle*, Slg. II, S. 203, LG Kempten, ist das Vorhandensein von Fehlern nicht bloß wahrscheinlich zu machen, sondern zu beweisen.

Ein Beweis des Käufers, daß die zugesicherte Eigenschaft am Tage nach dem Gefahrübergang fehlte, genügt nicht, außer es könnte aus dem unmittelbar nach dem Gefahrübergang in Erscheinung tretenden Mangel geschlossen werden, daß derselbe schon im Zeitpunkte des Gefahrübergangs vorhanden war.

Hat der Käufer das Tier nicht als Erfüllung angenommen, also die Annahme des Tieres verweigert mit der Behauptung, daß dem Tiere die zugesicherte Eigenschaft fehle oder daß das Tier mit einem Mangel behaftet sei, dessen Abwesenheit zugesichert wurde, dann muß der Verkäufer beweisen, daß er mit der Lieferung des Tieres den Vertrag erfüllt hat, also die zugesicherte Eigenschaft bei dem Tiere vorhanden bzw. der Mangel nicht vorhanden war.

Anm. 3. Übernahme der Gewährleistung wegen eines nicht zu den Hauptmängeln gehörenden Fehlers

a) Der Unterschied dieser Übernahme der Gewährleistung wegen eines Fehlers, der nicht zu den Hauptmängeln gehört und dem anderen Fall der Zusicherung einer Eigenschaft, besteht in der Wirkung vor allem darin, daß im ersteren Falle nur Wandelung verlangt werden kann und im zweiten Falle Wandelung oder an Stelle von Wandelung auch Schadenersatz.

Meisner S. 69 führt die rechtsgeschichtliche Entwicklung dazu näher aus nämlich, daß ursprünglich nach altem Gewährschaftsrecht nur die Vereinbarung über Nichthauptmängel behandelt wurde und in diesem Falle damals nur die Rückgängigmachung des Vertrages, also Wandelung des Vertrages, möglich war.

Erst das BGB hat auch den weiteren Begriff der Zusicherung der Eigenschaft eingeführt und damit dann auch die Wahl des Käufers, Wandelung oder Schadenersatz zu verlangen (§ 463), ermöglicht.

Staudinger führt diesbezüglich zu § 459 IV, auf den hier zurückzugreifen ist, sehr richtig an, daß eben nach Verkehrsgrundsätzen jeder, der eine Zusicherung gibt, auch uneingeschränkt für den Inhalt derselben einzustehen habe (P I 688). Durch dieses qualifizierte Versprechen der Garantie für die betreffende Eigenschaft ergebe sich, daß bei Mangel dieser Eigenschaft der Verkäufer nicht nur auf Wandelung, sondern auch wegen „Nichterfüllung" auf vollen Schadenersatz in Anspruch genommen werden könne.

In der Praxis wird die Unterscheidung öfters schwierig sein, weil vielfach das Wort der Gewährleistungsübernahme gebraucht wird, ohne daß dem Willen der Parteien nach damit etwas anderes als die Zusage einer Eigenschaft gemeint ist und umgekehrt, wird dem Wesen nach eine Gewährleistungsübernahme für Nichthauptmängel vorliegen, ohne daß das Wort Gewährleistung in der Vereinbarung ausdrücklich gebraucht ist.

Bei dieser Unklarheit des Unterschiedes wird man im Zweifel immer nur das Mindere annehmen müssen, also nur die Übernahme der Gewährleistung über die gesetzlichen Hauptmängel hinaus, bei welcher nur die Wandelung zulässig ist, und nicht die Zusicherung des Nichtvorhandenseins von Mängeln oder des Vorhandenseins bestimmter Eigenschaften, was auch zum Schadenersatz berechtigen würde.

Siehe *Stölzle*, Slg. I, S. 126, OLG Posen, ebenso *Stölzle*, Slg. I, S. 127, LG Stendal und *Stölzle*, Slg. I, S. 143, LG Gießen, welch letztere Entscheidung zunächst den Unterschied festlegt, hinsichtlich allgemeiner Versprechen des Verkäufers wegen aller Mängel haften zu wollen, was sich im Zweifel nur auf die Hauptmängel bezieht, und dem, daß in jedem Einzelfall, insbesondere unter Berücksichtigung der Verkehrsübung im Viehhandel und der Umstände, unter denen die Erklärung abgegeben wurde, darüber zu befinden ist, ob die Übernahme einer weitergehenden Haftung oder nur eine unverbindliche Anpreisung in Frage stehe.

Siehe auch OLG Hamburg U. v. 3. 2. 48 in DRsp. I (130) 8 c—d, näher ausgeführt in MDR 48, 253: „Nicht jede bei Kaufabschluß abgegebene Erklärung des Verkäufers ist eine Zusicherung im Sinne des § 459 und damit auch des § 492."

Die Zusicherung muß vielmehr, um eine solche zu sein, vom Käufer vertragsmäßig verlangt und vom Verkäufer in bindender Weise abgegeben werden (RG 114, 239; 54, 223).

Erklärt beispielsweise der Verkäufer auf die Frage des Käufers, ob das Pferd fromm sei, er wisse es nicht, aber er übernehme dafür die Gewährleistung, dann handelt es sich klarerweise nur um eine Gewährleistung für einen Nichthauptmangel, nicht aber um eine Zusicherung einer Eigenschaft.

Der Käufer kann hier nur Wandelung verlangen, nicht Schadenersatz.

b) Versprechen wegen aller Fehler haften zu wollen:

Die Übernahme der Gewährleistung für alle „gesetzlichen" Fehler beinhaltet nur die Haftung für die gesetzlichen Hauptmängel.

c) Eine Haftung für alle Fehler wird vor allem dann als gegeben anzunehmen sein, wenn die Worte gebraucht wurden: „ohne Mangel", „fehlerfrei", „gesund und reell", „gesund und recht".

Siehe *Stölzle*, Slg. II, S. 184, AG Tettnang: Danach bedeutet dieser Ausdruck „gesund und recht" die Zusage der Abwesenheit aller Mängel, die auf den Wert und die Brauchbarkeit des Tieres von Einfluß sind.

d) Der Verkauf eines Tieres für einen bestimmten Gebrauchszweck enthält regelmäßig nicht ohne weiteres die Zusicherung, daß das Tier zu dem Gebrauch tauglich ist.

Wenn aber der Beklagte auf die Frage des Käufers, ob er das Tier auch eingefahren habe, geantwortet hat, daß er es schon einige Male eingespannt hat, ist kein Zweifel, daß das Tier als Nutztier verkauft worden ist.

Hierbei ist es auch gleichgültig, ob die Zusicherung bei der ersten Besichtigung abgegeben wurde oder beim Kaufabschluß, denn die gesamten Kaufunterhandlungen von der ersten Besichtigung bis zum Abschluß des Kaufs, stellen ein einheitliches Ganzes dar.

Nach *Stölzle*, Slg. II, S. 162, LG Osnabrück, ist bei Zusicherung „völliger Fehlerfreiheit", z. B. „das Tier sei gesund und es fehle ihm nichts", kein Unterschied zwischen erheblichen und unerheblichen Mängeln; es hafte dann — bei Fehlen zugesicherter Eigenschaften — der Verkäufer in jedem Falle; das folge aus § 459, wo ein Unterschied zwischen erheblichen und unerheblichen Mängeln einerseits und zugesicherten Eigenschaften andererseits gemacht ist, und dem Käufer, wenn der verkauften Sache zur Zeit des Gefahrübergangs zugesicherte Eigenschaften fehlen, die Gewährleistungsansprüche schlechthin zustehen, und zwar ohne Rücksicht darauf, ob das Fehlen der zugesicherten Eigenschaften für den Vertragszweck erheblich ist oder nicht.

Ebenso *Stölzle*, Slg. II, S. 178, OLG München und ebenso OLG Bremen U. v. 9. 6. 50 in DRsp. I (130) 16d, welche Entscheidung feststellt, daß eine Haftung für zugesicherte Eigenschaften auch bei unerheblichen Abweichungen von der Zusicherung eintritt, außer es würde sich um völlig unerhebliche Abweichungen handeln.

Anm. 4. Zusicherung einer Eigenschaft des Tieres, welche mit den Hauptmängeln nicht zusammenhängt

a) Zum Begriff der Zusicherung einer Eigenschaft genügt es, daß der Käufer beim Vertragsschluß erkennbar auf eine bestimmte Eigenschaft der Sache Wert legt, sie zur Vertragsbedingung macht und daß der Verkäufer hiergegen keinen Widerspruch erhebt.

Siehe *Stölzle*, Slg. II, S. 167, RG, ebenso *Stölzle*, Slg. II, S. 200, KG, das insbesonders feststellt: Wirksam ist eine Zusicherung nur dann, wenn sie die bestimmte Bezeichnung der Eigenschaft oder die bestimmte Angabe der als abwesend zugesicherten Mängel enthält.

b) Unter den Begriff „Eigenschaft" im Sinne des § 459 II fallen nicht nur die natürlichen (körperlichen) Eigenschaften, sondern alle tatsächlichen oder rechtlichen Verhältnisse des Tieres, die zufolge ihrer Beschaffenheit und Dauer nach den Verkehrsanschauungen einen Einfluß auf die Wertschätzung des Tieres im Rechtsleben zu üben pflegen.

Siehe *Stölzle*, Slg. II, S. 167, RG, das auch ausdrücklich feststellt, daß eine Zusicherung im gesetzlichen Sinne nur vorhanden ist, sofern beide Vertragschließenden die betreffende Erklärung als Bestandteil des Vertrages gewollt haben. Es müsse dies nicht mit ausdrücklichen Worten geschehen, aber aus der Gesamtheit der Umstände müsse sich ergeben, daß die Erklärung als Vertragsinhalt vom Käufer gefordert und vom Verkäufer erteilt worden ist; z. B. ist die Zusicherung, die Kuh gibt 8 l Milch, die Zusicherung einer Eigenschaft (RG 123, 212).

Es muß sich um eine bestimmte Bezeichnung der Eigenschaft handeln oder eine bestimmte Angabe der als abwesend zugesicherten Mängel, damit diese Zusicherung wirksam wird (zum

Unterschied von der Übernahme der Gewährleistung, welche für alle Nebenmängel erfolgen kann).

Eine solche bestimmte Bezeichnung einer Eigenschaft ist auch die Trächtigkeit eines Tieres.

Nach *Stölzle*, Slg. II, S. 178, OLG München, wurde festgestellt, daß in der Mitteilung des Verkäufers über das Alter des Pferdes, auf Frage des Käufers, darin allein noch keine Zusicherung gegeben ist, um so mehr, als die Feststellung des Alters, soweit nicht ein Geburtszeugnis beschafft werden kann oder auf andere Weise der Tag der Geburt ermittelt werden kann, nur nach der Beschaffenheit der Zähne erfolgen kann und es sich diesbezüglich um einen Spielraum bis zu zwei Jahren handeln kann.

Nach *Fröhner*, S. 160, hat den größten Wert ein Pferd im Alter von 5—6 Jahren; von 10 Jahren an wird der Wert alljährlich um $^1/_5$ geringer.

c) Die Zusicherung „absolut tadellos und fehlerfrei" ist die Zusicherung einer Eigenschaft und nicht die Zusicherung, daß nur kein Hauptmangel vorhanden sei. Wenn also beispielsweise das betreffende Tier tuberkulös ist, so hat der Verkäufer die Zusicherung der Fehlerfreiheit zu verantworten.

Gegenteilig die Entscheidung *Stölzle*, Slg. II, S. 170, KG, die jedoch auch von *Stölzle* ebenfalls als unrichtig bezeichnet wird, indem er in dieser Zusicherung auch mit Recht die Zusicherung einer Eigenschaft im Sinne des § 492 erblickt.

Ähnlich ist die Erklärung, die Kuh ist „gut und reell" und „fehlerfrei" — entgegen der Ansicht wie sie bei *Stölzle*, Slg. II, S. 171, des LG Osnabrück zum Ausdruck gebracht wird, das darin nur eine allgemeine Anpreisung erblicken will —, die Zusicherung einer Eigenschaft, für die der Verkäufer einzustehen hat.

Dieselbe Ansicht vertritt auch *Stölzle* in einer Fußnote zu dieser Entscheidung.

Ähnlich bedeutet die Zusicherung des Verkäufers, daß die Pferde „reell und gesund sind", nicht nur eine allgemeine Anpreisung, welche Ansicht in der Entscheidung *Stölzle*, Slg. II, S. 171, OLG Kiel vertritt, wie ebenfalls in einer Fußnote *Stölzle* richtigerweise anführt, der ausdrücklich dazu feststellt, daß nach den Grundsätzen von Treu und Glauben im Verkehr darin ausdrücklich eine Zusicherung des Verkäufers liegt und nicht bloß eine allgemeine Anpreisung.

d) Die Zusicherung „gesund und fehlerfrei" enthält die vertragsmäßig übernommene Gewähr für eine Eigenschaft des Tieres bzw. das Fehlen eines Mangels und zwar eine Zusicherung auch für Mängel, die nicht zu den Hauptmängeln gehören;

ebenso in *Stölzle*, Slg. II, S. 180, RG. Diese Entscheidung führt insbesondere an, daß eine stillschweigende Abgabe einer Zusicherung beim Verkauf nur dann zu bejahen ist, wenn der Verpflichtungswille außer jedem Zweifel steht.

Abweichend von dieser Entscheidung sieht die in *Stölzle*, Slg. II, S. 182 angeführte RG-Entscheidung in der Erklärung des Verkäufers (und zwar auf Befragen des Käufers), daß das Tier „gesund" ist, keine Gewährleistung, hält diese Erklärung aber, wenn sie wider besseres Wissen erfolgt ist, für einen Verstoß gegen die guten Sitten und für arglistiges Verschweigen. Ob durch eine solche Erklärung nur eine Erklärung rein tatsächlichen Inhaltes anzunehmen ist oder eine vertragsmäßige Garantieübernahme, kann nur auf den jeweiligen Fall ankommen. War darin nur die Erklärung anzunehmen, daß nach dem Wissen des Verkäufers das Tier nicht mit Krankheiten und Untugenden behaftet sei, dann ist sie rein tatsächlichen Inhaltes, andernfalls, also insbesondere wenn die Ausdrücke „einstehen" oder „garantieren" oder Worte mit ähnlicher Bedeutung vom Verkäufer gebraucht wurden, wird eine „vertragliche Zusicherung einer Eigenschaft" anzunehmen sein.

Nach *Stölzle*, Slg. II, S. 185, AG Markt-Oberdorf, liegt – auf die Frage des Käufers, ob die Kuh „hustet" – in der Zusicherung, der „Kuh fehlt nichts, sie ist gesund", die Zusicherung der Freiheit von Tuberkulose.

Keine Zusicherung einer Eigenschaft liegt in gewöhnlichen Kaufanpreisungen und Wertangaben, z. B. das Tier hätte eigentlich einen viel höheren Wert, jedenfalls aber mindestens 1000,– DM, weil solche Anpreisungen nicht ernstlich gemeint sind und daher vom Käufer auch nicht ernst genommen werden können und der Wert als solcher keine Eigenschaft darstelle, sondern nur ein subjektives Urteil des Verkäufers über den Wert des Tieres; ebenso *Stölzle*, Slg. I, S. 150, OLG Augsburg.

e) Keine Zusicherung einer Eigenschaft liegt darin, wenn der Verkauf eines Tieres zu einem bestimmten Gebrauchszweck erfolgt: siehe *Stölzle*, Slg. II, S. 197, OLG Rostock, das dazu insbesondere anführt:

Wohl genügt auch eine Zusicherung, wenn sie als stillschweigend vereinbart anzusehen ist, d. h. wenn nach der Lebenserfahrung und Verkehrsanschauung auf einen dahingehenden Geschäftswillen geschlossen werden kann.

Diese stillschweigende Vereinbarung muß aber durch eine positive Willensbetätigung zum Inhalt des Vertrages gemacht sein. Durch bloßes Stillschweigen kann eine derartige Zusicherung nicht begründet werden. Deshalb kann eine Eigenschaft der Kaufsache nicht schon dann als zugesichert gelten, wenn bei den Kaufverhandlungen hervorgetreten ist, daß die Sache einem bestimmten, diese Eigenschaft erfordernden Gebrauche beim Käufer dienen soll.

Ähnlich *Stölzle*, Slg. II, S. 198, OLG Darmstadt. Dort hatte es sich darum gehandelt, ob aus der Tatsache allein, daß ein Fuhrmann ein Pferd für seinen Gewerbebetrieb erwirbt, eine ausdrückliche Zusage zu erblicken ist, daß daher die Zugfestigkeit des Pferdes, deren Mangel kein Hauptfehler ist, als zugesagt gilt.

Die Entscheidung hat, entgegen *Endemann* und *Schneider* mit *Stölzle* entschieden, daß in diesem Falle „keine stillschweigende" Garantie zu erblicken sei.

Nach *Stölzle*, Slg. II, S. 200, KG, enthält der Verkauf von Schlachttieren nicht die stillschweigende Zusicherung, daß die Tiere nicht „angefüttert" sind.

In dem besonderen Fall hat die Entscheidung allerdings festgestellt, daß die im bedeutenden Umfang und gleichmäßig ausgeführte Überfütterung der Tiere nur zu dem Zweck erfolgt sein kann, das Lebendgewicht der Tiere, das für die Preisbemessung maßgebend sein sollte, in betrügerischer Absicht zu erhöhen und hat festgestellt, daß dies gegen die guten Sitten verstoße (§ 826) und hat daher dem Käufer die Einrede der Arglist mit Rücksicht auf §§ 133, 157, 242 zuerkannt.

Ähnlich *Stölzle*, Slg. II, S. 202, Bayer. ObLG München, welches in einem ganz ähnlichen Fall den strafbaren Tatbestand des Betruges gemäß § 263 StGB erblickte, weil in dem Füttern des Tieres unmittelbar vor Übergabe, die Vorspiegelung der falschen Tatsache des viel zu hohen Gewichts und die Unterdrückung der wahren Tatsache der Fütterung und des tatsächlichen minderen Gewichts liege.

Andererseits liegt eine ausdrückliche Zusicherung einer Eigenschaft vor, wenn ausdrücklich ein Pferd als Jagdpferd, Reitpferd, Wagenpferd verkauft wird, weil die Benutzungsmöglichkeit des Tieres in dieser Weise zugesichert wird (ebenso *Meisner* S. 237).

Ebenso liegt in der Zusicherung „gut zu jedem Gebrauch" die Zusicherung solcher Eigenschaften des Tieres, die für dessen Gebrauchsfähigkeit wesentlich sind. Allerdings ist in dieser Zusicherung nicht gleichzeitig eine Zusicherung für völlige Fehlerfreiheit gegeben.

Diese Zusicherung „gut zu jedem Gebrauch" für ein Pferd gegeben, umfaßt wohl die Frömmigkeit im Geschirr oder unter dem Reiter, nicht aber die Stall- und Schmiedefrömmigkeit des Pferdes (ebenso *Meisner* S. 237).

f) Die Zusicherung einer „guten Milchkuh" bedeutet die Zusicherung (nach *Dieckerhoff*), daß die Kuh, wenn sie groß und schwer ist, in den ersten drei Monaten nach dem Kalben täglich 18—20 Liter Milch gibt bzw. wenn sie klein ist, etwa 10—12 Liter. Die Milch muß in diesem Falle eine gute Milch sein (nicht blutig).

Die Milchkuh darf auch keine abnorme Verengung der Strichkanäle haben (Hartmelken), wobei das Melken mit besonderen Schwierigkeiten verbunden ist, ebenso muß die Kuh auf allen vier Strichen melken und darf nicht gegen das Melken widersetzlich sein (ähnlich *Meisner* S. 237). Die Zusicherung der „Kälberkuh", „frischmilchenden Kuh", „mit eigenem Kalb" bedeutet die Zusicherung einer — infolge des Kalbens — gesteigerten Milchproduktion durch etwa 4 Wochen.

Nach *Fröhner* bedeutet diese Zusicherung einer guten Milchkuh, daß die Kuh ein gesundes Euter hat und sich gut melken läßt und bei angemessener Sicherung, Haltung und Verpflegung diejenige Durchschnittsmenge von guter Milch liefert, welche ihrer Rasse, ihrer Körperkonstitution, ihrem Alter und ihrem Milchgebestadium entspricht.

g) Die Zusicherung der Zuchttauglichkeit — „deckt und befruchtet" — bedeutet, daß das Tier zur Zucht verwendet werden kann.

Nach *Fröhner* ist dies die Zusicherung einer Eigenschaft des Tieres, daß dieses einen normalen Geschlechtstrieb aufweist und eine normale

Fortzeugungsfähigkeit besitzt und mit keinem Erbfehler behaftet ist (Fehler oder Leiden, welche sich nachweislich häufig auf die Nachkommenschaft vererben).

Fehlt daher beim männlichen Tier die Begattungs- oder Zeugungsfähigkeit, ist das weibliche Tier unfruchtbar (steril) oder sind bei beiden infektiöse Geschlechtskrankheiten oder Erbfehler vorhanden, ist die Garantie nicht erfüllt.

Nach *Fröhner* ist ein Hengst zuchtuntauglich, wenn 60% der Stuten nicht trächtig werden.

Auch hier bedeutet die Tatsache der Mitteilung des Käufers an den Verkäufer, das Tier zur Zucht verwenden zu wollen, noch keine Gewährübernahme des Verkäufers zur Zuchttauglichkeit.

Die Zusicherung der Körfähigkeit bedeutet die Haftung dafür, daß der Stier derart beschaffen ist, daß er von der für die Körung zuständigen Stelle angekört wird (siehe *Meisner* S. 240).

Die Zusicherung der Sprungfähigkeit des männlichen Tieres bedeutet die Haftung dafür, daß das Tier das Deckgeschäft normal, d. h. ohne Anwendung besonderer Kunstmittel vollführt. Dadurch ist aber noch nicht die Haftung dafür übernommen, daß eine Nachzucht erzielt wird (siehe *Sauer-Reuter*).

h) Die Zusicherung der Zugfestigkeit:

„Zugfest" bedeutet willig zum Zug, nicht nur fähig zum Ziehen. „Gut im Zug" bzw. „für schweren Zug" (schwer zugfest) heißt, daß ein Pferd vermöge seiner Beschaffenheit, sowohl willig zum Zug (schweren Zug) als auch dazu fähig ist.

Dabei ist von einer mittleren Arbeitsfähigkeit des Tieres seiner Art auszugehen.

Nach *Fröhner* bedeutet ein „schwer zugfestes Tier" ein solches Tier' welches etwa 40—50 Zentner unter ungünstigen Bodenverhältnissen ziehen kann (bergan, Acker, Sturzacker).

Nach *Stölzle*, Slg. II, S. 188, LG Karlsruhe, ist bei einer Garantie „für Zugfestigkeit", die angeborene oder anerzogene Gewöhnung eines Tieres, sich im Gespann zur Arbeit verwenden zu lassen, zu verstehen.

In dem besonderen Falle kam es aber vor allem auf die allgemeine Verwendbarkeit im Zuge an, die nicht nur infolge mangelnder Gewöhnung, sondern auch durch andere Umstände, insbesondere Krankheit (Dämpfigkeit und Pfeiferdampf) ausgeschlossen war, so daß festgestellt wurde, daß ein an Pfeiferdampf leidendes Pferd nicht zugfest im Sinne des Vertragswillens war.

Nach einem Sachverständigen-Gutachten, das in diesem Verfahren abgegeben wurde, würde auch die Krankheit „Brustseuche" genügen, die Gebrauchsfähigkeit des Tieres zum Zuge als nicht gegeben anzunehmen.

Nach *Stölzle*, Slg. II, S. 190, LG Kempten, ist unter Zusicherung „ein- und zweispannig gut im schweren Zug" zu verstehen, daß der Käufer ein im schweren Zug brauchbares Pferd kaufen wollte und der Verkäufer diese Gewähr geleistet hat.

Nach *Stölzle*, Slg. II, S. 191, AG Weinsberg, liegt in der Erklärung, daß das Tier gut ziehe, noch keine ausdrückliche Zusicherung einer Eigenschaft. Es trete daher, da die Zugfestigkeit nicht zu den gesetzlichen Gewährsmängeln gehört, auch keine Haftung des Verkäufers dafür ein.

In dem besonderen Falle wurde noch festgestellt: Selbst wenn man unter dieser Mitteilung nicht nur eine bloße Anpreisung sehe, sondern eine rechtsverbindliche Zusicherung einer Eigenschaft, müsse die Klage auf Wandelung doch abgewiesen werden, da der Käufer nicht zu beweisen vermochte, daß der behauptete Mangel der zugesicherten Eigenschaft tatsächlich schon zur Zeit des Gefahrüberganges vorhanden gewesen sei.

Nach dem Gutachten des Sachverständigen könne auch nichts daran ändern, daß das Pferd nachher bei der vom Sachverständigen vorgenommenen Fahrprobe versagt habe, da es eine Erfahrungstatsache sei, daß ein lebhaftes, rassiges Pferd, welches nicht richtig behandelt wird oder in fremde Umgebung kommt, unter Umständen in wenigen Tagen eine mangelhafte Zugfestigkeit zeigen kann.

Nach *Meisner* S. 241 könne daher kaum eine Zugprobe genügen, um sich ein wahres Bild über die Zugfestigkeit des Tieres zu machen.

Nach *Stölzle*, Slg. II, S. 194, LG Stuttgart, müsse bei „gutem Zug" ein Pferd die mittlere Arbeitsleistung eines Pferdes gleichen Schlages haben, was in dem besonderen Falle deshalb nicht gegeben war, weil das Pferd mit chronischer Sehnenentzündung und Stelzfußbildung behaftet war.

Nach dem Gutachten des Sachverständigen führen aber nach tierärztlicher Wissenschaft solche Sehnenverdickungen in kürzerer oder längerer Zeit, je nachdem das Pferd zu leichterer oder schwerer Arbeit verwendet wird, zu sogenannter Stelzfußbildung und vollständiger Unbrauchbarkeit.

i) Die Zusicherung der Frömmigkeit:

Die Zusicherung der Frömmigkeit bedeutet die Haftung dafür, daß das Tier bei entsprechender Behandlung weder im Stall, noch beim Beschlagen, noch beim Dienstgebrauch sich so widersetzlich zeigt, daß Menschen oder andere Tiere oder das Tier selbst beschädigt werden können.

Ein Tier ist nicht als fromm zu bezeichnen, welches auch nur während der Rossigkeit widersetzlich ist oder welches vor Kraftfahrzeugen, Eisenbahnzügen scheut, obwohl genügend Gelegenheit gewesen wäre, sich daran zu gewöhnen (ähnlich *Meisner* S. 247).

Das Pferd ist nicht fromm, wenn es sich nicht von seinem Stall entfernen will oder von anderen Pferden, mit denen es beisammen ist (Kleben).

Der Pferd ist nicht fromm, wenn es sich von einem Wärter mittlerer Art und Güte nicht behandeln läßt.

Das Pferd ist nicht fromm, wenn es nach dem Besteigen bockt (Sattelzwang des Pferdes).

Das Pferd ist nicht „schmiedefromm" oder „beschlagfromm", wenn es sich nicht ohne Zwangsmittel beschlagen usw. läßt.

Anm. 5. Gewährleistung für Trächtigkeit, und zwar mit oder ohne Gewährfrist

a) Gewährleistung für Trächtigkeit:

Die Zusicherung der Trächtigkeit bedeutet Zusage einer Eigenschaft.

Der Käufer kann daher beim Mangel dieser Eigenschaft Wandelung oder statt der Wandelung Schadenersatz wegen Nichterfüllung verlangen. Im Zweifel wird nicht Übernahme der Gewährleistung, sondern Zusage einer Eigenschaft anzunehmen sein, weil dem Käufer nicht mit der Rücknahme des Tieres gedient ist — im Falle der Nichtträchtigkeit —, sondern sein wirtschaftliches Interesse ist dann auf Ersatz des Schadens gerichtet, der ihm dadurch entstanden ist (ähnlich *Meisner* S. 264).

Trächtigkeit im Viehhandel bedeutet nur, daß das Muttertier eine Frucht in sich trägt.

Die Trächtigkeitszusage enthält regelmäßig nicht auch die Zusicherung, daß das Tier ein lebendes Junges bringe.

Die Gefahr des Verwerfens trägt also grundsätzlich der Käufer, selbst wenn das Tier von Anfang an nicht geeignet war, normalerweise Junge zur Welt zu bringen (ebenso *Stölzle*, Slg. II, S. 205, RG, ebenso nichtveröffentlichte Entscheidung des OLG München Ber. Reg. 3 U 618/51).

Ein Tier, welches den Vorgang des Verwerfens bereits begonnen hat, ist nicht mehr trächtig.

Der Verkäufer haftet dann, wenn der Käufer beweist, daß die unmittelbare Ursache für das Verwerfen schon vor Übergabe vorhanden war.

Die Haftung des Verkäufers tritt auch dann ein, wenn das Tier zur Zeit der Übergabe eine schon im Absterben befindliche oder gar schon abgestorbene Frucht in sich trug; „denn eine solche Kuh ist nicht mehr trächtig im Sinne des Vertrages" (*Meisner* S. 249; *Stölzle-Graminger* S. 389, obangeführte Entscheidung des OLG München).

b) Es gibt eine Trächtigkeitszusicherung mit und ohne Gewährfrist; „Trächtigkeitsgarantie mit Gewährfrist":

In der Zusicherung, die „Kuh ist trächtig und kalbt binnen 3 Monaten" (oder bis zum — oder nicht bis zum —) liegt die Zusicherung einer Eigenschaft (Trächtigkeitsgarantie) mit gleichzeitiger Vereinbarung einer Gewährfrist, daher muß der Käufer gemäß §§ 492, 485 spätestens 2 Tage nach Ablauf der Gewährfrist oder nach dem Tode des Tieres, die Mängelanzeige erstatten und innerhalb 6 Wochen vom Ende der Gewährfrist an, Klage stellen (ebenso *Stölzle*, Slg. II, S. 207, LG Würzburg; *Stölzle*, Slg. II, S. 90, LG Kempten; *Stölzle*, Slg. I, S. 159, LG Frankfurt; *Stölzle*, Slg. I, S. 170, OLG Kiel und *Stölzle-Graminger*, S. 388).

Die gegenteilige Ansicht, wie sie beispielsweise bei *Stölzle*, Slg. II, S. 211, LG Neuburg a. D. oder *Stölzle*, Slg. II, S. 213, LG Hall, vertreten wurde, die in diesen Fristsetzungen hinsichtlich des Kalbens der Kuh usw. keine Gewährfrist erblicken will (ebenso *Meisner* S. 260), was von der Rechtsprechung aber zum größten Teile abgelehnt wird, ist auch nicht begründet; denn wenn das Werfen (Kalben oder Fohlen) bis zu einem bestimmten Zeitpunkt zugesagt wird, ist vom Verkäufer auch eine Gewährleistung mit der entsprechenden Festsetzung dieses Zeitpunktes als Gewährfrist erteilt worden.

c) Trächtigkeitsgarantie ohne Gewährfrist

In der Zusicherung einer Trächtigkeit des Tieres ohne Zeitangabe liegt die stillschweigende Vereinbarung einer Hinausschiebung des Beginns der Verjährungsfrist; denn die Feststellung der Trächtigkeit in den ersten 6 Wochen ist selbst für Tierärzte unsicher.

Die Verjährungsfrist beginnt frühestens mit der Feststellung der Nichtträchtigkeit, z. B. die Kuh hat verworfen oder ist umgestanden, sonst mit Ablauf der Trächtigkeitsdauer und zwar Höchstträchtigkeitsdauer.

Dieser Ansicht muß zugestimmt werden, denn sonst würde der Verlust des Anspruches des Käufers wegen Verjährung eintreten, bevor dieser überhaupt in der Lage wäre, die entsprechende Feststellung über das „Nichtvorhandensein" der Trächtigkeit vorzu nehmen, was dem Grundsatz von Treu und Glauben widersprechen würde, und zwar auch nach dem Rechtsgedanken von der wirtschaftlichen Unhaltbarkeit des entgegengesetzten Ergebnisses (RG JW 17, 929).

Gleiche Entscheidung in *Stölzle*, Slg. II, S. 228, LG Frankenthal, die sich dabei auf RG-Entscheidung bei *Gruchot* Bd. 58, S. 508ff. berief.

Die Höchstdauer der Trächtigkeitszeit bei Kühen wird in dieser Entscheidung mit 321 Tagen angegeben (unter Verweis auf *Hirsch-Nagel*).

Ähnlich *Stölzle*, Slg. II, S. 224, LG Memingen, welches allerdings die Zeit bis zur Erkennbarkeit des Mangels als eine „stillschweigend vereinbarte Gewährfrist" ansehen will, was aber hinsichtlich des Beginns der Verjährungsfrist, nämlich, daß diese erst nach Ablauf der Gewährfrist zu laufen beginnt, auf dasselbe hinausläuft.

Die Entscheidung führt weiter an, daß die normale Trächtigkeitsdauer nach allgemeiner handelsüblicher Auffassung 42 Wochen bei Rindvieh beträgt (auf Grund des Gutachtens des Landesverbandes Bayer. Viehhändler) und weiters, daß sich nicht in allen Fällen mit Bestimmtheit bei einem Pferde oder einer Kuh innerhalb der ersten 6 Wochen nach der Begattung Trächtigkeit feststellen läßt (Gutachten des Vorstandes des Instituts für Geburtshilfe der tierärztlichen Fakultät).

Nach *Fröhner* ist die Feststellung der Trächtigkeit beim Rind mit Sicherheit erst innerhalb der letzten 4—5 Monate, mithin im 4. bis 5. Trächtigkeitsmonat möglich, ausnahmsweise allerdings rektal schon im 2. bis 3. Monat.

In Süddeutschland wird eine Trächtigkeitsdauer von 42 Wochen beim Rind angenommen.

d) Die Zusicherung der „Trächtigkeit" ist nur erfüllt, wenn das Tier bei der Übergabe trächtig war. Es haftet also der Verkäufer, wenn das Tier vor der Übergabe verwirft, dagegen nicht, wenn es nach der Übergabe verwirft, außer der Käufer würde beweisen, daß die unmittelbare Ursache hierfür schon bei der Übergabe vorhanden war.

e) Eine Mängelrüge ist bei dieser Zusicherung nicht erforderlich.

f) Die Verjährungsfrist beginnt mit dem Ende der stillschweigend vereinbarten Trächtigkeitsdauer (Höchstträchtigkeitsdauer).

g) Wird die Zusicherung mit einem bestimmten Zeitpunkt verbunden, z. B. 12 Wochen trächtig oder im vierten Monat trächtig oder seit ... trächtig, muß dieser vereinbarte Zeitraum von der Höchstträchtigkeitsdauer abgerechnet werden.

h) Die Zusicherung „trächtig unverjährbar" bedeutet nichts anderes, als daß die Verjährung nicht mit der Ablieferung beginne, sondern eben erst mit Ablauf der Höchstträchtigkeitsdauer.

i) Die Zusicherung „hochträchtig", „kälbergriffig" bedeutet eine zurückliegende Trächtigkeitsdauer von mindestens 25 Wochen, welcher Zeitraum daher von der Höchstträchtigkeitsdauer abzurechnen ist.

j) Die Zusicherung, „die Kuh hat am ... angerindert", bedeutet nur, daß die Kuh an diesem Tage dem Stier zugeführt worden ist, also nicht die Zusicherung der Trächtigkeit und auch nicht die Zusicherung, daß nach 9 Monaten ein Kalb da sein wird.

In diesem Falle muß daher, um Verjährung zu vermeiden, die Klage innerhalb 6 Wochen nach Ablieferung eingereicht werden (ebenso *Stölzle*, Slg. I, S. 186, AG Kempten), außer es würde aus der Zusicherung ausdrücklich hervorgehen, daß der Käufer eine Zusicherung einer „erfolgreichen Deckung" haben wollte und der Verkäufer eine solche Zusicherung daraufhin auch abgegeben hat.

Nach *Stölzle*, Slg. II, S. 234, LG Würzburg, enthält die Gewährschaft „für ein Kalb" die bestimmte Zusicherung, daß die Kuh überhaupt trächtig ist und weiter, daß sie nach Ablauf der Trächtigkeitszeit ein Kalb bringen, d. h. auch mit Erfolg trächtig sein werde.

Der Verkäufer hat damit die Haftung dafür übernommen, daß die Kuh nicht verkalben werde, mit anderen Worten, daß keine Frühgeburt eintreten werde, daß die Kuh auch kein totes Kalb zur Welt bringen werde.

Diese Auslegung des Vertragswillens entspricht dem Grundsatz von Treu und Glauben im Verkehr, da hier die Parteien beim Vertragsschluß das endgültige, regelmäßige Ergebnis der Trächtigkeit ausdrücklich in ihre Abmachungen eingeschlossen hatten.

Soll die Zusicherung aber auch einen Wert für den Käufer haben, so muß ihr die Bedeutung beigelegt werden, daß die Parteien zugleich den

Beginn der Verjährungsfrist vom Tage der Übergabe an ausschließen wollten, weil der auf den Mangel gestützte Anspruch in dem besonderen Falle wegen der Trächtigkeitszusage und der Zusage des Kalbens regelmäßig erst nach dem Ablauf der Höchstdauer der Trächtigkeit geltend gemacht werden kann: er ist vorher nicht erweislich.

Ebenso *Stölzle*, Slg. II, S. 235, OLG Kiel:

Die ausdrückliche Zusicherung, das Pferd habe unter Garantie ein „Fohlen", „es sei seit ... gedeckt und müsse ein Fohlen bringen, sonst soll es nichts kosten", sei eine Zusicherung, deren Unrichtigkeit, nämlich, daß die Stute nicht tragend war, erst nach Ablauf der Trächtigkeitszeit festgestellt werden könne. Daß eine tierärztliche Untersuchung eine solche Feststellung schon früher hätte treffen können, ist unbeachtlich, weil eine so ungewöhnliche und besondere Aufwendungen erfordernde Maßnahme dem auf die Zusicherung vertrauenden Käufer nicht zugemutet werden kann.

Es muß daher als übereinstimmender Wille der Parteien angenommen werden, daß die Verjährung erst dann beginnen sollte, wenn die Nichtträchtigkeit feststand. Das ergebe sich auch daraus, daß der Zeitpunkt des Fohlens, der sich nicht auf den Tag berechnen läßt, nur so bestimmt bezeichnet war, wie es den Umständen nach möglich war.

Ebenso in *Stölzle*, Slg. II, S. 232, RG: In der Zusicherung „der Hengst deckt und erbt" liegt die Zusicherung, daß der Hengst mit Erfolg decken werde.

In der Zusicherung liegt gleichzeitig die Berechtigung des Käufers, einen entsprechenden Mangel des Tieres auch später geltend zu machen, weil dies Treu und Glauben und die Rücksicht auf die Verkehrssitte erfordern.

Die Entscheidungen, dargelegt in *Stölzle*, Slg. II, S. 216, LG Augsburg, *Stölzle*, Slg. II, S. 231, LG Freiburg, stehen auf dem gegenteiligen Standpunkt, nämlich, daß in der Zusicherung der Trächtigkeit eines Tieres ohne irgendeine Zeitangabe nicht die stillschweigende Vereinbarung einer Gewährfrist liege und vertreten deshalb weiterhin den Standpunkt, daß die sechswöchentliche Verjährungsfrist deshalb gemäß § 492 mit der Ablieferung des Tieres beginne.

Dieselbe Ansicht hat auch *Stölzle* in „Der gegenwärtige Stand der Trächtigkeitsfrage in rechtlicher Beziehung" noch vertreten. Wie bereits oben ausgeführt, muß diese Ansicht jedoch für unrichtig gehalten und angenommen werden, daß erst mit Ablauf der Höchstträchtigkeitsdauer die sechswöchentliche Verjährungsfrist beginnt, weil sinngemäß nur diese stillschweigende Vereinbarung zwischen den Parteien angenommen werden konnte; diese Ansicht vertreten auch *Meisner* S. 262 und *Stölzle-Graminger* S. 404.

Anm. 6. Beweis der Nichtträchtigkeit

Der Beweis der Nichtträchtigkeit muß durch den Käufer erbracht werden und zwar durch den Nachweis des Ablaufes der Höchstträchtigkeitsdauer und des Nichtverwerfens. Dies wird in der Regel nur durch Sachverständige festzustellen sein.

Nach *Meisner* S. 263 kann dieser Beweis durch den Käufer auch dadurch erbracht werden, daß keine Umstände vorliegen, welche auf Verwerfen schließen lassen, z. B. kein diesbezügliches besonderes Verhalten der Stute, wie es sonst durch die ständige Wärterperson festgestellt worden wäre, insbesondere kein Finden eines Fötusses oder Blut.

Anm. 7. Einzelheiten zu der Zusicherung der Trächtigkeit

a) Der Verkäufer haftet nicht für solche zufällige Ereignisse, also Umstände, die er nicht zu vertreten hat, wenn dadurch die Trächtigkeitsgarantie nicht erfüllt wird; denn der Verkäufer kann von einem trächtigen Tier immer annehmen, daß es unter normalen Verhältnissen bis zu einem bestimmten Zeitpunkte ein lebendes Junge zur Welt bringen werde.

Solche Fälle sind:

Das Verwerfen der Kuh (die Kuh hat einen Abortus) oder die Kuh kann das Kalb überhaupt nicht bringen, dasselbe mumifizierte also nach dem Gefahrübergang im Uterus der Kuh, oder

das Kalb muß im Mutterleib zerstückelt werden.

Wollte man, daß auch in diesem Fall der Verkäufer haftet, also auch für Zufall, müßte dies ausdrücklich vereinbart sein (ebenso *Stölzle-Graminger* S. 408 und die dort angeführte Entscheidung des LG Bremen).

b) Der Verkäufer haftet weiters nicht, wenn die Kuh vor dem zugesicherten Zeitpunkt infolge eines zufälligen Ereignisses kalbt, also eine Frühgeburt hat, das Kalb aber lebensfähig ist.

Auch ein Verhalten des Käufers, welches schuldhaft dieses Ereignis herbeiführt, z. B. Schlagen der Kuh, ist als ein solches zufälliges Ereignis, für welches der Verkäufer nicht zu haften hat, aufzufassen.

c) Der Verkäufer haftet weiters nicht, wenn er die Trächtigkeit des Tieres zur Zeit des Kaufabschlusses und der Übergabe nicht gekannt hat, da die Trächtigkeit kein Hauptmangel ist, für die Abwesenheit von anderen als Hauptmängeln aber eine ausdrückliche Zusicherung vorliegen müßte und eine stillschweigende Zusicherung des Verkäufers nicht angenommen werden kann.

Dem Käufer könnte also nur eine ausdrückliche Zusicherung für Nichtträchtigkeit mit entsprechend vereinbarter Gewährfrist die Haftung des Verkäufers verschaffen.

(Ähnlich *Stölzle*, Slg. II, S. 237, LG Hamburg, welches in einem solchen Falle höchstens das arglistige Verschweigen eines Fehlers durch den Verkäufer dann als gegeben betrachtet, wenn der Käufer nach der Verkehrsauffassung die Mitteilung der Trächtigkeit erwarten durfte und der Verkäufer sich dessen bewußt war: Dann könne unter Umständen ein Schadenersatzanspruch des Käufers nach § 826 bestehen.

d) Andererseits tritt die Haftung des Verkäufers, welcher einen bestimmten Zeitpunkt für das Kalben der Kuh zugesichert hatte, ein, wenn die Kuh zwar tatsächlich in dem zugesicherten Zeitpunkt kalbt, es sich aber um eine Frühgeburt handelt; denn bei richtigem Austragen wäre der zugesicherte Zeitpunkt nicht erfüllt worden und die Haftung des Verkäufers auch eingetreten.

e) In *Stölzle*, Slg. II, S. 122, BayerObLG ist dargetan, daß die Aufnahme einer Trächtigkeitsgarantie in der Kaufvertragsurkunde, die abweichend und für den Käufer verschlechternd ist (gegenüber der mündlichen Vereinbarung), eine Betrugshandlung nach § 263 StGB darstelle. Jedoch bedeutet die Garantieübernahme für Trächtigkeit allein, auch wenn der Verkäufer der Trächtigkeit des Tieres nicht ganz sicher ist, keine Betrugshandlung.

Anm. 8. Unterschied zwischen der Zusicherung der Eigenschaft der Trächtigkeit und einem Garantievertrag

Die Feststellung, ob ein Garantievertrag vorliegt oder nicht, ist besonders für die Zuständigkeit und die Feststellung der Verjährungsfrist von Bedeutung (siehe dazu RG 146, 123 und BGH U. v. 28. 10. 54 in DRsp. I [138] 53e).

Anm. 9. Beweislast

a) Hier ist zu unterscheiden, ob eine Gewährfrist vereinbart wurde oder nicht. Wurde eine Gewährfrist vereinbart, muß der Käufer nur beweisen, daß sich die zugesicherte Eigenschaft innerhalb der Gewährfrist nicht zeigte, bzw. der bestimmte, nicht zu den Hauptmängeln gehörige Fehler, für den die Haftung übernommen wurde oder ein Fehler, wenn die Haftung für alle Fehler übernommen wurde, sich zeigte.

b) Wenn keine Gewährfrist vereinbart ist, muß der Käufer beweisen, daß das Tier schon zur Zeit der Übergabe mit der Krankheit behaftet war oder ihm schon zu diesem Zeitpunkte die zugesicherte Eigenschaft fehlte.

Eine Beweisumkehr tritt nur dann ein, wenn der Käufer von vornherein die Annahme des Tieres mit der Begründung, daß es krank sei, verweigert hat.

Anm. 10. Unanwendbarkeit des § 377 HGB

Nach OLG Hamm 12, 268 schließen die Bestimmungen der §§ 490 und 492 die Anwendbarkeit des Artikels 377 HGB aus. Eine sofortige Mängelrüge durch den Käufer, unverzüglich nach Ablieferung des Tieres durch den Verkäufer, soweit dies nach ordnungsmäßigem Geschäftsgang tunlich ist, ist somit nicht notwendig (ebenso *Staudinger* zu § 492 IV).

§ 493

Die Vorschriften über die Verpflichtung des Verkäufers zur Gewährleistung wegen Mängel der Sache finden auf andere Verträge, die auf Veräußerung oder Belastung einer Sache gegen Entgelt gerichtet sind, entsprechende Anwendung.

Übersicht:

Vorbemerkung: Inhalt des § 493 und Begründung
Anm. 1. Voraussetzung der entsprechenden Anwendbarkeit der Gewährleistungsbestimmungen für andere als Kaufverträge
Anm. 2. Hauptanwendungsfälle
Anm. 2a. Tauschvertrag
Anm. 2b. Hingabe an Erfüllungsstatt
Anm. 2c. Vergleich
Anm. 2d. Teilung einer Gemeinschaft
Anm. 2e. Bestellung eines Pfandrechtes
Anm. 2f. Bestellung eines Nießbrauches
Anm. 3. Sacheigentum
Anm. 4. Entgeltlichkeit der Verträge
Anm. 5. Ausnahmen bezüglich Schenkung, Ausstattung und Vermächtnis
Anm. 6. Ausbietungsgarantie
Anm. 7. Erbschaftskauf
Anm. 8. Veräußerungen kraft Gesetzes oder staatlicher Verfügungsmacht.

Vorbemerkung: Inhalt des § 493 und Begründung

§ 493 enthält die Bestimmung über die entsprechende Anwendung der Gewährleistungsvorschriften wegen Mängeln aus anderen Verträgen als aus Kaufverträgen.

Diese Vorschrift entspricht dem § 445 beim Kaufvertrag im allgemeinen.

Die Notwendigkeit dieser Bestimmung ergibt sich daraus, daß die allgemeinen Vorschriften über die Gewährleistung wegen Mängeln der veräußerten Sache auf den Kauf beschränkt sind (siehe auch RG 161, 324).

Die Bestimmung des § 493 bezieht sich auf die gesamten Gewährleistungsbestimmungen (§§ 459 bis 492).

Anm. 1. Voraussetzung der entsprechenden Anwendbarkeit der Gewährleistungsbestimmungen für andere als Kaufverträge

Voraussetzung der Anwendbarkeit dieser Bestimmungen auf andere Verträge ist

1. daß es sich um Veräußerungsverträge oder um Belastungsverträge,
2. daß es sich um ein Sacheigentum,
3. daß es sich um entgeltliche Verträge handelt.

Es muß sich also um Veräußerungsverträge, das sind solche Verträge, welche auf Eigentumsübertragung gerichtet sind oder um Belastungsverträge handeln, das sind Verträge, durch welche ein Recht an einer Sache gegen Entgelt begründet wird.

Anm. 2. Hauptanwendungsfälle

Die Hauptanwendungsfälle sind folgende:

Anm. 2a. Tauschvertrag

Nach *Stölzle*, Slg. II, S. 239, RG, ist ein Tauschvertrag dann anzunehmen, wenn der Wille der Vertragsschließenden dahin geht, daß die unmittelbare Leistung eines jeden von ihnen in der Verschaffung einer Sache besteht und die Preisangabe nur anschlaghalber beigefügt sein soll.

Ein Doppelkauf dagegen würde dann vorliegen, wenn eine solche Absicht nicht besteht, sondern jede Seite ihre Sachleistung gegen Geldzahlung hingeben will und man nur im Endergebnis die Preise im Wege der Aufrechnung ganz oder teilweise auszugleichen beabsichtigt.

Vgl. auch RG 88, 364 und RG 73, 88.

Wenn Tiere vertauscht werden, die zu den im § 481 bezeichneten Tieren (Gewährschaftsvieh) gehören, sind die Sondervorschriften des Viehgewährschaftsrechtes sowohl für den Erwerber des mangelhaften Tieres wie für den Rückgewährpflichtigen zur Anwendung zu bringen, wenn es zur Wandelung kommt.

Ebenso *Stölzle-Graminger* S. 412ff., *Staudinger* zu § 487 und RGRKomm. zu § 487 Z. 6; a. A. *Planck*, Anm. 5 zu § 487; *Meisner* S. 179, welche die Ansicht vertreten, daß sich die Rückgewährpflicht ausschließlich nach den allgemeinen Vorschriften der §§ 346, 347, 467, 987 und 989 richten. Danach wäre der Erwerber des mangelfreien Tieres vom Zeitpunkte der Übernahme des Tieres an schadenersatzpflichtig, wenn das Tier infolge seines Verschuldens verschlechtert wurde oder aus einem anderen Grunde von ihm nicht herausgegeben werden könnte. Weiters hätte er nicht nur die wirklich gezogenen Nutzungen zu erstatten, sondern auch die weiteren Nutzungen, die er nach ordnungsgemäßer Wirtschaft hätte ziehen sollen.

Andererseits hätte er für die auf das Tier gemachten notwendigen Verwendungen einen Ersatzanspruch nach den Vorschriften über die Geschäftsführung ohne Auftrag (§§ 994 Abs. 2, 683ff.), jedoch könne er für andere als notwendige Verwendungen keinen Ersatz verlangen (§ 996).

Dieser letzteren Ansicht kann aber nicht beigepflichtet werden.

Die Sonderbestimmungen des Viehgewährschaftsrechts, die hier auf der Seite des einen Tauschenden zur Anwendung kommen, müssen sich zwingend gegenüber dem anderen Tauschenden durchsetzen, andernfalls kommt es zu unnützen Schwierigkeiten und Unbilligkeiten und würde insbesondere der gutgläubige Erwerber des Tauschobjektes dadurch geschädigt werden.

Es kann nur ein einheitliches Rechtsverhältnis und zwar nach den Bestimmungen der §§ 481ff. angenommen werden. Nur bei verschiedenen Tierarten, z. B. Tausch eines Hundes gegen ein Gewährschaftsvieh, ist die gegenteilige Ansicht begründet. Da ein Hund nicht zu dem Gewährschaftsvieh gehört, müßten dann die allgemeinen Gewährschaftsbestimmungen Platz greifen.

Anm. 2b. Hingabe an Erfüllungsstatt

Ein weiterer Anwendungsfall ist Hingabe an Erfüllungsstatt (§§ 364, 365), wenn also ein Tier an Erfüllungsstatt gegeben wird, nämlich statt einer geschuldeten Leistung.

Anm. 2c. Vergleich

Ein weiterer Anwendungsfall ist der Vergleich (§ 779; RG 54, 165).

Hat sich beispielsweise bei einem gerichtlichen Vergleich der eine Teil zur Zahlung eines bestimmten Betrages und Lieferung eines Tieres verpflichtet, dann kann der andere Teil Wandelung des Vertrages verlangen, wenn sich bei dem Tier ein Hauptmangel zeigt.

Unter Umständen kann sich allerdings ein Verzicht auf die betreffende Gewährschaftshaftung ergeben, wenn beispielsweise die Hingabe des Tieres im Vollzuge des Vergleiches gerade zu dem Zwecke erfolgt ist, um eine Gewährschaftsstreitigkeit über dieses Tier zu erledigen.

Auch ein gerichtlicher Vergleich kann gemäß § 119 oder auf Grund des § 779 angefochten werden. Eine solche Unwirksamkeit eines Prozeßvergleichs kann in demselben Verfahren geltend gemacht werden, ohne daß die Parteien für die gerichtliche Nachprüfung des Vergleiches auf einen besonderen Prozeß zu verweisen sind.

Ein Rechtsirrtum der Parteien kann nach § 779 nur dann Berücksichtigung finden, wenn er ein dem Vergleich zugrunde gelegtes Rechtsverhältnis betrifft, nicht aber wenn es sich um einen Irrtum über reine Rechtsfragen handelt (auch auf Grund unrichtiger Rechtsbelehrung seitens des Richters).

Auch ohne die Voraussetzungen des § 779 kann demjenigen, der an einem Vergleich festhält, die Einrede der Arglist oder der unrichtigen Rechtsausübung entgegengehalten werden, wenn der Vergleich auf irriger Geschäftsgrundlage abgeschlossen wurde und das Festhalten an dem Vergleich gegen die Grundsätze von Treu und Glauben verstößt (LArbG Stuttgart U. v. 10. 8. 51 in MDR 1952, 101).

Die Ansicht, daß die Frage der Gültigkeit oder Ungültigkeit des Prozeßvergleichs in der Instanz des Hauptprozesses entschieden wird, teilt auch *Schönke*, S. 181, unter Verweis auf OLG Breslau HRR 1940 Nr. 1316 und auf OLG Kassel HRR 1936 Nr. 136, wonach beim Rücktritt vom Prozeßvergleich, z. B. wegen Nichterfüllung, ein neuer Rechtsstreit eingeleitet werden müsse, da die Rechtshängigkeit nicht wieder aufleben könne. *Schönke* führt weiter an, und zwar unter Berufung auf RG JW 1934, S. 93, daß ein außergerichtlicher Vergleich die Rechtshängigkeit nicht berührt, aber die Fortsetzung des Rechtsstreits die Einrede prozessualer Arglist begründet.

Dazu siehe auch *Palandt*, Anm. 9 zu § 779 der hierbei auf RG 106, 312 und RG 142, 1 verweist.

Ferner siehe *Achilles-Greiff* Anm. 4 zu § 779 und *Baumbach-Lauterbach* § 307 Anh. 2 Anm. 6 B und § 271 Anm. 2 B (darnach kann der Beklagte bei außergerichtlicher Einigung auch auf Erklärung der Klagerücknahme klagen).

Anm. 2d. Teilung einer Gemeinschaft

Ein weiterer Anwendungsfall ist die Teilung einer Gemeinschaft (Auseinandersetzung, §§ 757 und 731 Satz 2), z. B. Auseinandersetzung bei einer Gesellschaft; siehe insbesondere bei offener Handelsgesellschaft (KG OLG 22, 237).

Dazu gehört auch die Auseinandersetzung von Miterben (§ 2042):

Z. B. wenn mehrere Erben gemeinsam ein Tier erben und dieses wird bei der Auseinandersetzung einem der Miterben gegen entsprechende Auszahlung an die übrigen überlassen, so kann dieser Wandelung des Auseinandersetzungsvertrages verlangen, wenn das Tier mit einem Hauptmangel behaftet ist.

Hierher gehört auch die Auseinandersetzung bei der allgemeinen Gütergemeinschaft (§ 1477).

Ein häufig vorkommender Fall ist die Auseinandersetzung zwischen dem Miteigentümer eines Landgutes, wenn dabei die Verteilung des Viehbestandes vorgenommen wird.

Anm. 2e. Bestellung eines Pfandrechtes

Ein weiterer Anwendungsfall ist die Bestellung eines Pfandrechtes (§§ 1204ff.).

Wenn z. B. ein Schuldner seinem Gläubiger für dessen Forderung ein Tier verpfändet, dieses aber mit einem Hauptmangel behaftet ist, kann der Gläubiger von dem Schuldner verlangen, daß dieser die Verpfändung eines anderen Tieres vornimmt.

Anm. 2f. Bestellung eines Nießbrauches

Ein weiterer Anwendungsfall ist die Bestellung eines Nießbrauches (§§ 1030ff.).

Wenn z. B. ein Schuldner seinem Gläubiger für dessen Forderung an einem Tiere den Nießbrauch einräumt, kann der Gläubiger, wenn das Tier mit einem Hauptmangel behaftet ist, von dem Schuldner die Einräumung des Nießbrauches an einem anderen Tier verlangen.

Den Voraussetzungen des § 493 unterliegen vor allem nicht Miet- und Pacht- und Leihvertrag, weil weder Veräußerung noch Belastung vorliegen.

Deshalb besteht nach *Palandt* zu § 493, der hierbei auf KG JW 31, 3460 verweist, keine Gewährleistung des früheren Pächters, wenn der neue Pächter von ihm das dem Verpächter gehörende Inventar übernimmt, anders jedoch, wenn der Pächter Eigentum an dem Inventar hat (RG JW 36, 3232).

Anm. 3. Sacheigentum

Es muß sich um Sacheigentum handeln, eine entsprechende Anwendung auf Rechte ist ausgeschlossen.

Siehe *Staudinger* zu § 493, der hierbei auf RG in HRR 30 Nr. 608 verweist, siehe auch *Ermann* zu § 493, welcher hierbei auch auf RG 157, 176 verweist.

Anm. 4. Entgeltlichkeit der Verträge

Es muß sich um entgeltliche Verträge handeln. Es fallen daher nicht unter § 493: Schenkung (§§ 516ff.), Ausstattung (§ 1624) und Vermächtnis (§ 2147) oder Ausbietungsgarantie (§ 765).

Anm. 5. Ausnahmen bezüglich Schenkung, Ausstattung und Vermächtnis

Wurde durch den Schenker die Leistung eines nur der Gattung nach bestimmten Tieres versprochen, kann der Beschenkte, wenn das Tier mangelhaft ist, an Stelle desselben ein mangelfreies Tier verlangen.

Voraussetzung dafür ist, daß dem Schenker, der das Tier erst erwerben sollte, der Mangel beim Erwerb des Tieres bekannt war oder infolge grober Fahrlässigkeit unbekannt geblieben ist.

Hat aber der Schenker den Fehler arglistig verschwiegen, so kann der Beschenkte statt der Lieferung eines fehlerfreien Tieres Schadenersatz wegen Nichterfüllung verlangen (§ 524/II).

Bezüglich der Ausstattung (§ 1620) gilt gemäß § 1624/II dasselbe und ebenso bei Vermächtnis einer Gattungssache gemäß §§ 2147ff., 2183.

Anm. 6. Ausbietungsgarantie

Ausbietungsgarantie ist Einstehen dafür, daß der Gläubiger bei Zwangsversteigerung ohne Verlust bleibt.

Ausspielvertrag (§ 763): Bei einer Pferdelotterie handelt es sich nicht um einen Vertrag, der auf Veräußerung eines Pferdes gegen Entgelt gerichtet ist, sondern auf Einräumung einer Gewinnmöglichkeit, nämlich ein Pferd für einen bestimmten Preis zu gewinnen (ebenso *Meisner* S. 185; a. A. *Stölzle-Graminger* S. 148, der auch den Ausspielvertrag der Bestimmung des § 493 unterwerfen will. Diese Konstruktion erscheint jedoch sehr gekünstelt und ihr kann nicht beigetreten werden).

§ 493 ist daher weder bei Ausbietungsgarantie anwendbar (RG 157, 175, ebenso *Palandt,* Anm. 1 zu § 493, und siehe auch *Palandt* Anm. 3c vor § 765) noch bei Ausspielvertrag.

Anm. 7. Erbschaftskauf

Infolge besonderer Bestimmungen haftet der Verkäufer einer Erbschaft, zu der auch Gewährschaftsvieh gehört, nicht dem Käufer der Erbschaft für die bei den Tieren etwa vorhandenen Hauptmängel (§ 2376/II).

Ebenso haftet nicht der Erbschaftskäufer, wenn er die von ihm erworbene Erbschaft, zu der auch Gewährschaftsvieh gehört, seinerseits weiterverkauft, für die bei den Tieren etwa vorhandenen Hauptmängel (§§ 2385, 2376/II).

Anm. 8. Veräußerungen kraft Gesetzes oder staatlicher Verfügungsmacht

Ebenso besteht keine Haftung bei Veräußerungen kraft Gesetzes oder staatlicher Verfügungsmacht, z. B. Zwangsversteigerung oder staatliche Zwangsenteignung, sei es allgemeiner Art, sei es auf Grund viehpolizeilicher Anordnungen.

Siehe OLG Stuttgart U. v. 24. 2. 54 in NJW 54, 759: Werden Tiere, die an Maul- und Klauenseuche erkrankt sind, auf Grund der Bestimmungen des Viehseuchengesetzes getötet, so liegt ein Enteignungsfall vor.

Damit ist also festgelegt, daß entgegen vielfacher Auffassung im Schrifttum, daß polizeiliche Eingriffe keine Enteignung seien, jedenfalls eine Tötung von Tieren auf Grund des Viehseuchengesetzes als Enteignung im Sinne des Artikels 14, Abs. 3, Satz 4 GG anzusehen ist.

B. Verfahrensrechtlicher Teil

Übersicht:

Vorbemerkung: Allgemeines
Anm. 1. Feststellung, ob ein Anspruch nach dem Viehgewährschaftsrecht vorliegt
Anm. 1a. Rechtsstreitigkeiten wegen Viehmängel
Anm. 1b. Umfang des § 23 GVG
Anm. 1c. Die Rechtsstreitigkeiten, die nicht unter die Zuständigkeit des § 23 GVG fallen
Anm. 1d. Voraussetzungen für den Begriff „Rechtsstreitigkeiten wegen Viehmängel"
Anm. 2. Typische Klagansprüche nach dem Viehgewährschaftsrecht
Anm. 2a. Die Anfechtungsklage nach § 123 (verbunden mit dem Schadenersatzanspruch nach § 823 evtl. § 826)
Anm. 2b. Der wesentliche Unterschied zwischen der Anfechtungsklage nach § 123 und der Wandelungsklage nach § 487
Anm. 2c. Ausschließliche Anwendbarkeit der Anfechtungsklage bei Nicht-Hauptmängel und Wahlmöglichkeiten des Käufers hinsichtlich sonstiger Rechtsbehelfe
Anm. 2d. Inhalt der Anfechtungsklage nach § 123, insbesondere Behauptungs- und Beweislast
Anm. 3. Hilfsanträge und sonstige Anträge in Verbindung mit der Klage nach § 123
Anm. 4. Muster eines Klagantrages für eine Anfechtungsklage nach § 123
Anm. 5. Einwände des Verkäufers gegen den Klaganspruch nach § 123
Anm. 6. Beweislast zur Anfechtungsklage nach § 123 und die Einrede des Bürgen
Anm. 7. Aktiv- und Passivlegitimation sowie Prozeßführungsbefugnis
Anm. 8. Zuständigkeit
Anm. 9. Anfechtung wegen Irrtums
Anm. 10. Die Haftung des Verkäufers aus dem Vertrag bzw. die Rechtsbehelfe des Käufers: A, B, C, D
Anm. 11. Zu A: Klage auf Wandelung
Anm. 12. Inhalt der Wandelungsklage, insbesondere Behauptungs- und Beweislast, die hier zusammenfallen
Anm. 12a. Einwände des Verkäufers als Beklagten
Anm. 13. Muster für einen Klagantrag für eine Wandelungsklage
Anm. 14. Streitwert bei der Wandelungsklage
Anm. 15. Einredeweise Geltendmachung des Anspruches auf Wandelung, evtl. Feststellungsklage, Widerklage
Anm. 16. Muster eines Klagantrags auf Wandelung eines Tauschvertrages
Anm. 17. Antrag auf Erlaß einer einstweiligen Verfügung mit Muster nach § 489 BGB, § 935 ZPO

B. Verfahrensrechtlicher Teil

Vorbem.

Anm. 18. Muster eines Beweissicherungsantrages gemäß § 485 ZPO
Anm. 19. Beweislast
Anm. 20. Prozeßführungsbefugnis, Aktiv- und Passivlegitimation
Anm. 21. Zuständigkeit
Anm. 22. Zu B: Inhalt der Schadenersatzklage nach § 463, insbesondere Behauptungs- und Beweislast, die hier zusammenfallen
Anm. 23. Einwände des Verkäufers
Anm. 24. Prozeßführungsbefugnis, Aktiv- und Passivlegitimation, Zuständigkeit und allgemeine Prozeßvoraussetzungen bei der Schadenersatzklage nach § 463
Anm. 25. Muster für einen Klagantrag für eine Schadenersatzklage nach § 463 evtl. in Verbindung mit Antrag auf Erlaß einer einstweiligen Verfügung bzw. Beweissicherungsantrag
Anm. 26. Beweislast
Anm. 27. Zu C: Inhalt der Ersatzlieferungsklage (beim Gattungskauf) nach §§ 491, 480/I, insbesondere Behauptungs- und Beweislast
Anm. 28. Einwände des Verkäufers
Anm. 29. Muster für einen Klagantrag betreffend eine Gattungsklage (Ersatzlieferungsklage)
Anm. 30. Zu D: Schadenersatzklage wegen Nichterfüllung bei Gattungskauf
Anm. 31. Beweislast
Anm. 32. Prozeßführungsbefugnis, Aktiv- und Passivlegitimation, Zuständigkeit und allgemeine Voraussetzungen bei der Ersatzlieferungsklage

Vorbemerkung: Allgemeines

Das letzte Ziel der Rechtsordnung ist und muß sein, dem **wirklichen Recht zum Siege zu verhelfen** (RG 158, 53, Großer Senat für Zivilsachen, Beschl. v. 30. 6. 1938).

Fast auf keinem anderen Gebiet wie auf dem Gebiete des Viehgewährschaftsrechtes werden so häufig Rechtsansprüche, die voll begründet sind, nur aus dem Grunde nicht durchgesetzt, weil **unrichtige Klaggründe** zur Anwendung gebracht werden oder **unterlassen** wird, die **richtigen Einreden** zu erheben.

Es wird auf Wandelung geklagt, während nur die Anfechtungsklage nach § 123 zum Ziele führen kann. Es wird eine Schadenersatzklage wegen Nichterfüllung des Vertrages nach den §§ 463, 481 erhoben, während richtigerweise nur der Wandelungsanspruch durchsetzbar ist.

Es wird z. B. auch häufig unterlassen, der Wandelungseinrede des Käufers die Nichtvornahme der Anzeige über den aufgetretenen Mangel an den Verkäufer innerhalb der sechswöchigen Verjährungsfrist entgegenzuhalten, weil § 492 dies nicht wörtlich, aber sinngemäß verlangt.

Oft wird auch der Anspruch nach den besonderen Bestimmungen des Viehgewährschaftsrechtes geltend gemacht, während richtigerweise z. B. aus dem Grunde, weil ein Gefahrübergang noch gar nicht stattgefunden hat, nur die allgemeinen Gewährschaftsbestimmungen Platz greifen.

Im Zusammenhange damit ist dann der Anspruch vielfach verjährt oder wegen nicht rechtzeitiger „Ansage" des Mangels ausgeschlossen, während dies bei Geltendmachung des „richtigen" Anspruches nicht der Fall wäre.

In diesem Verfahrensteil soll daher durch möglichste Klarstellung der Unterschiede hinsichtlich der jeweils richtig zur Anwendung kommenden Ansprüche und durch genaue Behandlung der einzelnen Ansprüche zur Vermeidung solcher Fehler der Weg gezeigt werden.

Nur auf folgendes sei noch besonders aufmerksam gemacht, wenn es auch nicht das Sondergebiet des Gewährschaftsrechtes betrifft, was aber doch bei Beachtung der allgemeinen prozessualen Vorschriften zu berücksichtigen ist:

Prozeßhandlungen unterliegen in Voraussetzungen, Formgeboten, Zweck, Inhalt und Wirksamkeit nur dem Prozeßrecht und nicht dem Privatrecht.

Auf Prozeßhandlungen dürfen also die Vorschriften des bürgerlichen Rechts über Anfechtbarkeit wegen Willensmängel ebensowenig wie die Vorschriften des bürgerlichen Rechts über Nichtigkeit wegen Verstoßes gegen die guten Sitten oder wegen Verstoßes gegen das Schikane-Verbot zur Anwendung gebracht werden (RG 162, 65, U. v. 26. 10. 39).

Dem steht nicht entgegen, daß auch das Zivilprozeßrecht wie das gesamte Recht vom Grundsatz von „Treu und Glauben" beherrscht wird und jeder Rechtsmißbrauch nicht nur auf Einrede (der Arglist) hin, sondern sogar von Amts wegen (ähnlich *Baumbach-Lauterbach*, Einl. III 6) wahrzunehmen ist.

Anm. 1. Feststellung, ob ein Anspruch nach dem Viehgewährschaftsrecht vorliegt

Die erste Feststellung, die zu treffen ist, muß dahin gehen, ob der Anspruch überhaupt einen Anspruch nach den Sondervorschriften der Viehgewährschaft (§§ 481 bis 492) darstellt.

Diese Feststellung ist nicht nur für die Frage der materiellen Anwendbarkeit der Bestimmungen der §§ 481 bis 492 wichtig, sondern insbesondere auch für die Feststellung des jeweiligen prozessualen Anspruches und damit auch für die Frage der Zuständigkeit usw. von Bedeutung.

Anm. 1a. Rechtsstreitigkeiten wegen Viehmängel

„Rechtsstreitigkeiten wegen Viehmängel" sind solche Rechtsstreitigkeiten, deren Grundlage die in der Klage behauptete Tatsache ist, daß zur Zeit des Gefahrüberganges ein Mangel eines der im § 481 angeführten Tiere vorhanden sei.

Dieser Begriff ist nicht dem Begriff der im § 23 GVG II c angeführten „Streitigkeiten wegen Viehmängel" gleichzusetzen: Zu diesem letzteren Begriff ist es nicht notwendig, daß es sich um Tiergattungen nach § 481 handeln muß (ebenso *Stein-Jonas-Schönke*, § 1 IIc;

OLG Jena U. v. 3. 7. 42 in DR 42, 1515 und *Baumbach-Lauterbach*, ZPO, zu § 23 GVG Anm. 7; a. A. *Stölzle*, Slg. I, S. 6, LG Posen, welches als Streitigkeiten wegen Viehmängel nach § 23 GVG nur Streitigkeiten hinsichtlich der im § 481 angeführten Tiere gelten lassen will. Dieser letzteren Ansicht kann jedoch nicht beigepflichtet werden: Das BGB kennt zwar den Begriff „Viehmängel" als solchen überhaupt nicht, sondern spricht nur von Hauptmängeln und will nur bezüglich dieser gewissen Mängel und zugesicherten Eigenschaften eine Sonderregelung treffen. Nach dem Grundgedanken des § 23 GVG aber sollten vor allem die Entscheidungen über Streitigkeiten nach § 23 Nr. 2 GVG rasch und durch den mit den örtlichen Verhältnissen vertrauten Richter erfolgen, was aber nicht nur für die nach dem Sonderrecht zu behandelnden Tiere, sondern auch für andere Tiere gilt.

Diese Frage kann aber in den vorliegenden Ausführungen unerörtert bleiben, weil es sich hier eben nur um Rechtsstreitigkeiten um Tiere handelt, welche im § 481 angeführt sind; diese Rechtsstreitigkeiten sind daher auf jeden Fall von § 23 GVG umfaßt; es gehören daher diese Streitigkeiten wegen dieser Tiere, ohne Rücksicht auf die Höhe des Streitwertes, nach § 23 GVG zur Zuständigkeit des Amtsgerichts (soweit nicht die Vertragsparteien die Zuständigkeit des LG vereinbaren, was zulässig ist, weil es sich um keinen ausschließlichen Gerichtsstand handelt; ebenso auch *Rosenberg*, Lehrbuch, § 31 II 2).

Es sei nur nebenbei bemerkt, daß andererseits der Begriff „Viehmängel" des § 23 GVG, als man alle Tiere dadurch erfassen will, wohl insofern zu weitgehend ausgelegt wird, als dieser Begriff immer nur im Zusammenhang mit seinem wesentlichen Wort „Vieh" gebracht werden kann und darunter doch immer nur Tiere verstanden werden können, die irgendwie dem Menschen zum Gebrauch für die Landwirtschaft dienen; sonst hätte das Wort „Tiermängel" und nicht „Viehmängel" angeführt sein müssen.

Nach *Herder* ist unter „Vieh" die „Gesamtheit der Haustiere" zu verstehen. Nur dieser Begriff wird richtigerweise auch bei § 23 GVG zu verstehen sein.

Anm. 1b. Umfang des § 23 GVG

Zu den Streitigkeiten wegen Viehmängel nach § 23 GVG gehören:

Klagen auf Wandelung gemäß § 487,

Klagen auf Minderung (soweit die Parteien einen solchen Anspruch, der sonst nach § 487 ausgeschlossen ist, vereinbaren),

Klagen auf Schadenersatz, die auf ein Garantieversprechen nach § 491 oder auf Arglist des Verkäufers gestützt werden, § 463,

Klagen wegen Anfechtung des Vertrages nach § 123 oder aus sonstigen zulässigen Anfechtungsgründen; ferner im Zusammenhang damit Klagen auf Rückforderung des Geleisteten wegen Nichtigkeit des Kausalgeschäftes (als Nebenleistung) (§§ 142, 812; ebenso *Stölzle*, Slg. I,

S. 8, LG Kiel, *Stein-Jonas-Schönke*: sachliche Zuständigkeit der Gerichte § 1 Nr. 2d, ebenso *Rosenberg*, Lehrbuch, § 31 II 2c, der zu § 23 GVG ausdrücklich anführt „Klagen wegen Viehmängel, BGB §§ 481ff. oder wegen Fehlens zugesicherter Eigenschaften" und sich hierbei auf OLG Marienwerder, Rspr. OLG 15, 44 beruft).

Auch die Entstehungsgeschichte des § 23 GVG gibt dieser Auslegung eine Stütze, nämlich, daß der Begriff „Streitigkeiten wegen Viehmängel" im weitesten Sinne aufzufassen ist; denn während der Entwurf des Gesetzes die ausschließliche Zuständigkeit der AGe auf die Wandelungs- oder Minderungsklage wegen Viehmangel beschränkte, wurde dann die jetzige Fassung mit der Begründung angenommen, daß sich Unzuträglichkeiten daraus ergeben würden, wenn die Zuständigkeit für die Wandelungs- und Minderungsklage anders bestimmt würde als die Zuständigkeit für die sonstigen Vertragsklagen wegen Viehmängel, weil doch alle Gründe für eine gleichmäßige Behandlung der Streitigkeiten wegen Viehmängel sprächen. Ebenso *Stölzle*, Slg. I, S. 1, OLG Kassel; *Stölzle*, Slg. I, S. 2, OLG München, das ausdrücklich anführt, daß der Gesetzgeber als „Klagen wegen Viehmängel" alle Klagen begriffen wissen wollte, deren Grundlage die behauptete Tatsache eines zur Zeit des Vertragsabschlusses vorhandenen Mangels oder Fehlers des in Frage stehenden Tieres bildet und sich auf *Hahn*, Materialien zum GVG und Einf G hierzu S. 449 und 450 beruft; ebenso OLG Jena U. v. 3. 7. 42 in DR 1942, 1515, das unter Verweis auf *Stölzle-Graminger* S. 48 und besonders auf OLG Marienwerder ausdrücklich anführt, daß nicht nur Klagen aus dem Vertrag, die auf arglistige Täuschung gestützt werden, sondern auch solche, welche den Vertrag wegen arglistiger Täuschung als nichtig anfechten, gemäß § 23 Nr. 2 GVG der Zuständigkeit des AG unterliegen.

Es verweist ebenso auf den offenbaren Grundgedanken des § 23 GVG, daß Streitigkeiten wegen Viehmängel eine rasche Entscheidung durch einen mit den örtlichen Verhältnissen vertrauten Richter schon deshalb dringend erfordern, damit nicht die bei längerer Dauer des Prozesses durch die Fütterung des unbenutzt dastehenden Tieres erwachsenden Kosten bewirken, daß sich das Tier in seinem Wert gewissermaßen selbst aufzehrt.

Anm. 1c. Rechtsstreitigkeiten, die nicht unter die Zuständigkeit des § 23 GVG fallen

Nicht unter die Zuständigkeit des § 23 GVG fallen:

1. eine Rechtsstreitigkeit wegen Verletzung einer zwischen den Parteien getroffenen besonderen Vereinbarung, die errichtet wurde, um einen Rechtsstreit wegen eines Viehmangels abzuschneiden (*Stölzle*, Slg. I, S. 2, OLG München).

2. eine Rechtsstreitigkeit aus einer Umtauschvereinbarung, die im Wesen die Rückgängigmachung des ursprünglichen und den Abschluß eines neuen Kaufvertrages darstellt.

(Siehe *Stölzle*, Slg. II, S. 188, LG Karlsruhe, das ausdrücklich darauf verweist, daß die Annahme einer Umtauschvereinbarung nur beim Stückkauf möglich ist, nicht beim Gattungskauf, bei welchem die Tauschstücke nur generell bezeichnet sind und bei dem es sich nur um eine Abänderung des früheren Vertrages, nicht aber Rückgängigmachung desselben handelt).

3. eine Streitigkeit wegen Auflösung des Vertrages wegen Nichterfüllung (LG Torgau, angeführt bei *Stein-Jonas-Schönke* zu § 1 Nr. 2d).

4. eine Streitigkeit wegen Bezahlung des Kaufpreises; allerdings kann es in diesem Falle, wenn der Käufer im Wege der Einrede den Anspruch auf Wandelung oder Schadenersatz nach § 463 erhebt und aus diesem Grunde die Bezahlung des Kaufpreises verweigert bzw. mit seiner Schadenersatzforderung gegenüber der Kaufpreisforderung aufrechnet, zu einem Rechtsstreit wegen Viehmängel — dem Inhalte nach — kommen.

Auf diese Weise kann es auch in einem Viehgewährschaftsprozeß zu einer Entscheidung des Bundesgerichtshofes kommen, wie auch in dem weiteren Fall, wenn ein Schadenersatzanspruch gegen einen Anwalt erhoben wird, weil er wegen verspäteter Einbringung der Klage die Verjährung des Wandelungsanspruches verschuldet hat. Dazu siehe die nicht veröffentlichte Entscheidung des OLG München vom 16. 11. 51 Ber. Reg. 3 U 618/51. In diesem besonderen Fall hat das OLG im Sinne *Palandt* Vorbem. 5dff. vor § 249 entschieden:

Hängt aber die Entscheidung, ob ein Ereignis einen Schaden verursacht hat, davon ab, wie ein Gericht eine bestimmte Sache entschieden haben würde, ist stets zu unterstellen, daß es im Sinne des jetzt urteilenden Gerichts richtig entschieden haben würde.

5. eine Streitigkeit über eine Leistung aus der vollzogenen Wandelung; denn der Klaggrund ist dann keine Viehgewährschaftssache, sondern die Vereinbarung über die Rückgängigmachung des Kaufvertrages.

Darunter fällt auch die Anfechtung einer vollzogenen Wandelung, z. B. wenn das Einverständnis des Verkäufers mit der Wandelung dadurch erschlichen wurde (durch arglistige Täuschung), daß der Käufer wegen angeblichen Hauptmangels Wandelung verlangte, während sich nachher herausstellt, daß der angezeigte Hauptmangel überhaupt nicht vorhanden war.

Bei einer Klage auf Leistung aus einer vollzogenen Wandelung wird regelmäßig im Gerichtsstande des § 29 ZPO geklagt werden, weil die Erfüllung der aus der vollzogenen Wandelung sich ergebenden Rechte da zu erfolgen hat, wo sich das herausgegebene Tier befindet (Motive zu § 350, § 429 E I, RG 55, 105).

Siehe dazu auch RG 96, 20:

Anspruch auf Schadenersatz wegen Nichterfüllung gemäß § 283, weil der Gegner einem auf Wandelung lautenden Urteil nicht entspricht.

6. eine Streitigkeit über einen Garantievertrag (Näheres über Garantievertrag siehe *Palandt*, Einf. 3c vor § 765). Um diesen handelt es sich dann, wenn einer der Vertragschließenden für einen bestimmten Erfolg einzustehen hat. Hier muß aber genau unterschieden werden, ob es sich trotz der Worte „ich garantiere" nicht etwa nur um eine Zu-

sicherung gewisser Eigenschaften handelt im Sinne des § 492, z. B. Transportfähigkeit, denn dann würde es sich trotzdem um einen Viehmangel gem. § 23 Ziff. 2 GVG handeln (RG 146, 123 u. 90, 418).

Ebenso *Stölzle*, Slg. II, S. 23 OLG Königsberg, RGRKomm. 5e zu § 459 und *Staudinger* zu § 459 IV 1d, welche feststellen, daß ein Garantievertrag nicht den Regeln des Gewährleistungsrechtes unterliegt. Siehe auch BGH U. v. 28. 10. 54 in DRsp. I (138) 53e: Garantie- oder Bürgschaftsvertrag.

7. eine Rechtsstreitigkeit über einen Kauf auf Probe, also z. B. die Vereinbarung, daß der Käufer das Tier zurückgeben könne, wenn es ihm nicht gefalle.

8. eine Rechtsstreitigkeit, bei der der Kläger auf Lieferung eines anderen Tieres klagt, weil ihm statt des gekauften Tieres ein anderes Tier geliefert wurde (aliud); hier gelten die §§ 320ff. unbeschränkt; es ist kein Raum für Gewährleistungsansprüche; siehe dazu Aufsatz *Gierke*, Sachmängelhaftung und Irrtum beim Kauf, in ZHK 1951, Heft 2/3, S. 73 = DRsp. I (130) 21b; a. A. *Raape*, über das gleiche Thema in Arch. Civ. Pr. 150. Bd., Heft 6, S. 481, welcher bei Lieferung eines aliud eine analoge Anwendung der §§ 459ff. für möglich hält. Siehe weiters *Flessa*, Die Aliudlieferung in MDR 55, 138.

9. eine Rechtsstreitigkeit, bei der der Käufer gegen den Verkäufer einen Schadenersatzanspruch wegen eines Sachmangels geltend macht, den der Verkäufer durch Verschulden bei der Versendung verursacht hat, weil auch hier der Viehmangel nicht der Klaggrund ist.

Die Streitigkeiten wegen Viehmängel sind keine Feriensachen; mit Rücksicht auf die Dringlichkeit ihrer Durchführung wäre es wünschenswert, sie zur Feriensache zu erklären.

Gemäß § 200 GVG muß das Gericht auf Antrag beider Parteien den Streit durch Beschluß zur Feriensache erklären. Wenn der Antrag nur von einer Seite gestellt wird, kann das Gericht dem Antrag stattgeben, was mit Rücksicht auf die Besonderheiten des Viehprozesses, der immer besonderer Raschheit in der Durchführung bedarf, wohl immer geschehen wird.

Anm. 1d. Voraussetzungen für den Begriff „Rechtsstreitigkeiten wegen Viehmängel"

Als Voraussetzungen für den Begriff „Rechtsstreitigkeiten wegen Viehmängel" müssen folgende Tatsachen festgestellt werden:

1. Ein Viehmangel eines verkauften Tieres,
2. das Vorhandensein dieses Viehmangels zur Zeit des Gefahrüberganges,
3. und zwar an einem lebenden Tier, das zu den Tiergattungen gehört, welche im § 481 angeführt sind,
4. eine Streitigkeit, deren Grundlage die in der Klage behauptete Tatsache eines Sachmangels ist.

Zu 1.:

Ein Viehmangel eines verkauften Tieres:

a) Es ist festzustellen, ob es sich um einen Hauptmangel handelt, angeführt als solcher in der Kaiserlichen Verordnung vom 27. 3. 99, RGBl. 99, 219, 220, Nr. 13, S. 3ff., wobei zu beachten ist, daß die Hauptmängel verschieden sind, je nachdem ob es sich um einen Verkauf von Nutz- und Zuchttieren oder um den Verkauf von Schlachttieren handelt.

b) Handelt es sich um keine Hauptmängel, ist festzustellen, ob der Verkäufer gem. § 492 die Gewährleistung wegen eines solchen nicht zu den Hauptmängeln gehörenden Fehlers übernommen oder eine bestimmte Eigenschaft des Tieres zugesichert hat.

c) Es ist festzustellen, ob sich diese Hauptmängel innerhalb der ebenfalls in dieser Kaiserlichen Verordnung angeführten Gewährfristen gezeigt haben.

Die gleiche Feststellung ist bezüglich der Nichthauptmängel zu treffen, für welche der Verkäufer gem. § 492 die Gewährleistung übernommen oder eine Eigenschaft des Tieres zugesichert hat, soweit eine Gewährfrist vereinbart wurde.

d) Soweit es sich um keinen Verkauf eines Tieres handelt, sondern um einen anderen Vertrag, der auf Veräußerung oder Belastung einer Sache gegen Entgelt gerichtet ist, ist festzustellen, ob auch dieser Vertrag gemäß § 493 „entsprechende" Anwendung findet (dazu näher S. 182ff.).

Diese Feststellungen sind notwendig, denn ergibt sich, daß es sich um keinen Hauptmangel handelt (angeführt in der obgenannten Kaiserlichen Verordnung) oder daß sich dieser Hauptmangel nicht innerhalb der Gewährfrist gezeigt hat (das gleiche gilt hinsichtlich der übernommenen Gewährleistung wegen eines nicht zu den Hauptmängel gehörigen Fehlers oder des Fehlens einer zugesicherten Eigenschaft des Tieres), tritt die Gewährschaftshaftung nach § 481ff. nicht ein; dann wäre nur festzustellen, ob nicht arglistige Täuschung oder widerrechtliche Drohung vorliegt und darnach die Anfechtung des Vertrages nach § 123 gegeben wäre oder die Anfechtung nach § 119/II, weil es sich um einen Irrtum auf Seite des Verkäufers gehandelt hat, oder weil sich der Käufer über den Verkaufsgegenstand selbst im Irrtum befunden hat (Verwechslung mit einem anderen Tier), oder weil der Irrtum des Käufers wegen eines Mangels des Tieres schon zur Zeit des Kaufsabschlusses, als das Tier noch nicht übergeben war, eintrat (Wandelungsanspruch konnte daher noch nicht geltend gemacht werden).

e) Weiters ist festzustellen, ob die Anzeige (richtig Ansage) des Mangels durch den Käufer an den Verkäufer spätestens innerhalb zweier Tage nach dem Ablauf der Gewährfrist oder, falls das Tier vor dem Ablauf der Frist getötet worden oder sonst verendet ist, nach dem Tode des Tieres erfolgt ist. (Das gleiche gilt auch dann, wenn der

Verkäufer die Gewährleistung wegen eines nicht zu den Hauptmängeln gehörenden Fehlers übernommen oder eine Eigenschaft des Tieres zugesichert hat, wenn eine Gewährfrist vereinbart war).

Andernfalls wäre nämlich Rechtsverlust eingetreten. Eine Ausnahme davon, also Nichtrechtsverlust, würde nur dann eintreten, wenn der Verkäufer den Mangel arglistig verschwiegen hat (außer der Käufer kennt den Mangel bei Vertragsschluß), oder er würde innerhalb der zweitägigen Frist nach § 485 statt Anzeige an den Verkäufer die dort angeführten Rechtshandlungen unternommen haben: Absendung der Anzeige an ihn, Klageerhebung gegen ihn, Streitverkündung an ihn, Beantragung einer gerichtlichen Beweisaufnahme zur Sicherung eines Beweises; hat der Käufer zumindest in der Verjährungszeit diese Handlungen vorgenommen, ist er berechtigt (§ 490/III), auch nach der Verjährung des Anspruches auf Wandelung, die Zahlung des Kaufpreises zu verweigern und gegenüber einer Klage des Verkäufers auf Kaufpreiszahlung mit Schadenersatzansprüchen aufzurechnen.

f) Weiters ist festzustellen, ob nicht Verjährung des Anspruchs auf Wandelung sowie des Anspruchs auf Schadenersatz wegen eines Hauptmangels oder wegen der gemäß § 492 vom Käufer übernommenen Gewährleistung hinsichtlich eines nicht zu den Hauptmängeln gehörenden Fehlers oder einer zugesicherten Eigenschaft dadurch eingetreten ist, daß seit Ende der Gewährfrist 6 Wochen verstrichen sind bzw., wenn eine Gewährfrist nach § 492 nicht vereinbart wurde, seit der Ablieferung des Tieres; (diese Gewährfrist beginnt mit dem Ablauf des Tages, an welchem die Gefahr auf den Käufer übergeht). Diese kurze Verjährungsfrist muß neben der Ausschlußfrist des § 485 eingehalten sein. Auch hier ist wieder festzustellen, ob nicht wegen „Arglist“ auf Seite des Verkäufers die 30jährige Verjährung in Kraft tritt, oder ob nicht der Gewährleistungsanspruch bereits

anerkannt oder rechtskräftig festgestellt ist, dann würde einschließlich der Nebenansprüche 30jährige Verjährung (RG 69, 387) gelten, oder ob es sich um einen

Anspruch wegen „nicht erfüllten Vertrages“ handelt (Lieferung eines aliud, RG 116, 281) oder um einen

Anspruch nach dem Unmöglichkeitsrecht (30jährige Verjährung §§ 323, 325) oder um den

Anspruch des Verkäufers auf Bezahlung des Kaufpreises gegen den Käufer (30jährige Verjährung) oder um

einen Schadenersatzanspruch des Käufers wegen eines während des Verzugs des Verkäufers entstandenen Viehmangels oder um einen

Anspruch wegen Verletzung von Nebenverpflichtungen, die nicht im Zusammenhang mit dem Mangel stehen (30jährige Verjährung) oder um einen

Anspruch aus Bedingung oder Nebenabrede (siehe dazu S. 155 30jährige Verjährung).

g) Weiters ist festzustellen, ob nicht die Voraussetzungen eines

Schadenersatzanspruches nach § 463 gegeben sind statt eines Wandelungsanspruches (siehe S. 132ff., 250ff.), oder ob es sich um einen

Gattungskauf handelt (§ 491), weil dann dem Käufer statt des Wandelungsanspruches noch der besondere Anspruch nach § 491 zusteht und daher dieser Anspruch unter Umständen dem Wandelungsanspruch vorzuziehen ist, (siehe S. 157ff., 261ff.) oder ob ein Schadenersatzanspruch (bei Gattungskauf) nach § 480 II S. 272 vorliegt.

Zu 2.:

Das Vorhandensein des Viehmangels zur Zeit des Gefahrüberganges:

A. Diese Feststellung ist deshalb wichtig, da die Sonderbestimmungen nach dem Viehgewährschaftsrecht erst vom Zeitpunkte des Gefahrüberganges an Anwendung finden, die vollzogene Übergabe des Tieres daher die Voraussetzung zur Geltendmachung der Gewährleistungsansprüche überhaupt ist, wobei gleichzeitig nur festzustellen wäre, ob nicht zwei Ausnahmefälle gegeben sind, in denen diese Ansprüche auch schon vor vollzogener Übergabe geltend gemacht werden können, nämlich, daß der Verkäufer weder bereit noch imstande ist, die zu beseitigenden Mängel bis zur Übergabe zu beseitigen (RG JW 1912, 461), oder zugesicherte Eigenschaften des Tieres fehlen, die beim Vertragsschluß als vorhanden vereinbart, aber tatsächlich nicht vorhanden waren und auch nicht mehr beschafft werden können (JW 1921, 221; RGRKomm. § 459 3 B Ia; OLG Hamburg U. v. 28. 5. 48 in DRsp. I [130] Bl. 12f.).

B. Hierbei muß beachtet werden, daß der Übergabe gleichgestellt ist

a) die Einigung der Vertragsparteien über den Übergang des Eigentums, wenn der Käufer das Tier bereits im Besitz hat,

b) die Einigung der Vertragsparteien, nämlich des Eigentümers (Verkäufers), der im Besitz des Tieres ist, und des Käufers darüber, daß der Käufer den mittelbaren Besitz erlangt,

c) eine Einigung der Vertragsparteien darüber, daß der Eigentümer (Verkäufer) dem Käufer den Anspruch auf Herausgabe des Tieres gegen einen Dritten, der im Besitz des Tieres ist, abtritt.

Dazu muß aber festgestellt werden, ob nicht eine der Ausnahmen von dem Grundsatz, daß der Gefahrübergang mit der Übergabe des Tieres eintritt, vorliegt; das wären:

aa) Vereinbarung der Vertragsparteien,

bb) Versendungskauf nach § 447 (der Verkäufer hatte dann die Verpflichtung übernommen, für die Versendung des Tieres an den vom Käufer verlangten Ablieferungsort Sorge zu tragen), bei welchem der Gefahrübergang schon mit der Übergabe des Tieres an die Person oder Anstalt eintritt, welche zur Ausführung der Versendung bestimmt ist;

cc) Gattungskauf: Hier tritt der Gefahrübergang schon vor der Übergabe des Tieres, nämlich schon mit dem Zeitpunkte ein, in dem der Käufer die aus der Gattung ausgeschiedenen oder ihm angebotenen Tiere nicht annimmt;

dd) Erbschaftskauf gemäß § 2380: Hier tritt der Gefahrübergang schon mit dem Kaufabschluß ein;

ee) Kauf unter einer aufschiebenden Bedingung: Hier tritt der Gefahrübergang erst mit dem Eintritt der Bedingung ein (soweit das Tier schon übergeben war);

ff) Annahmeverzug des Käufers (§§ 283, 300): Gefahrübergang tritt mit dem Annahmeverzug durch den Käufer ein.

C. Es ist weiter festzustellen, ob nicht die nachfolgenden Fälle vorliegen, bei welchen die Gewährleistungsverpflichtung des Verkäufers überhaupt nicht eintritt, obwohl zur Zeit des Gefahrüberganges ein Hauptmangel vorhanden war, bzw. sich dieser innerhalb der Gewährfrist gezeigt hat:

a) Kenntnis des Hauptmangels beim Kaufabschluß (§ 460 Satz 1); Näheres S. 62ff.;

b) Verkauf des Tieres in öffentlicher Versteigerung als Pfand (§ 461) oder Verkauf des Tieres im Wege der Zwangsvollstreckung (§§ 806, 814 ZPO); Näheres S. 65f.;

c) öffentliche Versteigerung des Tieres auf richterliche Anordnung hin (gemäß § 489); Näheres S. 66;

d) Annahme des Tieres durch den Käufer trotz Kenntnis des Mangels (§ 464); Näheres S. 66;

e) vertraglicher Gewährleistungsausschluß (§ 476) oder nachträglicher Verzicht auf die Gewährleistung; Näheres S. 67;

f) Verkauf des Tieres im Wege des Erbschaftsverkaufes (§§ 2371, 2376, 2380); Näheres S. 70.

Es ist weiters festzustellen, ob nicht ein ungültiger Vertrag vorliegt, z. B. weil der Kaufvertrag durch wirksame Anfechtung wegen § 123 (arglistige Täuschung) ungültig wurde oder von vornherein nicht zustande gekommen war.

D. Vor Gefahrübergang kommen die allgemeinen Bestimmungen des BGB zur Anwendung, insbesondere über

a) die Anfechtung der Willenserklärung wegen arglistiger Täuschung oder widerrechtlicher Drohung nach § 123 (S. 20ff.) oder wegen Irrtums gemäß § 119 (S. 27f., 41f.; 224);
b) die Ansprüche aus unerlaubter Handlung gemäß §§ 823, 826 (S. 29ff.);
c) die Ansprüche wegen Verschuldens bei Eingehung des Vertrages gemäß § 276 (S. 35f.);
d) die Ansprüche wegen Verschuldens bei Erfüllung des Vertrages, §§ 276, 286 (S. 37);
e) die Ansprüche wegen Unmöglichkeit der Leistung und Verzug §§ 306, 323 (S. 42ff.).

Nach RG 66, 333 kann die Einrede des nicht erfüllten Vertrages erhoben und das mangelhafte Tier zurückgewiesen werden.

Vgl. auch *Stölzle*, Slg. II, S. 36, OLG Oldenburg: Dort handelte es sich darum, ob der Verkäufer beim Viehkauf für einen zwischen dem Vertragsabschluß und dem Gefahrübergang (der also noch nicht eingetreten war) durch Zufall entstehenden Nicht-Hauptmangel haftet, was die Entscheidung bejaht und dabei folgendes feststellt: Infolge einer Erkrankung des Tieres nach dem Vertragsschluß, welche weder der Verkäufer noch der Käufer zu vertreten hatte, war eine Verschlechterung des Tieres eingetreten. In diesem Falle sei der Käufer nach § 323, weil eine teilweise Unmöglichkeit hinsichtlich der Qualität totaler Unmöglichkeit gleichzuachten ist (*Staudinger* § 440 Bem. B 1 b), berechtigt, die Abnahme des Tieres und die Zahlung des Kaufpreises abzulehnen. Nur dann, wenn der Käufer mit der Annahme in Verzug gekommen wäre und daher auch im Verzug gewesen wäre, als die Verschlechterung eingetreten ist, wäre die Gefahr schon auf den Käufer übergegangen.

Nach *Stölzle*, Slg. I, S. 53, OLG Kiel, kann der Käufer dem Gefahrübergang insofern zuvorkommen, als er schon die Annahme des mangelhaften Tieres, soweit nicht § 242 entgegensteht, verweigern kann (RG 52, 355), und die Einrede des nicht erfüllten Vertrages erheben, wobei die Einrede auch auf andere als Hauptmängel gestützt werden kann und es nur darauf ankommt, ob das Tier so beschaffen ist, wie es der Käufer nach Treu und Glauben mit Rücksicht auf die Verkehrssitte beanspruchen kann. Nur dann, wenn das Tier schon beim Abschluß des Kaufvertrages den Mangel gehabt hat und dieser Mangel so offenkundig war, daß ihn der Käufer hätte erkennen müssen, wäre er zur Abnahme des Tieres und Zahlung des Kaufpreises verpflichtet.

Ebenso *Stölzle*, Slg. I, S. 47, OLG Celle, welches insbesondere folgendes anführt: Nach § 446/I haftet der Verkäufer bis zur Übergabe für eine zufällige Verschlechterung, weshalb der Käufer wegen inzwischen (nach Kaufabschluß) eingetretener Verschlechterung des Tieres die Abnahme verweigern kann; hierdurch ergäbe sich folgende Wirkung: Da weder der Verkäufer noch der Käufer den Umstand, daß die Leistung unmöglich wurde, zu vertreten hat, hat der Verkäufer den Anspruch auf den Kaufpreis verloren. Bei Verschlechterung im Sinne des § 446/I mit der Folge einer Unmöglichkeit der Leistung, gemäß § 323, ist gemäß § 242 festzustellen, ob nach Treu und Glauben im Verkehr dem Käufer zugemutet werden kann, das Tier zu behalten, insbesondere ob er dann noch ein Interesse an dem Behalten des Tieres haben kann.

Ebenso auch *Stölzle*, Slg. I, S. 48, OLG Köln.
Nach RG 145, 282 setzt die Einrede nach § 320 kein Verschulden der Gegenseite voraus (§§ 320, 322; RG. 66, 332).

E. Nach Gefahrübergang kann der Käufer auch, wenn die sonstigen Voraussetzungen dazu gegeben sind, folgende gesetzliche Bestimmungen zur Anwendung bringen:

a) Die Anfechtung der Willenserklärung wegen arglistiger Täuschung oder widerrechtlicher Drohung (§ 123).

Diese Anfechtung nach § 123 ist auch bei Gattungskauf zulässig; a. A. RG 70, 429, der jedoch nicht beigepflichtet werden kann, siehe auch *Palandt* Vorbem. § 459 Anm. 2d und *Staudinger-Ostler* Vorbem. 17 vor § 459 und nähere Ausführungen dazu S. 206.

Die Anfechtung wegen Irrtums ist nach Gefahrübergang nur dann zulässig, wenn sich der Käufer über den Verkaufsgegenstand selbst im Irrtum befunden hat (davon ist die Anfechtung der Willenserklärung seitens des Verkäufers zu unterscheiden, die keiner Einschränkung unterliegt).

b) Die Ansprüche aus unerlaubter Handlung nach § 823, evtl. 826, welche auch vielfach neben der Anfechtung wegen arglistiger Täuschung nach § 123 geltend gemacht werden können und zwar auch dann, wenn die unerlaubte Handlung gleichzeitig das arglistige Verschweigen eines Mangels enthält (RG 161, 196).

Es ist jedoch zu berücksichtigen, daß bei vorbehaltloser Annahme eines mangelhaften Tieres in Kenntnis des Mangels, auch bei arglistigem Verhalten des Verkäufers nicht nur die Gewährleistungsansprüche sondern auch die etwaigen Schadenersatzansprüche aus unerlaubter Handlung §§ 823, evtl. 826 für den Käufer verloren gehen(BGH U. v. 20. 10. 53 in NJW 1954, 145, RG 59, 104).

Nach BGH U. v. 10.7.53, BGHE 10, 243 (249), habe der Käufer nach Übernahme der Sache und Annahme als Erfüllung zwar nicht etwaige Gewährleistungsansprüche, aber die Ansprüche wegen Mangelhaftigkeit der gelieferten Sache aus allgemeinen Grundsätzen, insbesondere nach §§ 320ff., verloren, er könne auch kein Rücktrittsrecht wegen Verzuges des Verkäufers geltend machen.

c) Die Ansprüche wegen Verschuldens bei Erfüllung des Vertrages (§ 276), positive Vertragsverletzung.

Siehe dazu BGH U v. 13. 11. 53 in DRsp. I (125) 48 a–c. Dort wird als „positive Vertragsverletzung“ jede schuldhafte Leistungsstörung bezeichnet, die durch eine Verletzung der Vertragspflichten im weitesten Sinne den Vertragsgegner schädigt und eine Verpflichtung zum Schadenersatz begründet. „Vertragspflichten im weiteren Sinne“ ist alles, was aus dem Vertrage vom Vertragsschuldner verlangt werden kann, Haupt- und Nebenpflichten, Vorbereitungs- und Obhutspflichten, Auskunfts- und

Anzeigepflichten, Mitwirkungspflichten und auch die sog. reinen Gläubiger-Obliegenheiten. Wird durch eine solche positive Vertragsverletzung der Vertragszweck derart gefährdet, daß dem vertragstreuen Teil unter Berücksichtigung aller Umstände des Falles nach Treu und Glauben die Fortsetzung des Vertrages und damit auch die Bewirkung der ihm nach dem Vertrag an sich obliegenden Leistungen nicht zugemutet werden kann, so kann er seinerseits die Erfüllung des Vertrages verweigern und nach seiner Wahl entweder Schadenersatz wegen Nichterfüllung (also das „positive Erfüllungsinteresse") verlangen oder vom Vertrage zurücktreten.

Der Erfüllungsort für die Schadenersatzpflicht wegen positiver Vertragsverletzung ist der gleiche wie der Erfüllungsort für die Hauptverpflichtung.

Die Schadenersatzansprüche wegen schuldhafter mangelhafter Lieferung können aber — außer es liegt Arglist vor — nur bei Hauptmängeln geltend gemacht werden, allerdings auch bei subjektivem Unvermögen des Verkäufers und bei Verzug gemäß § 326.

F. Nicht dagegen können nach dem Gefahrübergang neben den Sonderrechtsbestimmungen der §§ 481 bis 492 folgende Ansprüche geltend gemacht werden:

a) Die Ansprüche wegen Verschuldens bei Eingehung des Vertrages (§ 276) (Vertragsabschluß), soweit sich das Verschulden nur auf sachliche Mängel des Tieres bezieht.

Siehe RG 161, 196; RG 135, 339; OLG Stuttgart U. v. 10. 12. 52 in DRspr I. (148) 89b und OLG Celle U. v. 11. 9. 52 in MDR 1953, 432, welches insbesonders anführt, daß ein Anspruch aus Verschulden bei Vertragsabschluß, soweit es sich um fahrlässig falsche Angaben über Eigenschaften der verkauften Sache handelt, durch die Vorschriften über die Gewährschaftshaftung ausgeschlossen sei. Zulässig sei die Haftung für Verschulden bei Eingehung des Vertrages nur, wenn das Verschulden sich nicht auf Eigenschaften der Kaufssache bezieht; ebenso *Palandt* Anm. 6d zu § 276, welcher hierbei auf RG 148, 296 verweist, und Vorbem. vor § 459 Anm. 2c; siehe auch Ausführungen zu Verschulden bei Eingehung des Vertrages S. 35.

b) Die Ansprüche wegen Unmöglichkeit und Verzug §§ 306, 323 (weil gerade das Gewährleistungsrecht die Frage des Verschuldens ausscheidet, von der die §§ 323ff. die Haftung abhängig machen).

Siehe *Palandt* Vorbem. vor § 459 Anm. 2; RGRKomm. § 459 Anm. 7 B b.

Deshalb begründet auch nach Gefahrübergang die ursprüngliche Unmöglichkeit einer Lieferung keine Nichtigkeit des Vertrages.

Hierbei ist zu unterscheiden:

Das Unvermögen zur Leistung, das bereits zur Zeit der Begründung des Schuldverhältnisses bestand, ist keine Unmöglichkeit der Leistung. Dieses Unvermögen hat der Schuldner, der Verkäufer, zu vertreten. Denn diese Vertretungspflicht erfolgt unmittelbar aus dem Vertrag: Mit der Verpflichtung zur Leistung übernimmt der Verkäufer zugleich auch die Haftung für seine Leistungsfähigkeit (wenn dies das Gesetz auch nicht ausdrücklich sagt). Er kann sich daher auf das subjektive Unvermögen nicht berufen. Der Käufer kann daher bei dauerndem Unvermögen des Verkäufers unmittelbar auf Schadenersatz klagen, §§ 275/II, 325, 326, 440; RG 69, 355.

Soweit die Unmöglichkeit von einem Vertragsteil verschuldet wird, also von ihm zu vertreten ist, bleiben die §§ 324ff. anwendbar.

c) Lieferung einer anderen Sache (aliud).

Wenn nicht ein mangelhaftes, sondern ein anderes Tier geliefert wird, als das geschuldete, gelten die §§ 320ff. unbeschränkt und gibt es keinen Gewährleistungsanspruch. Siehe auch *Flessa*, Die Aliudlieferung in MDR 55, 138.

Zu 3:

Ein lebendes Tier, welches zu den Tiergattungen gehört, die im § 481 angeführt sind:

Es muß sich also um folgende Tiergattungen handeln:

Pferd, Esel, Maulesel, Maultier, Rindvieh, Schaf, Schwein und zwar muß es sich um lebende Tiere handeln.

Handelt es sich um andere Tiergattungen oder um den Verkauf von geschlachteten Tieren, also Fleisch, finden die allgemeinen Bestimmungen über Mängelgewähr Anwendung. Ebenso ist zu überprüfen, wenn es sich um einen Verkauf eines Grundstückes mit Viehzubehör handelt, ob nicht der Fall vorliegt, daß infolge Mangelhaftigkeit des lebenden Inventars, das den Zwecken des Grundstückes zu dienen bestimmt ist, die Tauglichkeit des Grundstückes selbst durch die Mangelhaftigkeit des Viehzubehörs zu dem im Vertrag vorausgesetzten Gebrauch beeinträchtigt wird. Dann kämen auch bei einem solchen Verkauf eines landwirtschaftlichen Grundstückes nicht die Sonderbestimmungen, sondern die allgemeinen Bestimmungen über die Sachmängelhaftung nach §§ 459ff. zur Anwendung (z. B. der Milchertrag oder die Düngerversorgung fällt fast vollkommen aus).

Kommen in diesen Fällen die allgemeinen Bestimmungen über Sachmängelhaftung zur Anwendung (wenn es sich also um andere Tiergattungen handelt, als wie im § 481 angeführt, oder wenn es sich um tote Tiere, also Fleisch, handelt oder um den besonderen oben angeführten Fall eines Verkaufes eines landwirtschaftlichen Grundstückes mit Viehzubehör, bei welchem die Tauglichkeit des ganzen Grundstückes beeinträchtigt wird), dann kann auch Minderung (Herabsetzung) des Kaufpreises nach § 463 verlangt werden, und dann treten auch die allgemeinen Beweisregeln nach allgemeinen Gewährschaftsbestimmungen in Geltung. Der Käufer trägt die Beweislast bei allen Gewährleistungsansprüchen, wenn er auf Wandelung, Minderung, Schadenersatz nach § 463 klagt, oder wenn er die Einwendung der Mangelhaftigkeit der Sache gegenüber der Kaufpreisklage erhebt (*Rosenberg*, Die Beweislast, § 27/II 2).

Es ist dabei gleichgültig, ob der Käufer die angebotene Sache angenommen oder abgelehnt hat, da den Käufer ohnehin die Beweislast trifft. Die Beweisregel nach § 363 ist daher bedeutungslos.

Im Falle des § 460 muß der Verkäufer beweisen, daß der Käufer den Mangel bei Kaufsabschluß gekannt hat oder er ihm infolge grober Fahrlässigkeit unbekannt blieb (RG JW 1931, 2478; dasselbe gilt auch bei Gattungskauf).

Es gelten dann auch die allgemeinen Bestimmungen über das Unmöglichkeitsrecht, siehe S. 42ff., deren Anwendung für den Käufer insofern günstig ist, als hier die einseitige Erklärung des Käufers zur Minderung (§ 323) und Rücktritt vom Vertrag (§ 325) genügt — das Einverständnis des Verkäufers daher nicht verlangt werden muß — und die Rechtsbehelfe der dreißigjährigen Verjährung unterliegen.

Zu 4:

Eine Streitigkeit, deren Grundlage die in der Klage behauptete Tatsache eines Sachmangels ist:

a) Entscheidend ist nur die Klagebegründung, also die Darstellung des Sachverhalts in der Klage, nicht die Geltendmachung des Mangels durch Einrede.

b) Nur bei Sachmängel sind die besonderen Bestimmungen des Viehgewährschaftsrechtes anwendbar, nicht bei Rechtsmängel.

c) Welche Streitigkeiten keine Streitigkeiten „wegen Viehmängel" sind und daher auch nicht der Zuständigkeit des Amtsgerichtes nach § 23 GVG unterliegen, wurde bereits auf S. 193ff. angeführt.

d) Wenn es sich um einen beiderseitigen Handelskauf handelt, kommt trotzdem die Bestimmung der §§ 377, 378 HGB nicht zur Anwendung und ist daher „unverzügliche Untersuchung" und „Mängelanzeige" nach HGB nicht notwendig.

Dies wäre aber nach allgemeinem Gewährschaftsrecht (§§ 459ff.) notwendig, also z. B. wenn es sich um andere Tiergattungen handelt, als im § 481 angeführt, oder um tote Tiere (also Fleisch).

Anm. 2. Typische Klagansprüche nach dem Viehgewährschaftsrecht

Anm. 2a. Die Anfechtungsklage nach § 123 (verbunden mit dem Schadenersatzanspruch nach § 823, evtl. § 826)

Diese Klage wird zuerst behandelt, weil bei Geltendmachung einerseits von Gewährleistungsansprüchen, also Ansprüchen aus dem Vertrag, und andererseits Anfechtung des Vertrages wegen arglistiger Täuschung nach § 123, zuerst über den letztgenannten Anspruch entschieden werden muß; denn liegt arglistige Täuschung nach § 123 vor, so ist der Vertrag nach wirksamer Anfechtung von Anfang an als nichtig anzusehen, so daß Gewährleistungsansprüche aus dem Vertrag heraus überhaupt nicht mehr in Betracht kommen können.

Diese Anfechtungsklage nach § 123 kann schon dann erhoben werden, wenn noch kein Gefahrübergang und daher in der Regel noch keine Übergabe des Tieres stattgefunden hat.

Anm. 2b. Der wesentliche Unterschied zwischen der Anfechtungsklage nach § 123 und der Wandelungsklage nach § 487

Der Wesensunterschied zwischen der Anfechtungsklage nach § 123 und der Wandelungsklage ist folgender:

b1) Die Anfechtung des Vertrages nach § 123 ermöglicht es dem Käufer, den Vertrag in den Grenzen des § 142 mit dinglicher Wirkung gegen jedermann zu vernichten,

während der Anspruch auf Wandelung den Käufer nur instand setzt, die schuldrechtliche Aufhebung des Vertrages nach Maßgabe gewisser Vorschriften über das vertragsmäßige Rücktrittsrecht herbeizuführen.

b2) Die Anfechtung erfordert neben dem arglistigen Verschweigen oder der arglistigen Zusicherung eine Einwirkung dieses arglistigen Verhaltens auf den Vertragswillen des Käufers, der gerade durch diese arglistige Handlung des Verkäufers zum Kaufabschluß veranlaßt wurde und ohne diese arglistige Täuschung nicht zum Kaufabschluß bereit gewesen wäre (Kausalität),

während der Anspruch auf Wandelung (bzw. Schadenersatz) auch ohne diese Einwirkung bereits gegeben ist.

b3) Die Anfechtung muß innerhalb eines Jahres, beginnend mit dem Zeitpunkt, in welchem der Anfechtungsberechtigte, also der Käufer, die Täuschung entdeckt (längstens innerhalb dreißig Jahre seit der Abgabe der Willenserklärung) geltend gemacht werden,

während der Anspruch auf Wandelung innerhalb 6 Wochen nach Ende der Gewährfrist, bzw. wenn bei Gewährleistung für Nichthauptmängel oder Zusicherung von Eigenschaften eine Gewährfrist nicht vereinbart wird, seit der Ablieferung des Tieres geltend gemacht werden muß. Siehe aber auch S. 215 Anm. 5d.

Nur bei arglistigem Verschweigen muß die Anzeige des Mangels innerhalb zweier Tage nach Ablauf der Gewährfrist oder, falls das Tier getötet wurde oder sonst verendet ist, nach dem Tode des Tieres, nicht erfolgt sein.

b4) Bei der Anfechtungsklage ist bei mehreren Käufern jeder von ihnen berechtigt, diese zu erheben und zwar entweder nur gegen denjenigen, welcher arglistig getäuscht hat oder gegen alle, die dann gesamtschuldnerisch für die Rückzahlung der Beträge haften (RG 65, 403),

während der Wandelungsanspruch von allen gegen alle gerichtet sein muß.

Anm. 2c. Ausschließliche Anwendbarkeit der Anfechtungsklage bei Nicht-Hauptmängel und Wahlmöglichkeiten des Käufers hinsichtlich sonstiger Rechtsbehelfe

Auf diese Anfechtungsklage ist der Käufer beschränkt, wenn es sich um arglistig verschwiegene Nicht-Hauptmängel handelt, für welche keine Gewährleistung geleistet wurde oder deren Abwesenheit auch nicht zugesichert wurde. Soweit ein Hauptmangel arglistig verschwiegen wurde und die Voraussetzungen nach § 123 vorliegen, steht es dem Käufer trotzdem frei, statt dieser Anfechtungsklage nach § 123

aa) die Wandelung (§ 487) und evtl. (gleichzeitig) Schadenersatz wegen unerlaubter Handlung (§§ 823, 826, 249) geltend zu machen.

Hierbei ist zu beachten, daß bei Verbindung von Ansprüchen aus Vertrags- und Deliktsrecht jeder Anspruch seiner eigenen Verjährungsfrist folgt (6wöchentliche des § 490, evtl. § 492, und 3jährige des § 852; BGH U. v. 28. 4. 53 in NJW 53, 1180 = DRspr. I (148) 97d = MDR 1953, 541);

bb) statt der Wandelung Schadenersatzansprüche wegen Nichterfüllung nach § 463 geltend zu machen.

Neben dem Schadenersatz wegen Nichterfüllung des Vertrages nach § 463 kann ein Schadenersatz wegen positiver Vertragsverletzung (also Ersatz dessen, was der Käufer erlangt haben würde, wenn der Vertrag richtig erfüllt worden wäre), nicht geltend gemacht werden;

cc) beim Gattungskauf statt der Wandelung die Lieferung eines mangelfreien Tieres an Stelle des mangelhaften Tieres (nach § 491) oder

dd) ebenfalls beim Gattungskauf: Schadenersatz wegen Nichterfüllung nach §§ 491, 480/II zu verlangen.

Die Anfechtungsklage nach § 123 ist auch beim Gattungskauf möglich.

Ebenso *Palandt* Vorbem. § 459, Anm. 2d; RGRKomm. zu § 459 Anm. 7; *Staudinger-Ostler* Vorbem. 17 vor § 459; a. A. RG 70, 429; die weiters bei *Palandt* als Gegenmeinung angeführte Entscheidung des RG 104, 3 nimmt dazu überhaupt keine Stellung.

Es ist der obangeführten Ansicht nach RG 70, 429 aus folgenden Gründen nicht beizupflichten:

Die Entscheidung begründet ihre Ansicht zunächst damit, daß sich aus den Materialien nichts ergebe, daß der Gesetzgeber neben der Wandelungsklage bei Gattungskauf auch noch die Anfechtung wegen arglistiger Täuschung zulasse. Diese Feststellung ist nichtssagend, da andererseits nicht einzusehen ist, warum gerade beim Gattungskauf nur deshalb, weil er noch einen weiteren Anspruch dem Kläger gibt, nicht trotzdem auch die auf ganz anderer Grundlage basierende Anfechtungsmöglichkeit nach § 123 vorliegen soll.

Der weitere Hinweis darauf, daß dadurch, daß der in § 476 angeordnete Ausschluß der Haftung für arglistiges Verschweigen (Motive Bd. 2 S. 237) durch die Anfechtung umgangen werden könne, ist nicht überzeugend, weil es dem Käufer frei steht, statt der Anfechtung nach § 123 auch Wandelung oder Schadenersatz zu verlangen, wenn die Voraussetzungen dazu gegeben sind, es also in seiner Hand ist, ob er weiterhin den Vertragsanspruch geltend machen will, in welchem Falle dann auch § 476 einschlägig bleibt.

Noch weniger überzeugend ist der letzte Hinweis, daß dem Kläger nach §§ 123 bzw. 124 nur eine einjährige Verjährungsfrist zur Verfügung steht, während sonst nach dem Vertrag bei arglistiger Täuschung die Verjährungsfrist dreißig Jahre beträgt. Abgesehen davon, daß der Kläger die Möglichkeit hat, auch nach einem Jahr dem Schädiger selbst gegenüber seinen Anspruch wegen Schadenersatz nach § 823 geltend zu machen, kommt hier auch die schon zum vorhergehenden Hinweis gebrachte Begründung zum Zuge, daß es doch dem Käufer freisteht, bei seinen Vertragsansprüchen zu bleiben und sich dadurch die dreißigjährige Frist zu erhalten.

Anm. 2d. Inhalt der Anfechtungsklage nach § 123, insbesondere Behauptungs- und Beweislast

Es sind insbesondere folgende Behauptungen, soweit die Voraussetzungen dafür gegeben sind, aufzustellen:

a) Der Abschluß des Kaufvertrages zwischen den Parteien (oder deren Vertreter) möglichst mit genauer Zeit- und Ortsangabe,

weil ein bestehender Vertrag die Voraussetzung der Anfechtung des Vertrages ist.

Aus diesem Grunde kann nach erfolgter Aufhebung des Vertrages, z. B. nach vollzogener Wandelung, auch keine Anfechtungsklage mehr nach § 123 erhoben werden.

Das gleiche gilt, wenn der Vertrag wegen Irrtums wirksam angefochten wurde.

Hierbei ist zu beachten, daß die Anfechtung wegen Irrtums erst dann wirksam wird, wenn sie urteilsmäßig rechtskräftig festgestellt oder von der Gegenseite anerkannt ist.

b) Die Angaben tatsächlicher Art (nicht bloß Werturteile, z. B. Anpreisungen), welche der Verkäufer (oder bei mehreren wenigstens einer von ihnen oder dessen Vertreter) gegenüber dem Käufer (bei mehreren Käufern wenigstens gegenüber einem) gebraucht hat, die die arglistige Täuschung darstellen (das Hervorrufen oder Aufrechterhalten eines Irrtums durch Vorspiegelung „falscher“ oder Unterdrückung „wahrer“ Tatsachen, ohne daß Bereicherungsabsicht des Täuschenden oder Schädigung des Vermögens des Getäuschten vorliegen muß. Begriffsbestimmung dazu vgl. insbesondere RG 134, 55; 55, 210 und Näheres S. 20 ff.). Hierzu käme die weitere Behauptung, daß der Verkäufer vorsätzlich dadurch auf den Erklärungswillen des Käufers einwirken wollte oder (was auch genügt), daß der Verkäufer wußte oder wissen mußte, daß die Täuschung den Käufer zur Erklärung bestimmt, daß also die Täuschung für die Erklärung ursächlich war, somit ohne die Täuschung die Erklärung des Käufers nicht oder nicht in der Weise abgegeben worden wäre.

Bei der Behauptung, daß arglistige Täuschung durch Verschweigen (Unterdrückung) „wahrer“ Tatsachen vorliegt, muß die weitere Behauptung aufgestellt werden, daß der Verkäufer nach der Verkehrssitte (wenn keine solche besteht: nach Treu und Glauben im Verkehr) eine Aufklärungspflicht hatte (RG 77, 314); wenn möglich, daß er diese Aufklärungspflicht deshalb verletzt hat, weil er über ausdrückliches Befragen nach bestimmten Eigenschaften oder Fehlern des Tieres diese geleugnet habe; wenn möglich, daß er namentlich Umstände verschwiegen habe, deren Kenntnis den Käufer vom Vertragsabschluß abgehalten hätte (BGH U. v. 8. 10. 54 in MDR 55, 26.)

c) Wenn es sich um keinen Hauptmangel handelt (oder zwar nicht um einen Hauptmangel, aber auch nicht um einen Fehler, für den der Verkäufer die Gewährleistung übernommen hat, und auch nicht um eine zugesicherte Eigenschaft), muß ferner behauptet werden, daß es sich jedenfalls um einen „wesentlichen Mangel" des Tieres handelt, der ihm (evtl. besonders als Laien) nicht ohne weiteres erkennbar war und er ohne dieses arglistige Verschweigen das Tier nicht, jedenfalls nicht um den festgesetzten Preis, gekauft hätte und daß der Verkäufer nach Treu und Glauben im Verkehr zur Mitteilung über diesen (wesentlichen Mangel) verpflichtet gewesen wäre, also diesbezüglich eine Aufklärungspflicht hatte (RG 77, 314). Nach Möglichkeit ist dazu weiters zu behaupten, daß der Käufer ausdrücklich die Haftung verlangt und der Verkäufer diese übernommen hat, die Haftung also zum Vertragsinhalt zwischen den Parteien geworden ist, oder

daß der Käufer den Verkäufer nach einem solchen Mangel gefragt hat und der Verkäufer diesen wider besseres Wissen abgeleugnet hat, obwohl ihm der Fehler zumindest bei der Übergabe des Tieres bekannt war oder bekannt gewesen sein mußte, oder

daß der Verkäufer Fehlerlosigkeit zugesichert hat, obwohl ihm der Fehler des Tieres bekannt war und er wußte, daß dieser Fehler, wenn er dem Käufer bekannt gewesen wäre, diesen vom Kauf abgehalten hätte.

d) Bei einer Mehrheit von Verkäufern die Angabe, daß aus diesem Grunde die Klage gegen alle gerichtet ist (was zulässig ist) bzw., wenn die Klage nur gegen den gerichtet wird, der die arglistige Täuschung begangen hat, die Anführung dieser Tatsache.

Weiters die Angaben, wer als Mittäter, Anstifter oder Gehilfe mitgewirkt hat, weil diese dann als Mitbeklagte (Gesamtschuldner) aus unerlaubter Handlung zu haften haben und gemäß § 100/IV ZPO auch die Kosten des Verfahrens gesamtschuldnerisch zu tragen haben.

e) Bei Vertretung des Verkäufers, daß der Vertreter im Namen des Verkäufers die (täuschende) Erklärung abgegeben hat, also erkennbar im fremden Namen bzw., daß zumindest aus den näheren Umständen (Zeit, Ort, früheres Verhalten) der Wille des Vertreters, für den Verkäufer zu handeln, ersichtlich war.

Wenn möglich: daß die entscheidenden Vertragsverhandlungen durch diesen Vertreter geführt wurden.

Falls ein Vermittler (Unterhändler, Schmuser) die arglistig täuschende Erklärung abgegeben hat, muß weiters behauptet werden, daß der Verkäufer davon wußte oder wissen mußte, also die arglistige Täuschung kannte oder kennen mußte (d. h. nur durch Fahrlässigkeit nicht kannte). Diese Behauptung wäre nur dann nicht notwendig, wenn dafür behauptet werden kann, daß dieser Vermittler die maßgebenden Vertragsverhandlungen mit dem getäuschten Käufer selbst geführt hat.

f) Der Käufer habe auf Grund des § 123 den Vertrag gemäß § 124 angefochten (oder es wird diese Anfechtungserklärung in der Klage selbst abgegeben). Hierbei sei betont, daß stets die — materiellrechtliche — Anfechtung von ihrer — formell-rechtlichen — Geltendmachung im Prozeß getrennt werden muß. Die Anfechtungserklärung bewirkt die rückwirkende Nichtigkeit; im Prozeßwege wird dann nur noch die Nichtigkeit festgestellt.

Zu beachten ist, daß diese Anfechtungserklärung unbedingt (bedingungslos) abgegeben werden muß, da sie sonst unwirksam ist. Einmal abgegeben, ist die Anfechtungserklärung aber unwiderruflich und kann nicht einmal durch Einverständnis beider Vertragsteile beseitigt werden, so daß dann mangels gültigen Vertrages keine Gewährleistungsansprüche mehr erhoben werden können.

Siehe auch. Begriff „Anfechtungserklärung" nach §§ 119, 123 in BGH U. v. 28. 9. 54 in MDR 55, 24.

Dabei ist jedoch zu beachten, daß die Anfechtungserklärung allein noch keine Nichtigkeit des Vertrages schafft, sondern erst festgestellt werden muß, daß die Voraussetzung für eine Anfechtbarkeit auch tatsächlich vorliegt, was nur durch Anerkenntnis seitens des Verkäufers oder Feststellung durch Urteil erfolgt.

Zweckmäßigerweise wird daher der Käufer vorsichtshalber von Anfang an hilfsweise auch Gewährleistungsansprüche geltend machen, um dieser Ansprüche nicht durch Verjährung verlustig zu gehen, wenn er mit seinem Anspruch nach § 123 nicht durchdringt.

g) Daß sich die Vertragsparteien infolge der von vornherein eingetretenen Nichtigkeit des Vertrages gegenseitig das Empfangene zurückzuerstatten haben (§§ 812, 142) und daher (soweit bereits bezahlt) der Verkäufer den Kaufpreis (Restkaufpreis) samt Zinsen seit dem Zahltage (4% nach § 246, 5% nach § 352 HGB, bei beiderseitigen Handelsgeschäften) zu bezahlen hat, evtl. auch die bezahlte Draufgabe samt Zinsen seit dem Zahltage.

h) Der Beklagte hat weiters dem Kläger (Käufer) den **Schaden** zu ersetzen, den der Kläger **durch den Abschluß des Vertrages** an seinem Vermögen erlitten hat (negatives Vertragsinteresse nach §§ 823 [evtl. § 826] 249, evtl. 252).

Es kann also nicht das Erfüllungsinteresse gefordert werden (RG 132, 76), außer bei arglistiger Zusicherung nicht vorhandener Eigenschaften (RG 103, 159, ebenso *Palandt* Anm. 12 zu § 823).

Danach hat der Beklagte (der Verkäufer) dem Kläger (Käufer) folgende Beträge zu ersetzen:

1. an Futterkosten DM (2.—) für den Tag, daher für die Zeit vom (Tag der Übernahme des Tieres) bis (Klagstag) den Betrag von . . . . DM ...
2. an Lagergeld . . . . DM ...
3. an Kosten:

des Tierarztes für Untersuchungskosten . . . . . . DM ...
für Behandlungskosten . . . . DM ...
weiters für Medikamente . . . . DM ...
für Gutachten . . . . DM ...
der Hinterlegung . . . . DM ...
der Versteigerung . . . . DM ...
der Übergabe (Abnahme) . . . . . . DM ...
der Versendung und Rückversendung DM ...
des Vertrages . . . . DM ...
des früher geführten Prozesses . . . . DM ...
des Maklers (Vermittlers) . . . . . . DM ...
des Sachverständigen . . . . DM ...
des Bevollmächtigten für den Kaufabschluß . . . . DM ...
an üblichen Trink- und Halftergeldern DM ...
an Umsatzsteuer . . . . DM ...
an Zollkosten . . . . DM ...
an Schlachtgebühren . . . . DM ...
an Schlachtbeschaugebühren . . . . . DM ...
an Freibankgebühren . . . . DM ...

Die Kosten der Mängelanzeige können nicht verlangt werden, weil eine solche im Falle des § 123 nicht notwendig ist.

4. an Gewinnentgang, § 252, hat der Beklagte (Verkäufer) dem Kläger (Käufer) den Betrag von DM ... zu bezahlen, da der Kläger nach dem gewöhnlichen Lauf der Dinge oder nach den besonderen Umständen diesen Gewinnbetrag erzielt hätte.

Siehe dazu Schl.Holst. OLG U. v. 4. 12. 51 in MDR 52, 489. Vor allem wird der beweisbare Gewinnbetrag verlangt werden können, den der Käufer durch Weiterverkauf hätte erzielen können.

5. Der Beklagte hat dem Kläger den Vertragsstrafschaden (Poenale) zu bezahlen, den der Kläger selbst infolge Nichteinhaltung seines Vertrages an dritte Seite bezahlen muß.

i) Der Kläger (Käufer) ist bereit, das Tier samt Zubehör Zug um Zug gegen Rückzahlung des Kaufpreises herauszugeben und ist bereit, den seinerseits empfangenen Nutzen herauszugeben bzw. einverstanden, daß dieser mit seiner Gegenforderung aufgerechnet wird.

j) Hinsichtlich des Rechtsgrundes wird auf §§ 123; 812, 142; 823, evtl. 826; 252, 246 (evtl. § 352 HGB); 830, 840 (bei Mehrheit von Beklagten) verwiesen.

Anm. 3. Hilfsanträge und sonstige Anträge in Verbindung mit der Klage nach § 123

Soweit es sich um arglistige Täuschung wegen Hauptmängeln handelt oder um Nicht-Hauptmängel, für welche der Verkäufer die Gewährleistung übernommen oder eine Eigenschaft zugesichert hatte, ist es zweckdienlich, hilfsweise neben dem Anspruch nach § 123 den Anspruch auf Wandelung (§§ 462, 487, S. 226ff.) oder hilfsweise den Anspruch auf Schadenersatz wegen Nichterfüllung (§ 463, S. 250ff.) oder hilfsweise bei Gattungskauf den Anspruch nach §§ 480, 491 auf Ersatzlieferung (S. 261 ff.) oder hilfsweise den Anspruch nach § 480/II auf Schadenersatz (S. 272f.) bei Gattungskauf geltend zu machen.

Zu beachten ist, daß bei arglistigem Verschweigen eines Mangels durch den Verkäufer nach § 476 nur die Vereinbarung, nach welcher die Verpflichtung des Verkäufers zur Gewährleistung wegen Mangel des Tieres erlassen oder beschränkt wird, nichtig ist, nicht der ganze Vertrag.

Die Berufung auf diese Gesetzesstelle (§ 476) gibt also kaum die Möglichkeit, den ganzen Vertrag nichtig zu machen; (§ 139 ist nicht anwendbar); ebenso *Palandt* Anm. 2 zu § 476.

Regelmäßig wird aber in diesem Fall der Käufer nach § 123, aber eben nur nach dieser Gesetzesbestimmung, den ganzen Vertrag anfechten können.

Anm. 4. Muster eines Klagantrages für eine Anfechtungsklage nach § 123

a) Klagetatbestand siehe Behauptungs- und Beweislast S. 207ff.
b) Sachliche Zuständigkeit S. 221 ff.
c) Örtliche Zuständigkeit S. 222ff.
d) Aktivlegitimation und Prozeßführungsbefugnis S. 219f.
e) Passivlegitimation S. 220f.
f) Allgemeine Prozeßvoraussetzungen S. 218f.
g) Klagantrag:

I. Der Kaufvertrag, den die Streitteile hinsichtlich des Tieres (genaue Beschreibung) am ... abgeschlossen haben, ist nichtig.

II. Der Beklagte (die Beklagten als Gesamtschuldner) hat (haben) dem Kläger (den Klägern) zu bezahlen:

a) an bezahlten Kaufpreis den Betrag von DM ... samt 4% (5%) Zinsen hieraus seit ... (Zahltag)
b) an bezahlter Draufgabe den Betrag von DM ... samt 4% (5%) Zinsen hieraus seit dem ... (Zahltag)
c) an Futtergeld den Betrag von täglich (2.— DM) für die Zeit vom ... (Tag nach der Übergabe) bis zur Zurücknahme des Tieres
d) an Lagergeld den Betrag von . . . . DM ...
e) an Kosten weiter folgende Beträge:

des Tierarztes	für Untersuchungskosten	DM ...
	für Behandlungskosten	DM ...
weiters	für Medikamente	DM ...
	für Gutachten	DM ...
	der Hinterlegung	DM ...
	der Versteigerung	DM ...
	der Übergabe (Abnahme)	DM ...
	der Versendung und Rückversendung	DM ...
	des Vertrages	DM ...
	des früher geführten Prozesses . . .	DM ...
	des Maklers (Vermittlers)	DM ...
	des Sachverständigen	DM ...
	des Bevollmächtigten für den Kauf-	DM ...
	abschluß	DM ...
	an üblichen Trink- und Halfter-geldern	DM ...
	an Umsatzsteuer	DM ...
	an Zollkosten	DM ...
	an Schlachtgebühren	DM ...
	an Schlachtbeschaugebühren	DM ...
	an Freibankgebühren	DM ...

f) an Gewinnentgang den Betrag von . . . . DM ...
g) an Ersatz für die bezahlte Vertragsstrafe den Betrag von . . . . DM ...
samt 4 (5%) Zinsen hieraus seit dem ... (Aufwendungstag)

III. Der Beklagte (die Beklagten als Gesamtschuldner) hat (haben) die Kosten des Verfahrens zu tragen.

IV. Das Urteil wird für vorläufig vollstreckbar erklärt, evtl. hilfsweise:

V. Anspruch auf Wandelung nach § 487 siehe S. 226ff.
oder Anspruch auf Schadenersatz nach § 463 S. 250ff.
oder Anspruch auf Lieferung eines mangelfreien Tieres nach § 491 S. 261ff.

oder Anspruch auf Schadenersatz (bei Gattungskauf) nach §§ 480/II und 491 S. 272f.

Diese Hilfsanträge können nur dann gestellt werden, wenn es sich um einen Hauptmangel nach § 482 oder um einen nicht zu den Hauptmängeln gehörenden Fehler handelt, für welchen der Verkäufer nach § 492 die Gewährleistung übernommen oder soweit er eine Eigenschaft des Tieres zugesichert hat.

Streitwert ... (der Streitwert der Nichtigkeit ist der ungeschmälerte Wert der Leistungen, von denen der Kläger bei Nichtigkeit freigestellt wird, bzw. die ihm, im Falle der schon gemachten Leistungen, zurückzugewähren sind).

Siehe OLG Koblenz Beschl. v. 7. 9. 53 in NJW 53, 1918.

Soweit Schadenersatzansprüche nach § 823 evtl. § 826 geltend gemacht werden, ist der Streitwert im allgemeinen gleich den geltend gemachten Schadensbeträgen. Soweit die Festsetzung des Schadens dem richterlichen Ermessen überlassen wird, ist der Streitwert der Betrag, der im Urteil festgesetzt wird (*Hillach* § 26 A II). Zu beachten ist weiters, daß die „Kosten" von der Wertberechnung auszunehmen sind (IIe).

Was die Futterkosten anbetrifft, ist zu berücksichtigen, daß für diese ständig steigenden Futterkosten hinsichtlich der Berechnung der Gerichts- und Anwaltskosten der Streitwert für jeden einzelnen Akt innerhalb des Prozesses oder der Instanz besonders zu berechnen ist (RG 15, 75; Willenbücher §§ 10, 31).

Ein Antrag gemäß § 489 auf öffentliche Versteigerung des Tieres und Hinterlegung des Erlöses durch einstweilige Verfügung kann mit der Anfechtungsklage nach § 123 nicht verbunden werden. Dieser Antrag ist nur bei der Wandelungsklage möglich oder Klage auf Lieferung eines mangelfreien Tieres.

Es ist aber möglich, einstweilige Verfügungen nach den allgemeinen Bestimmungen der §§ 935, 940 ZPO zu beantragen,

z. B. dahingehend, daß eine freihändige Veräußerung des Tieres angeordnet wird,

oder daß die Unterbringung des Tieres in den Stall eines Dritten angeordnet wird oder, daß das Tier unter Beaufsichtigung gestellt wird.

Ein Beweissicherungsantrag nach § 485 ZPO ist evtl. zweckmäßig. Muster S. 242f.

VI. Evtl.:

Es wird beantragt, die Rechtssache nach § 200/III GVG als Feriensache zu bezeichnen, weil es sich um eine Rechtsstreitigkeit wegen Viehmängel handelt.

Zum Klagebegehren I, ob ein rechtliches Interesse im Sinne des § 256 ZPO für ein Feststellungsbegehren auf Nichtigkeit des Vertrages wegen arglistiger Täuschung gegeben ist, siehe RG 65, 399 (*Auerbach*, ZPO, Bd. 2, S. 214 unter Verweis auf RG 61, 244 und 21, 388). Im allgemeinen wird dieses Feststellungsbegehren begründet sein und wird auch in der Praxis von den Gerichten zugelassen, weil sich der Schaden zur Zeit der Klageinbringung in der Regel noch nicht vollständig beziffern läßt, jedenfalls noch nicht vollständig geklärt und meistens noch in der Entwicklung begriffen ist (RG HRR 25, 280, stRspr.) und der schädigende Zustand andauert (RG JW 33, 690; ebenso *Baumbach-Lauterbach* Anm. 5 zu § 256 ZPO, Einzelfälle unter „Leistungsklage", vgl. auch BGH U. v. 3. 12. 51 in NJW 52, 539 und BGH U. v. 6. 6. 51 in NJW 51, 887).

Anm. 5. Einwände des Verkäufers gegen den Klaganspruch nach § 123.

a) Mangelnde Prozeßführungsbefugnis (häufig auch — unrichtigerweise — als Aktivlegitimation bezeichnet), die von Amts wegen und in jeder Instanz zu berücksichtigen ist, ist gegeben, wenn der Klaganspruch nach § 123 nicht von dem ursprünglichen Käufer, sondern von einem Dritten geltend gemacht wird, dem der Klaganspruch abgetreten wurde; denn der Klaganspruch nach § 123 kann in der Regel (Ausnahmen siehe *Baumbach-Lauterbach* 4 C vor § 50 [„Prozeßgeschäftsführung"]) nur von dem ursprünglichen Käufer gegen den ursprünglichen Verkäufer geltend gemacht werden (RG 96,156) und Oberstes Gericht DDR U. v. 10. 10. 51 in DRsp. I (125) 34f.

Das Fehlen der Prozeßführungsbefugnis (Prozeßstandschaft, Prozeßgeschäftsführungsmacht) macht den Prozeß unzulässig, die Klage wäre also durch Prozeßurteil und nicht durch Sachurteil abzuweisen. Darin unterscheidet sich diese Prozeßvoraussetzung von der Aktivlegitimation im echten Sinne, die das sachlichrechtliche Zustehen des Rechts umfaßt (vgl. *Rosenberg*, Lehrbuch, § 45 I 1, 2; *Baumbach-Lauterbach*, 4 A vor § 50).

b) Mangelnde Passivlegitimation im echten Sinne, die zur Abweisung der Klage als unbegründet führen müßte, wenn der Klaganspruch nicht gegenüber dem ursprünglichen Verkäufer gerichtet ist, sondern gegen den Rechtsnachfolger (RG 96, 156).

Mangelnde Passivlegitimation ist weiters dann gegeben, wenn die arglistige Vorspiegelung von einem Dritten begangen wurde, der nicht direkter Vertreter des Verkäufers war und sich der Verkäufer diese Vorspiegelung des Vertreters nicht zunutze gemacht hat (RG 103, 161), ferner wenn der Verkäufer die arglistige Täuschung durch den Dritten oder auch nur die Ursächlichkeit der Täuschung für die Willenserklärung des Käufers nicht kannte oder kennen mußte (d. h. nach § 276 durch Fahrlässigkeit nicht kannte, RG 134, 43).

Andernfalls könnte der Käufer dagegen wieder einwenden, daß sich der Verkäufer die Vorspiegelung des Vertreters zunutze gemacht hat oder daß der Verkäufer die arglistige Täuschung kannte oder nur durch Fahrlässigkeit nicht kannte.

Mangelnde Passivlegitimation ist ferner dann gegeben, wenn es sich um einen kommissionsweisen Verkauf handelt, bei welchem der Kommissionär im eigenen Namen, aber für fremde Rechnung verkauft hat, der Vertragsgegner des Käufers daher der Kommissionär ist und nicht derjenige, für dessen Rechnung verkauft wurde, letzterer daher für den Klaganspruch nicht passiv legitimiert ist (*Stölzle*, Slg. II, S. 200, KG; siehe auch RG 110, 119: Kommissions- oder Kaufvertrag).

c) Es liegt kein gültiger Kaufvertrag vor, deshalb kann eine Anfechtungsklage des Vertrages nicht erhoben werden, insbesonders weil es zu keinem Kaufabschluß kommen konnte, weil kein bindendes Angebot gestellt wurde und daher auch das Angebot nicht angenommen werden konnte,

(*Stölzle*, Slg. II, S. 43, OLG Stuttgart);

oder, weil der Kauf unter auflösende Bedingung gestellt wurde und infolge Eintrittes der Bedingung aufgehoben wurde (Verwirkungsabrede).

Siehe *Stölzle*, Slg. II, S. 43, OLG Hamm, welches diese Verwirkungsabrede in der Erklärung als gegeben annahm: „bis zum ... muß das Tier weg, sonst ist der Kauf für nichts";

oder, weil der Verkäufer der Wandelung bereits zugestimmt hat oder über den Wandelungsanspruch des Käufers ein rechtskräftiges Wandelungsurteil vorliegt oder, weil der Vertrag schon wegen Irrtums wirksam angefochten wurde.

Ein vorheriger Rücktritt des Käufers vom Vertrag würde die Anfechtung des Vertrages wegen arglistiger Täuschung nach § 123 nicht unzulässig machen (siehe OLG München U. v. 29. 10. 52 in NJW 1953, 424, welches unter Umständen auch ein schwebend unwirksames, ja sogar ein nichtiges Geschäft für anfechtbar hält, da selbst zwei gleichwirkende juristische Tatbestände auf denselben Lebenstatbestand anwendbar seien und sich hierbei auf *Enneccerus-Nipperdey* Allgem. Teil, 13. Aufl., § 190, III Nr. 7 beruft, abgekürzt in DRspr I (113) 65a; vgl. im gleichen Sinne auch *Palandt* Anm. 4e vor § 104).

Der Vertrag ist wirksam zustande gekommen, auch wenn der Käufer nicht weiß, daß der Verkäufer nicht Eigentümer des Kauftieres ist, also trotz Irrtums in der Person des Verkäufers, wenn dieser als Verkäufer handelnd zum Verkauf durch den tatsächlichen Eigentümer bevollmächtigt war (*Stölzle*, Slg. II, S. 46 RG). Verkäufer kann also nicht in diesem Falle „unwirksamen Vertrag" einwenden.

d) Der Vertrag ist nicht oder nicht unbedingt oder nicht rechtzeitig angefochten worden.

Dem kann der Käufer begegnen, daß er den Anspruch auf Nichtigerklärung des Vertrages fallen läßt und nur den Schadenersatzanspruch wegen unerlaubter Handlung aufrecht erhält, weil die arglistige Täuschung eine unerlaubte Handlung darstellt und gegenüber dem Täuschenden auch nach Ablauf der einjährigen Anfechtungs-Verjährungsfrist in Wirksamkeit bleibt (RG 79, 195).

Soweit der Käufer vom Verkäufer auf die Kaufpreisforderung geklagt wird, kann er schon nach § 853 trotz Verjährung seines Anfechtungsanspruches die entsprechende Einwendung erheben (RG 79, 195; 84, 131 und *Palandt* Anm. 1 zu § 853).

e) Es hat keine arglistige Täuschung stattgefunden, sondern sich nur um Anpreisungen oder persönliche Werturteile gehandelt.

Jedenfalls ist der Käufer durch diese Behauptungen nicht zum Abschluß des Vertrages bestimmt worden (die arglistige Täuschung ist also nicht ursächlich, kausal, für den Abschluß des Kaufvertrages gewesen). Jedenfalls ist dem Verkäufer nicht bewußt gewesen, daß der Käufer gerade wegen dieser Mängel das Tier nicht brauchen könne.

f) Es handelt sich um keine Hauptmängel nach der Kais. Verordnung (die sich in der Gewährfrist gezeigt haben), auch um keine Nebenmängel, für die der Verkäufer Gewährleistung übernommen hat oder um das Fehlen von Eigenschaften, die der Verkäufer zugesichert hat, sondern um andere Mängel, für welche der Käufer die Haftung nicht ausdrücklich verlangt hat und sie auch vom Verkäufer nicht ausdrücklich übernommen wurde, weshalb der Käufer wußte, daß der Verkäufer eine Haftung für diese Nichthauptmängel nicht übernehmen werde, insbesondere hat der Käufer nicht ausdrücklich nach dem Mangel gefragt und der Verkäufer den Mangel nicht ausdrücklich abgelehnt. Jedenfalls hat der Verkäufer keine Fehlerlosigkeit zugesichert,
auch eine Aufklärungspflicht hat für den Verkäufer nicht bestanden (wenn das Verschweigen „wahrer" Tatsachen behauptet wird, RG 77, 314 und BGH U. v. 8. 10. 54 in MDR 55, 26).

g) Der Nebenmangel ist dem Käufer bekannt oder zumindest erkennbar gewesen.

Es hat sich um Fehler gehandelt, von deren Unerheblichkeit der Verkäufer überzeugt war. Der Verkäufer hat anderweitige Kenntnis der Fehler durch den Käufer annehmen können. Jedenfalls hat es sich beim Verkäufer nur um eine (höchstens grobe) Fahrlässigkeit gehandelt.

h) Der Käufer hat auf den Anspruch aus arglistiger Täuschung verzichtet.

Dagegen könnte der Käufer einwenden, daß dieser Verzicht der Annahme bedarf, die nicht erfolgt ist, wogegen wiederum der Verkäufer einwenden könnte, daß die Annahme zumindest stillschweigend erfolgt ist (RG 72, 171).

Der Käufer hat durch Erhebung der Wandelungsklage, also Geltendmachung von Gewährleistungsansprüchen oder dadurch, daß er trotz Kenntnis der Anfechtbarkeit nur Schadenersatzansprüche erhebt, stillschweigend auf die Erhebung der Anfechtungsklage nach § 123 verzichtet (RG 68, 400 und 65, 403).

Demgegenüber kann der Käufer einwenden, daß ein Vollzug der Wandelung nach § 465 noch nicht erfolgt sei, also sich der Verkäufer auf Verlangen des Käufers damit noch nicht einverstanden erklärt habe und auch kein rechtskräftiges Urteil darüber erfolgt sei (RG 108, 26; 94, 327); ferner bei Geltendmachung von Schadenersatzansprüchen, daß § 465 sich nicht auch auf den Vollzug von Schadenersatzansprüchen bezieht. so daß dieser nicht schon mit der Einverständniserklärung durch den Verkäufer, sondern erst mit der Erfüllung oder rechtskräftigen Verurteilung dazu bindend wird (*Palandt* Anm. 3 a. E. zu § 465).

Ferner, die Wandelung sei auch deshalb noch nicht vollzogen, weil der Verkäufer sein Einverständnis an Bedingungen geknüpft habe (Recht 21, 1858) oder die Parteien hätten sich über alle streitigen Punkte noch nicht geeinigt (*Gruchot* 51, 170), insbesondere sei die Einigung über den Ersatz von Aufwendungen, Übernahme von Prozeßkosten noch nicht erfolgt und überhaupt Einigung nur über Rückgabe des Tieres erfolgt, was ungenügend ist.

i) Der Käufer hat den Anspruch auf Anfechtung nach § 123 dadurch verwirkt, daß er den Kaufpreis in Kenntnis des Mangels bezahlt hat, ohne diesbezüglich einen Vorbehalt zu erheben (BGH U. v. 20. 10. 53 in NJW 54, 145) oder dadurch, daß er erst nach langer Zeit diesen Anspruch geltend macht, so daß nach Treu und Glauben der Verkäufer mit dieser Geltendmachung nicht mehr rechnen konnte (Verwirkung durch Nichtausübung durch längere Zeit hindurch).

j) Der Käufer hat, obwohl er mit einer Täuschung durch den Verkäufer rechnete oder rechnen mußte, ohne Rücksicht auf den Umfang dieser Täuschung den Vertrag abgeschlossen und hiermit auf seinen Anspruch nach § 123 verzichtet (BGH U. v. 7. 2. 53 in DRspr I (138) 39f).

k) Es liegt eigenes Verschulden bzw. Mitverschulden des Käufers vor, welches ursächlich (adäquat) bzw. mitursächlich war.

Über diesen Einwand ist im Grundurteil zu entscheiden. Die Beweislast für das Verschulden des Geschädigten trägt nach h. M. (RG 159, 261; 60, 147) der Ersatzpflichtige; a. A. *Rosenberg,* Beweislast § 28.

Dieser Einwand ist nicht für den Anfechtungs-, aber für den Schadenersatzanspruch von Bedeutung.

l) Unberechtigte Einwände:

Unberechtigt ist der Einwand, daß der Käufer nicht mehr in der Lage sei, das Empfangene zurückzugewähren, während dieser Einwand z. B. bei der Schadenersatzklage nach §§ 480/II, 491 (bei Gattungskauf) gelten würde. Bei der Anfechtung wegen arglistiger Täuschung fehlt eine entsprechende gesetzliche Vorschrift, so daß der Anspruch vom Käufer dennoch erhoben werden kann, auch wenn er nicht mehr in der Lage ist, das Empfangene zurückzugewähren (RG 59, 92 ebenso JW 1919, 377). Unberechtigt ist weiter der Einwand, daß die Anfechtung nach § 123 beim Gattungskauf unzulässig sei (so wohl RG 70, 429; dagegen aber *Palandt* vor § 459; RGRKomm. zu § 459 Anm. 7; *Staudinger-Ostler* vor § 459 Anm. 17; siehe dazu Stellungnahme S. 206).

Unberechtigt ist der Einwand, daß der Käufer vom Vertrag zurückgetreten sei; auch dann ist noch die Anfechtung nach § 123 zulässig, OLG München U. v. 29. 10. 52 in NJW 1953, 424 = DRspr I (113) 65a.

m) Allgemeine Prozeßvoraussetzungen fehlen:

Die allgemeinen Prozeßvoraussetzungen, das sind nach *Rosenberg*, Lehrbuch, § 32 III diejenigen Umstände, die vorliegen müssen, damit überhaupt ein Urteil zur Sache ergehen kann und ohne welche die Klage als unzulässig abzuweisen ist, sind nicht gegeben:

aa) Zuständigkeit des Gerichts (sachlich und örtlich) S. 221 f.
bb) Prozeßführungsbefugnis (siehe unten)
cc) Rechtsschutzbedürfnis
dd) Zulässigkeit des Rechtsweges
ee) Parteifähigkeit
ff) Prozeßfähigkeit
gg) Vertretungsmacht des gesetzlichen Vertreters
hh) Rechtshängigkeit oder Rechtskraft liegen vor.

Zum Rechtsschutzbedürfnis: Die bloß vorläufige Befriedigung des Klägers durch einstweilige Verfügung läßt das Rechtsschutzbedürfnis des Klägers bestehen (siehe dazu auch *Esser* in NJW 53, 1892); dies gilt auch dann, wenn der Kläger zwar befriedigt wird, der Beklagte aber gleichzeitig den Anspruch des Klägers bestreitet (*Rosenberg*, Lehrbuch, § 79 III 36).

Dagegen kein Rechtsschutzbedürfnis, wenn die Vollstreckung bereits auf Grund eines anderen Titels erfolgen kann, z. B. Vergleichs, Notariatsakts, außer es ist der Vollstreckungstitel verlorengegangen, der Name des Beklagten nicht (mehr) richtig angegeben oder infolge anderer Unrichtigkeit oder Unbestimmtheit nicht brauchbar (ebenso *Rosenberg*, Lehrbuch, § 85 II 2b).

Ebenso kein Rechtsschutzbedürfnis bei Zerlegung des Klaganspruches in mehrere Teilklagen mit dem einzigen Zweck, die Zuständigkeit des AG zu begründen (sog. Erschleichung der Zuständigkeit) soweit nicht ohnehin die amtsgerichtliche Zuständigkeit nach § 23 GVG eintritt.

Der Beklagte kann in diesem Fall nicht mehr auf Feststellung klagen, daß auch ein weiterer über den eingeklagten Betrag hinausgehender Anspruch dem Kläger nicht zusteht, weil die Einwendung der Rechtshängigkeit dieser Feststellungsklage entgegenstünde (*Baumbach-Lauterbach* § 2 Anm. 3 verlangt in diesem Fall die Verbindung der Rechtssachen und Verweisung zum

Landgericht evtl. Prozeßabweisung bei unterlassenem entsprechendem Antrag). Siehe im übrigen *Baumbach-Lauterbach* vor § 253 Anm. 5: „Rechtsschutzbedürfnis".

Zu unterscheiden vom Rechtsschutzbedürfnis ist die Bestimmung des § 93 ZPO, nämlich, daß dem Kläger die Prozeßkosten zur Last fallen, wenn der Beklagte durch sein Verhalten keinen Anlaß zur Klage gegeben hat und er den Anspruch sofort anerkennt. Deshalb ist entsprechende Mahnung vor Klageeinbringung notwendig. Die Kosten dieses Mahnschreibens sind neben den eigentlichen Prozeßkosten als Verzugsschaden erstattungsfähig (*Palandt* Anm. 2b zu § 286).

Die Mahnung nach § 284 muß entsprechend formuliert sein, um die entsprechende Wirkung zu erzeugen.

Gemäß BGH U. v. 14. 11. 51 in MDR 52, 155 ist zur Mahnung keine Fristsetzung oder die Ankündigung bestimmter Folgen notwendig (siehe auch *Enn.-Lehmann* § 51 II 2), sondern es ist nur notwendig, daß diese Mahnung die eindeutige Leistungsaufforderung enthält und daß erkennbar wird, daß das Ausbleiben der Leistung Folgen haben werde (RG 93, 300; *Palandt*, Anm. 3a zu § 284).

Anm. 6. Beweislast zur Anfechtungsklage nach § 123 und die Einrede des Bürgen

Zur Klage nach § 123 trifft den Anfechtenden die Beweislast für den gesamten Tatbestand, evtl. auch für die Tatsache, aus welcher sich ergibt, daß der Verkäufer nach Treu und Glauben und Redlichkeit im Verkehr zur Offenbarung des Mangels verpflichtet war, sich dieser Offenbarungspflicht auch bewußt war oder bewußt gewesen sein mußte, die Offenbarung aber unterlassen hat, um den Käufer zum Kaufabschluß zu veranlassen. Der Verkäufer müßte nur dann, wenn die Täuschungsanfechtung mit Verschweigen begründet ist, den Gegenbeweis führen, daß er die entsprechenden Angaben gemacht hat.

Den Verkäufer trifft auch die Beweislast für die Verspätung hinsichtlich der Jahresfrist nach § 124 seit Entdeckung der Täuschung (bzw. hinsichtlich der dreißigjährigen Ausschlußfrist seit der Abgabe der Willenserklärung).

Der Verkäufer muß Beginn und Ablauf der Verjährungsfrist beweisen (RG 156, 298, ebenso *Rosenberg*, Beweislast, § 31/I).

Der Bürge hat erst die Einrede aus der vollzogenen Anfechtung; solange nur das Anfechtungsrecht besteht, gibt § 770 dem Bürgen nur eine verzögerliche Einrede.

Anm. 7. Aktiv- und Passivlegitimation sowie Prozeßführungsbefugnis

a) Aktivlegitimation und Prozeßführungsbefugnis:

Der Käufer hat den evtl. Anspruch auf Anfechtung gegenüber dem Verkäufer, bzw. bei anderen Verträgen, die auf Veräußerung oder Belastung einer Sache gegen Entgelt gerichtet sind (§ 493), gegenüber dem

Erwerber des Tieres. Bei Vorhandensein mehrerer Käufer kann jeder für sich die Anfechtung geltend machen (RG 56, 423).

Die Abtretung des Anspruches ist nicht zulässig (§§ 398, 413).

Bei Eheleuten als Käufer richten sich Prozeßführungsbefugnis und Aktivlegitimation nach dem Güterstand.

Beim Güterstand der allgemeinen Gütergemeinschaft (§§ 1437ff.), welcher auch nach dem 31. 3. 53 (dem Tag, an welchem nach Art. 3 Abs. 2 des GG das dem Grundsatz der Gleichberechtigung von Männern und Frauen entgegenstehende Recht außer Kraft getreten ist) noch möglich ist, — wenn er bereits vor diesem Zeitpunkt begründet oder nach diesem Zeitpunkt vereinbart worden war —, können beide Ehegatten gemeinschaftlich klagen oder der Ehemann im eigenen Namen allein. Soweit der Ehemann hierbei Leistungen verlangt, kann er diese Leistungen für sich allein verlangen. Allerdings muß er dabei hervorheben, daß es sich um Gesamtgut handelt (RG 67, 265).

Bei anderen Güterständen, z. B. Gütertrennung, müßten eigentlich beide Ehegatten klagen, wenn beide als Käufer in Betracht kommen. Da aber bei mehreren Berechtigten die Anfechtungsklage von jedem von ihnen erhoben werden kann, ist sowohl der Ehemann als auch die Ehefrau allein zur Klage berechtigt.

b) Passivlegitimation:

Passivlegitimiert ist der Verkäufer bzw. bei anderen Verträgen, die auf Veräußerung oder Belastung einer Sache gegen Entgelt gerichtet sind (§ 493), der Übergeber des Tieres.

Der Klageanspruch nach § 123 kann gegen alle Vertragsgegner bei mehreren Verkäufern geltend gemacht werden oder nur gegenüber demjenigen, welcher die arglistige Täuschung vorgenommen hat (RG 65, 399; 62, 184).

Die mit der Klage verbundenen Schadenersatzansprüche werden zweckmäßigerweise auch gegen evtl. Mittäter, Anstifter oder Gehilfen einzuklagen sein (als Gesamtschuldner), soweit sie mitgewirkt haben.

Hat der Verkäufer seine Forderung gegen den Käufer an Dritte abgetreten, ist die Anfechtungsklage nach § 123 dennoch nur gegen den Abtretenden (Zessionar), also gegen den ursprünglichen Vertragsgegner, zu richten (RG 96, 156).

Bei Ehegatten als beklagte Verkäufer richtet sich die Passivlegitimation nach dem Güterstand.

Bei dem Güterstand der allgemeinen Gütergemeinschaft ist der Ehemann passiv legitimiert. Ist die Ehefrau persönliche Schuldnerin, kann sie auch verklagt werden, das Urteil hat jedoch gegen das Gesamtgut keine Wirkung, soweit nicht der Ehemann ausdrücklich seine Zustimmung erteilt hat oder eine Ausnahme nach § 1460 vorliegt (RG 56, 77).

Auch wenn die Frau nicht persönliche Schuldnerin ist, kann auch nach dem 31. 3. 53 auf Duldung der Zwangsvollstreckung in das Gesamtgut erkannt werden und zwar mit Rücksicht auf § 743 (RG 89, 363 und *Palandt* Anm. 4 zu § 1443). Liegt ein vollstreckbarer Titel nur gegen die Ehefrau vor, bedarf es seit 31. 3. 53 eines Duldungstitels gegen den Ehemann im übrigen aber nicht mehr (BGH U. v. 14. 7. 53 in NJW 53, 1345).

Wenn jedoch Mitgewahrsam des Ehemannes vorliegt, ist trotzdem das Rechtsschutzbedürfnis für eine Klage auf Duldung gegenüber dem Ehemann gegeben.

Die Tatsache des Mitgewahrsams muß dann aber ausdrücklich behauptet werden. Die Behauptung allein, daß er Ehemann sei, genügt nicht (*Baumbach-Lauterbach* § 808, 3 B, Einzelfälle). Dazu siehe auch BGH U. v. 26. 2. 54 in NJW 54, 918.

Bei allen anderen Güterständen können beide Ehegatten als Verkäufer geklagt werden oder derjenige, welcher die arglistige Täuschung gebraucht hat.

Anm. 8. Zuständigkeit

A. Sachliche Zuständigkeit:

a) Sachlich zuständig für die Anfechtungsklage nach § 123 ist ohne Rücksicht auf den Wert des Streitgegenstandes gemäß § 23 GVG bei Viehmängel das Amtsgericht und zwar sowohl hinsichtlich der Ansprüche auf Anfechtung des Vertrages wegen arglistiger Täuschung als auch hinsichtlich der im Zusammenhang damit geltend gemachten Rückforderungs- und Schadenersatzansprüche (*Stein-Jonas-Schönke*, § 1/II 2 c).

b) Durch Vereinbarung der Parteien kann auch die Zuständigkeit des Landgerichtes begründet werden (§ 38 ZPO).

Die Vereinbarung über die Zuständigkeit bleibt auch dann gültig, wenn der Vertrag, in dem sie mit aufgenommen wurde, wegen arglistiger Täuschung angefochten wurde (*Baumbach-Lauterbach* zu § 38 Anm. 2 A).

Ebenso OLG Hamburg U. v. 6. 4. 49 in MDR 1949, 368 mit folgender Begründung: Die Gerichtsstandvereinbarung wird von der etwaigen Vernichtung des Vertrages durch Anfechtung wegen arglistiger Täuschung nicht berührt, da anzunehmen ist, daß diese Vereinbarung auch für den wichtigsten Streitfall gewollt ist, nämlich für die Frage, ob der Vertrag überhaupt Bestand hat oder mit Recht angefochten worden ist; Verweisung auf RG 140, 151.

Nach RG 1 59, 256 bestehe keine Vermutung für oder gegen die Vereinbarung eines ausschließlichen Gerichtsstandes, es komme vielmehr auf die Umstände des Falles an (RG 159, 256).

Durch die Vereinbarung eines ausschließlichen Gerichtsstandes wird der Gerichtsstand nach § 32 ZPO wegen unerlaubter Handlung nicht ausgeschlossen, denn der Wille der Parteien ging nur dahin, alle aus diesem

Vertrag herrührenden Streitigkeiten dem vereinbarten Gerichtsstand zu unterwerfen, nicht aber Ansprüche aus unerlaubter Handlung, mögen diese auch im zeitlichen Zusammenhang mit dem Vertragsabschluß stehen, soweit darüber im Vertrag nicht ausdrücklich das Gegenteil gesagt ist.

Es kann daher die Klage auch bei dem nach § 32 zuständigen Gericht erhoben werden.

Teilweise a. A. OGH br. Z. in NJW 50, 385, welcher den Standpunkt vertritt, daß oft anzunehmen sein wird, daß sich der vereinbarte Gerichtsstand auch auf unerlaubte Handlungen erstrecke (ebenso *Baumbach-Lauterbach* zu § 32 Anm. 1). Da die Entscheidung hierüber in jedem einzelnen Fall Auslegungsfrage sein wird und es immer auf den besonderen Willen der Parteien ankommen wird, kann zu dieser Frage keine feste Stellungnahme abgegeben werden.

Dazu aber RG 27, 385, wonach bei einer Klage aus unerlaubter Handlung das Gericht nach § 32 ZPO nicht zuständig ist, über einen eventuell beigefügten anderen Klagegrund (Vertrag) zu entscheiden.

Im allgemeinen wird davon auszugehen sein, daß die Ansprüche sowohl im vereinbarten Gerichtsstand als auch im Gerichtsstand des § 32 ZPO geltend gemacht werden können, wenn die Voraussetzungen dazu vorliegen.

c) Die Zuständigkeitsvereinbarung ist nur rechtswirksam, wenn sie ein bestimmtes Rechtsverhältnis betrifft. Eine Zuständigkeitsvereinbarung „für alle Klagen aus demselben Rechtsverhältnis" ist jedenfalls zulässig, nicht dagegen die Vereinbarung „für alle Klagen aus dem ganzen Geschäftsverkehr".

B. Örtliche Zuständigkeit:

a) Die örtliche Zuständigkeit richtet sich nach den Bestimmungen der §§ 12ff. ZPO. In der Regel wird daher der Verkäufer bei seinem allgemeinen Gerichtsstand, bestimmt durch seinen Wohnsitz, geklagt werden müssen.

b) Der Gerichtsstand des Erfüllungsortes des § 29 ZPO, wo nämlich die streitige Verpflichtung gemäß §§ 269, 270 zu erfüllen ist, kann bei Klagen nach § 123 wegen Anfechtung des Vertrages nicht geltend gemacht werden; denn die strittige Verpflichtung ist in diesem Falle die Verpflichtung des Verkäufers, den Kaufpreis zurückzubezahlen und diese Verpflichtung hat der Verkäufer gemäß § 269 an seinem Wohnsitz zu erfüllen (*Rosenberg*, Lehrbuch, § 35 II 1 unter Hinweis auf RG 49, 423).

Nach OLG Hamm Beschl. v. 16. 8. 51 in DRsp. I (125) 35b ausführlicher in JMBl. NRW 51, 247 bleibt diese Zahlungsverpflichtung des Verkäufers Hauptverpflichtung und bestimmt daher den Gerichtsstand, auch wenn gleichzeitig auf Rücknahme des Tieres geklagt wird.

Man muß also davon ausgehen, daß die Anfechtungsklage nach § 123 an dem allgemeinen Gerichtsstand des Verkäufers einzubringen ist, soweit nicht etwas Gegenteiliges ausdrücklich vereinbart wurde.

Die von *Meisner* S. 191 vorgetragene Anregung, daß auch für Klagen nach § 123 zumindest analog der Gerichtsstand des § 29 ZPO anzuwenden wäre, findet jedenfalls im Gesetz keine Begründung.

c) Der Gerichtsstand der unerlaubten Handlung nach § 32 ZPO, als welche auch eine arglistige Täuschung nach § 123 anzusehen ist, kann in Betracht kommen. Danach ist das Gericht zuständig, in dessen Bezirk die Handlung begangen wurde. Der Gerichtsstand gilt für In- und Ausländer, für Täter, Teilnehmer, Anstifter, Gehilfen, und Rechtsnachfolger, nicht nur Gesamtnachfolger (Erbfolge, Vermögensübernahme § 149; ebenso OLG Bamberg U. v. 12. 7. 51 ausführlicher in JR 1952, 248, ebenso *Baumbach-Lauterbach* zu § 32 2 C und *Rosenberg*, Lehrbuch, § 35 5; a. A. AG Karlsruhe Beschl. v. 24. 11. 52 in NJW 53, 349, welches diese Zuständigkeit nur hinsichtlich der Gesamtnachfolge gelten lassen will).

Diese einschränkende Auslegung ist jedoch nicht begründet, weil das Hauptmotiv der Schaffung des Gerichtsstandes des § 32 ZPO, nämlich, daß bei dem Gerichte der Begangenschaft die Tatsachen, welche der Klage zugrunde liegen, am besten, sichersten und mit den geringsten Kosten festgestellt werden können, auch hier gilt (RG 60, 300).

d) Die Vereinbarung einer Schiedsgerichtsbarkeit kommt bei Viehgewährschaftssachen sehr häufig vor. Ein solcher Vertrag bedarf gemäß § 1027 ZPO der Schriftform. Andere Vereinbarungen als solche, die sich auf das schiedsgerichtliche Verfahren beziehen, dürfen in der Urkunde (Schiedsvertrag) nicht enthalten sein. Eine Ausnahme besteht nur dann, wenn der Schiedsvertrag für beide Teile ein Handelsgeschäft ist und keine der Parteien zu den im § 4 des HGB bezeichneten Gewerbetreibenden (Handwerker und Kleingewerbetreibende) gehört.

Der Schiedsvertrag ist gemäß § 1025/II ZPO unwirksam, wenn eine Partei ihre wirtschaftliche oder soziale Überlegenheit dazu ausgenützt hat, den anderen Teil zu dem Abschluß des Schiedsvertrages oder zur Annahme von Bestimmungen zu nötigen, die ihr im Verfahren, insbesondere hinsichtlich der Ernennung oder Ablehnung des Schiedsrichters, ein Übergewicht über den anderen Teil einräumen.

Dazu Näheres *Riehle* über „Probleme des schiedsrichterlichen Verfahrens" in NJW 50, 853; über Ablehnung eines Schiedsrichters BGH U. v. 10. 10. 51 in NJW 52, 27 und über Zustandekommen des Schiedsrichtervertrags BGH U. v. 29. 11. 52 in NJW 53, 303 und KG Berlin-West, Beschl. v. 20. 4. 53 in DRsp. IV (432) 34d: Ein Schiedsvertrag ist wirksam, auch wenn derselbe auf anderweitig festgelegte Verfahrensvorschriften Bezug nimmt.

Ferner „Die Schiedsgerichtsordnung des Deutschen Ausschusses für Schiedsgerichtswesen 1950".

Anm. 9. Anfechtung wegen Irrtums

Die Anfechtung wegen arglistiger Täuschung kann gleichzeitig die Anfechtung wegen Irrtums mitumfassen, muß es aber nicht (RG 100, 207).

Ist der Vertrag wirksam wegen Irrtums angefochten, worüber bei Zusammentreffen von Irrtum und arglistiger Täuschung zuerst zu entscheiden ist, ist eine Anfechtung wegen arglistiger Täuschung nicht mehr möglich; vorausgesetzt, daß der Irrtum wirksam angefochten wurde, also entweder von der Gegenseite anerkannt wurde oder hierüber ein rechtskräftiges Urteil vorliegt.

Die Irrtumsanfechtung ist nach Viehgewährschaftsrecht ohnehin sehr beschränkt und wird hauptsächlich dann nur praktisch, wenn eine Übergabe des Tieres noch nicht stattgefunden hat, weil dann die Irrtumsanfechtung unbeschränkt anwendbar ist.

Nach Übergabe des Tieres ist die Irrtumsanfechtung auf die Willenserklärung des Verkäufers beschränkt; bei Irrtumsanfechtung der Willenserklärung des Käufers kann nur eine Irrtumsanfechtung über andere Tatsachen als Sachmängel in Betracht kommen (JW 14, 674), z. B. bei Irrtum über den verkauften Gegenstand selbst. Näheres siehe S. 27f. u. 41f.

Hier ist insbesondere zu beachten, daß derjenige, der die Anfechtung wegen Irrtums vornehmen will, dies unverzüglich d. h. ohne schuldhaftes Zögern vornehmen muß, sobald er von dem Anfechtungsgrunde Kenntnis erlangt hat (nach 30 Jahren ist die Anfechtung auf jeden Fall ausgeschlossen).

Weiters ist zu beachten, daß der Anfechtende ohne Rücksicht auf ein Verschulden demjenigen, demgegenüber er die Erklärung abgegeben hat, den Schaden zu ersetzen hat, den der andere (oder ein Dritter) dadurch erleidet, daß der andere (oder Dritte) auf die Gültigkeit dieser Erklärung vertraut hat. Der Schadenersatzanspruch ist jedoch auf das negative Vertragsinteresse begrenzt. Der Käufer kann also infolge der Anfechtung des Verkäufers nicht den Wert verlangen, den das Tier für ihn gehabt hätte (abzüglich des Kaufpreises). Er hat aber Anspruch auf Ersatz der Verwendungen (Transportkosten, Konventionalstrafe usw.; siehe dazu Näheres bei *Palandt* Anm. 3 zu § 122). Der Ersatzanspruch ist auch nicht abhängig von einem Verschulden des Schädigers, sondern es genügt, daß der Schädiger den Schaden verursacht hat. Daraus ergibt sich, daß die Haftung dann ausgeschlossen ist, wenn der Geschädigte den Irrtum selbst veranlaßt hat oder den Grund der Anfechtung kannte oder kennen mußte.

Von dieser Irrtumsanfechtung des Vertrages ist die Anfechtung der Wandelungserklärung selbst zu unterscheiden, welche uneingeschränkt nach §§ 119 oder 123 zulässig ist, wenn die sonstigen Voraussetzungen dazu gegeben sind. Siehe S. 129.

Inhaltlich kann der Irrtum entweder in einem Irrtum in der Erklärung (z. B. Versprechen) oder in einem Irrtum über den Inhalt der Willenserklärung (z. B. über den Gegenstand des Geschäftes) oder in einem Irrtum über solche Eigenschaften bestehen, die im Verkehr als wesentlich angesehen werden.

Auch Rechtsirrtum ist möglich, wenn er zugleich einen der eben genannten Fälle umfaßt (vgl. OGH br. Z. Köln U. v. 22. 11. 48 in NJW 49, 220).

In jedem Fall ist vorausgesetzt, daß der Erklärende bei Kenntnis der Sachlage und bei verständiger Würdigung des Falles die Erklärung nicht abgegeben hätte.

Über Anfechtungserklärung nach § 119 (Begriff derselben) siehe auch BGH U. v. 28. 9. 54 in MDR 55, 24 und Oberstes Gericht DDR U. v. 10. 10. 51 in DRsp. I (125) 34f., ausführlicher in NJ 1952, 78.

Anm. 10. Die Haftung des Verkäufers aus dem Vertrag bzw. die Rechtsbehelfe des Käufers: A, B, C, D

Will der Käufer Gewährleistungsansprüche nach den Sonderbestimmungen des Viehgewährschaftsrechts gegen den Verkäufer aus dem Vertrag geltend machen, so stehen ihm bei Vorliegen der entsprechenden Voraussetzungen folgende Rechtsbehelfe zur Verfügung:

A. Die Wandelungsklage gemäß § 487 (aber nicht Minderungsklage), wenn der Käufer die Mängelanzeige oder eine dieser gleichgestellte Rechtshandlung gemäß § 487 rechtzeitig vorgenommen hat und die sechswöchentliche Verjährungsfrist der §§ 490, 492 noch nicht verstrichen ist (außer es liegt Arglist des Verkäufers vor [arglistiges Verschweigen], dann sind beide Voraussetzungen nicht notwendig).

B. Die Klage auf Schadenersatz nach § 463, statt der Wandelungsklage, wenn

a) der Verkäufer beim Kauf einen Hauptmangel arglistig verschwiegen hat,

b) dem verkauften Tier zur Zeit des Kaufes eine Eigenschaft fehlt, die der Verkäufer zugesichert hat.

C. Beim Gattungskauf statt der Wandelungsklage die Klage auf Lieferung eines mangelfreien Tieres an Stelle des mangelhaften Tieres nach § 491 oder

D. die Klage auf Schadenersatz bei Gattungskauf nach §§ 480/II, 491 (statt der Klage auf Wandelung oder statt der Klage auf Lieferung eines mangelfreien Tieres), wenn der Verkäufer bei der Übergabe (!) einen Hauptmangel arglistig verschwiegen hat oder dem verkauften Tiere bei der Übergabe (!) eine Eigenschaft fehlt, die der Verkäufer zugesichert hatte.

Anm. 11. Zu A: Klage auf Wandelung

a) Hinsichtlich der wesentlichen Unterschiede der Wandelungsklage von der Klage nach § 123 wegen arglistiger Täuschung siehe S. 205.

b) Hinsichtlich der Unterschiede zwischen dem Wandelungsanspruch nach den Sonderbestimmungen des Viehgewährschaftsrechtes und den allgemeinen Gewährschaftsbestimmungen siehe S. 109ff.

c) Die Erhebung der Wandelungsklage ist auch dann zulässig, wenn die Voraussetzungen für die Erhebung der Anfechtungsklage nach § 123 gegeben sind; der Kläger hat dann also die Wahl, für welchen Rechtsbehelf er sich entscheidet.

Es ist jedoch zu beachten, daß nicht gleichzeitig die Anfechtung des Vertrages nach § 123 und die Geltendmachung von Gewährleistungsansprüchen (daher auch die Wandelungsklage) zulässig ist. Die Wandelungsklage kann daher neben dem Anspruch nach § 123 nur hilfsweise erhoben werden, nämlich für den Fall, daß die Anfechtung nicht durchdringen würde.

Diese hilfsweise Geltendmachung ist sogar zweckmäßig, damit nicht inzwischen Verjährung des Anspruches auf Wandelung eintritt.

d) Die Erhebung der Wandelungsklage ist auch beim Gattungskauf zulässig, der nur außerdem noch den weiteren Anspruch auf Lieferung eines mangelfreien Tieres gewährt. Im übrigen siehe dazu im besonderen die Ausführungen auf S. 206.

e) Voraussetzungen für die Wandelungsklage sind

aa) ein gültiger Vertrag;

bb) daß der Gefahrübergang eingetreten ist,

ausgenommen der Verkäufer wäre weder bereit noch imstande, die an sich zu beseitigenden Mängel bis zur Übergabe zu beseitigen, oder es fehlen zugesicherte Eigenschaften (sowohl beim Stück- wie beim Gattungskauf), die beim Vertragsabschluß als vorhanden vereinbart, aber nicht vorhanden waren und auch nicht mehr beschafft werden können (OLG Hamburg U. v. 28. 5. 48 DRsp. I [130] 12f).

cc) Das Vorliegen von Hauptmängeln oder nicht zu den Hauptmängeln gehörigen Fehlern, für die der Verkäufer die Gewährleistung nach § 492 übernommen hat oder das Nichtvorliegen von Eigenschaften, die der Verkäufer nach § 492 zugesichert hat, und,

dd) daß sich diese in der Gewährfrist gezeigt haben (bei Hauptmängeln immer, in den anderen Fällen nach § 492, soweit eine Gewährfrist vereinbart wurde).

ee) Als negative Voraussetzung ist es notwendig, daß kein Rechtsverlust des Anspruches nach § 485 eingetreten ist (Anzeige des Mangels in der dort angeführten Frist von 2 Tagen oder Vornahme der dort der Anzeige gleichgestellten Rechtshandlungen: Absendung der Anzeige, Klageerhebung, Streitverkündung oder Antrag auf gerichtliche Beweisaufnahme zur Sicherung des Beweises).

Eine Ausnahme besteht nur bezüglich arglistigen Verschweigens des Mangels durch den Verkäufer, in welchem Falle der Rechtsverlust nicht eintritt.

ff) Eine weitere negative Voraussetzung ist, daß die sechswöchige Verjährung seit Ende der Gewährfrist bzw., wenn eine Gewährfrist nicht vereinbart wurde, seit Ablieferung des Tieres (§§ 490, 492), noch nicht eingetreten ist.

Auch hier besteht die Ausnahme, daß bei arglistigem Verschweigen die dreißigjährige Verjährungsfrist läuft.

f) Wenn der Käufer nach Abschluß des Vertrages und vor Gefahrübergang das Tier wegen Mängel, also wegen Vertragswidrigkeit, nicht angenommen hat, ist die Gefahr nicht auf den Käufer übergegangen, er ist auch nicht in Verzug gekommen und hat gegen eine Klage auf Zahlung des Kaufpreises die Einrede des „nichterfüllten Vertrages".

Der Käufer ist im allgemeinen nicht berechtigt, dem Verkäufer zur Bewirkung der Leistung eine angemessene Frist nach § 326 mit der Erklärung zu bestimmen, daß er die Annahme der Leistung nach Ablauf der Frist ablehne, und dann Schadenersatz wegen Nichterfüllung zu verlangen oder vom Vertrag zurückzutreten. Dazu ist er nur bei Zusicherung einer Eigenschaft, bei arglistigem Verschweigen eines Hauptmangels oder bei Vorspiegelung einer nicht vorhandenen Eigenschaft oder der Abwesenheit von Fehlern berechtigt; (RG 132, 78).

g) Der Wandelungskläger kann bis zur Annahme des Wandelungsbegehrens durch den Verkäufer von seinem Wandelungsbegehren Abstand nehmen und wieder auf dem Vertrag bestehen bleiben.

Er kann bis dahin Schadenersatz wegen Nichterfüllung nach § 463 oder

Lieferung eines mangelfreien Tieres nach § 491 verlangen; dies alles sogar dann noch, wenn er schon die Wandelungsklage überreicht hat.

Sein Verzicht auf den Wandelungsanspruch, z. B. bei Verkauf des Tieres in Kenntnis des Mangels, bedeutet für sich allein keinen Verzicht auf den evtl. Schadenersatzanspruch.

Der Wandelungsanspruch kann auch einredeweise vom Käufer dem Verkäufer gegenüber geltend gemacht werden. Auch eine bedingte Wandelung ist möglich (RG 85, 395).

h) Das Klagebegehren zur Wandelungsklage.

1. Nach Rechtsprechung und Schrifttum ist es nicht notwendig, daß der Käufer den Verkäufer auf Zustimmung zum Wandelungsbegehren klagt.

   Näheres S. 108.

   Der Käufer kann die Leistungen, die ihm aus der Wandelung zustehen, auch ohne Zustimmungserklärung des Verkäufers verlangen, denn in diesem Verlangen ist stillschweigend das Verlangen auf Zustimmung des Verkäufers zur Wandelung mitenthalten.

   Trotzdem ist es zweckmäßig, den Antrag auf Zustimmung zum Wandelungsbegehern ebenfalls zu stellen, weil der Käufer nur auf diese Weise einer Verjährungseinrede hinsichtlich der Nebenansprüche vorbeugen kann, welche er aus Unkenntnis über die genaue Höhe oder aus Versehen nicht gleichzeitig mit der Klage geltend macht.

   Da für diese Nebenansprüche dieselbe Verjährungszeit gilt wie für den Hauptanspruch, wird durch die Einklagung auf Zustimmung zum Wandelungsbegehren auch für die noch nicht geltend gemachten Nebenansprüche die dreißigjährige Verjährungszeit gewonnen.

2. Es ist weiter für den Käufer zweckmäßig, wenn er im Besitze des Tieres und daher in der Lage ist, es zurückzugeben, in der Klage oder später den Antrag gemäß § 255 ZPO zu stellen, nämlich dem Beklagten eine Frist von 14 Tagen zur Rücknahme des Tieres und Rückzahlung des Kaufpreises zu bestimmen, andernfalls der Kläger nach Ablauf der Frist, die Rückgabe des Tieres und die Annahme des Kaufpreises verweigern und Schadenersatz wegen Nichterfüllung nach § 283 verlangen kann. Hierbei ist es zwar nicht notwendig, daß der Kläger eine bestimmte Frist vorschlägt, dennoch aber zweckmäßig, weil dann das Gericht eine etwa vorgeschlagene Frist nicht überschreiten darf (*Baumbach-Lauterbach* zu § 255 Anm. 2).

Nach *Palandt* Anm. 2 zu § 283 sei zwar die Anwendbarkeit des § 283, also nach Verurteilung, Schadenersatz wegen Nichterfüllung zu verlangen, grundsätzlich bei Gewährleistungsansprüchen nicht anwendbar, weil es sich diesbezüglich um eine Sonderregelung handle.

Es ist jedoch nicht einzusehen, warum nach Verurteilung nach dem Wandelungsbegehren — und erst dann kommt § 283 zur Anwendung — diese Anwendbarkeit bei Gewährleistungsansprüchen ausgeschlossen sein sollte, da doch in diesem Zeitpunkt kein Unterschied mehr zwischen einem Verfahren nach Gewährleistungsansprüchen oder einem solchen anderer Art besteht.

Gerade der Verweis im § 467 auf § 354 läßt auf eine gegenteilige Absicht des Gesetzgebers schließen. Auch RG 96, 20 und 85, 395 hält die Anwendbarkeit des § 283 für Gewährleistungsansprüche für gegeben, offenbar auch *Stein-Jonas-Schönke* zu § 255/II/IV, ebenso *Stölzle-Graminger* S. 222.

Der Käufer wird diesen Antrag dann stellen, wenn die Besorgnis gerechtfertigt ist, daß sich der Schuldner der rechtzeitigen Leistung entziehen werde (§ 259 ZPO).

Dazu RG 96, 20, wonach derjenige, der gemäß § 283 Anspruch auf Schadenersatz wegen Nichterfüllung hat, weil der Gegner einem auf Wandelung lautenden Urteil nicht entsprochen hat, seinen Schaden auch in der Art geltend machen kann, daß er die Annahme der ihm nach dem Urteil obliegenden Leistung, erforderlichenfalls neben der Zahlung eines zum Ausgleich dienenden Geldbetrages, vom Gegner verlangt. Siehe dazu auch RG 117, 66: Zur Begründung des Schadenersatzanspruches aus § 283 können auch Tatsachen, welche vor der rechtskräftigen Entscheidung liegen, angeführt werden, andererseits kann aber der Beklagte Einwendungen, die im Vorverfahren schon behandelt wurden oder, wenn sie der Beklagte vorgebracht hätte, hätten behandelt werden können (§ 767/II ZPO), nicht mehr geltend machen.

Anm. 12. Inhalt der Wandelungsklage, insbesondere Behauptungs- und Beweislast, die hier zusammenfallen

Vorbemerkung:

Soweit es sich bei der Wandelungsklage um denselben Sachverhalt handelt wie bei einer arglistigen Täuschung nach § 123, der Käufer es aber trotzdem vorzieht, den Vertragsanspruch geltend zu machen, was durchaus zulässig ist, wird auf die Behauptungs- und Beweislast, wie bei der Anfechtungsklage nach § 123 angeführt, verwiesen (siehe S. 207).

In diesem Falle (arglistiger Täuschung) fällt jedoch die Notwendigkeit der Erstattung der Mängelanzeige oder ihr gleichgestellter Rechtshandlungen (§ 485) fort und daher auch die dahingehende Behauptung. Das gleiche gilt hinsichtlich der sechswöchigen Verjährungsfrist. Ebenso fällt die Notwendigkeit weg, die Kausalität zu behaupten, also daß die arglistige Täuschung für den Entschluß des Käufers zum Kaufabschluß bestimmend war.

Abgesehen von dem Vorliegen dieses Tatbestandes der „arglistigen Täuschung" werden folgende Behauptungen aufzustellen sein:

a) Der Abschluß des Kaufvertrages zwischen den Parteien (oder Vertreter). Bei mehreren Käufern müssen alle Käufer als Kläger auftreten, bei mehreren Verkäufern alle als Beklagte genannt werden (soweit nicht vorher einer der Verkäufer den Anspruch des Käufers als richtig anerkannt hat, wobei diese Tatsache aber ausdrücklich angeführt werden muß).

   Zeit und Ort des Kaufabschlusses ist möglichst genau anzugeben, ebenso ist das gekaufte Tier möglichst genau zu beschreiben.

b) Bezahlung des Kaufpreises gegen Übergabe des Tieres oder, wenn das Tier nicht übergeben wurde, aa) daß der Verkäufer weder bereit noch imstande ist, die an sich zu beseitigenden Mängel bis zur Übergabe zu beseitigen,

bb) daß zugesicherte Eigenschaften fehlen, die bei Vertragsabschluß als vorhanden vereinbart, aber nicht vorhanden waren und auch nicht mehr beschafft werden können (OLG Hamburg U. v. 28. 5. 48 in DRsp. I [130] 12f).

c) Bei dem Tier, welches zu den in § 481 aufgezählten Tierarten gehört, hat sich der Hauptmangel (näher zu bezeichnen, wie in der Kais. Verordnung vom 27. 3. 99 RGBl. 219 angeführt, S. 3ff.), bzw. der nicht zu den Hauptmängeln gehörende Fehler, für den der Verkäufer nach § 492 die Gewährleistung übernommen hat, bzw. der Mangel der Eigenschaft, die der Verkäufer zugesichert hatte, gezeigt.

Dieser Hauptmangel bzw. Fehler nach § 492 war schon zu der Zeit vorhanden, zu welcher die Gefahr auf den Käufer übergegangen ist und hat sich innerhalb der Gewährfrist gezeigt.

Bei Nebenmängeln nach § 492 ist diese Behauptung hinsichtlich der Gewährfrist nur dann notwendig, wenn eine solche vereinbart war.

Nach Möglichkeit ist die Untersuchung des Tieres durch einen Tierarzt und Feststellung dieser Mängel durch diesen zu behaupten und ein tierärztliches Gutachten darüber vorzulegen.

d) Der Kläger hat dem Beklagten den Mangel am ... (möglichst mit Einschreibbrief vom ...) angezeigt (möglichst unter Übersendung einer Abschrift des tierärztlichen Gutachtens) und Wandelung des Vertrages, Rückstellung des Kaufpreises samt 4% (bei beiderseitigem Handelsgeschäft 5%) Zinsen seit dem Tage der Bezahlung sowie die sonstigen Nebenkosten, welche hier einzeln anzuführen wären, verlangt. Das Nähere dazu siehe Klagebegehren zur Wandelungsklage S. 236f.

e) Der Beklagte hat die Wandelung und Bezahlung der geforderten Beträge abgelehnt (bzw. auf die Mahnung nicht geantwortet).

f) Der Kläger ist bereit, das ihm übergebene mangelhafte Tier Zug um Zug gegen Rückzahlung des Kaufpreises zurückzugeben, bzw. damit einverstanden (falls das Tier von ihm inzwischen verkauft sein sollte), dem Beklagten den Wert des Tieres zur Zeit des Wandelungsvollzuges zu bezahlen, bzw. mit seiner Gegenforderung aufzurechnen, oder (falls eine richterliche Versteigerung des Tieres nach § 489 angeordnet war und vollzogen wurde) in die Auszahlung des hinterlegten Versteigerungserlöses an den Beklagten einzuwilligen, evtl. unter Aufrechnung mit seiner Gegenforderung.

Diese Erklärung ist deshalb zweckmäßig, weil sonst die Möglichkeit besteht, daß der Verkäufer eine Widerklage auf Herausgabe des Tieres oder Bezahlung des Kaufpreises für das verkaufte Tier oder Einwilligung des Verkäufers zur Auszahlung des hinterlegten Erlöses an den Verkäufer erheben kann, was evtl. mit Kostenfolgen verbunden wäre.

g) Nach Möglichkeit: Der Kläger hat keine Nutzungen von dem Tier gezogen, jedenfalls sind die gezogenen Nutzungen geringer als die Kosten für Pflege und Wartung des Tieres.

h) Als Futterkosten sind DM (2.—) . . . für den Tag angemessen (möglichst nach dem Gutachten des zuständigen landwirtschaftlichen Lagerhauses oder landwirtschaftlichen Verbandes oder Viehhandelsverbandes [z. B. Bayer. Viehhandelsverband, München 15, Tumblingerstr. 42]) und zwar sind diese seit dem Tage der Übernahme des Tieres zu leisten.

i) Weiters sind folgende Aufwendungen und Kosten im Zusammenhang mit dem vorgenommenen Verkauf für das Tier gemacht bzw. ausgegeben worden, (hier sind die weiteren Aufwendungen und Kosten anzuführen, wie angeführt im Klagebegehren S. 236f.).

Hinsichtlich der Kosten des Vorprozesses, nämlich daß diese als indirekter Schaden zu ersetzen sind, wenn die Einlassung auf den Vorprozeß durch das materielle Interesse und die prozessualen Notwendigkeiten geboten und eine adäquate Folge desjenigen Verhaltens war, auf Grund dessen der Regreßanspruch erwächst: vgl. OLG Hamburg U. v. 24. 7. 53 in MDR 1954, 40; ferner im Ergebnis gleich *Stölzle*, Slg. II, S. 152, LG Kempten und OLG Posen, letzteres unter Verweis auf RG 51, 362.

Hinsichtlich des Gutachtens: OLG Hamm Beschl. v. 3. 5. 50 in DRsp. IV (410) 36a: Kosten für Privatgutachten sind erstattungsfähig, wenn Einholung des Gutachtens prozeßfördernd war.

Ähnlich *Stölzle*, Slg. II, S. 137, LG Berlin, wenn die Einholung des Gutachtens zur zweckentsprechenden Rechtsverteidigung notwendig ist, was insbesondere dann nachgewiesen erscheint, wenn die Gründe des Urteiles sich im wesentlichen gerade auf dieses Gutachten stützen.

Ebenso *Stölzle*, Slg. I, S. 29, LG Memmingen, welches die Kosten dieses Gutachtens zu den Prozeßkosten gehörig ansieht und daher nur mit diesen zusammen für feststellbar hält.

Anm. 12a. Einwände des Verkäufers als Beklagten

a) Das Fehlen der Prozeßführungsbefugnis (wenn es sich um mehrere Käufer handelt, von denen nicht alle Klage erheben). Bei einer Mehrzahl von Käufern (oder Verkäufern) kann die Wandelung nur durch alle (oder gegen alle) erhoben werden. Das Erlöschen des Wandelungsrechts für einen wirkt auch gegen die übrigen (§ 356).

b) Mangelnde Aktivlegitimation, also Unbegründetheit der Klage, wenn der Käufer vor Eintritt der Rechtshängigkeit durch den Versicherer hinsichtlich des Schadens aus dem Mangel des

Tieres befriedigt wurde und dadurch der Anspruch des Käufers gesetzlich auf den Versicherer übergegangen ist. Siehe dazu Näheres unter Aktivlegitimation S. 245f. Weiters mangelnde Aktivlegitimation, wenn der Vermittler statt des Käufers selbst den Wandelungsanspruch geltend macht; denn die Gewährleistungsansprüche stehen nur dem Erwerber des Tieres, nicht dem Vermittler zu.

c) Mangelnde Passivlegitimation, wenn der Kommissionär im eigenen Namen aber für fremde Rechnung verkauft hat und derjenige verklagt wird, für dessen Rechnung verkauft wurde. In diesem Falle ist der Kommissionär der Vertragsgegner des Käufers und konnte daher nur dieser verklagt werden, nicht aber derjenige, für dessen Rechnung verkauft wurde (*Stölzle*, Slg. II, S. 200 KG; RG 110, 119).

d) Es liegt kein gültiger Kaufvertrag vor, z.B. sei der Kaufvertrag nicht (nicht gültig) zustande gekommen, insbesondere habe kein bindendes Angebot vorgelegen, denn dann konnte es auch nicht angenommen werden (*Stölzle*, Slg. II, S. 43 OLG Stuttgart),

oder es habe eine Verwirkungsabrede stattgefunden ("bis zum ... muß das Tier weg, sonst ist der Kauf für nichts", also ein Kauf unter auflösender Bedingung, die dann eingetreten ist; *Stölzle*, Slg. II, S. 43 OLG Hamm).

Der Kaufvertrag ist durch wirksame Anfechtung z. B. wegen arglistiger Täuschung nach § 123 vernichtet worden.

Dazu ist zu beachten, daß die Anfechtungserklärung allein (notwendige und genügende Voraussetzungen für die Anfechtung siehe RG 65, 86) noch keine Nichtigkeit des Vertrages schafft, sondern erst festgestellt werden muß, daß es sich um eine wirksame Anfechtung handelt, was entweder durch rechtskräftiges Urteil oder durch Anerkenntnis durch den Verkäufer festgestellt wird.

e) Gewährleistungsansprüche können, weil die nachstehenden Tatbestände vorliegen, überhaupt nicht erhoben werden und daher auch kein Wandelungsanspruch geltend gemacht werden:

aa) Kenntnis des Hauptmangels durch den Käufer bei Kaufabschluß (§ 460 Näheres S. 62ff.).

bb) Verkauf des Tieres in öffentlicher Versteigerung als Pfand (§ 461 Näheres S. 65ff.), oder
Verkauf des Tieres im Wege der Zwangsvollstreckung (§§ 806, 814 ZPO Näheres S. 65).

cc) Öffentliche Versteigerung des Tieres auf richterliche Anordnung hin gemäß § 489 (Näheres S. 66).

dd) Annahme des Tieres durch den Käufer trotz Kenntnis des Mangels, ohne Vorbehalt des Rechtes wegen dieses Mangels (§ 464 Näheres S. 66f.). BGH U. v. 20. 10. 53 in NJW 54, 145.

ee) Vertraglicher Gewährleistungsausschluß, insbesondere die Vereinbarung eines Pauschalbetrages hinsichtlich des übernommenen Viehinventars (§ 476) oder nachträglicher Verzicht auf die Gewährleistung (Näheres S. 67f.).

Gegenüber dem behaupteten vertraglichen Gewährleistungsausschluß kann der Käufer wiederum behaupten, daß der Verkäufer den Mangel arglistig verschwiegen habe und daher die Gewährleistungsausschlußvereinbarung nach § 476 nichtig sei.

ff) Verkauf des Tieres im Wege des Erbschaftsverkaufes (§§ 2371, 2376, 2380). Näheres S. 70.

f) Es kommen die allgemeinen Bestimmungen über Gewährschaftsrecht, nicht die Sonderbestimmungen des Viehgewährschaftsrechts zur Anwendung, weil es sich nicht um eine der im § 481 angeführten Tiergattungen handelt, bzw. nicht um ein lebendes Tier (also nur Fleisch).

Inwiefern bei dem Verkauf eines landwirtschaftlichen Grundstückes mit lebendem Inventar auch nur die allgemeinen Bestimmungen Platz greifen, nämlich, weil durch den Mangel der Tiere ein Mangel des Grundstücks selbst eintritt, siehe RG 102, 307 und Näheres S. 54f.

g) Ein Gefahrübergang hat noch nicht stattgefunden, sodaß Gewährleistungsansprüche noch nicht geltend gemacht werden können.

Demgegenüber kann der Käufer behaupten, daß Gewährleistungsansprüche trotzdem schon geltend gemacht werden können, weil

aa) der Verkäufer weder bereit, noch imstande sei, die an sich zu beseitigenden Mängel bis zur Übergabe zu beseitigen,

bb) zugesicherte Eigenschaften fehlen, die bei Vertragsabschluß als vorhanden vereinbart, aber nicht vorhanden waren und auch nicht mehr beschafft werden können.

Zu beiden Ausnahmen aa) und bb): OLG Hamburg U. v. 28. 5. 48 DRsp. I (130) 12f.

Weiters könnte der Käufer den Einwand des „nichterfüllten Vertrages“ erheben, dem Verkäufer eine Frist zur Erfüllung seiner Verpflichtung stellen und nach Ablauf dieser Frist seinen allgemeinen Schadenersatzanspruch wegen Nichterfüllung des Vertrages geltend machen.

h) Es liegt kein Hauptmangel im Sinne der Kaiserlichen Verordnung bzw. keine Gewährleistung für nicht zu den Hauptmängeln gehörige Fehler bzw. keine Zusicherung einer Eigenschaft nach § 492 vor.

Dagegen könnte der Käufer, wenn die Voraussetzungen nach § 123 gegeben sind, den Anspruch auf „arglistige Täuschung“ nach § 123 stützen und die Wandelungsklage fallen lassen oder zweckmäßigerweise ihn nur noch als Hilfsantrag aufrecht erhalten, nämlich für den Fall, daß der Klaganspruch nach § 123 nicht durchdringt.

i) Der Hauptmangel bzw. der Nebenmangel für den der Verkäufer nach § 492 die Gewährleistung übernommen hat bzw. der

Mangel der zugesicherten Eigenschaft war im Zeitpunkt des Gefahrüberganges nicht vorhanden, bzw. hat sich in der Gewährfrist nicht gezeigt (soweit eine Gewährfrist vereinbart war; bei Hauptmängeln sind stets Gewährfristen gegeben).

Bei einigen Hauptmängeln ist die Widerlegung der Vermutung des § 484, nämlich, daß der Mangel schon zur Zeit des Gefahrüberganges vorhanden war, wenn er sich innerhalb der Gewährfrist gezeigt hat, nach dem jetzigen Stand der tierärztlichen Wissenschaft möglich (siehe Erläuterungen zu den Hauptmängeln S. 73ff.).

j) Der Käufer hat dem Verkäufer den Mangel nach § 485 nicht bzw. nicht genügend bzw. nicht rechtzeitig nach § 485 mitgeteilt oder die anderen Rechtshandlungen nach § 485 nicht vorgenommen, welche dieser Mängelanzeige gleichgestellt sind: Absendung der Anzeige, Klage wegen des Mangels gegen den Verkäufer, Streitverkündung an diesen, Antrag auf gerichtliche Beweisaufnahme zur Sicherung des Beweises. Näheres über Mängelanzeige S. 93ff.

Dagegen kann der Käufer einwenden, daß der Verkäufer den Mangel arglistig verschwiegen hat (in welchem Falle der Rechtsverlust nicht eintritt. „Arglistiges Verschweigen" ist „Verschweigen in der Absicht, den Vertragsgegner zu täuschen"; Näheres in RG 62, 300); oder daß der Verkäufer auf obige Einwendungen verzichtet hat oder bei zugesicherten Eigenschaften eine Gewährfrist nicht vereinbart wurde (dann ist keine Mängelanzeige notwendig: RG 123, 214).

k) Die Verjährung nach § 490 bzw. § 492 ist eingetreten.

Demgegenüber kann der Käufer wiederum „arglistiges Verschweigen" des Mangels durch den Verkäufer einwenden, weil dann die dreißigjährige Verjährungsfrist gilt.

Ferner kann der Käufer auch stillschweigende Vereinbarung über eine Verlängerung der Verjährungsfrist behaupten, was insbesondere dann gelten wird, wenn der Verkäufer die Lieferung eines anderen mangelfreien Tieres versprochen hat. Durch dieses Versprechen soll in der Regel keine Vereinbarung über einen Gattungskauf getroffen werden, sondern es soll beim ursprünglichen Vertrag bleiben, mit allen Rechten des Käufers, wenn er sich mit dem vom Verkäufer gelieferten Ersatztier einverstanden erklärt.

Die Verjährungsfrist muß in diesem Falle als bis zum Zeitpunkte der Lieferung des Ersatztieres durch den Verkäufer hinausgeschoben gelten (ähnlich OLG Saarbrücken, DRZ 50, 496).

Weiters hat der Käufer gegenüber der Kaufpreisforderung des Verkäufers auch nach Verjährung die Einrede der Wandelung und kann diesen Anspruch auch durch Feststellungsklage geltend machen, wenn die Voraussetzung nach § 478 gegeben ist (Mängelanzeige ist erstattet oder der Mängelanzeige gleichgestellte Rechtshandlungen nach § 485 wurden vorgenommen, und zwar innerhalb der sechswöchentlichen Verjährungszeit; siehe RG 74, 294. Der Käufer hat allerdings nach Verjährung kein Recht auf Rückzahlung der von ihm bereits geleisteten Anzahlung).

l) Es liegt ein Garantievertrag vor, also ein Vertrag, bei welchem einer der Vertragschließenden für einen bestimmten Erfolg einzustehen hat.

Dieser unterliegt nicht den Regeln des Gewährschaftsrechtes. Näheres siehe *Palandt*, Einf. vor § 765 und *Stölzle*, Slg. II, S. 23, OLG Königsberg. Siehe auch BGH U. v. 28. 10. 54 in DRsp. I (138) 53e.

Wenn ein Verkäufer von mehreren Verkäufern einwendet, daß die Zusicherung nach § 492 nicht von allen gegeben worden sei, oder wenn sie von einem erteilt wurde, aber nicht von allen genehmigt worden sei, kann der Käufer demgegenüber doch das Vorliegen eines besonderen Garantievertrages behaupten.

Die Erklärung der „Haftung für alle Mängel" bezieht sich nur auf Hauptmängel (Materialien II 263, ebenso *Staudinger* zu § 492/II).

m) Das Wandelungsrecht ist gemäß § 466 durch Ablauf der vom Verkäufer gesetzten Frist ausgeschlossen. Voraussetzung für die Geltendmachung dieses Ausschlusses ist, daß der Käufer dem Verkäufer gegenüber einen Sachmangel behauptet hat und der Verkäufer unter Erbieten zur Wandelung und unter Bestimmung einer angemessenen Frist den Käufer zur Erklärung darüber, ob er Wandelung verlangt, aufgefordert hat. Diese kann dann seitens des Käufers nur bis zum Ablauf der Frist verlangt werden.

n) Es kann nur Wandelung aller zusammengehörigen Tiere verlangt werden (wenn die Wandelung nur hinsichtlich einzelner, aber zusammengehörender Tiere verlangt wird) oder

es kann nur Wandelung hinsichtlich der Nebensache verlangt werden (wenn Wandelung einer Haupt- und Nebensache verlangt wird, aber nur die Nebensache mangelhaft ist: §§ 469 und 470).

Es ist empfehlenswert, daß der Käufer von Anfang an hilfsweise die Wandelung hinsichtlich aller zusammengehöriger Tiere oder solcher, die nur mit Nachteil voneinander getrennt werden können, verlangt, um nicht später des Wandelungsanspruches durch Verjährung verlustig zu gehen.

o) Der Käufer hat einen Weiterverkauf des Tieres in Kenntnis des Mangels und ohne Verständigung des Verkäufers vorgenommen. Z. B.: Er hat das Tier zum Schlachten weiter verkauft.

Wenn der Verkäufer nur behauptet, daß dem Käufer die Rückgabe des Tieres unmöglich ist oder nur im verschlechterten Zustand, selbst wenn dies vom Käufer vorsätzlich oder fahrlässig verschuldet wurde, oder es sich nur um eine unwesentliche Verschlechterung handelt, kann dadurch der Wandelungsanspruch des Käufers nicht berührt werden, ebenso *Stölzle*, Slg. II, S. 93, LG Kempten; S. 94, LG Gießen und S. 95, OLG Kiel.

p) Die Wandelung ist vollzogen (§ 465):

Es kann kein Vertragsteil dann noch einseitig von der Wandelung zurücktreten.

Der Käufer kann dagegen einwenden, der Verkäufer habe sein Einverständnis an Bedingungen geknüpft oder die Parteien haben sich nicht über alle strittigen Punkte geeinigt, insbesondere nicht über den Ersatz der vom Käufer verlangten Aufwendungen.

q) Bei Wandelungsklage, die sich auf denselben Sachverhalt stützt wie eine Anfechtungsklage nach § 123: Es ist keine arglistige Täuschung gewesen oder es hat sich nur um Anpreisungen oder um persönliche Werturteile gehandelt.

Soweit der Verkäufer die Ursächlichkeit der Einwirkung seiner arglistigen Täuschung bestreitet, kann dem der Käufer entgegenhalten, daß die Ursächlichkeit wohl bei einer Anfechtungsklage nach § 123, nicht aber bei einer Wandelungsklage notwendig ist.

r) Eigenes bzw. mitwirkendes Verschulden des Käufers gegenüber den geltend gemachten Schadenersatzbeträgen.

Anm. 13. Muster für einen Klagantrag für eine Wandelungsklage

a) Klagetatbestand siehe Behauptungs- und Beweislast S. 229f.
b) Zuständigkeit: Sachliche S. 247f.
Örtliche S. 249f.
c) Aktivlegitimation S. 244f. bzw. Prozeßführungsbefugnis.
d) Passivlegitimation S. 246f.
e) Allgemeine Prozeßvoraussetzungen S. 218f.
f) Klageantrag:

Der Beklagte wird verurteilt:

I. Die Zustimmung zur Wandelung des zwischen den Streitteilen am ... abgeschlossenen Kaufvertrages hinsichtlich des ... (möglichst genau zu beschreibenden) Tieres zu geben.

II. An den Kläger

den bezahlten Kaufpreis (Teilkaufpreis) im Betrage von ... DM samt 4 (5)% Zinsen seit ... (Zahltag) hieraus zurückzuzahlen und das zu I angeführte ... (Tier) zurückzunehmen.

III. An den Kläger weiters zu bezahlen:

Die bezahlte Draufgabe im Betrage von ... DM samt 4 (5)% Zinsen seit ... (Zahltag) hieraus.

IV. a) An Futtergeld für die Zeit vom ... (Tag der Übergabe) bis zur Zurücknahme des Tieres täglich ... (2.— DM).

b) An Lagergeld den Betrag von . . . . DM ...

c) an Kosten:

des Tierarztes für Untersuchungskosten . . . . DM ...
für Behandlungskosten . . . . DM ...
für Gutachten . . . . DM ...

weiters für Medikamente . . . . DM ...
der Hinterlegung . . . . DM ...
der Versteigerung . . . . DM ...
der Übergabe (Abnahme) . . . . DM ...
der Versendung und Rückversendung . . . . . DM ...
des Vertrages . . . . DM ...
der Mängelanzeige . . . . DM ...
des früher geführten Prozesses . . . . DM ...
des Maklers (Vermittlers) . . . . DM ...
des Sachverständigen . . . . DM ...
des Bevollmächtigten für den Kaufabschluß . . DM ...
an üblichen Trink- und Halftergeldern . . . . DM ...
an Umsatzsteuer . . . . DM ...
an Zollkosten . . . . DM ...
an Schlachtbeschaugebühren . . . . DM ...
an Freibankgebühren . . . . DM ...
(evtl. samt 4 [5]% Zinsen hieraus seit ... [Aufwendungstag]).

V. Der Beklagte hat die Kosten des Rechtsstreits zu tragen.

VI. Das Urteil wird für vorläufig vollstreckbar erklärt.

VII. Evtl. (wenn der Käufer noch im Besitze des Tieres ist): Es wird weiter beantragt, dem Beklagten gemäß § 255 ZPO eine Frist zur Rücknahme des Tieres und Rückzahlung des Kaufpreises von 14 Tagen zu bestimmen, andernfalls der Kläger, nach Ablauf der Frist, die Rückgabe des Tieres und die Annahme des Kaufpreises verweigern und Schadenersatz wegen Nichterfüllung nach § 283 BGB verlangen wird.

VIII. Evtl. Es wird beantragt, die Rechtssache nach § 200/III GVG als Feriensache zu bezeichnen, weil es sich um eine Viehgewährschaftssache handelt.

Evtl. ist mit der Klage oder nachher ein Antrag auf Erlaß einer einstweiligen Verfügung nach § 489 einzureichen (siehe Muster S. 241f.) oder ein Beweissicherungsantrag gemäß § 485 ZPO (Muster S. 242f.). Daneben kann auch eine einstweilige Verfügung allgemeiner Art nach §§ 935, 940 ZPO beantragt werden (Muster S. 241).

Anm. 14. Streitwert bei der Wandelungsklage

Für den Streitwert ist das Interesse des Klägers an der Auflösung des Vertrages maßgebend (RG JW 02, 248 Darmstadt OLG 19, 48; München OLG 29, 222; ebenso *Hillach* II § 4; RG 40, 407; 52, 427; 66, 330).

Für das Interesse ist der Klageantrag maßgebend (Braunschweig OLG 11, 166).

Der Anspruch auf Zustimmung zum Wandelungsbegehren ist für die Streitwertbemessung unerheblich, wenn gleichzeitig der

Antrag auf Leistung gestellt wird (RG 58, 423; *Stein-Jonas-Schönke* Anm. 3 zu § 3 ZPO), was regelmäßig der Fall sein wird.

Ebenso bleibt die angebotene Rückgewähr der Kaufsache als Gegenleistung außer Betracht (RG 46, 422).

Wird die geleistete Anzahlung zurückverlangt, richtet sich der Streitwert nach ihr, wozu dann noch die weiteren Beträge kommen, die hilfsweise als Folge der Wandelung verlangt werden (Braunschweig OLG 35, 163; RG 40, 407).

Von der Wertberechnung werden folgende Nebenforderungen ausgenommen:

(§ 4 ZPO): Früchte (nach § 99 die Erzeugnisse einer Sache und die sonstige Ausbeute, die aus der Sache ihrer Bestimmung gemäß gewonnen wird und die Erträge der Sache); ferner:

Nutzungen (§ 100), zu welchen auch die Vorteile gehören, welche der Gebrauch der Sache gewährt.

Zinsen, sowohl die vertragsmäßigen als die gesetzlichen (§§ 246ff., 288, 291).

Kosten, nicht nur Prozeßkosten, soweit sie vor dem Prozeß entstanden sind und mit eingeklagt werden, sondern auch außergerichtliche Kosten,

z. B. Mahnschreiben, Kosten der Hinterlegung, der Versteigerung usw., wie sie im Muster für einen Klagantrag für eine Wandelungsklage unter „Kosten" aufgeführt sind, siehe S. 236f.

Wohl aber sind in den Streitwert miteinzurechnen: alle Schäden, oder Aufwendungen, die auf die Hauptsache vor oder während des Prozesses gemacht werden,

z. B. Futterkosten, Lagerkosten. Da die Futterkosten ständig steigen, ist zu berücksichtigen, daß für die Berechnung der Gerichts- und Anwaltskosten der Streitwert für jeden einzelnen Akt innerhalb des Prozesses oder der Instanz besonders zu berechnen ist. (RG 15, 75; 23, 363; *Willenbücher* § 10, 31).

Für die Prozeßgebühren sind die Streitwerte innerhalb der Instanz zusammenzurechnen.

Anm. 15. Einredeweise Geltendmachung des Anspruches auf Wandelung, evtl. Feststellungsklage, Widerklage

a) Gegen den Klaganspruch auf Bezahlung des Kaufpreises kann folgende Einrede geltend gemacht werden: „Gegen den Klaganspruch auf Bezahlung des Kaufpreises wird einredeweise der Anspruch auf Wandelung und damit das Recht, die Bezahlung des Kaufpreises zu verweigern, geltend gemacht und deshalb der Antrag auf kostenpflichtige Abweisung der Klage gestellt". Die Einredebehauptungen sind dieselben wie bei der Wandelungsklage.

Die Wandelungseinrede des Käufers ist nach Verjährung des Wandelungs- oder Schadenersatzanspruches unzulässig, außer der Käufer hätte vor Ablauf der Verjährung dem Verkäufer Mängelanzeige erstattet oder die sonstigen dieser Anzeige gleichgestellten Handlungen nach §§ 485, 478 vorgenommen.

Nur bei arglistigem Verschweigen des Verkäufers würde dies nicht notwendig sein.

b) Der Käufer kann diese Wandelungseinrede auch trotz Verjährung des Anspruches mittels Feststellungsklage geltend machen (RG 74, 294).

Er wird folgenden Antrag stellen:

„Es wird festgestellt, daß dem Beklagten (Verkäufer) gegen den Kläger (Käufer) ein Anspruch auf Zahlung des (Rest-)Kaufpreises von DM ... aus dem Kaufvertrag vom ... nicht zusteht."

Auch für diese Klage ist die Zuständigkeit des AG gemäß § 23 GVG gegeben.

Ein rechtliches Interesse wird in diesem Falle in der Regel bestehen und damit zu begründen sein, daß es sonst für den Käufer immer schwieriger wird, den Beweis des Mangels zu führen.

Auf diese Weise wird der Käufer die Möglichkeit haben, der Verschleppungsabsicht des Verkäufers und der evtl. Absicht des Verkäufers, dem Käufer die Beweisführung hinsichtlich des Mangels des Tieres zu erschweren oder unmöglich zu machen, entgegenzutreten.

c) Unter Umständen wird es notwendig sein, statt der Einrede eine Widerklage mit dem Ziel eines direkten Erkenntnisses über diesen Widerklageanspruch geltend zu machen, um der Verjährung vorzubeugen; denn über erfolgte Einrede hin wird über den Wandelungsanspruch als solchen nicht direkt erkannt. Beispiel dazu RG JW 1908,743.

d) Selbstverständlich kann auch gegenüber einer Widerklage des Verkäufers auf Bezahlung des Kaufpreises die Einrede der Wandelung (oder der Aufrechnung mit dem Schadenersatzanspruch) geltend gemacht werden.

e) Hinsichtlich Zwischenantrag auf Feststellung (wegen arglistigen Verschweigens) siehe RG 102, 394.

f) Ist der Wandelungsanspruch des Käufers verjährt, konnte aber der Käufer gegenüber der Kaufpreisklage einredeweise die Wandelung geltend machen und damit die Bezahlung des Restkaufpreises verweigern, kann er den bereits bezahlten Kaufpreis weder durch Widerklage, noch durch selbständige Klage zurückverlangen.

Nur wenn der Verkäufer den Wandelungsanspruch des Käufers anerkennt (und damit das in der einredeweisen Geltendmachung der Wandelung enthaltene Angebot des Käufers annimmt), ist die Wandelung vollzogen. Dann und nur dann kann der Käufer den bezahlten Kaufpreis auch zurückverlangen und der Verkäufer das Tier.

Der Käufer kann dies entweder mittels Widerklage oder durch eine neue selbständige Klage vornehmen.

Solange der Verkäufer den bezahlten Kaufpreis nicht zurückbezahlt, kann der Käufer das Zurückbehaltungsrecht an dem Tier ausüben.

Ähnlich *Stölzle*, Slg. I, S. 124, OLG Nürnberg, das insbesondere anführt, daß der Käufer auch nicht unter dem Gesichtspunkt der Bereicherung seinen verjährten Wandelungs- und Schadenersatzanspruch gegen den Verkäufer verfolgen kann.

g) Die Einrede der Wandelung steht wohl dem Käufer zu, nicht aber dessen Bürgen. Dieser kann aber den Schadenersatzanspruch einredeweise geltend machen (RG 52, 355 und 66, 332), außer der Hauptschuldner hätte die Wandelung bereits erklärt. Nach *Palandt*, Anm. 4 zu § 770 hat der Bürge, solange das Wandelungsrecht besteht, eine verzögerliche Einrede in Analogie zu § 770.

Anm. 16. Muster eines Klagantrages auf Wandelung eines Tauschvertrages

a) Bei einem Tauschvertrag wird folgender Klagantrag zu stellen sein:

I. Der Beklagte hat in die Wandelung des Tauschvertrages vom ... einzuwilligen.

II. Der Beklagte hat dem Kläger das vom Kläger dem Beklagten im Tauschwege übergebene Tier (möglichst genau zu beschreiben) bis zum ... herauszugeben, evtl. dessen Wert von DM ... nebst 4 (5)% Zinsen hieraus seit ... zu bezahlen.

III. Der Beklagte hat dem Kläger die von ihm am ... bezahlte Tauschaufgabe von DM ... nebst 4 (5)% seit ... zu bezahlen.

IV. Der Beklagte hat das von ihm dem Kläger im Tauschweg übergebene Tier zurückzunehmen.

V. Der Beklagte hat dem Kläger für Fütterung und Pflege des Tieres ab ... (Tag der Übergabe) eine tägliche Entschädigung von DM ... bis zur Rücknahme zu bezahlen.

VI. Der Beklagte hat dem Kläger ferner (hier kämen die weiteren Kosten wie in dem Wandelungsklagemuster angeführt, S. 236f., zur Aufzählung zu bezahlen).

VII. Der Beklagte hat die Kosten des Verfahrens zu tragen.

Der Streitwert beträgt nicht die Summe des Wertes der beiderseitigen Leistungen, sondern die Summe des höherwertigen Tauschtieres (siehe *Hillach* II § 6 Tauschvertrag unter Zitierung von Köln RhA 107, 223; ähnlich Karlsruhe OLG 33, 16).

b) Zu dem vorangeführten Beispiel wird der Kläger zu II des Klagebegehrens gemäß § 259 ZPO tatsächliche Behauptungen aufstellen müssen, aus denen hervorgeht, daß den Umständen nach die Besorgnis gerechtfertigt ist, daß der Schuldner sich der rechtzeitigen Leistung entziehen wird (hierzu genügt die Behauptung, daß der Beklagte den Anspruch ernstlich bestreitet, RG 132, 340).

Anm. 17. Antrag auf Erlaß einer einstweiligen Verfügung mit Muster nach § 489 BGB, §§ 935ff. ZPO

a) Vorbemerkung: Der Antrag ist in § 489 geregelt. Soweit nicht etwas anderes bestimmt ist, gelten die §§ 935ff. ZPO. Näheres siehe S. 138ff.

Zweck des Antrages ist vor allem, das Anwachsen der Futterkosten zu vermeiden.

Der Antrag ist nur beim Wandelungsprozeß (allerdings auch bezüglich einer Gattungssache) zulässig, nicht jedoch bei einer Klage auf Schadenersatz aus dem Vertrag nach § 463.

Der Antrag darf nicht wegen fehlender Dringlichkeit abgewiesen werden und muß daher bewilligt werden, wenn die gesetzlichen Voraussetzungen nach § 489 vorliegen, und zwar auch dann, wenn die Gegenseite vorher dem Antrag zugestimmt hat (*Stölzle*, Slg. II, S. 134, OLG Marienwerder).

Antragsberechtigt sind Käufer oder Verkäufer.

Zuständig ist das Prozeßgericht (erster oder zweiter Instanz §§ 937, 943 ZPO), nicht das AG des Verbleibs (des Ortes, an welchem sich das Tier befindet).

Der Vollzug muß innerhalb eines Monats stattfinden.

Würde das Prozeßgericht den Antrag ohne mündliche Verhandlung abgelehnt haben, das Beschwerdegericht jedoch eine solche mündliche Verhandlung für notwendig erachten, dürfte es zweckmäßig sein, daß das Beschwerdegericht die Anordnung der mündlichen Verhandlung gemäß § 275 ZPO dem Untergerichte überträgt (*Stein-Jonas-Schönke* zu § 937/III).

Die Kosten eines außergerichtlichen Gutachtens im Verfahren der einstweiligen Verfügung sind zu erstatten, wenn sie zur Rechtsverteidigung notwendig waren (*Stölzle*, Slg. II, S. 137, LG Berlin und OLG Hamm Beschl. v. 3. 5. 50 in DRsp. IV (410) 36a).

Neben dem besonderen Antrag nach § 489 kann der Käufer auch einstweilige Verfügungen nach §§ 935 und 940 ZPO beantragen,

z. B. dahingehend, daß eine freihändige Veräußerung des Tieres angeordnet wird, daß die Unterbringung des Tieres im Stall eines Dritten angeordnet wird, daß das Tier regelmäßig ausgeführt oder ausgeritten wird, daß das Tier unter Beaufsichtigung gestellt wird.

b) Muster eines Antrages gemäß § 489:

Gesuch des RA ... in Sachen ... gegen ...

wegen Wandelung
hier: einstweilige Verfügung
nach § 489

Beim AG ... ist unter Geschäftszahl ... ein Rechtsstreit wegen Wandelung eines Kaufvertrages anhängig.

Die Besichtigung des Tieres ist nicht mehr erforderlich, weil die Untersuchung des Tieres durch den Tierarzt ... bereits stattgefunden hat.

Zur Glaubhaftmachung beziehe ich mich auf den Inhalt der Akten des AG.

Namens des Antragstellers beantrage ich — und zwar mit Rücksicht auf die Dringlichkeit ohne vorhergehende mündliche Verhandlung (§ 937 ZPO) — die Erlassung nachstehender einstweiliger Verfügung gemäß § 489 BGB und § 935 ZPO:

I. Die öffentliche Versteigerung des Tieres (Beschreibung desselben), das der Antragsgegner an den Antragssteller verkauft hat, und Hinterlegung des Erlöses aus der Versteigerung zugunsten des Antragsstellers und Antragsgegners bei der Hinterlegungsstelle des AG ... werden angeordnet.

II. Der Antragsgegner hat die Kosten des Verfahrens zu tragen.

Streitwert: Ist das Interesse des Klägers an der beantragten Maßnahme (RG JW 05, 500; angeführt auch bei *Baumbach-Lauterbach*, Anh. § 3 unter „einstweiliger Verfügung"; RG 22, 427; OLG Düsseldorf Beschl. v. 15. 4. 52 in NJW 53, 424).

Vollmacht.

Anm. 18. Muster eines Beweissicherungsantrages gemäß § 485 ZPO

a) Vorbemerkung: Zuständig ist das AG, in dessen Bezirk sich der in Augenschein zu nehmende Gegenstand befindet.

Der Beweissicherungsantrag ersetzt die Mängelanzeige nach § 485 und unterbricht die Verjährung der §§ 490 und 492. Die Erheblichkeit der Beweistatsachen hat das Gericht nicht zu prüfen (RG 49, 389). Kommt es zum Prozeß, sind die Kosten des Beweissicherungsverfahrens Kosten des Prozesses und zwar unter der Voraussetzung, daß der Antrag zur zweckentsprechenden Rechtsverfolgung notwendig war (A. A.: Nach JW 39, 652 ist die Notwendigkeit der zweckentsprechenden Rechtsverfolgung nicht zu prüfen). Ob die Beweissicherung im Prozeß benützt wurde, ist gleichgültig.

Kommt es nicht zum Prozeß, ist eine besondere Klage auf Erstattung der Kosten notwendig. Das Beweissicherungsverfahren selbst kennt unzweckmäßigerweise keine Kostenentscheidung (RG 66, 198, ebenso *Baumbach-Lauterbach* zu § 91/5 „Beweissicherung"). Siehe im übrigen S. 99.

Der im Beweissicherungsverfahren vernommene Tierarzt ist Zeuge, soweit er über seine zur Erstattung seines früher abgegebenen Gutachtens gemachten tatsächlichen Feststellungen auszusagen hat, auch wenn er diese Feststellungen anläßlich des Gutachtens auf Grund seiner besonderen Sachkenntnis gemacht hat.

Dagegen ist er sachverständiger Zeuge, soweit er aus seinen damaligen Wahrnehmungen Schlüsse über den Befund des Tieres zieht. Der Sachverständige kann gemäß § 406/I ZPO nicht deshalb als Sachverständiger abgelehnt werden, weil er schon als Zeuge vernommen wurde. Wohl aber wäre die Ablehnung begründet, wenn er ein Privatgutachten gegen Entgelt abgegeben hätte (RG JW 06, 88) oder wenn der Gutachter die Behandlung des Tieres als Tierarzt vorgenommen hätte und die Zweckmäßigkeit seiner Maßnahmen in Frage steht (JW 25, 1146).

Unzulässig ist es auch, daß ein Sachverständiger ohne Terminsladung gutachtlich gehört wird. Ein solches Gutachten dürfte dann auch nicht als Urkundenbeweis im Prozeß benützt werden (§ 493 ZPO).

b) Muster eines Beweissicherungsantrages gemäß § 485 ZPO

An das
Amtsgericht
(Streitgericht)
in ...

Gesuch
des Rechtsanwalts
in Sachen
... gegen ...
wegen Wandelung
hier: Beweissicherung gem. § 485 ZPO
Streitwert (siehe unten)

Der Antragsteller kaufte am ... vom Antragsgegner ein Tier (nähere Beschreibung). Schon am Tage nach der Übernahme mußte der Antragssteller feststellen, daß das Tier an dem Hauptmangel ... gem. § 482 und Kais. Verordnung vom 27. 3. 99, RGBl. 219 leidet.

Der Antragsteller wird daher vom Antragsgegner Wandelung des Kaufes vom ... verlangen. Die Sicherung des Beweises ist notwendig, um den gegenwärtigen Zustand des Tieres festzustellen.

Ich beantrage daher im Namen des Antragstellers über den genannten Mangel des Tieres ein Gutachten des zuständigen Bezirkstierarztes zu erheben und Termin zur Einvernehmung desselben anzuordnen. Die Zuständigkeit des Gerichts ergibt sich aus § 486/I ZPO (wenn der Rechtsstreit bereits anhängig ist) oder aus § 486/III ZPO (jenes AG, in dessen Bezirk sich das in Augenschein zu nehmende Tier befindet).

Evtl.: Ich beantrage, das Verfahren als Feriensache zu erklären, da es sich um eine Viehgewährschaftssache handelt und somit die Dringlichkeit von selbst gegeben ist.

Streitwert: Ist dem Werte des Hauptanspruches gleich (ebenso *Hillach* § 46 VI).
Bei Erfolg kein Rechtsmittel.
Bei Zurückweisung Beschwerde nach § 567 ZPO.

Anm. 19. Beweislast

Der Käufer muß beweisen, daß das Tier

a) mit einem Hauptmangel behaftet ist oder

b) mit einem Nichthauptmangel behaftet ist, für welchen der Verkäufer die Gewährleistung übernommen hat oder

c) daß dem Tiere Eigenschaften fehlen, die der Verkäufer zugesichert hatte und

d) daß sich diese Mängel a, b, c innerhalb der Gewährfrist gezeigt haben.

Dem Verkäufer steht der Gegenbeweis offen, daß der Mangel erst nach dem Übergang der Gefahr auf den Käufer entstanden ist.

Der Käufer hat den Zeitpunkt des Gefahrüberganges zu beweisen, ferner die fristgemäße Erstattung der Anzeige oder die Vornahme der im § 485 angeführten Rechtshandlungen, soweit nicht arglistiges Verschweigen vorliegt.

Der Verkäufer muß den eventuellen Verlust des Anspruches nach § 485 oder die Verjährung des Anspruches nach §§ 490 und 492 beweisen.

Hinsichtlich der Beweislast für das Nichtverschulden für Schäden an dem herauszugebenden Tier: BGH U. v. 13. 12. 51 in NJW 1952, 301 = DRsp. I (125) 38b.

Weiters siehe RG 57, 399; *Rosenberg*, Beweislast, S. 260ff. und *Müller*, Zur Beweislast bei der aufschiebenden Bedingung, in JZ 53, 727.

Anm. 20. Prozeßführungsbefugnis, Aktiv- und Passivlegitimation

a) Prozeßführungsbefugnis

Bei mehreren Käufern müssen alle Käufer den Wandelungsanspruch geltend machen, da dieser auf eine unteilbare Leistung nach § 432 gerichtet ist, wie auch der Käufer bei mehreren Verkäufern den Anspruch gegen alle Verkäufer richten muß.

Dies ist ein Unterschied gegenüber der Anfechtungsklage nach § 123, bei welcher jeder der Anfechtungsberechtigten von mehreren Käufern die Klage erheben kann und bei mehreren Verkäufern diese entweder nur gegen den richten kann, der die arglistige Täuschung verübt hat oder gegen alle, die dann auch gesamtschuldnerisch für die Rückzahlung der erhaltenen Beträge haften.

Dazu siehe auch RG 135, 291: Übergang des Wandelungsanspruches kraft Gesetzes durch Entstehung oder Wegfall des ehemännlichen Verwaltungsrechtes, was auch nach dem 31. 3. 53 noch möglich ist.

Soweit Eheleute Käufer sind, richtet sich die aktive Klagelegitimation nach dem Güterstand.

Handelt es sich bei den Käufern um den Güterstand der allgemeinen Gütergemeinschaft (§§ 1437ff.), der auch nach dem 31. 3. 53 noch möglich ist (er war z. B. schon vor diesem Zeitpunkt begründet oder wurde nach diesem Zeitpunkt ausdrücklich vereinbart) können beide Ehegatten gemeinschaftlich klagen oder der Ehemann kann im eigenen Namen klagen und soweit Leistungen in Betracht kommen, die Leistungen an sich allein verlangen. Dabei muß allerdings hervorgehoben werden, daß es sich um ein Gesamtgut handle (RG 67, 265).

Bei anderen Güterständen, also z. B. Gütertrennung, müssen beide Ehegatten klagen, wenn beide als Käufer des Tieres in Betracht kommen.

b) Aktivlegitimation

Der Wandelungsanspruch steht dem Käufer bzw. bei anderen als Kaufverträgen (§ 493) dem Erwerber des Tieres zu.

Die Abtretung des Anspruches ist zulässig (§ 398) und zwar formlos, jedoch steht dem Verkäufer auch gegenüber dem Neugläubiger die Einrede des „nichterfüllten Vertrages" zu (§§ 320, 321, 404; RG 64, 122).

Die Abtretung des Anspruches nur zu dem Zweck, dem alten Gläubiger die Zeugenstellung zu verschaffen, ist nicht ohne weiteres unsittlich (RG 81, 162).

Dagegen ist die Abtretung des Anspruches nur zu dem Zweck, dem neuen Gläubiger die Durchführung der Rechtssache unter Armenrecht zu ermöglichen, unsittlich (RG 81, 176).

Eine gesetzliche Abtretung (cessio legis) des Anspruches des Käufers auf Wandelung gegenüber dem Verkäufer und ebenso evtl. auch des Schadenersatzanspruches nach § 463 oder Ersatzlieferungsanspruches nach §§ 491, 480 tritt gemäß § 118 VVG (Versicherungsvertragsgesetz vom 30. 5. 08 RGBl. 263 samt allen Änderungen, wie angeführt bei *Prölß*, Vorbem. I 1) dann ein, wenn der Versicherer den Schaden wegen des Mangels des versicherten Tieres dem Versicherungsnehmer ersetzt. Mit diesem Zeitpunkte geht der Anspruch auf Gewährleistung wegen des Mangels auf den Versicherer über.

Der Versicherungsnehmer ist nach erfolgter Bezahlung durch den Versicherer gemäß § 402 zur Auskunftserteilung und Auslieferung der zum Beweise der Forderung dienenden Urkunden verpflichtet. Er haftet dem Versicherer für den Schaden, den dieser durch Verlust des Ersatzanspruches erleidet, den der Versicherungsnehmer fahrlässigerweise z. B. durch Unterlassen der Anzeige (§§ 477, 485, 490), durch Versäumung der Verjährungsfrist oder Verzicht auf den Anspruch, verursacht.

Wird der Schaden des Versicherungsnehmers durch die Versicherungsleistung nur teilweise gedeckt, so verbleibt eine sonstige Ersatzforderung dem Versicherungsnehmer bis zur völligen Deckung seines Schadens. Nur die Restforderung geht auf den Versicherer über. Dazu BGH U. v. 17. 3. 54 in NJW 1954, 1113. Diese Entscheidung spricht sich mit gewissen Änderungen für die auch von *Prölß* zu § 67 VVG vertretene Differenztheorie aus, die einen Übergang der Ersatzforderung erst nach völliger Befriedigung des Versicherungsnehmers annimmt und den Satz 1 des § 67 VVG einschränkend dahin auslegt, daß, soweit der Versicherungsvertrag nicht im Einzelfalle andere Bestimmungen enthält, der Ersatzanspruch des Versicherungsnehmers nur insoweit auf den Versicherer übergeht als er zusammen mit der gezahlten Versicherungsentschädigung den Schaden des Versicherungsnehmers übersteigt.

Aus der in den §§ 67 und 118 VVG enthaltenen Bestimmung, daß der Übergang auf den Versicherer nicht zum Nachteil des Versicherten geltend gemacht werden kann, folgt, daß seine (des Versicherten) Ansprüche z. B. aus § 488 wegen Aufwendungsersatz gegen den Verkäufer den Vorrang vor den an den Versicherer abgetretenen Ansprüchen haben (die Aufwendungsersatzforderung ist nicht an den Versicherer abgetreten), denn der Versicherte darf durch die gesetzliche Abtretung nicht schlechter gestellt sein, als wenn der gesetzliche Übergang des Gewährleistungsanspruches nicht erfolgt wäre.

Versicherungsnehmer und Versicherter sind gemeinschaftlich zur Wandelung berechtigt, wenn die Gewährleistungsansprüche, weil nur teilweiser Ersatz geleistet wurde, auch nur teilweise auf den Versicherer übergegangen sind.

Erfolgt die Abtretung oder der gesetzliche Übergang des Gewährleistungsanspruches nachdem die Wandelungsklage des Käufers bereits rechtshängig geworden war und erhebt der Verkäufer die Einwendung der mangelnden Aktivlegitimation, muß der Käufer den Klagantrag dahingehend abändern, daß an den neuen Gläubiger zu leisten ist, andernfalls müßte gemäß § 265 ZPO die Klage abgewiesen werden. Nach *Baumbach-Lauterbach* zu § 265 Anm. 3 B muß diese Klagumstellung nach der sog. Beachtlichkeitslehre (Relevanztheorie) bei wirksamer Veräußerung auch ohne Einwand erfolgen (RG 88, 7 und h. M.). In der Revisionsinstanz ist eine solche Klagumstellung allerdings nicht mehr möglich (HEZ 1, 313).

c) Passivlegitimation

Passiv legitimiert ist der Verkäufer, bzw. bei anderen Verträgen als Kaufverträgen (§ 493) der Übergeber des Tieres.

Bei mehreren Verkäufern muß der Wandelungsanspruch gegen alle gerichtet werden, weil der Wandelungsanspruch auf eine unteilbare Leistung nach § 432 gerichtet ist.

Im Interesse der Sicherheit des Verkehrs gilt folgender Grundsatz: Wer sich auf Märkten den Anschein gibt, als handle er mit einem anderen Viehhändler zusammen, haftet mit, wenn er nicht ausdrücklich seine Haftung ausschließt und somit ausdrücklich zu erkennen gibt, daß lediglich ein anderer hafte.

Ebenso *Stölzle*, Slg. II, S. 48, LG Oldenburg.

Der Anspruch kann auch nicht unmittelbar gegen einen Dritten erhoben werden, wenn der Verkäufer das Tier mit derselben Gewährschaft von diesem Dritten erworben hat; denn der Verkäufer steht nur mit demjenigen in einem Vertragsverhältnis, dem er das Tier verkauft hat.

Es gibt also bei mehrmaligem Verkauf keinen Sprungregreß (RGRKomm. zu § 482 Anm. 3). Allerdings kann durch die Abtretung des Anspruches des letzten Käufers an seinen Vormann usw. dieselbe Rechtslage geschaffen werden. Ebenso besteht die Möglichkeit, daß auch ein Vormann gegenüber seinem Verkäufer auf Feststellung von dessen Gewährpflicht klagen kann.

Sind Ehegatten die beklagten Verkäufer, so ist nach dem Güterstand zu unterscheiden:

Bei dem Güterstand der allgemeinen Gütergemeinschaft ist der Ehemann passiv legitimiert; ist die Ehefrau persönliche Schuldnerin, kann sie auch verklagt werden; das Urteil hat aber gegen das Gesamtgut keine Wirkung, wenn der Mann nicht ausdrücklich zustimmt oder eine Ausnahme nach § 1460 vorliegt (RG 56, 77).

Auch wenn die Frau nicht persönliche Schuldnerin ist, kann gegen sie (auch nach dem 31. 3. 1953) auf Duldung der Zwangsvollstreckung erkannt werden und zwar mit Rücksicht auf § 743 (RG 89, 363 ebenso *Palandt* Anm. 4 zu § 1443).

Nach RG 59, 234 liegt bei Klage auf Leistung und Duldung keine notwendige Streitgenossenschaft vor.

Wenn ein vollstreckbarer Titel nur gegen die Ehefrau vorliegt, bedarf es seit 31. 3. 53 keines Duldungstitels mehr gegen den Ehemann (BGH U. v. 14. 7. 53 in NJW 53, 1345). Trotzdem wird bei Mitgewahrsam des Ehemannes das Rechtsschutzbedürfnis für eine Klage auf Duldung gegenüber dem Ehemann als gegeben betrachtet werden können; es genügt aber nicht die Behauptung, daß eine Ehe besteht, sondern es muß die Tatsache des Mitgewahrsams ausdrücklich behauptet werden (ebenso *Baumbach-Lauterbach*, § 808 3 B; siehe auch BGH U. v. 26. 2. 54 in NJW 54, 918).

Bei allen anderen Güterständen müssen beide Ehegatten geklagt werden.

Nach RG 67, 149 kommt bei der Beurteilung der Passivlegitimation folgender Grundsatz zum Tragen: Auch wenn der Käufer den verhandelnden Vertreter des Eigentümers für den Eigentümer selbst gehalten hat und mit ihm den Vertrag abgeschlossen hat, sich also hinsichtlich der Person des Verkäufers in einem Irrtum befunden hat, kommt der Vertrag trotzdem zwischen dem Käufer und dem wahren Eigentümer zustande; ebenso *Stölzle*. Slg, II, S. 49, RG.

Im besonderen Falle hatte der Ehemann, der in Gütertrennung mit seiner Frau, der Eigentümerin, lebte, für diese verhandelt und den Vertrag abgeschlossen. Obwohl sich der Käufer über die Person der Verkäuferin im Irrtum befunden hatte, wurde trotzdem der Vertrag zwischen dem Käufer und der Verkäuferin als rechtswirksam zustandegekommen betrachtet, da festgestellt worden war, daß die Eigentümerin als Verkäuferin, ihren Ehemann zum Kaufabschluß bevollmächtigt hatte und dieser auch nicht im eigenen Namen, sondern im Namen seiner Ehefrau handeln wollte.

Anm. 21. Zuständigkeit

A. Sachliche Zuständigkeit

a) Sachlich zuständig ist für die Wandelungsklage ohne Rücksicht auf den Wert des Streitgegenstandes gemäß § 23 GVG das

AG, gleichgültig, ob es sich um Hauptmängel handelt oder nicht; (von Amts wegen zu überprüfen);

b) durch Vereinbarung der Parteien kann auch das Landgericht zuständig gemacht werden (§ 38 ZPO). Die Zuständigkeitsvereinbarung ist nur rechtswirksam, wenn sie ein bestimmtes Rechtsverhältnis betrifft. Es genügt aber z. B. die Vereinbarung für „alle Klagen aus demselben Rechtsverhältnis", dagegen nicht für „alle Klagen aus dem ganzen Geschäftsverkehr".

c) Würde durch den Verkäufer Widerklage auf Zahlung eines Betrages erhoben werden, der die Zuständigkeit des AG übersteigt, also auf über 1000.— DM, so müßte die Rechtssache gemäß § 506 ZPO an das Landgericht abgetreten werden, nachdem das AG vorher durch Beschluß seine Unzuständigkeit ausgesprochen hat, wenn eine der Parteien vor weiterer Verhandlung zur Hauptsache dies beantragt hatte,

im Gegensatz zu § 276 ZPO, wonach die Abtretung der Sache nur auf Antrag des Klägers vorzunehmen ist.

Die Zuständigkeit nach § 23 GVG ist auch dann gegeben, wenn der Kläger auf Rückzahlung eines die Zuständigkeit des AG übersteigenden Betrages klagt oder auf Feststellung, daß der Verkäufer keinen Anspruch auf Zahlung eines Kaufpreises hat, dessen Höhe die Zuständigkeitsgrenze übersteigt, wenn dieser Anspruch mit einem Mangel des verkauften Tieres begründet wird.

d) Zu beachten ist, daß in den S. 193ff. angeführten Fällen die Zustänkeit des § 23 GVG nicht gegeben ist, das ist

aa) wenn es sich um einen Rechtsstreit wegen Verletzung einer zwischen den Parteien zur Beseitigung des Streites wegen eines Viehmangels getroffenen besonderen Vereinbarung handelt, also wegen Nichterfüllung dieser Vereinbarung,

bb) wenn es sich um eine Streitigkeit wegen eines Garantievertrages handelt, also wenn einer der Vertragsschließenden für einen bestimmten Erfolg einzustehen hatte,

cc) wenn es sich um eine Streitigkeit über eine Leistung aus einer schon vollzogenen Wandelung handelt,

dd) bei einer Rechtsstreitigkeit um eine „Umtauschvereinbarung", bei welcher es sich im Wesen um die Rückgängigmachung des ursprünglichen und den Abschluß eines neuen Kaufvertrages handelt.

ee) Bei einem Kauf auf Probe, also einer Vereinbarung, daß der Verkäufer das Tier zurückgeben könne, wenn es ihm nicht gefalle,

ff) wenn es sich um eine Rechtsstreitigkeit handelt, bei welcher der Kläger auf Lieferung eines anderen Tieres klagt, weil ihm statt des gekauften ein anderes Tier (aliud) geliefert wurde.

B. Örtliche Zuständigkeit

a) Die örtliche Zuständigkeit richtet sich nach den Bestimmungen der §§ 12ff. ZPO. Bezüglich internationalen Rechts siehe RG 55, 105.

Danach ist grundsätzlich der Verkäufer bei dem Gericht zu verklagen, bei welchem er seinen allgemeinen Gerichtsstand hat. Da aber der Käufer vor allem Interesse daran haben wird, an seinem Gerichtsstand zu klagen, wird zu prüfen sein, ob nicht die Zuständigkeit des Gerichtsstandes nach § 29 (Erfüllungsort) vorliegt.

Der Gerichtsstand des § 29 (des Erfüllungsortes) wird regelmäßig gegeben sein. Zuständig ist also das Amtsgericht des Ortes, bei welchem die streitige Verpflichtung gemäß §§ 269, 270 zu erfüllen ist: das ist bei Wandelung, einheitlich für beide Parteien, der Ort, an dem sich das Tier vertragsgemäß befindet (RG 55, 105; 57, 14; ebenso *Stein-Jonas-Schönke* § 29 IV 3 und h. M.). An dieser rechtlichen Feststellung wird festzuhalten sein.

Der Käufer ist nicht verpflichtet, auf seine Kosten das Tier an den Ort der Übergabe oder den Wohnort des Verkäufers zu schaffen (RG 57, 15; ebenso *Stölzle*, Slg. I, S. 12, RG).

A. A. *Eduard Böttlcher* in SJZ 48, 738 = DRsp. IV (410) 18b, der den Ort der Zahlungspflicht des Käufers als bestimmend ansieht, weil es sich bei der Wandelungsklage vor allem um die Befreiung des Käufers von der Zahlungspflicht handle. Nach *Baumbach-Lauterbach* Anm. 3 A zu § 29 ZPO bleibt als Erfüllungsort der Ort maßgebend, an dem sich das Tier vertragsgemäß befindet oder befunden hat, also auch dann, wenn es vom Käufer vor Klagerhebung zurückgesandt wurde; denn der Verkäufer hat den Kaufpreis dem Gläubiger, also dem Käufer, an dessen Wohnsitz zurückzuübermitteln und der Käufer könne durch vorzeitige Rücksendung nicht schlechter gestellt werden als vordem (unter Verweis auf OLG Celle, SJZ 48, 764).

Der Erfüllungsgerichtsstand bleibt ein solcher auch dann, wenn das Tier zugrunde gegangen oder versteigert worden ist (OLG 35, 29 und OLG 33, 24).

Die Zuständigkeit nach § 29 ZPO ist nach *Rosenberg*, Lehrbuch, § 35 II/1 nicht gegeben für Klagen aus einem Schiedsvertrag (unter Verweis auf BGH U. v. 24. 9. 52 = NJW 1952, 1336).

b) Handelt es sich um Verpflichtungen sekundärer Art, die ihrer Entstehung und ihrem Zweck nach sich an eine andere Verpflichtung anlehnen, wird der Erfüllungsort der Hauptverpflichtung im Zweifel auch für diese als maßgebend anzusehen sein (*Stein-Jonas-Schönke* zu § 29, 4 ebenso *Stölzle*, Slg. I, S. 14, RG).

c) Bei einem Tauschvertrag ist jedes Gericht zuständig gemäß § 29 ZPO, in dessen Bezirk sich eines der zurückzugebenden Tiere befindet. Der Kläger hat daher die Wahl; siehe dazu bei vollzogenem Tausch RG 70, 198.

d) Aus der Vereinbarung eines bestimmten Erfüllungsortes muß nicht immer auch auf eine Vereinbarung hinsichtlich des Gerichtsstandes für die Wandelungsklage geschlossen werden (RG 57, 13; OLG München 41, 245).

e) Die vereinbarte Schiedsgerichtsbarkeit spielt in Viehgewährschaftssachen eine große Rolle.

Zu berücksichtigen ist, daß der Schiedsvertrag gemäß § 1027 ZPO der Schriftform bedarf; auch dürfen andere Vereinbarungen als solche, die sich auf das schiedsgerichtliche Verfahren beziehen, in der Urkunde nicht enthalten sein. (Dies gilt nicht bei beiderseitigen Handelsgeschäften, außer die Parteien gehören zu den im § 4 des HGB bezeichneten Gewerbetreibenden [Minderkaufleuten.])

Der Schiedsvertrag ist gemäß § 1025/II ZPO unwirksam, wenn eine Partei ihre wirtschaftliche oder soziale Überlegenheit dazu ausgenützt hat, den anderen Teil zum Abschluß des Schiedsvertrages oder zur Annahme von Bestimmungen zu nötigen, die ihr im Verfahren, insbesondere hinsichtlich der Ernennung oder Ablehnung der Schiedsrichter, ein Übergewicht über den anderen Teil einräumen.

Dazu siehe „Schiedsgerichtsordnung des deutschen Ausschusses für Schiedsgerichtswesen" 1950 und *Riehle*, „Probleme des schiedsrichterlichen Verfahrens" in NJW 1950, 853; siehe auch KG West Beschl. v. 20. 4. 53 in DRsp. IV (432) 34d: Ein Schiedsvertrag ist wirksam, auch wenn derselbe auf anderweitig festgelegte Verfahrensvorschriften Bezug nimmt.

Siehe auch S. 249 a) a. E.

Anm. 22. Zu B: Inhalt der Schadenersatzklage nach § 463, insbesondere Behauptungs- und Beweislast, die hier zusammenfallen

A. Vorbemerkung:

Die Schadenersatzklage nach § 463, welche eine gesteigerte Haftung des Verkäufers aus dem Vertrage gegenüber dem Käufer herbeiführt, kann statt der Wandelungsklage erhoben werden, wenn

a) der Verkäufer beim Verkauf (also beim Vertragsabschluß, nicht bei der Übergabe) einen Hauptmangel arglistig verschwiegen hat,

b) dem verkauften Tier zur Zeit des Vertragsabschluß eine Eigenschaft fehlt, die der Verkäufer zugesichert hatte.

Nur im letzteren Falle, b), muß auch die rechtzeitige Mängelanzeige oder Vornahme der der Mängelanzeige entsprechenden Rechtshandlungen nach § 485 erfolgen. Diese Schadenersatzklage ist stets unabhängig von einem Verschulden des Verkäufers, und es ist gleichgültig, ob der Verkäufer im guten oder bösen Glauben gehandelt hat.

Siehe auch RG 67, 146 über den Unterschied der Klage auf Schadenersatz wegen Nichterfüllung aus § 463/II von der Klage wegen unerlaubter Handlung nach §§ 823/II und 826, welche auf Ersatz des positiven Schadens gerichtet ist.

Zu beachten ist insbesondere, daß nur die Zusicherung einer Eigenschaft, nicht aber die Übernahme der Gewährleistung für einen Nichthauptmangel von den zwei Tatbeständen des § 492 den Anspruch auf Schadenersatz nach § 463 begründet (ebenso *Stölzle*, Slg. I, S. 126 OLG Posen). Neben der Schadenersatzklage nach § 463 ist eine Wandelungsklage ausgeschlossen, wohl aber eine Klage wegen unerlaubter Handlung (§§ 823, 826) möglich, wenn der Tatbestand der Schadenersatzklage nach § 463 gleichzeitig den Tatbestand einer unerlaubten Handlung darstellt. Neben der Schadenersatzklage nach § 463 ist auch eine Anfechtung des Vertrages nach § 123 wegen arglistiger Täuschung möglich, wenn der Käufer durch diese zum Kauf bestimmt wurde (also Kausalität vorliegt).

Über diesen Anspruch nach § 123 müßte zuerst erkannt werden; der Anspruch auf Schadenersatz wegen Nichterfüllung des Vertrages gemäß § 463 kann gleichzeitig nur hilfsweise gestellt werden.

Ein ursächlicher Zusammenhang zwischen der arglistigen Täuschung oder der Zusicherung und dem Willen des Käufers zum Vertragsabschluß ist nicht erforderlich.

Der Schadenersatz ist nach § 249 zu berechnen und geht auf das sog. positive Vertragsinteresse.

Der Käufer ist so zu stellen, wie er gestanden wäre, wenn der Verkäufer nicht mangelhaft erfüllt hätte. Der Anspruch wird fast immer auf Ersatz in Geld gerichtet sein. Die Schadensberechnung kann nach Wahl des Käufers konkret oder abstrakt erfolgen. Unter Umständen kann dieser Schadenersatzanspruch auf volle Beseitigung des Kaufes gehen, wenn das Tier derart mangelhaft ist, daß es für den Käufer völlig unbrauchbar ist.

B. Behauptungs- und Beweislast

a) Der Abschluß des Kaufvertrages zwischen den Parteien (oder ihren Vertretern).

b) Bezahlung des Kaufpreises gegen Übergabe des Tieres, oder wenn das Tier nicht übergeben wurde,

aa) daß der Verkäufer weder bereit noch imstande ist, die an sich zu beseitigenden Mängel bis zur Übergabe zu beseitigen,

bb) daß zugesicherte Eigenschaften fehlen, die bei Vertragsabschluß als vorhanden vereinbart, aber nicht vorhanden waren und auch nicht mehr beschafft werden können (OLG Hamburg U. v. 28. 5. 48 in DRsp. I (130) 12f).

c) Bei dem Tier, welches zu den im § 481 aufgezählten Tierarten gehört, hat sich der Hauptmangel (näher zu bezeichnen, wie in der Kais. Verordnung vom 27. 3. 99, RGBl. 219, angeführt, S. 3ff.) gezeigt, bzw.

der Mangel der Eigenschaft, die der Verkäufer zugesichert hat und im Zeitpunkte des Gefahrüberganges vorhanden war, innerhalb der Gewährfrist gezeigt.

Wenn sich der Hauptmangel bzw. Fehler nach § 492 nicht nach der Kais. Verordnung angeben läßt, ist zumindest eine möglichst genaue Bezeichnung aller Krankheitserscheinungen anzuführen und hinzuzufügen, damit sich daraus mit Sicherheit annehmen läßt, daß der Hauptmangel (zu bezeichnen nach der Kais. Verordnung) vorliegt.

Nach Möglichkeit ist die Untersuchung des Tieres durch einen Tierarzt und Feststellung dieser Mängel durch ihn zu behaupten und ein tierärztliches Gutachten darüber vorzulegen.

d) Der Verkäufer hat den Hauptmangel arglistig verschwiegen oder der verkauften Sache fehlt eine zugesicherte Eigenschaft und zwar beides im Zeitpunkte des Kaufabschlusses und Gefahrüberganges.

Diese Behauptung muß zusätzlich gegenüber den Behauptungen bei einer Wandelungsklage aufgestellt werden.

e) Der Kläger hat dem Beklagten (möglichst unter Übersendung einer Abschrift des tierärztlichen Gutachtens) am ... den Mangel (möglichst mit Einschreibebrief vom ...) angezeigt und Schadenersatz wegen Nichterfüllung des Vertrages (hier wären die Ansprüche nach dem späteren Muster für die Schadenersatzklage nach § 463 S. 259f. anzuführen) verlangt. Dies ist nur im Falle der zugesicherten Eigenschaft notwendig, nicht bei arglistigem Verschweigen.

f) Der Beklagte hat den Schadenersatzanspruch und Bezahlung der geforderten Beträge abgelehnt (bzw. nicht darauf geantwortet).

g) Der Kläger ist bereit, das ihm übergebene mangelhafte Tier Zug um Zug gegen Rückzahlung des Kaufpreises zurückzugeben, bzw. (unter der Voraussetzung, daß wegen völliger Unbrauchbarkeit des Tieres dieses nicht zurückgestellt wird) den Wert des Tieres zu bezahlen, bzw. mit seiner Gegenforderung aufzurechnen.

Diese Erklärung ist deshalb zweckmäßig, weil sonst die Möglichkeit besteht, daß der Verkäufer eine Widerklage auf Herausgabe des Tieres oder Bezahlung des Kaufpreises für das verkaufte Tier erheben kann, was evtl. mit Kostenfolgen verbunden ist.

h) Nach Möglichkeit: Der Kläger hat keine Nutzungen von dem Tier gezogen, jedenfalls sind die gezogenen Nutzungen geringer als die Kosten für Pflege und Wartung des Tieres.

Nach der Art der Schadensberechnung (konkret oder abstrakt), für welche sich der Käufer entscheidet, werden die weiteren Behauptungen verschieden sein. Entweder, wenn das Tier infolge des Mangels für den Käufer evtl. auch nach dessen subjektiven Verhältnissen keinen Wert hat, wird das positive Vertragsinteresse des Käufers bis zur Aufhebung des **Vertrages gehen** und der Käufer die Rückzahlung des Kaufpreises und der evtl. bezahlten Draufgabe und aller sonstigen Aufwendungen, Auslagen und Kosten verlangen (RG 90, 332) und darüber hinaus evtl. Gewinnentgang (Verdienstentgang bei Weiterveräußerung des Tieres), evtl. wird der Käufer sogar den Ersatz weiteren mittelbaren Schadens verlangen; oder der Käufer wird den **abstrakten** Schaden geltend machen, was vor allem dann vorzuziehen sein wird, wenn das Tier nachweisbar zum Weiterverkauf erworben wurde (BGH U. v. 19. 6. 51 in MDR 1951, 666 = NJW 51, 918 = DRsp. I [125] 32b).

Bei Geltendmachung des **konkreten Schadens** sind die weiteren Behauptungen hinsichtlich der einzelnen Schadensbeträge nach dem Muster des Klagantrages für eine Schadenersatzklage nach § 463 S. 259f. aufzustellen.

Bei Geltendmachung des **abstrakten Schadens** wären folgende Behauptungen aufzustellen:

Der Kläger hat das Tier zum Weiterverkauf erworben, und der Marktpreis des gekauften Tieres unter Berücksichtigung der Mangelhaftigkeit desselben betrug am Tage des Kaufabschlusses . . ., während der Vertrags-Kaufpreis . . . betrug. Der Kläger hat daher Anspruch auf den Unterschiedsbetrag als Schadenersatz.

Dazu kämen weitere Behauptungen, entsprechend der Berechnung des konkreten Schadens, wenn durch die Mangelhaftigkeit des Tieres diese weiteren Schadensbeträge entstanden sind.

Nach RG 90, 306 besteht die Vermutung, daß der Käufer zu dem Preis hätte weiterverkaufen können, den andere für das gleiche Tier zur gleichen Zeit im gleichen Wirtschaftsgebiet erzielt haben.

Daher noch evtl. weitere Behauptungen:

i) Der Kläger hat an Gewinnentgang gemäß § 252 den Betrag von . . . vom Beklagten zu erhalten, weil er durch Weiterveräußerung des Tieres einen Gewinn von . . . erzielt hätte.

j) Wegen Nichtlieferung des Tieres hat der Kläger eine Vertragsstrafe von . . . bezahlen müssen, deren Ersatz der Kläger als mittelbaren Schaden vom Beklagten zu fordern hat.

k) Der Kläger hat als Miete des Ersatztieres für das mangelhafte Tier den Betrag von . . . bezahlen müssen, welchen Betrag er als mittelbaren Schaden vom Beklagten zu fordern hat.

Anm. 23. Einwände des Verkäufers

a) **Mangelnde Aktivlegitimation**, also Unbegründetheit der Klage, wenn der Käufer vor Eintritt der Rechtshängigkeit durch den Versicherer hinsichtlich des Schadens aus dem Mangel des Tieres befriedigt wurde und dadurch der Anspruch des Käufers gesetzlich auf den Versicherer übergegangen ist. Näheres darüber unter Aktivlegitimation beim Wandelungskauf S. 245f.

b) Mangelnde Aktivlegitimation, wenn der Vermittler statt des Käufers selbst den Schadenersatzanspruch geltend macht; denn die Gewährleistungsansprüche stehen nur dem Erwerber des Tieres, nicht dem Vermittler zu.

c) Mangelnde Passivlegitimation, wenn der Kommissionär im eigenen Namen aber für fremde Rechnung verkauft hat und derjenige verklagt wird, für dessen Rechnung verkauft wurde. In diesem Falle ist der Kommissionär der Vertragsgegner des Käufers und konnte daher nur dieser verklagt werden, nicht aber derjenige, für dessen Rechnung verkauft wurde (*Stölzle*, Slg. II, S. 200, KG; dazu RG 110, 119 über Unterschied zwischen Kauf- und Kommissionsvertrag).

d) Es liegt kein gültiger Kaufvertrag vor. Dieser sei z. B. nicht (nicht gültig) zustande gekommen, insbesondere habe kein bindendes Angebot vorgelegen, so daß es auch nicht angenommen werden konnte (*Stölzle*, Slg. II, S. 43, OLG Stuttgart), oder es habe eine Verwirkungsabrede stattgefunden (bis zum ... muß das Tier weg, sonst ist der Kauf „für nichts", also ein Kauf unter auflösender Bedingung, die dann eingetreten ist; *Stölzle*, Slg. II, S. 43, OLG Hamm).

Der Kaufvertrag ist durch wirksame Anfechtung, z. B. wegen arglistiger Täuschung nach § 123, vernichtet worden.

Dazu ist zu beachten, daß die Anfechtungserklärung allein (notwendige und genügende Voraussetzungen für die Anfechtung siehe RG 65, 86) noch keine Nichtigkeit des Vertrages bringt, sondern erst festgestellt werden muß, daß es sich um eine wirksame Anfechtung handelt, was entweder durch rechtskräftiges Urteil oder durch Anerkenntnis durch den Verkäufer festgestellt wird.

e) Gewährleistungsansprüche können, weil die nachstehenden Tatbestände vorliegen, überhaupt nicht erhoben, und daher auch kein Schadenersatzanspruch nach § 463 geltend gemacht werden:

aa) Kenntnis des Hauptmangels durch den Käufer beim Kaufabschluß, selbst wenn der Mangel dem Käufer wegen grober Fahrlässigkeit unbekannt blieb (§ 460 Näheres S. 62ff.).

bb) Verkauf des Tieres in öffentlicher Versteigerung als Pfand (§ 461; Näheres S. 65f.) oder
Verkauf des Tieres im Wege der Zwangsvollstreckung (§§ 806, 814 ZPO; Näheres S. 65),

cc) Annahme des Tieres durch den Käufer trotz Kenntnis des Mangels ohne Vorbehalt des Rechtes wegen dieses Mangels (§ 464 Näheres S. 66f.);

dazu BGH U. v. 20. 10. 53 in NJW 1954, 145 = DRsp. I (125) 48e und RG 59, 104; 101, 64.

dd) Vertraglicher Gewährleistungsausschluß, soweit nicht arglistiges Verschweigen vorliegt (§ 476). Dazu gehört insbesondere auch die Vereinbarung eines Pauschalbetrages hinsichtlich des übernommenen Viehinventars bei Verkauf eines landwirtschaftlichen Grundstückes oder nachträglicher Verzicht auf die Gewährleistung (Näheres siehe S. 69);

ee) Verkauf des Tieres im Wege des Erbschaftsverkaufes (Näheres siehe S. 70); §§ 2371, 2376, 2380).

Zu aa) kann auch ein Zwischenurteil auf arglistiges Verschweigen durch den Verkäufer oder Kenntnis des Mangels durch den Käufer beantragt werden (RG 55, 210; 102, 394).

Zu dd) (vertraglicher Gewährleistungsausschluß) kann der Käufer wiederum arglistiges Verschweigen des Verkäufers und Nichtigkeit der Ausschlußvereinbarung nach § 476 geltend machen.

f) Es kommen die allgemeinen Bestimmungen über Gewährschaftsrecht, nicht die Sonderbestimmungen des Viehgewährschaftsrechts zur Anwendung, weil es sich nicht um eine der im § 481 angeführten Tiergattungen handelt bzw. nicht um ein lebendes Tier, also nur Fleisch.

Inwiefern bei dem Verkauf eines landwirtschaftlichen Grundstückes mit lebendem Inventar auch nur die allgemeinen Gewährschaftsbestimmungen Platz greifen, weil nämlich durch den Mangel der Tiere ein Mangel des Grundstückes selbst eintritt, siehe RG 102, 307 und Näheres S. 54f.

g) Ein Gefahrübergang hat noch nicht stattgefunden, so daß Gewährleistungsansprüche noch nicht geltend gemacht werden können.

Demgegenüber kann der Käufer behaupten, daß Gewährleistungsansprüche trotzdem schon geltend gemacht werden können, weil

aa) der Verkäufer weder bereit noch imstande sei, die an sich zu beseitigenden Mängel bis zur Übergabe zu beseitigen,

bb) zugesicherte Eigenschaften fehlen, die bei Vertragsabschluß als vorhanden vereinbart, aber nicht vorhanden waren und auch nicht mehr beschafft werden können.

Zu den beiden Ausnahmen: OLG Hamburg U. v. 28. 5. 48 in DRsp. I (130) 12f.

Weiters könnte der Käufer die Einwendung des „nicht erfüllten Vertrages" erheben, dem Verkäufer eine Frist zur Erfüllung stellen und nach Ablauf dieser Frist einen allgemeinen Schadenersatzanspruch wegen Nichterfüllung des Vertrages geltend machen.

h) Es liegt kein Hauptmangel vor im Sinne der Kais. Verordnung, bzw. keine Zusicherung einer Eigenschaft nach § 492 und kein arglistiges Verschweigen.

Dagegen könnte der Käufer, wenn die Voraussetzungen nach § 123 gegeben sind, den Anspruch nach § 123 wegen arglistiger Täuschung erheben und die Schadenersatzklage nach § 463 nur als Hilfsantrag weiterhin aufrecht erhalten, für den Fall, daß der Anspruch nach § 123 nicht durchdringen sollte.

Diese besonderen Voraussetzungen der Schadenersatzklage, also arglistiges Verschweigen oder Mangel der zugesicherten Eigenschaft und zwar beides schon bei Kaufabschluß und dann weiter auch im Zeitpunkte des Gefahrüberganges, müssen bei der Schadenersatzklage nach § 463 ausdrücklich vorliegen, so daß das Fehlen dieser beiden Voraussetzungen die Schadenersatzklage zu Fall bringen müßte.

i) Der Käufer hat unterlassen, rechtzeitig Mängelanzeige oder die Rechtshandlungen nach § 485, welche der Mängelanzeige entsprechen, vorzunehmen.

Dieser Einwand kann nur bei Zusicherung einer Eigenschaft erhoben werden und nicht bei arglistigem Verschweigen, da bei arglistigem Verschweigen die Erstattung der Mängelanzeige nicht notwendig ist, wenn eine Gewährfrist bei zugesicherter Eigenschaft vereinbart wurde (RG 123, 214).

Wenn die Voraussetzungen für eine Schadenersatzklage nach § 463 vorliegen, hat der Verkäufer nicht das Recht, von der Bestimmung des § 466, Setzung einer Ausschlußfrist, Gebrauch zu machen. Trotzdem wird es empfehlenswert sein, daß der Verkäufer unabhängig von der gegen ihn eingereichten Schadenersatzklage nach § 466 eine solche Frist dem Kläger bestimmt, damit dieser, wenn er mit seiner Schadenersatzklage abgewiesen werden würde, nicht noch nachträglich zur Wandelungsklage übergehen könnte.

j) Der Käufer hat einen Weiterverkauf des Tieres in Kenntnis des Mangels und ohne Verständigung des Verkäufers vorgenommen. Nach Möglichkeit: Er hat das Tier zum Schlachten weiterverkauft.

Wenn der Verkäufer nur behauptet, daß dem Käufer die Rückgabe des Tieres unmöglich, oder nur im verschlechterten Zustand möglich ist, selbst wenn dies vom Käufer vorsätzlich oder fahrlässig verschuldet wurde oder es sich nur um eine unwesentliche Verschlechterung handelt, kann dadurch der Schadenersatzanspruch des Käufers nicht berührt werden (ebenso *Stölzle*, Slg. II, S. 93, LG Kempten; S. 94, LG Gießen und S. 95, OLG Kiel).

k) Die Wandelung ist vollzogen (§ 465).

In diesem Falle kann kein Vertragsteil einseitig von der Wandelung zurücktreten, insbesondere der Käufer nicht mehr Wandelung oder Schadenersatzanspruch nach § 463 verlangen.

Der Käufer kann dagegen einwenden, daß die Wandelung aus dem Grunde nicht vollzogen wurde, weil der Verkäufer sein Einverständnis an Bedingungen geknüpft habe, jedenfalls keine Einigung über alle strittigen Punkte zustandegekommen sei, insbesondere nicht über den Ersatz einzelner vom Käufer verlangter Aufwendungsbeträge.

Für den Schadenersatzanspruch nach § 463 gilt § 465 nicht, so daß der Vollzug erst mit der Erfüllung oder rechtskräftigen Verurteilung eintritt, nicht schon mit der Zustimmung des Verkäufers.

l) Der Verkäufer hat nur die Gewährleistung wegen eines nicht zu den Hauptmängeln gehörenden Fehlers übernommen, nicht aber eine Eigenschaft des Tieres zugesichert (§§ 463, 492).

Dies ist ein Haupteinwand des Verkäufers, der meist nicht genügend beachtet wird. Er ist um so durchschlagender, als die Grenze zwischen Gewährleistungsübernahme und Zusicherung einer Eigenschaft oft sehr flüssig ist und die beim Kaufabschluß gebrauchten Worte „ich leiste Gewähr" oder „ich sichere zu", nicht dafür maßgebend sind, ob es sich nur um die Übernahme einer Gewährleistung oder um die weitergehende Haftung für eine zugesicherte Eigenschaft handelt. Im Zweifel ist anzunehmen, daß der Wille der Parteien nur auf das Mindere, die Übernahme der Gewährleistung, gerichtet ist (*Stölzle*, Slg. I, S. 126, OLG Posen).

Da aber ein Schadenersatzanspruch nach § 463 nicht bei Gewährleistungsübernahme, sondern nur bei Zusicherung einer Eigenschaft entsteht, ist dieser Einwand für den Käufer oft schwer zu widerlegen.

m) Bei einer Mehrheit von Verkäufern: Der Verkäufer selbst (der geklagt wurde) hat nicht arglistig gehandelt. Nur dann würde aber die Haftung für Schadenersatz nach § 463 für ihn eintreten (RG 99, 121).

Dagegen kann der Käufer einwenden, der Verkäufer hafte doch, weil er sich die Vorspiegelung zunutze gemacht habe (RG 103, 161).

n) Bei Handeln durch einen Vertreter:

Die arglistige Handlung des Vertreters des Verkäufers ist nur bei Gelegenheit des Kaufs begangen worden, so daß keine Haftung des Verkäufers entstanden ist (RG 132, 80).

Dagegen kann der Käufer einwenden, die arglistige Vorspiegelung von Eigenschaften oder der Abwesenheit von Fehlern erfolgte nicht bei Gelegenheit, sondern in Ausübung der Abschlußvollmacht.

o) Das Vorliegen des Tatbestandes nach § 826 evtl. § 263 StGB beinhaltet noch nicht das Vorliegen des Tatbestandes des arglistigen Verschweigens (RG 67, 146).

Dagegen wäre der Einwand des Verkäufers, daß bei arglistigem Verschweigen kein ursächlicher Zusammenhang zwischen arglistigem Verschweigen und Kaufabschluß vorgelegen habe, unbeachtlich, weil diese Kausalität, im Gegensatz zu der Anfechtung nach § 123, für die Schadenersatzklage nach § 463 nicht erforderlich ist (RG 102, 394).

p) Die Zusicherung, welche beim Kaufabschluß gegeben wurde, habe nicht eine bestimmte Bezeichnung einer Eigenschaft oder die bestimmte Angabe des als abwesend zugesicherten Mangels enthalten. Dann besteht aber keine Haftung des Verkäufers (*Stölzle*, Slg. II, S. 200, KG unter Verweis auf RGRKomm. zu § 492; über „Eigenschaft": *Stölzle*, Slg. II, S. 167, RG).

q) Es ist nur Trächtigkeit zugesichert worden, nicht aber auch, daß das Tier ein lebendes Junge zur Welt bringe. Die Trächtigkeitszusage enthält regelmäßig nicht auch die Zusicherung, daß das Tier ein lebendes Junge bringe. Die Gefahr des Verwerfens trägt also grundsätzlich der Käufer, selbst dann, wenn das Tier von Anfang an nicht geeignet war, Junge zur Welt zu bringen (*Stölzle*, Slg. II, S. 205, RG und nichtveröffentlichte Entscheidung des OLG München vom 16. 11. 51 Ber. Reg. 3 U 618/51; *Soergel*, Anm. 5 zu § 492 BGB).

Dagegen ist die Gegeneinwendung des Käufers zulässig; Trächtigkeit bedeutet, daß ein weibliches Tier keimendes Leben in sich trägt. Ist die Leibesfrucht im Mutterleibe bereits zugrunde gegangen, ist das Tier nicht mehr trächtig. Zur Trächtigkeitsfrage überhaupt, siehe S. 178ff..

r) Es liegt mitwirkendes evtl. Alleinverschulden des Käufers vor (§ 254), insbesondere wenn der Käufer es unterlassen hat, den Verkäufer auf die Gefahr eines ungewöhnlich hohen Schadens aufmerksam zu machen, die der Verkäufer weder kannte, noch kennen mußte, oder daß er es unterlassen hat, einen Schaden abzuwenden oder zu vermindern, z. B. durch Unterlassen der Beiziehung eines Tierarztes (dies gilt auch für das Verschulden des gesetzlichen Vertreters des Käufers oder der Personen, deren er sich zur Erfüllung seiner Verbindlichkeit bedient hat, § 278).

s) Verjährung des Anspruches nach § 490 (dazu RG 134, 272 über Entstehungsgeschichte des § 477/III, auf welchen sich § 490 beruft).

t) Es liegt ein Garantievertrag vor; siehe S. 2351).

Anm. 24. Prozeßführungsbefugnis, Aktiv- und Passivlegitimation, Zuständigkeit und allgemeine Prozeßvoraussetzungen bei der Schadenersatzklage nach § 463

Hinsichtlich Prozeßführungsbefugnis, Aktivlegitimation, Passivlegitimation, Zuständigkeit und allgemeine Prozeßvoraussetzungen gilt im allgemeinen dasselbe wie bei der Wandelungsklage, soweit im Nachfolgenden nichts Abweichendes angeführt ist: Es wird daher auf die Ausführungen zur Wandelungsklage in dieser Hinsicht verwiesen.

Siehe Prozeßführungsbefugnis, Aktivlegitimation S. 244ff.

Siehe Passivlegitimation S. 246f.

Siehe sachliche und örtliche Zuständigkeit S. 247ff.

Insbesondere gilt also auch für die Schadenersatzklage nach § 463, daß für sie ohne Rücksicht auf den Wert des Streitgegenstandes gemäß § 23 GVG das AG zuständig ist. Hervorzuheben ist weiters, daß der Gerichtsstand des § 29 ZPO, also des Erfüllungsortes, bei der Schadenersatzklage wegen Nichterfüllung des Vertrages nach § 463 nicht gegeben ist, so daß in der Regel — soweit nicht eine andere ausdrückliche Vereinbarung der Parteien vorliegt — an dem für den Verkäufer zuständigen Gericht geklagt werden muß.

Für Schadenersatzansprüche ist für die Bestimmung des Erfüllungsortes diejenige Verbindlichkeit maßgebend, deren Nicht- oder Schlechterfüllung den Anspruch begründet (RG 40, 408 ebenso *Rosenberg*, Lehrbuch § 35 II 1)

Hinsichtlich allgemeiner Prozeßvoraussetzungen S. 218f.

Anm. 25. Muster für einen Klagantrag für eine Schadenersatzklage nach § 463 evtl. in Verbindung mit Antrag auf Erlaß einer einstweiligen Verfügung bzw. Beweissicherungsantrag

Klagetatbestand, siehe Behauptungs- und Beweislast S. 250ff. im übrigen S. 258 Anm. 24.

Klagantrag:

I. Der Beklagte wird verurteilt

A. (bei Geltendmachung des konkreten Schadens und zwar wegen Wertlosigkeit des Tieres für den Käufer, den Kläger)
an den Kläger folgende Schadenersatzbeträge zu bezahlen:

a) den bezahlten Kaufpreis von ... DM samt 4% (5% bei beiderseitigem Handelskauf) Zinsen hieraus seit dem ... (Zahltage) DM ...

b) Die Draufgabe von DM ... samt 4 (5)% Zinsen hieraus seit ... (Zahltag) . . . . DM ...

c) An Futtergeld von täglich DM ... (2,—) für die Zeit vom ... (Tag der Übergabe) bis zur Zurücknahme des Tieres . DM ...

d) An Lagergeld . . . . DM

e) An Kosten:
des Mahnschreibens (evtl. Mängelanzeige bei zugesicherter Eigenschaft) . . . . DM ...
des Tierarztes für Untersuchungskosten . . . . DM ...
für Behandlungskosten . . . . DM ...
weiters für Gutachten . . . . DM ...
für Medikamente . . . . DM ...
der Hinterlegung . . . . DM ...
der Versteigerung . . . . DM ...
der Übergabe, Abnahme . . . . DM ...
der Versendung und Rückversendung . . . DM ...
des Vertrages . . . . DM ...
des früher geführten Prozesses . . . . DM ...
des Maklers . . . . DM ...
des Sachverständigen . . . . DM ...
des Bevollmächtigten für den Kaufabschluß DM ...
der üblichen Trink- und Halftergelder . . . DM ...
an Umsatzsteuer . . . . DM ...
an Zollkosten . . . . DM ...
an Schlachtgebühren . . . . DM ...
an Schlachtbeschaugebühren . . . . DM ...
an Freibankgebühren . . . . DM ...
der Aufwendungen für Schutzmaßnahmen gegen Seuchengefahr . . . . DM ...

oder

f) an Verdienstentgang (Gewinn, welcher durch die Weiterveräußerung des Tieres hätte erzielt werden können) den Betrag von ... DM.

g) Wegen bezahlter Vertragsstrafe (mittelbarer Schade, wenn der Käufer eine solche Vertragsstrafe vereinbart hatte und sie infolge Nichtlieferung des Tieres wegen Mangels des Tieres selbst bezahlen mußte) den Betrag von ... DM.

h) wegen Ersatzbeschaffung (eines Ersatztieres an Stelle des mangelhaften Tieres, soweit diese notwendig wurde), den Betrag von ... DM evtl. 4(5)% Zinsen hieraus ab e) bis h) seit dem Aufwendungstag,

oder

B. (bei Geltendmachung des abstrakten Schadens, besonders dann, wenn das Tier zum Weiterverkauf erworben wurde).

I. An den Kläger zu bezahlen:

a) den Schadensbetrag von ... (Unterschiedsbetrag zwischen dem Vertragskaufpreis und dem Marktpreis des Tieres unter Berücksichtigung des Mangels).

b) Weitere Beträge, wie angeführt zu A), b) bis h), soweit sie durch den Mangel des Tieres verursacht wurden.

II. Der Beklagte hat die Kosten des Rechtsstreits zu tragen.

III. Das Urteil wird für vorläufig vollstreckbar erklärt.

Evtl.:

Es wird beantragt, die Rechtssache nach § 200/III GVG als Feriensache zu bezeichnen, weil es sich um eine Viehgewährschaftssache handelt.

Streitwert: Dieser ist im allgemeinen gleich den geltendgemachten Schadensbeträgen; soweit die Festsetzung des Schadens dem richterlichen Ermessen überlassen wird, ist der Streitwert der im Urteil festgesetzte Betrag (*Hillach* § 26 A II).

Da die Futterkosten ständig steigen, ist zu berücksichtigen, daß für die Berechnung der Gerichts- und Anwaltskosten der Streitwert für jeden einzelnen Akt innerhalb des Prozesses oder der Instanz besonders zu berechnen ist.

Ein Antrag auf Erlaß einer einstweiligen Verfügung gemäß § 489 kann bei einer Klage auf Schadenersatz nach § 463 nicht eingereicht werden, weil ein solcher Antrag nur bei der Wandelungsklage zulässig ist, jedoch kann evtl. eine einstweilige Verfügung allgemeiner Art nach § 935 ZPO beantragt werden. Beispiele dazu S. 241.

Evtl. kann ein Antrag auf Beweissicherung gemäß § 485 ZPO beantragt werden. Muster siehe S. 243, nur statt „Wandelung" „Schadenersatz".

Anm. 26. Beweislast

Die Beweislast hinsichtlich des arglistigen Verschweigens (im Zeitpunkt der Ablieferung nach BGH U. v. 17. 9. 54 in MDR 55, 31) und zwar dafür, daß der Verkäufer Kenntnis von den Hauptmängeln (oder dem Fehlen der zugesicherten Eigenschaft) hatte, und für die Täuschungsabsicht des Verkäufers, welche allerdings auch aus den Umständen des Falles entnommen werden kann (RG 83, 242), trifft den Käufer.

Bestreitet der Verkäufer, den Mangel verschwiegen zu haben, liegt darin auch die Behauptung, daß der Käufer den Mangel kannte (§ 460), so daß dafür der Verkäufer beweispflichtig ist.

Der Käufer muß die Zusicherung wie auch die Mangelhaftigkeit des Tieres beweisen (RG 57, 399; 95, 119).

Anm. 27. Zu C: Inhalt der Ersatzlieferungsklage (beim Gattungskauf) nach §§ 491, 480/I, insbesondere Behauptungs- und Beweislast

a) Vorbemerkung: Inhalt der Ersatzlieferungsklage.

Die Klage auf Lieferung eines mangelfreien Tieres an Stelle des mangelhaften nach § 491 kann statt der Wandelungsklage erhoben werden (§§ 491, 480/I), wenn ein Gattungskauf vorliegt, also das gekaufte Tier nur der Gattung nach bestimmt ist.

Der Käufer kann aber auch beim Gattungskauf — nach seiner Wahl — die Wandelungsklage erheben.

Das vom Verkäufer zu liefernde Ersatztier muß nicht nur frei von Hauptmängeln oder Nichthauptmängeln oder Fehlen zugesicherter Eigenschaften nach § 492, sondern außerdem noch ein Tier mittlerer Art und Güte sein (§ 243).

Dazu RG 69, 407, welche Entscheidung insbesondere näher ausführt, wann sich das Schuldverhältnis auf die tatsächlich gelieferte Sache beschränkt (konkretisiert) hat.

Nach RG 93, 142 ist die Vorschrift des § 281 über die Verpflichtung zur Ersatzherausgabe auch bei beschränkter Gattungsschuld bei der das zu liefernde Tier einer bestimmten, größeren Menge zu entnehmen ist, anwendbar, dagegen grundsätzlich nicht bei gewöhnlicher Gattungsschuld (RG 88, 287).

Siehe auch RG 103, 40 über den Schadenersatzanspruch des Verkäufers wegen Nichtrückgabe der Kaufsache nach vertraglicher Aufhebung des Kaufvertrags, insbesondere, daß der Käufer nach § 249 den Betrag bezahlen muß, für den der Verkäufer sich selbst das Tier beschaffen könnte (ebenso RG 101, 420).

Es sei nur der Nachweis erforderlich, daß anderweitige Beschaffung und der dabei aufgewendete Preis notwendig geworden sind. Es gelten hierbei dieselben Rechtsgrundsätze wie beim Deckungskauf (90, 161; 93, 134; 102, 349).

Siehe auch *Stölzle*, Slg. II, S. 188, LG Karlsruhe, Gattungskauf oder Umtauschvereinbarung, welche sich gegenseitig ausschließen.

Der Anspruch — er ist auf Erfüllung des Vertrages gerichtet — geht unmittelbar auf Leistung eines mangelfreien Tieres, nicht erst auf Einwilligung zur Leistung eines solchen (*Staudinger* zu § 480, welcher sich hierbei auf RG im Sächs. Arch. Band 15, 60ff. beruft).

Statt der Wandelung kann der Käufer auch Schadenersatz wegen Nichterfüllung verlangen, jedoch nicht nach § 463, sondern nach § 480/II, was vielfach nicht berücksichtigt wird. Der Unterschied zwischen §§ 463 und 480/II besteht darin, daß als entscheidender Zeitpunkt für die Voraussetzung des Schadenersatzanspruches wegen des Mangels des Tieres nach § 480/II der Zeitpunkt des Gefahrüberganges in Frage kommt und nicht der Zeitpunkt des Kaufabschlusses (BGH U. v. 17. 9. 54 in MDR 55, 31).

Die Voraussetzungen des Nachlieferungsanspruches sind die gleichen wie die des Wandelungsanspruches:

aa) Der Käufer muß rechtzeitig eine der im § 485 bezeichneten Handlungen vorgenommen haben, soweit nicht arglistiges Verschweigen im Zeitpunkt der Ablieferung vorliegt.

bb) Der Käufer muß den Nachlieferungsanspruch innerhalb der Verjährungsfrist der §§ 490, 492 geltend machen, soweit nicht arglistiges Verschweigen vorliegt. Einredeweise kann der Käufer sogar nach Ablauf der Verjährungsfrist der §§ 490, 492 die Bezahlung des Kaufpreises verweigern, wenn er rechtzeitig eine der im § 485 bezeichneten Rechtshandlungen vorgenommen hat.

cc) Der Gefahrübergang hinsichtlich des gelieferten mangelhaften Tieres muß bereits stattgefunden haben,

ausgenommen, der Verkäufer wäre weder bereit noch imstande, die an sich zu beseitigenden Mängel bis zur Übergabe zu beseitigen, oder es fehlen zugesicherte Eigenschaften, die beim Vertragsabschluß als vorhanden vereinbart, aber nicht vorhanden waren und auch nicht mehr beschafft werden können (OLG Hamburg U. v. 28. 5. 48, DRsp. I (130) 12f.).

dd) Ein gültiger Vertrag muß abgeschlossen worden sein.

ee) Das Vorliegen von Hauptmängeln oder nicht zu den Hauptmängeln gehörigen Fehlern, für die der Verkäufer die Gewährleistung nach § 492 übernommen hat oder das Nichtvorliegen von Eigenschaften (die der Verkäufer nach § 492 zugesichert hat), und zwar im Zeitpunkte des Gefahrüberganges und,

ff) daß sich diese in der Gewährfrist gezeigt haben (bei Hauptmängeln immer, in den anderen Fällen nach § 492, soweit eine solche vereinbart wurde).

gg) Bei mehreren Käufern oder Verkäufern muß das Nachlieferungsbegehren entsprechend § 356 von allen Käufern bzw. gegenüber allen Verkäufern geltend gemacht werden.

Der Käufer kann neben dem Nachlieferungsanspruch auch den Anspruch auf die Nebenkosten stellen, insbesondere nach § 488.

Beide Vertragsteile können gemäß § 489 das Tier versteigern lassen.

Der Verkäufer hat kein Recht, ein Ersatztier zu liefern (dieses Recht es zu verlangen steht nur dem Käufer zu), außer es würde die Ablehnung eines Ersatztieres, das sofort angeboten wird, gegen Treu und Glauben verstoßen (RG 91, 112). Der Anspruch wird nicht dadurch verloren, daß der Käufer das mangelhafte Tier in Unkenntnis des Mangels als Erfüllung angenommen hat. Nimmt der Käufer aber ein mangelhaftes Tier an, trotz Kenntnis des Mangels, behält er den Nachlieferungsanspruch nur dann, wenn er sich seine Rechte wegen des Mangels vorbehält (§ 464). Der Käufer kann bis zur Annahme des Wandelungsbegehrens durch den Verkäufer von seinem Wandelungsbegehren Abstand nehmen und Lieferung eines mangelfreien Tieres nach § 491 verlangen, sogar dann noch, wenn er schon die Wandelungsklage überreicht hatte.

Auch beim Gattungskauf kann der Verkäufer, wenn der Käufer einen Mangel des Tieres behauptet, unter Erbieten zur Lieferung eines mangelfreien Tieres und unter Bestimmung einer angemessenen Frist, den Käufer zu einer Erklärung darüber auffordern, ob er die Lieferung eines mangelfreien Tieres verlange.

Ist das Tier durch Zufall untergegangen oder verschlechtert worden (vor Vollziehung der Nachlieferung) behält der Käufer den Nachlieferungsanspruch (dazu RG 56, 267).

Im übrigen siehe Näheres hinsichtlich der Ersatzlieferungsklage S. 157 ff.

Über die Zulässigkeit der Klage auch nach § 123 siehe S. 206.

b) Behauptungen des Klägers:

Die Behauptungen sind die gleichen, wie bei der Wandelungsklage, nur mit gewissen Änderungen, die die Besonderheit des Gattungskaufes mit sich bringt.

aa) Der Abschluß des Kaufvertrages zwischen den Parteien (oder Vertreter).

Bei mehreren Käufern müssen alle Käufer als Kläger auftreten, bei mehreren Verkäufern alle als Beklagte genannt werden, soweit nicht vorher einer der Verkäufer den Anspruch des Käufers als richtig anerkannt hat, welcher dann nicht mitgeklagt werden muß. Diese Tatsache muß aber ausdrücklich angeführt werden.

Wenn in erster Linie der Klaganspruch auf § 123, Nichtigkeit des Vertrages auf Grund Anfechtung wegen arglistiger Täuschung gestützt wird, kann der Antrag auf die Ersatzlieferungsklage nur hilfsweise gestellt werden. Die Anfechtungsklage allein schafft noch keine Nichtigkeit des Vertrages, sondern es muß festgestellt werden, ob die Anfechtung wirksam ist, also entweder vom Verkäufer als richtig anerkannt wird oder ob ihre Wirksamkeit durch Urteil festgestellt wird.

bb) Bezahlung des Kaufpreises gegen Übergabe des Tieres oder wenn das Tier nicht übergeben wurde,
α) daß der Verkäufer weder bereit noch imstande ist, die an sich zu beseitigenden Mängel bis zur Übergabe zu beseitigen,
β) daß die zugesicherten Eigenschaften fehlen, die bei Vertragsabschluß als vorhanden vereinbart, aber nicht vorhanden waren und auch nicht mehr beschafft werden können (OLG Hamburg U. v. 28. 5. 48 in DRsp. I (130) 12f).

cc) Bei dem Tier, welches zu den im § 481 aufgezählten Tierarten gehört, hat sich der Hauptmangel (näher zu bezeichnen, wie in der Kais. Verordnung vom 27. 3. 99 RGBl. 219 angeführt, S. 3ff.) bzw. der nicht zu den Hauptmängeln gehörende Fehler, für den der Verkäufer nach § 492 die Gewährleistung übernommen hat bzw. der Mangel der Eigenschaft, die der Verkäufer zugesichert hat, innerhalb der Gewährfrist gezeigt und war im Zeitpunkt des Gefahrüberganges vorhanden gewesen.

Nach Möglichkeit ist die Untersuchung des Tieres durch einen Tierarzt und Feststellung dieser Mängel durch ihn zu behaupten und ein tierärztliches Gutachten darüber vorzulegen.

dd) Der Kläger hat dem Beklagten (möglichst unter Übersendung einer Abschrift des tierärztlichen Gutachtens) am . . . den Mangel (möglichst mit Einschreibbrief vom . . .) angezeigt und Lieferung eines Ersatztieres sowie folgende Leistungen verlangt:
Das Nähere siehe bei Klagantrag betreffend Ersatzlieferungsklage S. 271.

ee) Der Beklagte hat die Lieferung eines Ersatztieres abgelehnt, (bzw. darauf nicht geantwortet).

ff) Der Kläger ist bereit, das ihm übergebene mangelhafte Tier Zug um Zug gegen Lieferung eines Ersatztieres von mittlerer Art und Güte zurückzugeben, bzw. falls eine richterliche Versteigerung des Tieres nach § 489 inzwischen angeordnet sein sollte, in die Auszahlung des hinterlegten Versteigerungserlöses für das Tier an den Beklagten einzuwilligen.

Diese Erklärung ist deshalb zweckmäßig, weil sonst die Möglichkeit besteht, daß der Verkäufer eine Widerklage auf Herausgabe des Tieres oder Einwilligung zur Auszahlung des hinterlegten Erlöses erheben könnte, was evtl. mit Kostenfolgen verbunden wäre.

gg) Nach Möglichkeit: Der Kläger hat keine Nutzungen von dem Tier gezogen, jedenfalls sind die gezogenen Nutzungen geringer als die Kosten der Pflege und Wartung des Tieres.

hh) An Futterkosten sind DM . . . (2,—) für den Tag angemessen und zwar sind diese seit dem Tage der Übernahme des Tieres zu leisten.

ii) Weiters sind folgende angemessene Beträge an Kosten ausbezahlt, bzw. Aufwendungen gemacht worden im Zusammenhang mit dem vorgenommenen Verkauf, deren Rückersatz vom Beklagten verlangt wird (hier sind die weiteren Aufwendungen und Kosten anzuführen, soweit sie in Betracht kommen, wie im Klagebegehren S. 271).

Hinsichtlich der Kosten des Vorprozesses, nämlich, daß diese als indirekter Schaden zu ersetzen sind, wenn die Einlassung auf den Vorprozeß durch das materielle Interesse und die prozessualen Notwendigkeiten geboten war und eine adäquate Folge desjenigen Verhaltens ist, auf Grund dessen der Regreßanspruch erwächst: OLG Hamburg U. v. 24. 7. 53 in MDR 1954, 40; ferner im Ergebnis gleich *Stölzle*, Slg. II, S. 152, LG. Kempten und OLG Posen, letzteres unter Verweis auf RG 51, 362.

Hinsichtlich des Gutachtens: OLG Hamm Beschl. v. 3. 5. 50 in DRsp. IV (410) 36a: Die Kosten für Privatgutachten sind erstattungsfähig, wenn Einholung des Gutachtens prozeßfördernd war. Ähnlich *Stölzle*, Slg. II, S. 137, LG Berlin, welches die Erstattungsfähigkeit der Kosten des Gutachtens für gegeben hält, wenn dieses zur zweckentsprechenden Rechtsverteidigung notwendig war, was insbesondere dann nachgewiesen erscheint, wenn sich die Gründe des Urteils im wesentlichen gerade auf dieses Gutachten stützen.

Ebenso *Stölzle*, Slg. I, S. 29, LG Memmingen, welches die Kosten dieses Gutachtens als zu den Prozeßkosten gehörig feststellt, so daß sie daher gleichzeitig mit diesen festzustellen seien.

Der Ersatz der Vertragskosten kommt beim Gattungskauf in Wegfall, da der Antrag nur auf Erfüllung des Vertrages gerichtet ist, der Vertrag selbst aber nicht rückgängig gemacht wird. So ist auch im § 480 nur § 467 Satz 1 als mitgeltend angeführt, nicht § 467 Satz 2.

Anm. 28. Einwände des Verkäufers

a) Das Fehlen der Prozeßführungsbefugnis (wenn es sich um mehrere Käufer handelt, von denen nicht alle Klage erheben). Bei einer Mehrzahl von Käufern (oder Verkäufern) kann die Ersatzlieferungsklage nur durch alle (oder gegen alle) erhoben werden. Das Erlöschen des Rechtes für einen wirkt auch gegen die übrigen (§ 356).

b) Mangelnde Aktivlegitimation, also Unbegründetheit der Klage, wenn der Käufer vor Eintritt der Rechtshängigkeit durch den Versicherer hinsichtlich des Schadens aus dem Mangel des Tieres befriedigt wurde und dadurch der Anspruch des Käufers gesetzlich auf den Versicherer übergegangen ist (siehe dazu BGH U. v. 17. 3. 54 in NJW 1954, 1113, nämlich, daß nach der sog. Differenztheorie der Ersatzanspruch nur insoweit auf den Versicherer übergeht als er zusammen mit der bezahlten Versicherungsentschädigung den Schaden des Versicherungsnehmers übersteigt (Näheres dazu siehe unter Aktivlegitimation S. 245f.).

Ist die Befriedigung des Käufers hinsichtlich dieses Schadens durch den Versicherer erst nach Rechtshängigkeit der Klage erfolgt, kann der Käufer dem dadurch begegnen, daß er das Klagebegehren dahingehend abändert, daß der Beklagte nunmehr an den neuen Gläubiger zu zahlen hat.

Weiters kann mangelnde Aktivlegitimation aus dem Grunde eingewendet werden, weil der Vermittler statt des Käufers den Anspruch auf Ersatzlieferung geltend macht. Denn dieser Anspruch steht nur dem Erwerber des Tieres, nicht dem Vermittler zu.

c) Mangelnde Passivlegitimation, wenn der Kommissionär im eigenen Namen aber für fremde Rechnung verkauft hat und derjenige verklagt wird, für dessen Rechnung verkauft wurde.

In diesem Falle ist der Kommissionär der Vertragsgegner des Käufers und konnte daher nur dieser verklagt werden, nicht aber derjenige, für dessen Rechnung verkauft wurde (*Stölzle*, Slg. II, S. 200 KG).

d) Es liegt kein gültiger Kaufvertrag vor, z. B. ist der Kaufvertrag nicht (nicht gültig) zustande gekommen, insbesondere habe kein bindendes Angebot vorgelegen, welches daher auch nicht angenommen werden konnte (*Stölzle*, Slg. II, S. 43, OLG Stuttgart), oder es habe eine Verwirkungsabrede stattgefunden („bis zum . . . muß das Tier weg, sonst ist der Kauf für nichts"), also ein Kauf unter auflösender Bedingung, die dann eingetreten ist (*Stölzle*, Slg. II, S. 43, OLG Hamm),

oder der Kaufvertrag ist durch wirksame Anfechtung z. B. wegen arglistiger Täuschung nach § 123 vernichtet worden.

Dazu ist zu beachten RG 65, 86 über notwendige und andererseits genügende Voraussetzungen für die Anfechtungserklärung und weiters, daß diese allein noch keine Nichtigkeit des Vertrages schafft, sondern erst festgestellt werden muß (rechtskräftiges Urteil oder Anerkenntnis durch den Verkäufer), daß es sich um eine wirksame Anfechtung handle.

e) Gewährleistungsansprüche können, weil die nachstehenden Tatbestände vorliegen, überhaupt nicht erhoben werden und daher auch keine Ersatzlieferungsklage:

aa) Kenntnis des Hauptmangels durch den Käufer bei Kaufabschluß (§ 460, Näheres S. 62ff.)

bb) Verkauf des Tieres in öffentlicher Versteigerung als Pfand (§ 461, Näheres S. 65f.) oder
Verkauf des Tieres im Wege der Zwangsvollstreckung (§§ 806, 814 ZPO, Näheres S. 65)

cc) Öffentliche Versteigerung des Tieres auf richterliche Anordnung hin gemäß § 489 (Näheres S. 66)

dd) Annahme des Tieres durch den Käufer trotz Kenntnis des Mangels, ohne Vorbehalt des Rechtes wegen dieses Mangels (§ 464, Näheres S. 66f.)

ee) Vertraglicher Gewährleistungsausschluß, insbesondere die Vereinbarung eines Pauschalbetrages hinsichtlich des übernommenen Viehinventars (§ 476) oder nachträglicher Verzicht auf die Gewährleistung (Näheres siehe S. 67f.)

Gegenüber dem behaupteten vertraglichen Gewährleistungsausschluß kann der Käufer einwenden, daß der Verkäufer den Mangel arglistig verschwiegen habe und daher die Gewährleistungsausschlußvereinbarung nach § 476 nichtig sei.

ff) Verkauf des Tieres im Wege des Erbschaftsverkaufes §§ 2371, 2376, 2380. Näheres siehe S. 70.

f) Es kommen die allgemeinen Bestimmungen über Gewährschaftsrecht zur Anwendung (nicht die Sonderbestimmungen des Viehgewährschaftsrechtes), weil es sich nicht um eine der im § 481 angeführten Tiergattungen handelt, bzw. nicht um ein lebendes Tier (also nur Fleisch).

Inwiefern bei dem Verkauf eines landwirtschaftlichen Grundstückes mit lebendem Inventar auch nur die allgemeinen Bestimmungen Platz greifen, weil durch den Mangel des Tieres ein Mangel des Grundstückes selbst eintritt, siehe RG 102, 307 und Näheres S. 54f.

g) Ein Gefahrübergang hat noch nicht stattgefunden, so daß Gewährleistungsansprüche noch nicht geltend gemacht werden können, daher auch nicht der Ersatzlieferungsanspruch.

Demgegenüber kann der Käufer behaupten, daß Gewährleistungsansprüche trotzdem geltend gemacht werden können, weil

aa) der Verkäufer weder bereit noch imstande sei, die an sich zu beseitigenden Mängel bis zur Übergabe zu beseitigen,

bb) zugesicherte Eigenschaften fehlen, die bei Vertragsabschluß als vorhanden vereinbart, aber nicht vorhanden waren und auch nicht mehr beschafft werden können (OLG Hamburg U. v. 28. 5. 48 in DRsp. I (130) 12f.).

Weiters könnte der Käufer die Einwendung des „nichterfüllten Vertrages" erheben.

Dies könnte er auch, wenn ein Tier von nicht mittlerer Art und Güte vom Verkäufer geliefert wird; denn dann muß der Verkäufer nicht auf Grund seiner Gewährleistungspflicht, aber auf Grund seiner Erfüllungspflicht ein entsprechendes Tier liefern, und wenn er dieser Verpflichtung auch in einer ihm vom Käufer gesetzten Frist nicht nachkommt, für Schadenersatz wegen Nichterfüllung haften. Von diesem Rechtsbehelf kann der Käufer auch dann Gebrauch machen, wenn er das gelieferte Tier in Unkenntnis der Tatsache, daß es nicht mittlerer Art und Güte ist, als Erfüllung angenommen hat. Allerdings muß er sich dann zur Rückgabe des Tieres bereit erklären.

h) Es liegt kein Hauptmangel im Sinne der Kais. Verordnung vom 27. 3. 1899 RGBl. 219 bzw. keine Gewährleistung für nicht zu den Hauptmängeln gehörende Fehler bzw. keine Zusicherung einer Eigenschaft nach § 492 vor.

Dagegen könnte der Käufer, wenn die Voraussetzungen nach § 123 gegeben sind, „arglistige Täuschung" behaupten, die Klage auf Ersatzlieferung fallen lassen oder zweckmäßigerweise diesen Antrag nur als Hilfsantrag aufrecht erhalten, nämlich für den Fall, daß der Klaganspruch nach § 123 nicht durchdringt.

i) Der Hauptmangel bzw. Nebenmangel, für den der Verkäufer nach § 492 die Gewährleistung übernommen hat bzw. der Mangel der zugesicherten Eigenschaft, war im Zeitpunkt des Gefahrüberganges nicht vorhanden, bzw. hat sich in der Gewährfrist nicht gezeigt, soweit eine solche vereinbart war. Bei Hauptmängeln sind stets Gewährfristen gegeben.

Bei einigen Hauptmängeln ist die Widerlegung der Vermutung des § 484, nämlich, daß der Mangel schon zur Zeit des Gefahrüberganges vorhanden war, wenn er sich innerhalb der Gewährfrist gezeigt hat, nach dem jetzigen Stand der tierärztlichen Wissenschaft möglich (siehe Erläuterungen zu den Hauptmängeln S. 73ff.).

j) Der Käufer hat dem Verkäufer den Mangel nach § 485 nicht bzw. nicht genügend bzw. nicht rechtzeitig nach § 485 mitgeteilt oder die der Mangelanzeige entsprechenden anderen Rechtshandlungen nach § 485 nicht vorgenommen: Absendung der Anzeige, Klage wegen des Mangels gegen den Verkäufer, Streitverkündung an diesen, Antrag auf gerichtliche Beweisaufnahme zur Sicherung des Beweises (Näheres über Mängelanzeige S. 93ff.).

Dagegen kann der Käufer einwenden, daß der Verkäufer den Mangel arglistig verschwiegen hat, in welchem Falle der Rechtsverlust nicht eintritt. („Arglistiges Verschweigen" ist „Verschweigen in der Absicht, den Vertragsgegner zu täuschen", RG 62, 300.)

Weiters könnte der Käufer einwenden, daß bei zugesicherten Eigenschaften eine Gewährfrist nicht vereinbart wurde, weil dann keine Mängelanzeige notwendig ist (RG 123, 214).

Ferner kann der Käufer vorbringen, daß der Verkäufer auf diese Einwendungen verzichtet hat.

k) Der Käufer hat vor Vollziehung der Nachlieferung den Untergang, eine wesentliche Verschlechterung oder die anderweitige Unmöglichkeit der Herausgabe des mangelhaften Tieres verschuldet.

Der Käufer haftet hierbei auch für seine Erfüllungsgehilfen gemäß § 278.

Siehe BGH U. v. 21. 4. 54 in JZ 1954, 447: Erfüllungsgehilfe ist, wer nach den tatsächlichen Verhältnissen des gegebenen Falles mit dem Willen des Schuldners bei der Erfüllung der diesem obliegenden Verbindlichkeit als seine Hilfsperson tätig wird. Aus welchem Grunde er sich veranlaßt sieht, tätig zu sein, ist unerheblich. Auch kommt es nicht darauf an, ob er weiß, daß er eine Verbindlichkeit des anderen erfüllt.

Dieser Einwand ist nur deshalb beim Gattungskauf gegeben, weil § 491 nicht auf § 487 Bezug nimmt.

Demgegenüber kann der Käufer einwenden, daß das Tier vor Vollziehung der Nachlieferung durch Zufall untergegangen oder wesentlich verschlechtert worden ist.

l) Der Käufer hat das mangelhafte Tier vor Vollziehung der Nachlieferung geschlachtet (§§ 467, 480, 352).

Demgegenüber kann der Käufer einwenden, daß sich der Mangel erst bei der Schlachtung herausgestellt hat (§§ 467, 480).

Dieser Einwand ist nur auf Grund besonderer Bestimmungen beim Gattungskauf gegeben, weil § 491 nicht auf § 487 Bezug nimmt.

m) Der Käufer hat vor Vollziehung der Nachlieferung das mangelhafte Tier veräußert oder mit dem Rechte eines Dritten belastet unter der Voraussetzung des § 351 oder des § 352 (§§ 467, 480, 351, 352, 353). Dieser Einwand ist nur auf Grund besonderer Bestimmungen beim Gattungskauf gegeben, weil § 491 nicht auf § 487 Bezug nimmt.

n) Die Verjährung nach §§ 490 bzw. 492 ist eingetreten (6 Wochen vom Ende der Gewährfrist an, bzw. wenn eine Gewährfrist nicht vereinbart wurde, seit der Ablieferung des Tieres).

Demgegenüber kann der Käufer arglistiges Verschweigen des Mangels durch den Verkäufer einwenden, weil dann die dreißigjährige Verjährungsfrist gilt.

Ferner kann der Käufer auch stillschweigende Vereinbarung über eine Verlängerung der Verjährungsfrist behaupten.

Weiters hat der Kläger gegenüber der Kaufpreisforderung des Verkäufers auch nach Verjährung die Einrede der Wandelung und kann diesen Anspruch auch durch Feststellungsklage geltend machen, wenn er innerhalb der Verjährungszeit die Mängelanzeige erstattet oder die ihr entsprechenden Rechtshandlungen nach § 485 vorgenommen hat.

o) Es liegt ein Garantievertrag vor, also ein Vertrag, bei welchem einer der Vertragschließenden für einen bestimmten Erfolg einzustehen hat. (Unterschied zur Bürgschaft: BGH U. v. 28. 10. 54 in DRsp. I [138] 53e.)

Dieser unterliegt nicht den Regeln des Gewährschaftsrechtes; Näheres siehe *Palandt* Einf. vor § 765 und *Stölzle*, Slg. II, S. 23, OLG Königsberg.

Andererseits kann der Käufer das Vorliegen eines besonderen Garantievertrages behaupten, wenn ein Verkäufer bei mehreren Verkäufern einwendet, daß die Zusicherung nach § 492 nicht von allen gegeben worden sei, jedenfalls nicht von allen genehmigt worden sei.

p) Das Recht auf Nachlieferung ist gemäß § 466 durch Ablauf der vom Verkäufer gesetzten Frist ausgeschlossen.

Voraussetzung dafür ist, daß der Käufer dem Verkäufer gegenüber einen Sachmangel behauptet hat und der Verkäufer unter Erbieten zur Wandelung bzw. zur Nachlieferung und unter Bestimmung einer angemessenen Frist zur Erklärung darüber aufgefordert hat, ob der Käufer Wandelung oder Nachlieferung verlange. Diese kann dann nur bis zum Ablauf der Frist verlangt werden.

q) Es kann nur der Nachlieferungsanspruch hinsichtlich der Nebensache verlangt werden (wenn Nachlieferung einer Haupt- und Nebensache verlangt wird, aber nur die Nebensache mangelhaft ist § 470).

r) Es kann nur Nachlieferung aller zusammengehöriger Tiere verlangt werden (wenn die Nachlieferung nur hinsichtlich einzelner aber mit anderen zusammengehörenden Tieren verlangt wird).

Es ist empfehlenswert, daß in einem solchen Fall der Käufer von Anfang an hilfsweise den Nachlieferungsanspruch hinsichtlich aller zusammengehöriger Tiere oder solcher, die nur mit Nachteil voneinander getrennt werden könnten, verlangt, um des Nachlieferungsanspruches durch Verjährung nicht verlustig zu gehen.

s) Der Nachlieferungsanspruch ist vollzogen.

Nach Vollzug (§ 465), wenn sich also der Verkäufer mit dem Verlangen des Käufers auf Nachlieferung einverstanden erklärt hat oder der Verkäufer zur Nachlieferung rechtskräftig verurteilt wurde, ist die Geltendmachung eines neuerlichen Nachlieferungsanspruches nicht mehr zulässig, denn kein Vertragsteil kann dann noch einseitig von dem Nachlieferungsanspruch zurücktreten. Nur dann wäre ein neuerlicher Nachlieferungsanspruch gegeben, wenn der Verkäufer neuerdings mangelhaft nachliefern würde.

Der Käufer kann dagegen einwenden, der Verkäufer habe sein Einverständnis an Bedingungen geknüpft oder die Parteien haben sich nicht über alle strittigen Punkte geeinigt.

t) Bei der Nachlieferungsklage, die sich auf denselben Sachverhalt stützt wie eine Anfechtungsklage nach § 123:

Es hat sich um kein arglistiges Verschweigen gehandelt oder gar arglistige Täuschung, oder es hat sich nur um Anpreisungen oder um persönliche Werturteile gehandelt.

Soweit der Verkäufer die Ursächlichkeit der Einwirkung seiner arglistigen Täuschung auf den Kaufabschluß bestreitet (Kausalität), kann dem der Käufer entgegenhalten, daß die Ursächlichkeit wohl bei einer Anfechtungsklage nach § 123, nicht aber bei einer Wandelungs- oder Nachlieferungsklage notwendig ist.

Anm. 29. Muster für einen Klagantrag, betreffend eine Gattungsklage (Ersatzlieferungsklage)

a) Klagetatbestand: Siehe Behauptungs- und Beweislast für eine Ersatzlieferungsklage S. 263.

Zuständigkeit: Siehe S. 247ff.

Prozeßführungsbefugnis, Aktiv- und Passivlegitimation: Siehe S. 244ff.

b) Klagantrag:

I. Der Beklagte hat an Stelle des dem Kläger am ... gelieferten Tieres (möglichst genau zu beschreiben) ein mangelfreies Tier zu liefern.

II. Der Beklagte hat

a) an Futtergeld für die Zeit vom ... (Tag der Übergabe) bis zur Zurücknahme des Tieres täglich ... (2,— DM) zu bezahlen,

b) an Lagergeld . . . . DM ...

c) an Kosten:

des Tierarztes	für Untersuchungskosten	DM ...
	für Behandlungskosten	DM ...
weiters	für Gutachten	DM ...
	für Medikamente	DM ...
	der Hinterlegung	DM ...
	der Versteigerung	DM ...
	der Übergabe (Abnahme)	DM ...
	der Versendung und Rückversendung	DM ...
	der Mängelanzeige	DM ...
	des früher geführten Prozesses	DM ...
	des Maklers	DM ...
	des Sachverständigen	DM ...
	des Bevollmächtigten für den Kaufabschluß	DM ...
	an üblichen Trink- und Halftergeldern	DM ...
	an Umsatzsteuer	DM ...
	an Zollkosten	DM ...
	an Schlachtgebühren	DM ...
	an Schlachtbeschaugebühren	DM ...
	an Freibankgebühren	DM ...

(evtl. samt 4 [5]% Zinsen hieraus seit Aufwendungstag der Kosten). Ersatz der Vertragskosten können nicht gefordert werden, weil § 467/II in § 480 nicht zitiert ist.

III. Der Beklagte hat die Kosten des Verfahrens zu tragen.

IV. Das Urteil wird für vorläufig vollstreckbar erklärt.

Streitwert ist der Wert des Tieres zuzüglich der weiteren verlangten Leistungen (wobei aber die unter c) angeführten Kosten unberücksichtigt bleiben).

Der Antrag auf Erlaß einer einstweiligen Verfügung nach § 489 BGB, § 935 ZPO ist zulässig, siehe Muster wie bei Wandelungsklage S. 241f.

Beweissicherungsantrag gemäß § 485 ZPO, siehe ebenfalls wie dort Muster S. 242f.

Anm. 30. Zu D: Schadenersatzklage wegen Nichterfüllung bei Gattungskauf nach § 480/II

Auch beim Gattungskauf ist statt der Klage auf Lieferung eines mangelfreien Tieres die Schadenersatzklage wegen Nichterfüllung zulässig, wenn der Verkäufer bei der Übergabe einen Hauptmangel arglistig verschwiegen hat oder dem verkauften Tiere bei der Übergabe eine Eigenschaft fehlt, die der Verkäufer zugesichert hat.

Alle Behauptungen sind hier die gleichen wie bei der Schadenersatzklage wegen Nichterfüllung nach § 463 (an Stelle der Wandelung), jedoch ist § 463 durch § 480/II ersetzt. Das bedeutet, daß nicht wie bei § 463 auch der Zeitpunkt des Kaufabschlusses der entscheidende Zeitpunkt ist (für das arglistige Verschweigen des Hauptmangels oder das Fehlen der zugesicherten Eigenschaft), sondern der Zeitpunkt des Gefahrüberganges; ebenso BGH U. v. 17. 9. 54 in MDR 55, 31.

Es wird daher hinsichtlich der Klagebehauptungen, der Klageeinreden und des Klageantrages auf die Anführungen zu der Schadenersatzklage nach § 463 verwiesen (siehe S. 250ff.), wobei als einzige Änderung der Gefahrübergang als maßgebender Zeitpunkt berücksichtigt werden muß.

Anm. 31. Beweislast

Für die Beweislast der Ersatzlieferungsklage gilt dasselbe wie bei der Wandelungsklage; hinsichtlich der Schadenersatzklage wegen Nichterfüllung nach § 480/II gilt ebenfalls dasselbe wie bei der Schadenersatzklage wegen Nichterfüllung nach § 463 mit dem einzigen Unterschiede, daß der „Gefahrübergang" als entscheidender Zeitpunkt gilt und nicht der Kaufabschluß samt Gefahrübergang. Es wird daher auf die entsprechenden Ausführungen über Beweislast bei der Wandelungsklage S. 244 und bei der Schadenersatzklage nach § 463 S. 250 verwiesen.

Dazu siehe auch RG 66, 289: Die Beweislast hinsichtlich des mangelhaft gelieferten Tieres bei Gattungskauf trifft den Käufer. Die Frage des subjektiven Verschuldens spielt überhaupt keine Rolle, weil sich die Folgen einer Gewährleistung nach der objektiven Mangelhaftigkeit des Tieres richten.

Anm. 32. Prozeßführungsbefugnis, Aktiv- und Passivlegitimation, Zuständigkeit und allgemeine Voraussetzungen bei der Ersatzlieferungsklage bzw. Schadenersatzklage nach § 480/II

Hinsichtlich Prozeßführungsbefugnis, Aktivlegitimation, Passivlegitimation, Zuständigkeit und allgemeiner Prozeßvoraussetzungen gilt bei der Ersatzlieferungsklage im allgemeinen dasselbe wie bei der Wandelungsklage und hinsichtlich der Schadenersatzklage nach § 480/II ebenfalls dasselbe wie bei der Schadenersatzklage nach § 463. Es wird daher auf die entsprechenden Ausführungen bei der Wandelungsklage bzw. der Schadenersatzklage gemäß § 463 hingewiesen:

Siehe Prozeßführungsbefugnis, Aktivlegitimation S. 244ff. bzw. 258.
Siehe Passivlegitimation S. 246f. bzw. 258.
Siehe sachliche und örtliche Zuständigkeit S. 247ff. bzw. 258.

Insbesondere gilt auch für die Ersatzlieferungsklage und für die entsprechende Schadenersatzklage nach § 480/II gemäß § 23 GVG die Zuständigkeit des AG ohne Rücksicht auf den Wert des Streitgegenstandes.

Der Erfüllungsort für die Verpflichtung des Verkäufers bei der Ersatzlieferungsklage ist der Wohnort des Käufers (RG 49, 72). In der Regel ist daher, soweit nicht ausdrücklich eine andere Vereinbarung der Parteien vorliegt, an dem für den Käufer zuständigen Gericht zu klagen. Dies gilt auch für eine evtl. Abnahmeklage des Verkäufers, und zwar selbst dann, wenn er das Tier wieder in Besitz genommen hat, weil der Käufer dieses Tier (z. B. wegen verspäteter Lieferung) nicht angenommen und an den Verkäufer zurückgesandt hat.

Für die Schadenersatzklage nach § 480/II gilt hinsichtlich der örtlichen Zuständigkeit dasselbe wie bei der Schadenersatzklage wegen Nichterfüllung nach § 463, so daß in der Regel — soweit nicht eine ausdrückliche Vereinbarung der Kaufparteien vorliegt — an dem für den Verkäufer zuständigen Gericht geklagt werden muß (RG 40, 408 und ebenso *Rosenberg*, Lehrbuch, § 35 II 1). Siehe auch *Achilles-Greiff*, Anm. 1 zu § 480 unter Verweis auf Sächs. Archiv 23, 32.

Auch hinsichtlich der sonstigen allgemeinen Prozeßvoraussetzungen gilt dasselbe wie bei der Wandelungsklage, weshalb auf S. 218 verwiesen wird.

C. Vorschläge für künftige Gesetzgebung

Übersicht:

Vorbemerkung 1: Allgemeines
Vorbemerkung 2: Änderungen tiermedizinischer Art

I. (Kaiserliche Verordnung)
II. (§ 482)
III. (§ 484)
IV. (§ 485)
V. (§ 487)
VI. (§ 488)
VII. (§ 489)
VIII. (§ 490)
IX. (§ 491)
X. (§ 492)
XI. (§ 200 GVG)

Vorbemerkung 1: Allgemeines

Die Rechtssicherheit ist ein wesentliches Element des rechtsstaatlichen Prinzips.

Dieses Prinzip der Rechtssicherheit liegt häufig mit der Forderung nach materieller Gerechtigkeit in Widerstreit; so muß es Aufgabe des Gesetzgebers sein, einen solchen Widerstreit bald nach Seite der Rechtssicherheit, bald nach Seite der materiellen Gerechtigkeit hin zu entscheiden (BVerfG. U. v. 18. 12. 53 in NJW 1954, 65).

Auch auf dem Gebiete des Viehgewährschaftsrechtes ist es notwendig, daß der Gesetzgeber zu verschiedenen juristischen Problemen eine klare und endgültige Stellungnahme bezieht. Gerade auf diesem verhältnismäßig kleinen Rechtsgebiet gehen die Meinungen in Schrifttum und Rechtsprechung verschiedenen Streitfragen vielfach so weit auseinander, daß man für jede dieser Ansichten die Bestätigung in einem der verschiedenen Rechtskommentare finden kann.

Daraus erklärt sich auch gerade auf diesem Gebiet die große Abneigung des einzelnen, eine prozessuale Austragung zu riskieren, weil kein Rechtsberater hinsichtlich dieser auseinandergehenden

Meinungen mit Sicherheit voraussagen kann, für welche Ansicht sich das letztinstanzliche Urteil entscheiden wird.

Es ist daher im Interesse der Rechtssicherheit notwendig, daß diese Streitfragen gesetzlich klargestellt werden. Da jede Ansicht eine gewisse Begründung für sich hat, kommt es schließlich weniger darauf an, in welchem Sinne die strittige Frage entschieden wird, also eine absolut richtige Lösung zu finden, als darauf, daß wirklich eine Ansicht dadurch zur herrschenden erhoben wird. „Das oberste Ziel der Gesetzesanwendung ist Einhelligkeit" (*Walter Jellinek*, Verwaltungsrecht, S. 140); vgl. auch *Kniesch*, Die Notwendigkeit der Einheit der Rechtspflege in NJW 54, 1137. Zur Auslegung von gesetzlichen Normen im allgemeinen vgl. weiters BVerf.GU. vom 21. 5. 52 in NJW 1952, 737. Bis zur Lösung im Gesetzeswege wird es gegebenenfalls zweckmäßig sein, eine solche herrschende Meinung überzeugend herauszustellen.

Wir haben uns bemüht, meist in Übereinstimmung mit der „herrschenden Lehre", diese Klarstellung zu fördern und entsprechend zu begründen und einige tatsächliche gesetzliche Irrtümer darzulegen, in welchen Fällen dem Gesetzgeber offenbar ein Versehen unterlaufen ist, in dessen Auswirkung sein Wille im Gesetz unrichtig wiedergegeben worden ist.

Auch diese Vorschläge werden, um bei der Systematik dieses Kommentars zu bleiben, in der Reihenfolge der Gesetzesparagraphen behandelt werden.

Vorbemerkung 2: Änderungen tiermedizinischer Art

Die Änderungen bzw. Verbesserungsvorschläge können sich nur auf rein juristischem Gebiet bewegen. Es muß daher dahingestellt bleiben, inwieweit solche Änderungen — es betrifft dies nur die Kaiserliche Verordnung vom 27. 3. 99 — auf rein tiermedizinischem Gebiet auch notwendig erscheinen.

Schon der Kommentar *Stölzle-Graminger* 1935 führt zur Kais. Verordnung vom 27. 3. 1899 Vorschläge in dem Bericht über die 10. Plenarversammlung des deutschen Veterinärrates zu Breslau (in der Berliner tierärztl. Wochenschrift 06, 59 ff.) zur Abänderung der Kais. Verordnung an und ferner Malkmus, „Revision der Hauptmängelliste" (in Berliner tierärztl. Wochenschrift 11, 261 ff. Nr. 17), woraus zu ersehen ist, daß schon damals, 1935, Änderungen für notwendig erachtet wurden.

Auch *Fröhner* bezeichnet manche in der Kais. Verordnung angeführten Gewährfristen als nicht mehr dem heutigen Stande der tiermedizinischen Wissenschaft entsprechend, z. B. für Schweinepest, oder hält es für notwendig, daß „Rinderfinne" unter die Hauptmängel mitaufgenommen werden sollte, was andere auch von der „Maul- und Klauenseuche" für notwendig erachten, und stellt fest, daß z. B. „Zuchttauglichkeit" in der sechswöchentlichen Verjährungsfrist nicht feststellbar ist.

Solche Änderungsvorschläge hinsichtlich der Kais. Verordnung könnten allerdings insofern leichter berücksichtigt werden, als hierzu eine Änderung durch Gesetz nicht notwendig wäre, sondern eine Änderung im Verordnungswege genügen würde.

Eine solche Ergänzung oder Änderung dieser Verordnung müßte nach Art. 129 GG und 80 Abs. 2 GG durch die Bundesregierung bzw. durch den zuständigen Fachminister mit Zustimmung des Bundesrates erfolgen.

Ebenso RGRKomm. zu § 482 ohne weitere Begründung.

Tatsächlich handelt es sich hier um ein sehr umstrittenes Problem, nämlich darum, ob gemäß Art. 129 Abs. 3 GG Rechtsvorschriften, die zum Erlaß von Rechtsvorschriften ermächtigen, erloschen sind, wie es bei wörtlicher Auslegung dieser Gesetzesstelle anzunehmen wäre.

Es wird jedoch richtigerweise angenommen, daß das Grundgesetz nur diejenigen früheren Ermächtigungen für erloschen erklärt hat, die zu einer Änderung oder Ergänzung der ermächtigenden Rechtsvorschrift oder zum Erlaß von Rechtsvorschriften an Stelle von Gesetzen ermächtigen (ebenso *Holtkotten*, Bonner Kommentar, Art. 129 Anm. II, D I 2 d S. 11/12; BVerf.G Beschl. v. 10. 6. 53 in NJW 1953, 1177 und dazu kritisch, aber im Ergebnis gleich, *Karl Schmidt* in NJW 54, 249 und siehe auch *Bernhard Wolff* in JZ 54, 628).

Um eine solche gesetzesvertretende Rechtsverordnung handelt es sich aber vorliegend nicht, so daß diese Ermächtigung nicht erloschen ist und daher auf Grund dieser Ermächtigung entsprechende Änderungen vorgenommen werden können.

Folgende Änderungen bzw. Ergänzungen werden vorgeschlagen:

I. (Kais. Verordnung)

In der Kaiserlichen Verordnung vom 27. 3. 99

a) im § 1 I 2:

An Stelle des Wortes „Pferdes“ ist das Wort „Tieres“ zu setzen.

Begründung:

Es handelt sich offenbar hinsichtlich des bisher verwendeten Wortes „Pferdes“ um einen textlichen Irrtum; denn es war selbstverständlich gemeint, daß sich diese Krankheit nicht nur auf das Pferd, sondern auch auf die anderen unter I angeführten Tiere, also Esel, Maulesel und Maultier bezieht.

Bei dem Gebrauch des nunmehr vorgeschlagenen Wortes „Tieres“ bezieht sich dann dieser Ausdruck mit Rücksicht auf die Anführung aller diese Tiere nach I auch und nur auf alle diese Tiere, was auch Sinn dieser Verordnungsstelle ist.

§ 1 I 2. würde also folgenden Wortlaut haben:

2. Dummkoller (Koller, Dummsein) mit einer Gewährfrist von 14 Tagen; als Dummkoller ist anzusehen die allmählich oder infolge der akuten Gehirnwassersucht entstandene, unheilbare

Krankheit des Gehirns, bei der das Bewußtsein des Tieres herabgesetzt ist.

b) Als § 3 (neu):

§ 3: Wird Trächtigkeit oder Zuchttauglichkeit bei Nutz- oder Zuchttieren zugesichert, beträgt die Gewährfrist 12 Wochen.

Begründung:

Da in der bisher festgesetzten sechswöchigen Verjährungsfrist des § 490 die zugesicherte Eigenschaft der Trächtigkeit bzw. Zuchttauglichkeit nicht festgestellt werden kann und daher eine rechtzeitige Ansage dieses Mangels nicht erfolgen kann, ist in diesem sehr wichtigen und sehr häufigen Fall eine entsprechende verlängerte Gewährfristfestsetzung notwendig (ebenso auch *Fröhner*, S. 120, 208), wodurch dann auch die Verjährungsfrist entsprechend hinausgeschoben wird.

II. (§ 482)

Im § 482 als Abs. II (neu; der bisherige Abs. II wird zu Abs. III):

a) Auch bei arglistiger Täuschung oder Verschweigen von Nebenmängeln bzw. Vorspiegelung der Abwesenheit von Nebenmängeln oder des Vorhandenseins einer Eigenschaft haftet der Verkäufer aus dem Vertrag, also viehgewährschaftlich, für diese Nebenmängel nicht, soweit er für diese nicht die Gewährleistung gemäß § 492 übernommen oder das Vorhandensein einer Eigenschaft zugesichert hat.

Begründung:

Daß der Verkäufer nach dem Gesetz (§ 482) nur für bestimmte Fehler (Hauptmängel genannt), bei anderen Mängeln (auch Nebenmängel genannt) nur dann haftet, wenn er gemäß § 492 die Gewährleistung für diese Fehler übernommen hat, oder das Vorhandensein einer Eigenschaft ausdrücklich zugesichert hat, ergibt sich klar aus den gesetzlichen Bestimmungen (§§ 482, 492), so daß es eigentlich einer näheren Erläuterung durch nochmalige ausdrückliche Festlegung im Gesetz, wie es der vorgeschlagene Absatz bezweckt, gar nicht bedürfte.

Nur deshalb erscheint diese Ergänzung notwendig, obgleich sie eigentlich ein superfluum ist, weil gerade zwei so hervorragende Kommentare, wie *Palandt* und RGRKomm., die gegenteilige Ansicht, nämlich den Standpunkt vertreten, daß der Verkäufer bei arglistigem Verschweigen eines Nebenmangels auch für diesen Nebenmangel aus dem Vertrag heraus, also gewährschaftlich, haftet.

Diese Ansicht muß aber aus folgenden Gründen abgelehnt werden:

Die Sonderregelung beschränkt die gesetzliche Gewährleistung auf Hauptmängel, also die Mängel, welche in der Kais. Verordnung als solche angeführt sind (§ 482).

Für andere Mängel, also sog. Nebenmängel, haftet der Verkäufer nur, wenn er gemäß § 492 vertraglich die Gewährleistung für dieselben übernommen hat oder das Vorhandensein dieser Eigenschaften zugesichert hat.

Das Gesetz ist in dieser Hinsicht völlig klar und der erkennbare Sinn des Gesetzes läßt keine andere Auslegung zu. Dasselbe ergibt sich aus den Motiven (Band 2 S. 463 zu § 409 des 1. Entwurfes).

Dieser Gesetzesinhalt ist auch nicht etwa durch Wandlung der Verhältnisse bei gleichbleibendem Wortlaut geändert worden.

Dieser Inhalt geht dahin, daß jeder Käufer weiß und wissen muß, wenn er ein Tier kauft, daß ihm der Verkäufer, soweit dieser nicht ausdrücklich vertraglich eine Haftung in anderer Beziehung übernimmt, nur für Hauptmängel haftet, also für andere Mängel nur, wenn es zwischen Verkäufer und Käufer vereinbart ist.

An diesem Grundprinzip kann auch dann nichts geändert werden, wenn auf Seite des Verkäufers ein arglistiges Verschweigen solcher Nebenmängel vorliegt, also wenn der Verkäufer die Nebenmängel kennt und in dem Bewußtsein, daß sie dem Käufer entgehen, verschweigt.

Dies ergibt sich nicht nur aus dem Zweck des Gesetzes, möglichst Prozesse zu verhüten, sondern auch aus § 460 (Ausschluß der Gewährleistung), der ausdrücklich auf § 459 verweist, der nur für „wesentliche Fehler" haften läßt.

Im Sonderrecht des Viehgewährschaftsrechtes sind aber die „wesentlichen Fehler", die in der Kais. Verordnung angeführten „Hauptmängel", die als solche unwiderlegbar zu gelten haben. Dazu ist zu berücksichtigen, daß § 459 nur mit der Einschränkung der §§ 481 bis 493 hinsichtlich der Viehgewährschaftssachen gilt und damit § 482, der dieses Prinzip der Hauptmängel feststellt, zum Zuge kommt und jede andere Auslegung ausschließt.

Diese Meinung wird auch fast von der gesamten Rechtsprechung und fast dem gesamten Schrifttum geteilt.

Ich verweise insbesondere auf RG 102, 308, auf *Stölzle*, Slg. II, S. 107, OLG Hamburg; ferner *Stölzle*, Slg. II, S. 109, OLG Stuttgart, welches hierbei hinsichtlich seiner Feststellung, daß die über den Kauf aufgestellten Vorschriften des BGB wegen der nicht unter die Hauptmängel fallenden Fehler dem Käufer unter keinem Gesichtspunkt — auch nicht unter dem in den §§ 459 bis 492 vielfach wiederkehrenden Gesichtspunkt des arglistigen Verschweigens — einen Gewährleistungsanspruch geben, insbesondere auf die Motive, auf *Planck*, BGB § 482 Note 2 und *Staudinger* § 482 Note 5 verweist.

Dieselbe Ansicht vertritt *Stölzle-Graminger* S. 230, der hierbei auf eine Reihe von weiteren Entscheidungen verweist, insbesondere: *Stölzle*, Slg. I, S. 31, LG Braunschweig: ... Fehler, die nicht zu den Hauptmängeln gehören, begründen keine Gewährleistungspflicht, auch dann nicht, wenn sie arglistig verschwiegen sind; ebenso *Stölzle*, Slg. I, S. 31, OLG Augsburg: ... Nach § 482 hat der Verkäufer von Pferden nur für bestimmte Fehler (Hauptmängel) und für diese nur dann zu haften, wenn sie sich innerhalb der Gewährfrist zeigen.

Die Hauptmängel sind in der Verordnung vom 27. 3. 1899 bestimmt. Die vom Käufer geltend gemachten Mängel (Schlagen, nicht gut im Zuge und strangkitzlig) sind hierunter nicht angeführt und können daher als Hauptmängel nicht in Betracht kommen. Demgemäß hat der Verkäufer für diese Mängel von Gesetzes wegen nicht aufzukommen und kann hierwegen folgerichtig auch dann nicht in Anspruch genommen werden, wenn er sie kannte und in dem Bewußtsein, daß sie dem Käufer entgehen, diesem verschwieg. ... Auch nach § 460 tritt eine Haftung wegen arglistigen Verschweigens nur dann ein, wenn ein erheblicher Mangel der im § 459 bezeichneten Art, also beim Pferdekauf gemäß § 482 ein „Hauptmangel" hintangehalten wurde und infolgedessen dem Käufer unbekannt blieb.

Der Käufer kann somit die vorbezeichneten Mängel der gekauften Pferde nur dann geltend machen, wenn der Verkäufer die Gewährleistung hierfür besonders und ausdrücklich übernommen hat. Hierbei wird auf *Planck* § 482 Note 2; *Staudinger* Nr. 5 verwiesen.

Ebenso *Stölzle*, Slg. I, S. 32, LG Liegnitz, welches insbesondere ausführt: ... Die Wurmkrankheit gehört aber nicht zu den durch die Kais. Verordnung bezeichneten Hauptmängeln, so daß auch das — selbst arglistige — Verschweigen dieses Mangels keinen Anspruch auf Wandelung gibt.

Wegen eines solchen nicht zu den Hauptmängeln gehörenden Fehlers kann im Falle arglistigen Verschweigens desselben nur unter Umständen eine Haftung auf Grund einer unerlaubten Handlung nach § 823 begründet sein. Diese geht aber nicht auf Wandelung sondern auf Schadenersatz. Ebenso *Stölzle*, Slg. I, S. 33, LG Stendal: ... Da gemäß § 482 der Verkäufer nur Hauptmängel zu vertreten hat und für andere Mängel nicht haftet, besteht für ihn auch dem Käufer gegenüber keine Rechtspflicht, auf nicht zu den Hauptmängeln gehörende Fehler des Tieres aufmerksam zu machen und ein Schweigen des Verkäufers in dieser Richtung ist deshalb kein arglistiges (unter Verweis auf *Cosack* Bd. I § 129).

Ebenso *Stölzle*, Slg. I, S. 34, OLG Kiel: ... Da das „Drehen und Knicken mit dem Hinterbein" nicht zu den Hauptmängeln im Sinne des § 482 in Verbindung mit den Vorschriften der Kaiserl. Verordnung vom 27. 3. 1899 gehört, kann von einer Haftung für jenen Fehler nur im Falle besonderer Garantieübernahme unter den Voraussetzungen des § 492 die Rede sein. ... Daran ändert auch arglistiges Verschweigen des Verkäufers nichts.

Ebenso *Stölzle*, Slg. I, S. 36, LG Bremen: ... Denn eine Haftung für andere als Hauptmängel ist nur dann gegeben, wenn der Käufer diese Haftung ausdrücklich verlangt und der Verkäufer die Haftung übernimmt, d. h. die Haftung für diesen Nichthauptmangel gemäß § 492 zum Vertragsinhalt geworden ist.

A. A., jedoch nicht zutreffend, *Stölzle*, Slg. II, S. 108, OLG Posen, welches ausführt, daß es der Meinung, daß der Verkäufer nicht für arglistiges Verschweigen eines Fehlers verantwortlich ist, nicht beitreten könne, weil es beim Viehhandel auf eine Abstufung des arglistigen Verhaltens nicht ankommen könne und diesbezüglich auf RGRKomm. 3 zu § 460 JW 1906 S. 86 verweist. Die Entscheidung hält offenbar den wesentlichen Unterschied zwischen arglistiger Täuschung im Sinne des § 123, welche zur Anfechtung des Vertrages berechtigt und arglistiges Verschweigen nach § 485 nicht genügend auseinander.

Auch *Palandt* Anm. 1 zu § 482 ist der Ansicht, daß der Verkäufer für arglistiges Verschweigen (oder Vorspiegeln der Abwesenheit von Nebenmängeln) nach § 463 haftet, beruft sich diesbezüglich auf RGRKomm. Anm. 1 zu § 463 und begründet dies damit, daß er arglistiges Verschweigen als

Haftungsgrund der Zusicherung der Mangelfreiheit gleichstellt und weil Verkäufer aus Arglist nicht Nutzen haben darf und die Haftungsbeschränkung auf Hauptmängel nur bedeute, daß diese allein wesentlich sind, aber für arglistig verschwiegene auch unerhebliche Mängel gehaftet werden müsse.

Soweit nach *Palandt* arglistiges Schweigen der Zusicherung von Mängelfreiheit gleichzustellen ist, kann *Palandt* mit *Palandt* selbst widerlegt werden, denn *Palandt* führt zu § 492 unter „Zusicherung" ausdrücklich die „bestimmte Bezeichnung von Eigenschaften" an.

Es ist doch völlig ausgeschlossen, aus einem Verschweigen (sei es auch arglistig) die bestimmte Bezeichnung von Eigenschaften herauszufolgern. Wir verweisen in dieser Hinsicht auf die Definition, die das RG in *Stölzle*, Slg. II, S. 180, für Zusicherung als die „vertragsmäßig" übernommene Gewährleistung für eine Eigenschaft des Tieres oder für das Fehlen eines Mangels gegeben hat; ebenso *Stölzle*, Slg. I, S. 34, OLG Kiel. Unter Zusicherung versteht das Gesetz nicht etwa jede auf den Kaufgegenstand sich beziehende gewöhnliche Erklärung des Verkäufers, vielmehr ist eine rechtlich bedeutsame Zusicherung immer nur dann vorhanden, wenn die Parteien darüber einig sind, daß sich der Verkäufer mit der Erklärung vertragsmäßig binden will und daß der Käufer jene Erklärung als Haftung des Verkäufers vertragsmäßig verlangt, daß also die Haftungserweiterung durch übereinstimmenden Parteiwillen zu einem Teil des Vertrages wird oder *Stölzle*, Slg. I, S. 36, LG Bremen: Grundsätzlich ist das Verschweigen eines nicht zu den Hauptmängeln gehörenden Fehlers nicht als arglistiges Verschweigen im Sinne des Gesetzes anzusehen; denn eine Haftung für andere als Hauptmängel ist nur dann gegeben, wenn der Käufer diese Haftung ausdrücklich verlangt und der Verkäufer die Haftung übernimmt, d. h. die Haftung für diesen Nichthauptmangel zum Vertragsinhalt geworden ist. Der Standpunkt *Palandts*, daß somit ein bloßes, wenn auch arglistiges Verschweigen eines Nebenmangels einer Zusicherung von Mängelfreiheit gleichzustellen ist, entbehrt daher einer überzeugenden Begründung.

Abgesehen davon widerspricht schon die gesetzliche Regelung nach §§ 482, 492 dieser Ansicht, wonach der Verkäufer nur für Hauptmängel haftet, welche eben allein als wesentliche im Viehkauf anzusehen sind, bzw. nur Nebenmängel nach § 492.

Es widerspricht dies aber auch keineswegs der Billigkeit, denn der Käufer hat die Möglichkeit, wenn das arglistige Verschweigen wirklich soweit ging, daß man darin eine arglistige Täuschung nach § 123 erblicken will, also die Täuschung kausal, bestimmend für den Abschluß des Kaufes durch den Käufer ist, den Vertrag wegen arglistiger Täuschung anzufechten; der Käufer hat auch die Möglichkeit nach § 823 und § 826, Schadenersatzansprüche geltend zu machen, wenn ein Verschulden des Verkäufers vorliegt.

Damit erscheint auch die Anführung im RGRKomm. § 482 Anm. 1 unter Verweis auf § 463 widerlegt, welche dieselben Argumente wie *Palandt* anführt.

Es ergibt sich daher in dieser Hinsicht folgende Zusammenfassung: Die gesetzlichen Bestimmungen, daß ein Käufer die Haftung des Verkäufers nur hinsichtlich Hauptmängel in Anspruch nehmen kann, sind so klar und keiner anderen Auslegung fähig, daß es eigentlich einer Änderung der gesetzlichen Bestimmungen nicht bedarf. Immerhin könnte durch die vorgeschlagene Änderung jeder Zweifel in dieser Hinsicht beseitigt werden.

b) Als Absatz III zu § 482:

Die Hauptmängel und die Gewährfristen werden durch eine zu erlassende Verordnung der Bundesregierung bestimmt; bis zu ihrem Erlaß gelten die Bestimmungen der Kais. Verordnung vom 27.3.99 RGBl. 219.

Begründung:

Die Änderung ist infolge der geänderten staatsrechtlichen Grundlage notwendig.

Jedenfalls ist es zweckmäßig auch weiterhin die Bestimmung der Hauptmängel und Gewährfristen dem Verordnungswege zu überlassen, da auf diese Weise evtl. notwendige Änderungen, wie sie hauptsächlich neue Erkenntnisse der Tiermedizin mit sich bringen, rascher und einfacher berücksichtigt werden können. Für den Fall, daß im Zeitpunkte der Gesetzesänderung auch die neue Verordnung bereits erlassen wäre, müßte natürlich die Fassung dieser Gesetzesstelle geändert werden.

Sie müßte dann etwa lauten:

Die Hauptmängel und Gewährfristen sind durch Verordnung der Bundesregierung vom ... bestimmt.

III. (§ 484)

In § 484 sind an Stelle des Wortes „innerhalb" die Worte „bis zum Ablauf" zu setzen, so daß der § 484 nunmehr folgenden Wortlaut haben würde:

Zeigt sich ein Hauptmangel bis zum Ablauf der Gewährfrist, so wird vermutet, daß der Mangel schon zu der Zeit vorhanden gewesen sei, zu welcher die Gefahr auf den Käufer übergegangen ist.

Begründung:

Diese Änderung ist notwendig, um die Ungenauigkeit im Gesetzestext zu beseitigen:

Der Sinn der Gesetzesstelle ist der, daß die Vermutung des § 484 auch dann eintritt, wenn sich der Hauptmangel nicht nur innerhalb der Gewährfrist sondern auch schon vor Beginn der Gewährfrist gezeigt hat; durch die nunmehr vorgeschlagene Fassung tritt die Vermutung des § 484 unmißverständlich auch dann ein, wenn sich der Hauptmangel auch schon vor Beginn der Gewährfrist gezeigt hat.

Dies könnte z. B. der Fall sein, wenn sich ein Hauptmangel am Übergabstage selbst, nach der Übergabe zeigt.

Da die Gewährfrist erst mit dem Ablauf des Tages beginnt, an welchem die Gefahr auf den Käufer übergeht, würde nach der bisherigen Fassung in einem solchen Fall die Vermutung nach dem bisherigen genauen Wortlaut des Gesetzes nicht eintreten, weil sich eben der Hauptmangel nicht innerhalb der Gewährfrist, sondern schon vor ihrem Beginn gezeigt hat.

Die Richtigkeit dieses Vorschlages ergibt sich auch aus dem Willen des Gesetzgebers, denn die frühere Fassung des Gesetzestextes lautete auch „bis zum Ablauf der Gewährfrist", wie es sich aus den Materialien (siehe *Mugdan*) ergibt.

IV. (§ 485)

a) In § 485 folgende Ergänzungen und Änderungen:
An Stelle des Wortes „anzeigt" ist das Wort „mitteilt" und an Stelle des Wortes „Anzeige" ist das Wort „Mitteilung" zu setzen.

Begründung:

Es ist aus der Praxis bekannt, daß die Bevölkerung den Ausdruck „Anzeige" vielfach dahingehend auffaßt, daß es sich um eine Strafanzeige handelt, und sie glaubt, Anzeige bei der Polizeibehörde erstatten zu müssen. Dadurch kommt es ganz überflüssigerweise, besonders in den Fällen, in welchen es sich um arglistiges Verschweigen handelt, zur Durchführung von Strafverfahren, die von den Parteien selbst kaum gewollt sind, aber deshalb eingeleitet werden, „um nicht etwa die im § 485 vorgeschriebene Frist zu versäumen". Gerade dadurch aber werden dem Anzeiger sehr oft Nachteile zugefügt, weil er dabei oft die Frist des § 485 versäumt und außerdem noch die Gefahr besteht, daß der Anzeiger wegen einer falschen Anzeige (falsche Anschuldigung nach § 164 StGB) selbst in Strafuntersuchung gezogen wird.

Durch die vorgeschlagene Änderung in „Mitteilung" würde eine genügende Klarstellung im Gesetzestext erfolgen und damit weitere Irrtümer in dieser Hinsicht vermieden werden können.

§ 485 würde also nunmehr folgenden Wortlaut haben:

I. Der Käufer verliert die ihm wegen des Mangels zustehenden Rechte, wenn er nicht spätestens zwei Tage nach dem Ablaufe der Gewährfrist oder, falls das Tier vor dem Ablaufe der Frist getötet worden oder sonst verendet ist, nach dem Tode des Tieres, den Mangel dem Verkäufer mitteilt oder die Mitteilung an ihn absendet oder wegen des Mangels Klage gegen den Verkäufer erhebt oder diesem den Streit verkündet oder gerichtliche Beweisaufnahme zur Sicherung des Beweises beantragt. Der Rechtsverlust tritt nicht ein, wenn der Verkäufer den Mangel arglistig verschwiegen hat.

b) Als zweiter Absatz wäre neu einzufügen:

II. Unter Mangel wird hier ein Hauptmangel (§ 482), oder soweit eine Gewährfrist vereinbart war, ein nicht zu den Hauptmängeln gehöriger Fehler, für den Gewährleistung übernommen wurde, (§ 492) oder die fehlende zugesicherte Eigenschaft (§ 492) verstanden.

Begründung:

Rechtsprechung und Schrifttum stehen einhellig auf dem Standpunkt, daß sich die Anzeigepflicht auf Hauptmängel bezieht und auch auf Nebenmängel, wenn für sie der Verkäufer gemäß § 492 die Gewährleistung übernommen oder das Vorhandensein einer Eigenschaft zugesichert hat, soweit bei den Nebenmängeln eine Gewährfrist vereinbart ist (RG 123, 214). Durch die Einführung dieses Satzes wird eine völlige Klarstellung erzielt, wenn sie auch nicht unbedingt notwendig wäre.

V. (§ 487)

In § 487 im Absatz 1 hätte das Wort „nur" in Wegfall zu kommen. Anschließend wäre als Absatz II einzufügen:

a) II. An Stelle der Wandelung kann der Käufer Schadenersatz wegen Nichterfüllung nach § 463 oder beim Gattungskauf entweder die Lieferung eines mangelfreien Tieres nach § 491 oder auch Schadenersatz wegen Nichterfüllung nach § 480/II verlangen.

Begründung:

Der Wegfall des Wortes „nur" ist zweckmäßig, weil es außer Wandelung und Minderung noch andere Rechtsbehelfe gibt, daher nicht „nur" Wandelung. Andererseits ist es zweckmäßig, diese weiteren Behelfe in diesem Zusammenhange ausdrücklich mit anzuführen, da gerade die Schadenersatzansprüche nach § 463 und bei Gattungskauf nach § 480/II (weil sie nicht in dieser Sondermaterie geregelt sind) einer Erwähnung bedürfen.

Damit wäre wenigstens an einer Stelle eine Übersicht über alle Möglichkeiten der Gewährleistungsansprüche, von welchen der Käufer Gebrauch machen kann, angeführt.

b) Als Absatz IV (neu):

Wenn der Käufer ein Tier, trotz Kenntnis eines Mangels desselben, weiterverkauft, ohne den Verkäufer vorher wegen dieses Mangels in Anspruch zu nehmen, ist dies als Verzicht auf weitere Gewährleistungsansprüche anzusehen.

Begründung:

Es ist in Rechtsprechung und Schrifttum strittig, ob die Weiterveräußerung des mangelhaften Tieres den Verlust der Gewährleistungsansprüche des Verkäufers mit sich bringt.

Stölzle, Slg. II, S. 93, LG Kempten: Mit der Weiterveräußerung des Tieres nach der Erhebung der Wandelungsklage erlischt der Wandelungsanspruch, wenn seine Geltendmachung gegen Treu und Glauben im Verkehr verstoßen würde.

Stölzle, Slg. II, S. 94, LG Gießen: Kein Verlust des Wandelungsanspruches des Käufers durch Weiterveräußerung des mangelhaften Tieres.

Stölzle, Slg. II, S. 94, LG Kempten: Verlust des Wandelungsanspruches durch Weiterveräußerung, wenn die Veräußerung oder Schlachtung nach den Umständen des Falles gegen Treu und Glauben im Verkehr verstößt.

Stölzle, Slg. II, S. 95, OLG Kiel: In der Weiterveräußerung eines gekauften Tieres liegt ein Verzicht auf den Wandelungsanspruch vor.

Stölzle, Slg. II, S. 97, LG Kempten: Veräußerung des Tieres während des Prozesses bewirkt nicht ohne weiteres den Verlust der Gewährleistungsansprüche.

Dazu muß wie folgt Stellung genommen werden:

In § 487, welcher abweichend von § 467 beim Viehkauf dem Käufer den Wandelungsanspruch auch dann beläßt, wenn er infolge Verfügung über das Tier zu dessen Rückgabe außerstande ist, ist zunächst gesetzlich festgelegt, daß ein Weiterverkauf an sich den Wandelungsanspruch nicht ausschließt.

Andererseits wird in Rechtsprechung und Schrifttum die Wandelung dann als ausgeschlossen betrachtet, wenn der Käufer das Tier, in Kenntnis des Mangels, ohne Verständigung des Verkäufers und seines Abnehmers, weiterveräußert und dadurch die Rückgabe des Tieres unmöglich macht, weil in einer solchen Verfügung in der Regel ein Verzicht auf die Wandelung gefunden werden muß. Diese begründete Rechtsprechung hat aber im Gesetz bisher keinen Niederschlag gefunden, da, jedenfalls nach der wörtlichen Auslegung des Gesetzes, ein Weiterverkauf des Tieres durch den Käufer keinen Einfluß auf das Recht des Käufers hat, Wandelung nach § 487 oder Schadenersatz nach § 463 wegen Nichterfüllung des Vertrages zu verlangen.

Es ist daher in dieser Hinsicht eine gesetzliche Klärung in dem vorgeschlagenen Sinne nicht nur zweckmäßig, sondern sogar notwendig. Die vorgeschlagene Fassung des Gesetzes schafft nicht nur Klarheit, sondern ist auch billig und entspricht Treu und Glauben im Verkehr; denn hat der Käufer Kenntnis von dem Mangel des Tieres, so kann man von ihm verlangen, daß er davon dem Verkäufer Mitteilung macht und ihm, solange er (der Käufer) noch im Besitze des Tieres ist, dadurch Gelegenheit gibt, sich über das tatsächliche Vorhandensein des Mangels zu überzeugen und daher die Richtigkeit der Gewährleistungsansprüche des Käufers entsprechend zu überprüfen.

Setzt der Käufer aber den Verkäufer von den Mängeln des Tieres nicht in Kenntnis und stellt dementsprechend keine Ansprüche an ihn und verkauft das Tier weiter, dann muß es der Käufer hinnehmen, daß er keinerlei Gewährleistungsansprüche mehr gegen den Verkäufer hat.

c) In § 487 als Abs. VI (neu):

Die Haftung des Käufers für verschuldete Verschlechterung besteht vom Empfang des Tieres an.

Begründung:

In Rechtsprechung und Schrifttum ist es sehr umstritten, von welchem Zeitpunkt an die Haftung des Käufers für das empfangene Tier eintritt.

Da § 467, Durchführung der Wandelung, auf § 347 verweist, und zumindest die „entsprechende" Anwendung des § 347 wie bei Rücktritt auch bei Wandelung vorzunehmen ist, was gemäß § 481 auch für das Viehgewährschaftsrecht gilt, muß der Zeitpunkt des Leistungsempfanges als der Zeitpunkt angesehen werden, von welchem an die Haftung des Käufers in Wirksamkeit tritt.

Diese Ansicht wird noch weiter dadurch unterstützt, daß auch der Gegenpartner, also der Verkäufer, die seinerseits empfangene Leistung (erhaltene Kaufsumme) im Sinne des § 347, letzter Satz, bei der Rückstellung vom Zeitpunkte des Empfanges an verzinsen muß. Wenn daher für den Verkäufer dieser Zeitpunkt als der maßgebende Zeitpunkt gilt, muß dies auch in gleicher Weise für den Käufer gelten. An dieser Rechtsauffassung, die auch von RG 145, 79 vorgetragen wird, können auch gegenteilige Ansichten nicht viel rütteln.

So steht *Palandt* (siehe § 347 Anm. 1) auf dem Standpunkt, daß als maßgebender Zeitpunkt die Kenntnis des Empfängers vom Vorliegen der Rücktrittsvoraussetzungen angenommen werden muß (Wandelung). Daß beim „Rücktritt" vom Vertrag die Haftung schon ab Empfang der Leistung bestehe, habe den Grund darin, daß jeder Teil mit dem vertraglich vorbehaltenen Rücktrittsrecht rechnen und sich darauf einrichten muß. Dies treffe aber gerade bei der Wandelung nicht zu.

Demgegenüber ist jedoch festzustellen, daß es praktisch nahezu unmöglich ist, den Nachweis für ein Verschulden des Verkäufers in der dann maßgebenden Zeit zu führen, wie es *Palandt* vorschlägt, während dieser Beweis für den Zeitpunkt der Übergabe jedenfalls eher zu führen ist.

Der gegenteilige Standpunkt ist auch nicht so unbillig, wie *Palandt* vermeint. Der Käufer wird eben abzuwägen haben, ob er von den Rechtsbehelfen der Gewährleistung Gebrauch macht; macht er von ihnen Gebrauch, und das hängt ja nur von seinem Entschluß ab, dann muß er wissen, daß seine Haftung für die verschuldete Verschlechterung des Tieres bereits vom Empfang des Tieres besteht.

Bis zu dem Zeitpunkt, zu welchem er evtl. seine Gewährleistungsansprüche geltend macht — der Zeitraum ist ja nicht allzu lang —, muß er damit rechnen, daß seine Haftung ab Übernahme des Tieres bereits beginnt. Damit ist auch die ungefähr gleichlautende Ansicht des RGRKomm. (wie *Palandt*) widerlegt, welcher als maßgebenden Zeitpunkt, nämlich für den Beginn der Haftung des Käufers, den der Entstehung des Rücktrittsrechts hält und sich hierbei auf RG 50, 145 beruft; so auch *Planck* und *Oertmann*.

Der Unbilligkeit, die man darin erblicken könnte, daß die Haftung des Käufers schon zu einer Zeit eintritt, als er noch gar nicht wissen konnte, daß er das Tier zurückgeben muß — im Gegensatz zu dem „vereinbarten Rücktrittsrecht", bei welchem er von vornherein damit rechnen muß —, kann man damit begegnen, daß man hinsichtlich der Frage, welche Verschlechterung als vom Käufer als verschuldet anzusehen ist, einen billigen Standpunkt einnimmt:

Solange der Käufer sich noch nicht entschlossen hat, Wandelung zu verlangen, hat er das Recht, das Tier zu benützen und haftet daher auch nicht für die Verschlechterung, die durch diese Benützung des Tieres eintritt (im Rahmen des üblichen und wirtschaftlich vorgenommenen Gebrauchs).

Erst von dem Zeitpunkte ab, zu welchem der Käufer Wandelung verlangt, wird man eine Verschlechterung, die nur durch die Benützung des Tieres eintritt, dem Kläger als Verschulden anrechnen können; denn von diesem Zeitpunkt an kann man ihm eine Benützung des Tieres nicht mehr zubilligen, soweit diese Benützung nicht notwendig ist, wie z. B. bei Pferden im maßvollen Gebrauch.

Die Haftung des Käufers wird sich sogar von dem Zeitpunkte an, ab welchem sich der Verkäufer mit der Rücknahme des Tieres in Verzug befindet, auf Vorsatz und grobe Fahrlässigkeit beschränken (§ 300).

Die vorgeschlagene Gesetzesänderung würde in diese sehr schwankende Rechtsprechung jedenfalls Klarheit bringen und scheint vom Standpunkt der Praxis aus die bestmögliche Lösung.

d) § 487 als Absatz VII (neu):

Wird der Käufer durch arglistige Täuschung des Verkäufers zum Kauf veranlaßt, kann er den Vertrag auch nach § 123 anfechten und zwar auch den Gattungskauf. Eine Anfechtung wegen Irrtums nach § 119 ist nach dem Gefahrübergang nur zulässig, soweit sich der Irrtum nicht auf Sachmängel bezieht.

Begründung:

Wenn sich auch die sedes materiae dieses ergänzenden Absatzes teilweise außerhalb des Viehgewährschaftsrechtes befinden, ist der Zusammenhang gerade dieser Gesetzesbestimmungen mit der Geltendmachung von Gewährleistungsansprüchen so eng, und in der Praxis zumindest die hilfsweise Geltendmachung der Gewährleistungsansprüche neben den Ansprüchen aus §§ 123 und 119 so häufig, daß es doch zweckmäßig erscheint, auf diese Zusammenhänge im Gesetzestext aufmerksam zu machen.

Hierbei kann gleichzeitig die bisher umstrittene Frage, ob auch beim Gattungskauf die Anfechtung nach § 123 zulässig ist, und daß ein Irrtum nach § 119 nur dann geltend gemacht werden kann, wenn er sich auf Nicht-Sachmängel bezieht, klargestellt werden.

Im Einzelnen:

Durch die Anführung des Wortes „veranlassen" an dieser Gesetzesstelle soll insbesondere auf den Hauptunterschied hingewiesen werden zwischen arglistiger Täuschung nach § 123, bei welcher die Kausalität gegeben sein muß (Einwirkung des arglistigen Verhaltens des Verkäufers auf den Vertragswillen des Käufers, daß der Käufer dadurch veranlaßt, bzw. zumindest mit veranlaßt wird, den Kauf abzuschließen) und arglistigem Verschweigen, bei welchem ein solcher ursächlicher Zusammenhang nicht vorhanden sein muß.

Durch diesen Absatz soll gleichzeitig die strittige Frage gesetzlich gelöst werden, ob die Anfechtungsklage nach § 123 auch bei Gattungskauf zulässig ist, wie es *Palandt* Vorbem. Anm. 2d zu § 459, RGRKomm. zu § 459 Anm. 7 und *Staudinger-Ostler* Vorbem. 17 vor § 459 bejahen, RG 70, 429 dagegen verneint.

Der Ansicht des RG 70, 429 ist aus nachstehenden Gründen nicht zu folgen und daher ist die Anfechtungsklage wegen arglistiger Täuschung nach § 123 auch bei Gattungskauf für zulässig zu erachten, im Sinne der obgenannten Kommentatoren:

Die Entscheidung RG 70, 429 begründet ihre Ansicht zunächst damit, daß sich aus den Materialien nicht ergebe, daß der Gesetzgeber neben der Wandelungsklage bei Gattungskauf auch noch die Anfechtung wegen arglistiger Täuschung zulasse. Diese Feststellung ist nicht überzeugend, da andererseits auch aus den Materialien nichts Entgegenstehendes zu entnehmen ist und es nicht verständlich wäre, warum gerade beim Gattungskauf nur deshalb, weil er dem Käufer noch einen weiteren Anspruch gibt, nicht auch die — auf einer ganz anderen Grundlage basierende — Anfechtungsmöglichkeit nach § 123 gegeben sein sollte.

Als weitere Begründung führt die Entscheidung an, daß dadurch der im § 476 angeordnete Ausschluß der Haftung für arglistiges Verschweigen (Motive Bd. 2 S. 237) durch die Anfechtung nach § 123 umgangen werden könnte.

Demgegenüber ist festzustellen, daß es doch dem Käufer freisteht, statt der Anfechtung nach § 123 das Mindere, nämlich Wandelung oder Schadenersatz geltend zu machen, also sich auf den Vertragsanspruch zu stützen, in welchem Falle dann auch § 476 zum Zuge kommt.

Der letzte Hinweis der Entscheidung geht dann dahin, daß dem Kläger nach §§ 123 bzw. 124 nur eine einjährige Verjährungsfrist zur Verfügung steht, während ihm bei Geltendmachung von Ansprüchen aus dem Vertrag, bei arglistigem Verschweigen, eine dreißigjährige Verjährungsfrist zusteht.

Auch hier gilt das vorhergehend Ausgeführte, daß es der Käufer in seiner Hand hat, die Vertragsansprüche geltend zu machen und sich damit die dreißigjährige Verjährungsfrist zu erhalten. Außerdem hat der Kläger die Möglichkeit, den Schadenersatz wegen der arglistigen Täuschung nach § 823/II dem Schädiger gegenüber auch nach einem Jahr noch geltend zu machen, so daß also auch diese Argumentation nicht überzeugend ist.

Die vorgeschlagene Gesetzesänderung, die einhellig vom Schrifttum gebilligt wird und der auch keine überzeugende Gegenargumentation entgegengestellt werden kann, würde also die entsprechende gesetzliche Klarstellung in dieser Hinsicht herbeiführen.

Dasselbe gilt hinsichtlich der Voraussetzung der Anfechtungsklage nach § 119 wegen Irrtums, denn auch diese gesetzliche Anführung entspricht dem heute fast allgemein anerkannten Rechtsstandpunkt:

Danach ist grundsätzlich eine Anfechtung wegen Irrtums nach § 119/II bei Viehkäufen nicht zulässig, denn nur ein Irrtum wegen Hauptmängel könnte als wesentlicher Irrtum nach § 119/II aufgefaßt werden, da nur solche Mängel nach der Auffassung des Gesetzes eine entsprechende Tauglichkeitsaufhebung oder Minderung darstellen.

Es kann daher darüber hinaus keinen anderen wesentlichen Mangel geben und auch keine Irrtumsanfechtung erfolgen. Über andere als Hauptmängel, also über sog. Nebenmängel, kann keine Irrtumsanfechtung erfolgen, weil es sich dann eben um keinen wesentlichen Irrtum im Sinne des § 119/II handeln würde (ebenso RG 61, 171 und 62, 282 und *Stölzle*, Slg. II, S. 126, RG).

Ein Irrtum und daher eine entsprechende Anfechtung durch den Käufer ist also nur möglich, wenn er sich nicht auf sachliche Mängel bezieht (z. B. Irrtum über den Verkaufsgegenstand selbst) oder noch kein Gefahrübergang eingetreten ist, in welchem Falle die Irrtumsanfechtung unbeschränkt angewendet werden kann.

e) Zu § 487 letzter Absatz (neu):

IX. Die Bestimmungen dieses Paragraphen kommen auch bei einem mangelfreien Tauschtier zur Anwendung.

Begründung:

Wenn Tiere vertauscht werden, welche den Bestimmungen des § 481 unterliegen, müssen die Sondervorschriften des Viehgewährschaftsrechtes sowohl für den Erwerber des mangelhaften Tieres wie für den Rückgewährpflichtigen des mangelfreien Tieres zur Anwendung gebracht werden, wenn es zur Wandelung kommt.

Ebenso *Stölzle-Graminger* S. 412ff., RGRKomm. zu § 487 Anm. 6; *Staudinger* zu § 487 Z. 7; a. A. *Planck* Anm. 5 zu § 487 u. *Meisner* S. 179, welche die Ansicht vertreten, daß sich die Rückgewährpflicht ausschließlich nach den allgemeinen Vorschriften der §§ 346, 347, 467, 987 und 989 richten. Dieser letzteren Ansicht kann jedoch nicht beigepflichtet werden: Die Sonderbestimmungen des Viehgewährschaftrechtes, die hier auf der einen Seite zur Anwendung kommen, setzen sich zwingend auch gegenüber der anderen Seite durch; es würde sonst gerade der gutgläubige Erwerber des Tauschtieres geschädigt werden. Es kann daher nur ein einheitliches Rechtsverhältnis, und zwar nach den Sonderbestimmungen der §§ 481ff. angenommen werden. Um diesen Streitfall gesetzlich zu lösen, ist daher die Anführung dieses Satzes bei § 487, wie vorgeschlagen, notwendig.

§ 487 würde also nunmehr folgenden Wortlaut haben:

I. Der Käufer kann Wandelung, nicht Minderung verlangen.

II. An Stelle der Wandelung kann der Käufer Schadenersatz wegen Nichterfüllung nach § 463 oder beim Gattungskauf entweder die Lieferung eines mangelfreien Tieres nach § 491 oder auch Schadenersatz wegen Nichterfüllung nach § 480/II verlangen.

III. Die Wandelung kann auch in den Fällen der §§ 351 bis 353, insbesondere wenn das Tier geschlachtet ist, verlangt werden; an Stelle der Rückgewähr hat der Käufer den Wert des Tieres zu vergüten. Das gleiche gilt in anderen Fällen, in denen der Käufer infolge eines Umstandes, den er zu vertreten hat, insbesondere einer Verfügung über das Tier, außerstande ist, das Tier zurückzugewähren.

IV. Wenn der Käufer ein Tier trotz Kenntnis eines Mangels desselben, weiterverkauft, ohne den Verkäufer vorher wegen dieses Mangels in Anspruch zu nehmen, ist dies als Verzicht auf weitere Gewährleistungsansprüche anzusehen.

V. Ist vor der Vollziehung der Wandelung eine unwesentliche Verschlechterung des Tieres infolge eines von dem Käufer zu vertretenden Umstandes eingetreten, so hat der Käufer die Wertminderung zu vergüten.

VI. Die Haftung des Käufers für verschuldete Verschlechterung besteht vom Empfang des Tieres an.

VII. Wird der Käufer durch arglistige Täuschung des Verkäufers zum Kauf veranlaßt, kann er den Vertrag auch nach § 123 anfechten und zwar auch den Gattungskauf. Eine Anfechtung wegen Irrtums nach § 119 ist nach dem Gefahrübergang nur zulässig, soweit sich der Irrtum nicht auf Sachmängel bezieht.

VIII. Nutzungen hat der Käufer nur insoweit zu ersetzen, als er sie gezogen hat.

IX. Die Bestimmungen dieses Paragraphen kommen auch bei einem mangelfreien Tauschtier zur Anwendung.

VI. (§ 488)

Ergänzung zu § 488: ... und überhaupt alle Kosten und Aufwendungen, die der Käufer nicht gehabt hätte, wenn der Vertrag über das mangelhafte Tier nicht abgeschlossen worden wäre; ebenso hat der Verkäufer dem Käufer die Kosten eines Vorprozesses zu ersetzen, wenn dieser Prozeß wegen des Mangels des Tieres geführt worden ist.

Begründung:

Nach einhelliger Rechtsprechung und Schrifttum hat der Verkäufer über die im § 488 besonders angeführten Kosten hinaus auch alle weiteren Kosten, Auslagen und Aufwendungen auf das Tier und jene, die im Zusammenhang mit dem Abschluß des Kaufvertrages dem Käufer erwachsen sind, dem Käufer zu ersetzen.

Da aber gerade die Bestimmung des § 488 die Meinung aufkommen lassen könnte, daß der Gesetzgeber im Falle der Wandelung nur den Ersatz dieser dort genannten Aufwendungen und Kosten dem Verkäufer auferlegen will, erscheint eine entsprechende Klarstellung durch die vorgeschlagene Ergänzung notwendig. Dies erscheint um so notwendiger, als der § 488 eine Ausnahmevorschrift darstellt, nämlich die Feststellung einer Art Schadenersatzanspruch — über die Wirkungen der Wandelung hinaus —, die also eigentlich einschränkend auszulegen wäre.

Trotzdem entspricht dieser Änderungsvorschlag auch dem ursprünglichen Willen des Gesetzgebers, wie er in den Motiven 230 niedergelegt ist und in welchen von dem „prinzipiellen Wesen und Zweck der Wandelung" gesprochen wird, „durch welche der Erwerber in die Lage gebracht werden soll, als hätte er sich auf den Vertrag nicht eingelassen".

Diese Regelung entspricht auch der Billigkeit, da es ja gerade der Mangel des Tieres ist, der die Rückgängigmachung des Vertrages verursacht hat, und die Verantwortung für diesen Mangel doch beim Verkäufer liegt.

VII. (§ 489)

Zu § 489 II. Absatz (neu):

Der Zwangsverkauf nach § 489 erzeugt keine Gewährschaftspflicht des Antragstellers.

Begründung:

Es ist zweifelhaft und in Rechtsprechung und Schrifttum umstritten, ob bei der Durchführung der öffentlichen Versteigerung eines Tieres nach § 489, § 461 anzuwenden ist, d. h. der Verkäufer des nach § 489 verkauften Tieres den Mangel des verkauften Tieres nicht zu vertreten hat.

Es wird die Ansicht für richtig gehalten, daß § 461 bei Durchführung nach § 489 entsprechend anwendbar ist und daher die Gewährleistung des die Versteigerung beantragenden Käufers oder Verkäufers gegenüber dem Ersteher für das Tier ausgeschlossen ist.

Dieselbe Meinung vertritt auch *Stölzle-Graminger* S. 124; *Meisner* S. 188; *Soergel*, *Staudinger* zu § 489; a. A. RGRKomm. ohne weitere Begründung (§ 489 Anm. 3) und *Planck* zu § 789, der dazu ausführt, daß zur Ausschließung der Haftung desjenigen, in dessen Auftrag die Versteigerung erfolgt, es für den Hauptmangel einer Vereinbarung mit dem Erwerber bedürfe, die aber auch stillschweigend erfolgen könne und insbesondere dann anzunehmen sei, wenn der Erwerber weiß, daß die Versteigerung auf Grund der in dem Mangelprozeß erlassenen einstweiligen Verfügung erfolgt.

Nach *Ermann* zu § 489 könne der Käufer, nicht auch der Verkäufer, die Haftung ausschließen.

Für die vertretene Ansicht, daß die Gewährleistung weder des Käufers noch des Verkäufers — gegenüber dem Ersteher — eintritt, spricht vor allem die Analogie zu § 806 ZPO und § 56 ZVG und die Tatsache, daß die Veräußerung auf Grund gerichtlicher Anordnung erfolgt.

Jedenfalls ist es notwendig, diese Streitfrage gesetzlich zu klären, wie es durch die vorgeschlagene Änderung geschieht.

VIII. (§ 490)

Zu § 490 in Absatz I: als Satz 2:

a) Fällt der letzte Tag der Verjährungsfrist auf einen Sonntag oder staatlich anerkannten Feiertag, so endet die Frist am nächstfolgenden Werktag.

Begründung:

Die vorgeschlagene Gesetzesänderung würde eine strittige Frage gesetzlich klären.

Nach RG 151, 345, welches sich eingehend mit den verschiedenen Meinungen und Gegenmeinungen auseinandersetzt, wird diese Ansicht, daß die Verjährungsfrist, wenn der letzte Tag auf einen Sonntag oder staatlich anerkannten Feiertag fällt, erst am nächstfolgenden Werktag endigt, bestätigt.

Die Entscheidung beruft sich hierbei insbesondere auf den Gesetzeszweck, nämlich die Wahrung der Sonntagsheiligung und Sonntagsruhe, verweist ferner auf *Mugdan* S. 768 und führt namentlich an, daß der Grundgedanke der Gesetzesvorschrift des § 193 über seinen engeren Wortlaut hinausgeht, so daß eine rechtsähnliche Anwendung des § 193 auf die Verjährungsfrist für geboten erscheine.

Ebenso *Staudinger* zu § 490 und *Palandt* Anm. 1 zu § 193, der im übrigen die Frage als strittig bezeichnet. A. A., aber nicht überzeugend, *Stölzle-Graminger* S. 304, der hierbei auf eine frühere Entscheidung des RG in *Stölzle*, Slg. I, S. 118, und auf *Soergel* verweist. Dieser Ansicht kann aber nicht beigetreten werden, weil der gesetzgeberische Grund des § 193, nämlich Sicherstellung der Sonntagsruhe, auch hier gilt und die Entscheidung des RG in JW 05, 285 durch die Entscheidung RG 151, 345 überholt ist.

b) In § 490 kommt der letzte Satz in Absatz III: „Die Aufrechnung des Anspruchs auf Schadenersatz unterliegt nicht der im § 479 bestimmten Beschränkung" in Wegfall.

Begründung:

Durch die bisherige Fassung des Gesetzes ist nach allgemeiner Ansicht in Rechtsprechung und Schrifttum (*Stölzle*, Slg. I, S. 120, RG; *Palandt* Anm. 3 zu § 490; *Planck* zu § 490; RGRKomm. § 490 Anm. 2; *Staudinger* zu § 490 Anm. 3) durch den letzten Satz des § 490 nur zum Ausdruck gebracht worden, daß sich die Beobachtung der Vorschrift des § 479 deshalb erübrigt, weil der § 490 ohnehin zur Voraussetzung hat, daß der Käufer zur Erhaltung der ihm wegen des Mangels zustehenden Rechte, die Mitteilung (Anzeige) nach § 485 oder die ihr gleichgestellten Rechtshandlungen nach § 485 bewirkt hat; denn nur in diesem Falle war dem Käufer der Wandelungsanspruch erhalten geblieben, was die Voraussetzung dafür ist, daß ihm die Einrede der Wandelung und damit auch die Geltendmachung der Aufrechnung weiterhin gewahrt bleibt, trotz Eintritt der Verjährung.

Die Entscheidung in *Stölzle*, Slg. I, S. 119, OLG Naumburg, führt dazu folgendes an:

In § 490 Abs. 3 S. 2 ist nun zwar gesagt, die Aufrechnung des Anspruches auf Schadenersatz unterliegt nicht der im § 479 bestimmten Beschränkung, d. h. der Anspruch auf Schadenersatz kann selbst nach der Vollendung der Verjährung noch aufgerechnet werden, ohne daß der Käufer vor Ablauf der Verjährung eine der im § 478 verzeichneten Handlungen zur Erhaltung seines Rechts vorgenommen hat.

Allein damit hat dem Käufer das Recht zur Aufrechnung mit dem Schadenersatzanspruch nicht für unbeschränkte Zeit erhalten werden sollen, sondern es ist damit, wie in allen Kommentaren, vgl. z. B. *Planck* Anm. 3 zu § 490, anerkannt ist, nur zum Ausdruck gebracht, daß sich die Beobachtung der Vorschrift des § 479 erübrigt, weil der § 490 zur Voraussetzung hat, daß der Käufer zur Erhaltung der ihm wegen des Mangels zustehenden Rechte spätestens zwei Tage nach dem Ablauf der Gewährfrist die Mängelanzeige bewirkt hat.

Dieser somit allgemein anerkannten Rechtslage kann dadurch am besten Rechnung getragen werden, daß der letzte Satz im Gesetzestext in Wegfall kommt, weil dann — entsprechend den Bestimmungen des § 481 — § 478 bzw. § 479 schlechthin eingreift.

IX. (§ 491)

Dem § 491 folgende neuerliche Fassung zu geben:

Auf den Anspruch des Käufers eines nur der Gattung nach bestimmten Tieres, statt der Wandelung, ein mangelfreies Tier an Stelle des mangelhaften Tieres geliefert zu erhalten, finden die Vorschriften der §§ 488 bis 490 entsprechende Anwendung.

Begründung:

Diese Änderung erscheint mit Rücksicht auf die bereits vorgeschlagene Änderung im § 487 notwendig, an welcher Stelle bereits auf die Möglichkeit hingewiesen ist, daß der Käufer beim Gattungskauf eine Ersatzlieferungsklage geltend machen kann.

X. (§ 492)

Zu § 492, Änderung im Satz 1:

a) Hinzuzufügen ist vor § 487 der § 482 Abs. I.

Begründung:

§ 482 Abs. I führt an, daß der Verkäufer nur bestimmte Fehler (Hauptmängel) innerhalb bestimmter Fristen (Gewährfristen) zu vertreten hat. Es ist also in dieser Gesetzesbestimmung nur von Hauptmängeln die Rede, während es außer Zweifel ist, daß sie sich auch auf Nichthauptmängel bezieht, für welche der Verkäufer die Gewährleistung nach § 492 übernommen hat und auf Fehlen der zugesicherten Eigenschaften nach § 492. Auch diese müssen sich somit innerhalb der Gewährfrist gezeigt haben.

Siehe ebenso *Stölzle-Graminger* zu § 492/III 2 c S. 387; *Meisner* S. 90; *Krückmann* S. 99; *Staudinger* zu § 492 Anm. 1b; *Hanke* S. 141; a. A. *Hirsch-Nagel* S. 82, jedoch nicht überzeugend.

Da aber § 492 den § 482 I nicht als mitgeltend anführt, muß dieses offenbare Versehen durch Hinzufügen des § 482 I vor § 487 beseitigt werden.

b) Falls die Änderung VIII b S. 291 nicht vorgenommen werden sollte, wäre nach § 492 Satz 1 als Satz 2 einzufügen:

An Stelle des § 490 III treten jedoch die §§ 478, 479.

Begründung:

Die Änderung ist notwendig, da es sich offenbar um einen Irrtum in der Fassung des Gesetzes handelt.

Im § 492 ist für den Fall, daß keine Gewährfrist bedungen wurde, wenn der Verkäufer die Gewährleistung wegen eines nicht zu den Hauptmängeln gehörigen Fehlers übernimmt oder eine Eigenschaft zusichert, § 485 nicht als mitgeltend angeführt. Daraus würde sich ergeben, daß der Käufer zur Erhaltung seiner Rechte aus dem Mangel keine der im § 485 bezeichneten Handlungen vornehmen müßte; das würde also die Folge haben (weil § 492 auf § 490 verweist), daß der Käufer nach § 490 Abs. III auch ohne rechtzeitige Bewirkung der Mängelanzeige oder einer der anderen im § 485 der Mängelanzeige gleichgestellten Handlungen noch nach Vollendung der Verjährung zeitlich unbeschränkt den Schadenanspruch aufrechnen könnte.

Eine solche Abweichung von den allgemeinen Gewährschaftsvorschriften des § 479 ist sachlich nicht gerechtfertigt und auch offenbar nicht beabsichtigt.

Das Fassungsversehen des Gesetzes muß daher mit Rücksicht auf das Verhältnis des § 490 Abs. III zum § 485 und zum § 479 dahin berichtigt werden, daß die letztere Vorschrift bzw., da auch § 479 auf den § 478 verweist, beide §§ 478 und 479 anzuwenden sind.

Durch die vorgeschlagene Fassung wird dieser Zweck erreicht.

Diese Rechtsansicht wird nahezu einhellig von Rechtsprechung und Schrifttum vertreten und entspricht auch dem Rechtsgedanken von der wirtschaftlichen Unhaltbarkeit des entgegengesetzten Ergebnisses (RG in JW 17, 929).

Siehe insbesondere RG 60, 234, ferner *Stölzle*, Slg. II, S. 144, OLG Kiel, welches hierbei auf OLG Stuttgart, ferner *Staudinger* Anm. 1c zu § 492 verweist; ferner *Planck* Anm. 2a. Ebenso *Stölzle*, Slg. II, S. 145, OLG Augsburg und *Stölzle*, Slg. II, S. 146, KG, ferner *Stölzle*, Slg. I, S. 120, RG und *Stölzle*, Slg. I, S. 119, OLG Naumburg, ebenso *Palandt* Anm. 3 zu § 492; *Staudinger* zu § 492/III und RGRKomm. zu § 492 Anm. 4.

§ 492 würde nunmehr folgenden Wortlaut haben (der letzte Satz in Abs. I käme in Wegfall, wenn die Änderung VIIIb S. 291 vorgenommen würde):

Übernimmt der Verkäufer die Gewährleistung wegen eines nicht zu den Hauptmängeln gehörenden Fehlers oder sichert er eine Eigenschaft des Tieres zu, so finden die Vorschriften der §§ 482 Abs. I, 487 bis 491 und, wenn eine Gewährfrist vereinbart wird, auch die Vorschriften der §§ 483 bis 485 entsprechende Anwendung. An Stelle des § 490 Abs. III treten jedoch die §§ 478, 479.

Die im § 490 bestimmte Verjährung beginnt, wenn eine Gewährfrist nicht vereinbart wird, mit der Ablieferung des Tieres.

XI. (§ 200 GVG)

Zu § 200 GVG Abs. 2 als Punkt 9:

9. Viehmängelsachen

Begründung:

Die Einreihung von Viehmängelsachen unter die Feriensachen erscheint notwendig, weil auch hier die unwiderlegliche Vermutung der Eiligkeit der Sache besteht. Die Hinzufügung dieser Viehmängelsachen zu den Feriensachen wurde bereits vielfach als sehr dringend hingestellt.

STICHWORTVERZEICHNIS

A

Abdingbar, die Bestimmungen der Viehgewährschaft sind nicht zwingendes Recht 13, 51

Abhaltung von rechtzeitiger Unterbrechung der Verjährung 30

Abkürzung d. Gewährfrist (§ 486) 81, 101

Abkürzungen XVII

Ablehnung von Sachverständigen im Beweissicherungsverfahren 243

Ablieferung des Tieres (§ 492) 168

Abnahme-Kosten (§ 488) 212, 237, 259, 271

Abnahmeverweigerung wegen Verschlechterung des Tieres vor der Abnahme 40f.

Absendung der Anzeige als eine der Mängelanzeige gleichgestellte Handlung 97

Abstandnahme des Käufers vom Wandelungsbegehren 115, 227

Abstrakte Schadensberechnung (§§ 249, 823, 826) 31, 137

Abtretung des Anfechtungsanspruchs 220

— des Herausgabeanspruches steht der Übergabe gleich 83

— eines Anspruchs um Armenrecht zu erreichen 245

— eines Anspruchs um Zeugenstellung zu erreichen 245

—, gesetzliche, cessio legis 245

— der Klagsansprüche 245

— des Wandelungsanspruchs 245

Abzahlungsgeschäfte 19

Adäquate Verursachung (§§ 823, 826, 249) 32

Aktivlegitimation (richtig Prozeßführungsbefugnis) für die Anfechtungsklage (§ 123) 220

— für d. Schadenersatzklage (§ 463) 258

— für die Wandelungsklage 245

Aliud, Begriff und Verjährung wegen Ansprüche auf ein anderes Tier; Rechtstreitigkeit über Lieferung, Zuständigkeit 155, 195

„Alle Fehler“, Haftung für (Zusicherung § 492) 170

„Alle vier Striche“, auf allen vier Strichen melken als Zusicherung 174

Allgemeine Bestimmungen des BGB, Anwendung auf die Bestimmungen der Viehgewährschaft 15, 50

— Gewährleistung (Gesetzestext) 5ff.

— Gütergemeinschaft (§ 1477), Auseinandersetzung, bei A. G. entsprechende Anwendung der Gewährschaftsbestimmungen 186

— Redensarten oder Anpreisungen 135

— Prozeßvoraussetzungen für Klagen 218

— Wassersucht beim Schaf 76

Allgemeiner Gerichtsstand (örtliche Zuständigkeit) für die Anfechtungsklage 222

— — für die Wandelungsklage 249

Allgemeines über Gewährleistung wegen Mängel der Sache 5ff.

Alter der Tiere, auf Gewährleistung ohne Einfluß 54

— — — als Zusicherung 172

Amtsgerichtliche Zuständigkeit für Anfechtungsklage 221

— — für Wandelungsklage 247

Anbieten der Leistung 86

Änderung der Wahl des Käufers 115

Änderungsmöglichkeit des Inhalts der Kaiserlichen Verordnung 58f. 276

Änderungsvorschläge für künftige Gesetzgebung 274ff.

Anerkannte (staatliche) **Feiertage** 79

Anerkenntnis (verpflichtend oder nicht) 25

— des Wandelungsanspruches als Unterbrechungsgrund für die Verjährung 148

Anfängliche Unmöglichkeit der Leistung 43ff.

Anfechtung wegen arglistiger Täuschung (§ 123) 20ff.
— wegen arglistiger Täuschung prozessual 204
—, Beweislast 29, 219
— wegen widerrechtlicher Drohung (§ 123) 21
— wegen Irrtums (§ 119) 27f., 41f., 224
— wegen Irrtums (§ 119) vor Gefahrübergang 17
—, Verzicht auf 27
—, Verzichtsberechtigte (mehrere) 27
—, Verzichtserklärung 27
— der vollzogenen Wandelung 129, 27
—, Wirkung der 25
Anfechtungsansprüche, arglistige Täuschung, Drohung, Irrtum 20
Anfechtungseinrede und Bürge 27
Anfechtungserklärung 25f.
Anfechtungsklage (§ 123), allgemein 204ff.
—, örtliche und sachliche Zuständigkeit 221f.
Anfütterung von Tieren (vor Verkauf) als Betrug 173, 174
Anhängigkeit des Rechtsstreits (§ 489) 139
Anmeldung des Anspruches im Konkurs als Unterbrechungsgrund für die Verjährung des Wandelungsanspruchs 150
Annahme des Tieres trotz Kenntnis des Mangels (§ 464) 66
— (vorbehaltslose) eines mangelhaften Tieres 34
Annahmeverzug des Käufers (§§ 283, 300) 48, 86ff.
— des Käufers nach § 373 HGB bei Handelsrecht 51
Anordnung (richterliche) zur öffentlichen Versteigerung des Tieres (§ 489) 66
Anpreisungen (unbestimmte, § 463) 20, 135
Anrinderung der Kuh als Zusicherung 179
Anscheinsvollmacht bei Vertretung 24
Anschlagpreis, Verrechnung bei Wandelung einzelner Tiere zum 131
Anspruch, wegen Verschuldens bei Vertragsschluß, Beweislast 36
— auf Ersatzlieferung 261
— auf Schadenersatz (§ 463) 256ff.
Anspruch auf Schadenersatz bei Gattungskauf (§§ 480, 491) 261ff.
—, Umfang des Schadenersatzes 30, 36
— aus unerlaubter Handlung (§§ 823, 826) 29ff.
Ansteckende Erkrankung einzelner von mehreren Tieren 130
Ansteckende Krankheit; Verkauf eines Tieres mit a. K. als positive Vertragsverletzung 40
Ansteckungsfähig, siehe krankheitsverdächtig 104
Anwalt, zur Anzeige ermächtigt, wenn prozeßbevollmächtigt 94ff.
—, Haftung für Unterlassung der rechtzeitigen Anzeige 95, 194
Anzeige, ihr gleichgestaltete Rechtshandlungen 97ff.
— des Mangels (Inhalt) 92ff.
Anzeigeerstattung des Mangels nicht nach HGB 50f.
Arglist, Einrede der A. bei Überfütterung von Vieh bei Vertragsabschluß 36
Arglistige Täuschung (§ 123), Anfechtung wegen 20ff.
— —, prozessual 204ff.
— —, Mittäter (Gehilfen) 25, 208
— —, Unterlassung der Mitteilung einer früheren Krankheit 22
— —, Verschweigen eines Fehlers als Voraussetzung nach § 463 134f.
— — hinsichtlich eines Nebenmangels (Nichthauptmangels) 137
— — schließt Kenntnis des Mangels aus 62, 64
Arglistiges Verschweigen, Verlust des Rechtsanspruchs aus dem Mangelbestande bei vorbehaltloser Annahme 34
— — durch Zusicherung der Fehlerlosigkeit trotz Kenntnis des Gegenteils 23
Armenrechtsgesuch und Klage 98
Art (mittlere) und Güte des mangelfreien Ersatztieres beim Gattungskauf 160
Aufbewahrungspflicht des Käufers nach § 379 HGB 51
Aufklärungspflicht bei arglistiger Täuschung 21
Auflösend bedingter Kauf 85

Auflösung des Vertrages wegen Nichterfüllung; nicht Amtsgericht allein zuständig 194
Aufrechnung gegen den Kaufpreis trotz Verjährung 154
Aufrechnungseinwand im Prozeß als Unterbrechungsgrund der Verjährung des Anspruchs 150
Aufschiebend bedingter Kauf; Gefahrübergang 85, 147
Aufsetzen, siehe Koppen 74
Augenentzündung (periodische) 73
Ausbietungsgarantie, entsprechende Anwendung der Gewährleistungsbestimmungen nicht möglich 187
Ausdrückliche Zusicherung bei Verkauf als Jagd-Reit-Wagenpferd 174
Auseinandersetzung einer Gemeinschaft, entsprechende Anwendung der Gewährschaftsbestimmungen (z. B. Miterben) 186
Ausführungskosten des Vertrages (Begriff) 128
Auskunftserteilungspflicht gegenüber dem Versicherer 245
Auslegung des § 492 166ff.
— von Gesetzen, Verträgen und Rechtsgeschäften 15, 18, 19
Ausnahmen vom Grundsatz des Eintritts des Gefahrüberganges mit der Übergabe des Tieres 83
— als Voraussetzung für die Geltendmachung von Gewährleistungsansprüchen 16
Ausprobieren des Tieres nach Kaufabschluß aber vor Übergabe 48
Ausschluß der Gewährfrist 101
— der Gewährleistung (§ 476, vertraglicher) 67, 106
— der Gewährleistungsansprüche 62ff., 105ff.
— des Minderungsanspruchs 105
— des Wandelungsrechts (466) 235
— des Wandelungsrechts durch Fristsetzung seitens des Verkäufers (§ 460) 114
Ausschlußfrist (§ 124) 25f.
—; die Gewährfrist als 78
—, Unterschied von Verjährungsfrist 25
Ausschlußvereinbarung hinsichtlich der Ansprüche aus Verschulden bei Erfüllung des Vertrages (pos. Vertragsverletzung) 40
Außergerichtliche Einigung (Vergleich), Klage auf Rücknahme 185
Aussonderungsrecht, kein A. des Verkäufers vor Wandelungsvollzug 113f.
Ausspielvertrag (§ 763), entsprechende Anwendung der Gewährleistungsansprüche 187
Ausstattung (Schenkung, Vermächtnis) als Ausnahme von der Regel, daß nur bei entgeltlichen Verträgen entsprechende Anwendung der Gewährleistungsbestimmungen möglich ist, 187
Autorenverzeichnis, siehe Schrifttumsnachweis XIIIff.

B

Beachtlichkeitslehre (§ 265 ZPO, Relevanztheorie) 246
Bauchschlägigkeit, siehe Dämpfigkeit 73
Bausch und Bogen, Verkauf eines landwirtschaftlichen Grundstücks mit Viehinventar in 55
Bayerischer Viehandelsverband 178
Bedingter (aufschiebender) Kauf 55, 85
— Verkauf 85
— Vorsatz (bei vorsätzlicher Vertragsverletzung) 30
Bedingung (oder Nebenabrede), Verjährung des Anspruchs 156, 198
Beeinträchtigung des Nährzustandes (Begriff) 72
Befreiung des Käufers von seiner Kaufpreiszahlungspflicht (Unmöglichkeitsrecht) 46
Beginn der Anzeigefrist (des § 489) 96
— der Gewährfrist 78
— der Verjährungsfrist (§ 490) 145ff.
Behauptungs- und Beweislast, Anfechtungsklage (§ 123) 207
— — —, Ersatzlieferungsklage (§ 491) 262ff.
— — —, Schadenersatzklage (§ 463) 250
— — —, Schadenersatzklage beim Gattungskauf (§§ 480, 491) 272
— — —, Wandelungsklage 244
Beiderseits unerlaubte Handlung 32
Belastungsverträge (Begriff) 183
Benutzung des Tieres 122, 124
Berechnung der Gewährsfrist 80f.
— des Schadens (§ 463), konkret oder abstrakt 31, 137

Berechnung des Schadenersatzes (§§ 249, 823, 826) 31
Bereicherung, Herausgabe der (Unmöglichkeitsrecht) 47
Beschränkter Gattungskauf 158
Besicht, Kauf auf 68
Bestimmte Bezeichnung einer Eigenschaft bei der Zusicherung (§ 492) 171
— **Eigenschaft,** Zusicherung einer E. (§ 463) 134
Betrug bei Anfütterung von Tieren vor Verkauf 173f.
Bevollmächtigter, Kosten des B. als Aufwand (nach § 488), 212, 236, 259, 271
Beweis der Nichtträchtigkeit 180
Beweisaufnahme (gerichtliche) §§ 485ff. ZPO zur Sicherung des Beweises als Unterbrechungsgrund 150, 151
Beweislast, hinsichtlich Anfechtungsklage (§ 123) 29, 219
— bei der auflösenden Bedingung 147
— bei der aufschiebenden Bedingung 147
— bei der Dauer der Gewährfrist 102
— hinsichtlich Erfüllungsgehilfe 37f.
— hinsichtlich Ersatzlieferungsklage (§ 491) 272
— hinsichtlich Gefahrübergang 88
— hinsichtlich Schadenersatzklage (§ 463) 137, 260f.
— hinsichtlich Schadenersatzklage (§ 480 Gattungssache) 272, 273
— hinsichtlich unerlaubter Handlung 35
— hinsichtlich Verjährung 157
— hinsichtlich Verschuldens bei Eingehung des Vertrages 36
— hinsichtlich Wandelungsklage 129, 244
— hinsichtlich Zeigens von Hauptmängeln 91
— hinsichtlich Zusicherung nach § 192 182
Beweissicherungsantrag (§ 485 ZPO) Formular 243
— (§§ 485ff. ZPO) als der Mängelanzeige gleichgestellte Handlung 99
BGB (Gesetzestext) über allgemeine Gewährleistung 5ff.
— über Viehgewährschaft 1ff.
Binneneber (Spitzeber) 59
Bringschuld; Geldschuld ist 87
Brustseuche, bei B. nicht gebrauchsfähig zum Zug 175
Brutto für Netto (als Kaufklausel) 17
Bürge und Anfechtungseinrede 27, 219
— hat nicht Wandelungs- aber Schadenersatzeinrede 157
Bürgschaftsvertrag (Unterschied zum Garantievertrag) 269

C

cessio legis (gesetzliche Abtretung) 245
clausula rebus sic stantibus (Wegfall der Geschäftsgrundlage) 19
culpa in contrahendo (Verschulden bei Eingehen des Vertrags) 35f.

D

Dämpfigkeit, Dampf, Hartschlägigkeit, Bauchschlägigkeit 73
Dauer der Gewährfrist 80
— der Verjährungsfrist 145ff., 155
Dauernde Unmöglichkeit 43
Deckt und befruchtet als Zusicherung 174
de lege ferenda (über das kommende Gesetz) 274ff.
Demnächst erfolgte Zustellung wahrt Anzeigefrist 98
Deutsch-rechtliches System (des Viehgewährschaftsrechts) 11f.
Differenzlehre bei Schadenersatz wegen Nichterfüllung 49
Distanzkauf, siehe Versendungskauf (nach § 447) 83
dolus eventualis, bedingter Vorsatz 30
Draufgabe 212, 236, 259
Dreißigjährige Verjährung 155f.
Drohung (widerrechtliche) nach § 123, 21, 41
Dummkoller 73
Durchführung der Wandelung 116

E

Eber, siehe Binneneber 59
Ehefrau zur Entgegennahme der Anzeige nach § 485 ermächtigt 96
Eigenschaft eines Tieres, Zusicherung einer Eigenschaft (§ 492) 171
Eigentumsvorbehalt, Kauf unter (Gefahrübergang dabei) 82, 85
Ein- und zweispännig, gut im schweren Zug, als Zusicherung 175
Eingehung des Vertrages, Verschulden bei 35f., 202

Einigung über Eigentumsübergang ist der Übergabe gleichgestellt 82
Einrede der Arglist, bei Überfütterung von Vieh 36
— (verzögerliche) des Bürgen, solange nur das Wandelungsrecht besteht 27, 240
— des Bürgen aus der vollzogenen Anfechtung 27
— der Gewährleistung, trotz Verjährung (§ 490/III) 152ff.
— gegen die Verjährung (§§ 490, 242) 145
Einreden des Käufers vor Gefahrübergang 40f.
— des nichterfüllten Vertrages bei Wandelung 117
— der Verwirkung (§ 242) wegen Nichtausübung 145
Einredeweise Geltendmachung des Anspruchs auf Wandelung 238
— —, wenn keine Gewährleistung bedungen (§ 478) 167
Einschneiden der Marke in das Haar bedeutet nicht Gefahrübergang 83
Einstweilige Verfügung (§§ 935, 940 ZPO) 143, 241ff.
— — (andere als nach § 489) 143
— — (§ 489) Formular (Muster) 241f.
Einwände bei der Anfechtungsklage 214
— bei der Ersatzlieferungsklage 265
— bei der Schadenersatzklage 253
— des (mitwirkenden Allein-)Verschuldens bei der Schadenersatzklage (§ 364) 258,
— bei der Wandelungsklage 231f.
— bei der Zusicherung der Trächtigkeit 257f.
Einzelne Tiere, Verrechnungsart bei der Wandelung von nur einzelnen bei Verkauf mehrerer 130
Ende der Gewährsfrist 80
— der Verjährungsfrist (§ 490) 146
Enteignung kraft Gesetzes oder staatlicher Verfügungsmacht, keine Gewährleistungshaftung 188
— des Tieres bei Erkrankung des Tieres an Maul- und Klauenseuche 9
—, wegen E. Unmöglichkeit der Leistung 47f.
Entgangener Gewinn (Berechnung bei Schadenersatz nach §§ 249, 823, 826) 31f.
Entgeltlichkeit des Vertrages, Voraussetzung für die entsprechende Anwendung der Gewährschaftsbestimmungen 187
Entsprechende Anwendung der Gewährleistungsvorschriften bei anderen als Kaufverträgen 183ff.
Entstehungsgeschichte des § 23 GVG 193
— des § 490/III 153, 258
— der §§ 467 und 531 116
— des § 492 169
Erbschaftskauf, Gefahrübergang 85
—, keine Haftung nach Gewährleistung 70, 187
Erfolgshaftung (reine) über Verschulden hinaus 37f.
Erfüllung, als E. annehmen (Beweis) 168, 169
— des Vertrages, Verschulden bei 37f., 201
Erfüllungsgehilfe (§ 278) 38
Erfüllungsort, Gerichtsstand, Anfechtungsklage (§ 123) 222
— —, Schadenersatzklage (§ 463) 258
— —, Wandelungsklage 249
Erfüllungsstatt, Hingabe an E. (§§ 364, 365), entsprechende Anwendung der Bestimmungen für Gewährleistung 184
Erheblicher Fehler bei zugesicherter Eigenschaft 136, 171
Erhebung der Klage unterbricht Verjährung (§ 209) 149
— — — (schriftliche) der Anzeige gleichgestellt 97
Erkennbare Mängel bei arglistiger Täuschung 21
Erklärungsort (§ 193) 80
Erkrankung einzelner von mehreren Tieren 130
Erlös, Hinterlegung des Versteigerungserlöses (§ 489) 142
Ersatz der Nutzungen durch den Käufer bei der Wandelung 81, 124f., 126
Ersatzanspruch, Herausgabe des E., Unmöglichkeitsrecht 47
Ersatzlieferungsanspruch des Käufers beim Gattungskauf 157ff.
Ersatzlieferungsklage, prozeßrechtlich, Behauptungen 261
Erschleichung der Zuständigkeit 218
Erstattungsfähigkeit des außergerichtlichen Gutachtens (§ 489) 143

Erwerber des mangelhaften Tieres beim Tausch, Haftung des E. 184
Esel als Gewährtier (§ 481) 13, 53
Euter, gesundes als Zusicherung 174

F

Fahrlässigkeit (grobe) bei arglistiger Täuschung 22
— — bei unerlaubter Handlung (§§ 823, 826) 29, 64
— — bei Vertragsverletzung, Definition nach BGH 38f.
Fahrprobe, Versagen des Tieres bei der 91
Fehler (alle), Zusicherung, für F. zu haften (§ 492) 170f.
—, erhebliche, bei zugesicherter Eigenschaft 136
Fehlerfreiheit (völliger), Zusicherung der F. 170f.
Feiertag, staatlich anerkannter, siehe Sonntag 79
Feriensachen, Streitigkeiten wegen Viehmängel keine F. 195
Ferkelgrippe, siehe Schweineseuche 76
Fernsprecher, Aufforderung zur Wandelung durch F. 112
Feststellungsklage auf einredeweise Geltendmachung der Wandelung 238
Finnenkrankheit (Schlachtschwein) 77
Fixgeschäft nach § 376 HGB 51
Fleisch von Tieren 54
Formfreiheit, Prinzip der F. 67
Formular (Muster), Anfechtungsklage (§ 123) 211f.
—, Beweissicherungsantrag (§ 485) 243
—, einstweilige Verfügung (§ 489) 241f.
—, Ersatzlieferungsklage (§ 491) 270f.
—, Schadenersatzklage (§ 364) 259
—, Wandelungsklage 236
—, Wandelungsklage eines Tauschvertrages 240
Fortdauer der Gewährleistungsansprüche trotz Verjährung 152
Fötus, kein F. als Beweis für die Nichtträchtigkeit 180
Freibankgebühren als Aufwand (§ 488) 212, 237, 259, 271
Freibleibend, in bezug auf die Wandelungsaufforderung des Käufers 112
Freikoppen, siehe Koppen 74
Frei Waggon (Bedeutung) 84
Fremdkörper im Tierleib (Beweis) 91
Frischmilchende Kuh 174
Frist, Ausschlußfrist (§ 125) der Anfechtung 25
— — (§ 490) der Verjährung 146
Fristsetzung durch Verkäufer als Ausschlußgrund des Wandelungsrechts (§ 466) 114
Frömmigkeit (Beweisfrage) 90
— im Geschirr, als Zusicherung 174
— unter dem Reiter, als Zusicherung 174
Frucht (abgestorben) bei Zusage der Trächtigkeit 177
Frühgeburt 181f.
Fütterungskosten als Aufwendung (§ 488), 212, 236, 259, 271, 127f.

G

Garantievertrag, Ausschlußgrund der Gewährleistungsansprüche 106f.
—, Begriff, Zuständigkeit des Rechtsstreites über 194
—, in bezug auf § 492 165
—, Unterschied von Zusicherung einer Eigenschaft 165
Gattungskauf § 491ff., 157ff., 198, 261
—, beschränkter, Rechte des Käufers 158
—, Gefahrübergang bei Nichtannahme des Tieres 85
—, Unterschied gegenüber allgemeiner Gewährleistung 157ff.
Gebrauch, gewöhnlicher, Untauglichkeit zum 50
—, gut zu jedem G. als Zusicherung 174
Gebrauchszweck, (bestimmter) (§ 492) Zusicherung 170, 173
Gefahr des Verwerfens 177, 179
Gefahrübergang, allgemein 81ff.
—, Ausnahmen davon, daß dieser mit der Übergabe eintritt 83
—, in zwei Ausnahmefällen ist dieser nicht entscheidend für den Beginn der Geltendmachung von Gewährleistungsansprüchen 16
—, Beweislast 88
—, Rechte des Käufers vor und nach 16, 40ff.
— beim Verkauf bei Eigentumsvorbehalt 82, 85
—, Zeitpunkt des G. 60, 84f., 198
Gegenbeweis gegen die Vermutung von Mängeln 90
Gegenseitige Rückgewähr der Leistungen bei der Wandelung 116f.

Geldschuld ist Bringschuld 87
Gemeinschaft (Teilung der G., entsprechende Anwendung der Gewährschaftsbestimmungen) 186
Gerichtliche Beweisaufnahme gem. §§ 485ff. als Unterbrechungsgrund der Verjährung des Wandelungsanspruches 150, 226
Gerichtsferien, kein Hemmungsgrund für die Verjährung 152
Gerichtsstand, allgemeiner (örtliche Zuständigkeit) für die Anfechtungsklage 222, 249f.
— — für die Wandelungsklage 248f.
Gerichtsstand des Erfüllungsortes, Anfechtungsklage 222
— — —, Schadenersatzklage (§ 364) 258
— — —, unerlaubte Handlung (§ 32 ZPO) 223
— — —, Wandelungsklage (§ 29) 222
Gesamtpreis, Verrechnung bei Wandelung 131
Geschäftsgrundlage bei Unmöglichkeit der Leistung 43
—, Wegfall der G. 19
Geschäftsvermittler, Zusicherung durch (§ 492) 165
Geschichtliches (Rechtsgeschichtliches) über Viehgewährschaftsrecht 11ff.
Gesetzestext, Bestimmungen d. BGB 1, 5
—, Bestimmungen des GVG über Viehmängelstreitigkeiten 8
—, Bestimmungen des HGB über Viehgewährschaft 8
—, Bestimmungen des VVG über Viehversicherung 8
—, Kaiserliche Verordnung 3
Gesetzliche Abtretung (cessio legis) 245
— Gewährfrist 101
— Haftung 13
Gesetzvertretende Rechtsverordnung 59
Gesetzliches Verbot, Vertrag gegen ein 43
Gestohlenes Tier, Vertrag über 44
Gesundes Euter als Zusicherung 174
Gesund und recht, Zusicherung (§ 492) 170
Gesundheit als Zusicherung 172
Gewährfrist als Ausschlußfrist 78
—, Beginn 78
—, Dauer, Berechnung und Ende 80f., 102
—; letzter Tag fällt auf Sonn- oder Feiertag; keine Verlängerung 79
Gewährfrist für Trächtigkeit 176ff.
—, Unterschied des Beginnes der G. nach § 483 gegenüber den allgemeinen Gewährschaftsbestimmungen nach § 45 978
—, Unterschied, ob Gewährfrist vereinbart oder nicht 166
—, vereinbarte G. bei Zusage der Trächtigkeit 102
—, Verlängerung oder Abkürzung derselben, keine stillschweigende 81, 101ff.
Gewährfristen nach der Kaiserlichen Verordnung 70
Gewährleistungsansprüche, Ausschluß der 62ff., 105ff.
Gewährleistungsausschluß (vertraglicher), Nichtigkeit des G. (§ 476) 67
Gewährleistungsbestimmungen, allgemeine nach BGB Gesetzestext 5
—, Verhältnis zum Handelsbrauch und Marktregeln 51
— nach Viehgewährschaft, Gesetzestext 1
— nach Viehgewährschaft, Verhältnis zu den allgemeinen Gewährschaftsbestimmungen 50
— nach Viehgewährschaft, Verhältnis zu den Vorschriften des HGB 50f.
Gewährleistungseinrede (trotz Verjährung) 152f.
Gewährleistungsübernahme wegen Nichtkauf (§ 492) 163ff.
Gewährvertrag (siehe Garantievertrag), Ausschlußgrund der Gewährleistungsansprüche 106
Gewährleistungsverzicht (nachträglicher) 67
Gewährschaft (halbe): Über Teilung der Gefahr 69
Gewährsvieh, Gewährschaftsvieh (Aufzählung) 13
Gewalt (höhere) bei Fristen 26
— als Hemmungsgrund für die Verjährung 26, 152
Gewinn (entgangener) bei Berechnung des Schadenersatzes (§§ 249, 823, 826) 31f.
Gewohnheitsrecht hinsichtlich der Sondervorschriften (der §§ 481ff.) 51
Gewöhnlicher Gebrauch; Untauglichkeit zum 50
Grobe Fahrlässigkeit bei Kenntnis (Nicht) des Mangels 64

Grobe Fahrlässigkeit bei unerlaubter Handlung 51
— — bei Vertragspflichtverletzung 38, 64
Grundgedanken (der Sonderbestimmungen des Viehgewährschaftsrechts) 12ff.
Grundstück (landwirtschaftliches) Verkauf eines G. mit Viehinventar 54f.
Gültigkeit von Handelsbräuchen und Marktregeln bei Viehkäufen 51f.
— oder Ungültigkeit eines Prozeßvergleichs 185
Gut zu jedem Gebrauch als Zusicherung 174, 261
— ziehen (guter Zug) als Zusicherung 175f.
Gute Milchkuh als Zusicherung 174
— Sitten, Verstoß gegen die (§ 826) 30
Gutachten (außergerichtliches) im Verfahren (§ 489) 143
—, Kosten eines 127, 271
Güte (mittlerer Art und G.) beim mangelfreien Ersatztier beim Gattungskauf 160
Gütergemeinschaft (allgemeine) entsprechende Anwendung der Gewährschaftsbestimmungen bei der Auseinandersetzung der G. 186
GVG (über Viehmängelstreitigkeiten): Gesetzestext 8

H

Haftung des Erwerber des mangelhaften Tieres beim Tausch 184
— (gesetzliche und vertragliche) nach Viehgewährschaftsrecht 13
— für alle Fehler, Zusicherung 170
— des Käufers für verschuldete Verschlechterung des Tieres 121
— für Nichthauptmangel vor Gefahrübergang 200f.
— des Verkäufers aus dem Vertrag (Rechtsbehelfe des Käufers) 225
Halbe Gewähr beim Verkauf (Bedeutung) 69
Handelsbrauch, Verhältnis der Sonderbestimmungen (§§ 481ff.) zum 51f.
Handelsgesetzbuch, Bestimmungen über Viehgewährschaft aus dem 8
Handlung (unerlaubte) 29ff.
Handlungen, welche der Übergabe gleichgestellt sind 82
Handschlag, kann durch Vereinbarung Gefahrübergang bedeuten 83
Hartmelken, Zusicherung des 174
Hartschlägigkeit, siehe Dämpfigkeit 73
Hartschnaufigkeit, siehe Kehlkopfpfeifen 73
Hauptmängel (Beschreibung), Aufzählung in der Kaiserlichen Verordnung 3, 59
Hauptmangel fällt nach Gefahrübergang weg 60
— -Erläuterungen 73
— nach der Kaiserlichen Verordnung 70
— bei denen eine Widerlegung der Vermutung des § 484 möglich ist
— Koppen 74
— Räude 75
— Rotz 73
— Schweineseuche 76
Haupt- und Nebensache, Wandelung bei 131f.
Hemmung der Verjährung, Hemmungsgrund 151
Hemmungsgründe der Verjährung: Geschäftsunfähigkeit 152
— — — höhere Gewalt 152
— — — Pietätsgrund 152
— — — Stillstand der Rechtspflege 151
— — — Verweigerungsberechtigung zur Leistung (Stundung) 151
Herausgabe- Anspruch (Abtretung des) 83
— der Bereicherung 47
— des Ersatzanspruches (Unmöglichkeitsrecht) 47
Herstellungstheorie (Wandelungsanspruch) 108f.
HGB (über Viehgewährschaft) Gesetzestext 8
Hingabe an Erfüllungsstatt, entsprechende Anwendung der Bestimmungen für Gewährleistung 184
Hinterlegung des Erlöses bei öffentlicher Versteigerung (§ 489) 138, 142
Hinterlegungskosten als Aufwand (§ 488) 212, 237, 259, 271
Hochträchtig als Zusicherung 179
Höhere Gewalt bei Fristen 26
— — als Hemmungsgrund für die Verjährung 152
Hohleber 23
Husten einer Kuh 53

I, J

Inempfangnahme des Tieres muß nicht Annahme als Erfüllung sein 67
Inhaltsübersicht V
Innerhalb der Gewährfrist (Bedeutung) 89
Internationales Recht (örtliche) Zuständigkeit 249
Irrtum, Anfechtung wegen 27f., 41f.
—, — — vor Gefahrübergang 17
—, — —, prozessual (§ 119) 224
Jagdpferd, ausdrückliche Zusicherung des Verkäufers 174

K

Kaiserliche Verordnung v. 27. 3. 1899 RGBl. 219 (Gesetzestext) 3
— — (Kommentierung) 70ff.
— — (Änderungsvorschläge) 275ff.
Kalb, Zusicherung für ein 179
Kälbergriffig als Zusicherung 179
Kälberkuh 174
Kastrierung eines Tieres, Einfluß auf die Wandelung 110
Kauf, Begriff des 17
— (auflösend bedingt) 17
— (aufschiebend bedingt) 147
—, Bedeutung verschiedener Klauseln bei 17, 18
— auf Besicht, Kauf in Bausch und Bogen 69
— unter Eigentumsvorbehalt (Gefahrübergang) 85
— freibleibend 17
— eines nur der Gattung nach bestimmten Tieres 157ff.
— auf Probe, Zuständigkeit einer Rechtsstreitigkeit bei 195
Kaufangebot (bindendes) 17
Kaufanpreisungen, Unterschied von Zusicherung 172
Käufer, Annahmeverzug des (§§ 283, 300) 86ff.
—, Pflichten des K. allgemein 18
—, Pflicht des K., die Nutzungen des Tieres zu ersetzen (bei der Wandelung) 124
—, Pflichten des K. nach Vollzug der Wandelung 126
—, Rechte des K. beim Gattungskauf 159
—, Rechte des K. vor und nach Gefahrübergang 40ff.
Käufer, Rechte des K. gegenüber dem Verkäufer nach Vollzug der Wandelung 126
—, Rechte des K. aus dem Wandelungsanspruch 107f.
—, Rechtsbehelfe des K. aus dem Vertrag 225
—, Verzug des K. nach Wandelung 125
—, Wahlrecht des K. beim Gattungskauf 161
Kaufleute, bezüglich Gewohnheitsrecht 51f.
Kaufpreis, Stundung 18
—, Beweis desselben 19
Kaufpreiszahlung, Zuständigkeit 194
Kaufpreiszahlungsverweigerung (trotz Verjährung) 144, 152
Kaufvertrag, allgemein 15, 17
— über Gewährsvieh, Pflichten des Verkäufers und Käufers 15, 18
—, Rechtsbehelfe des Käufers aus dem 225
Kausalität (überholende) (§§ 249, 823, 826) 33
Kehlkopfpfeifen (Pfeifendampf, Hartschnaufigkeit, Röhren) 73
Kenntnis des Hauptmangels durch den Käufer bei Kaufabschluß 62ff.
— des Mangels des Tieres, Annahme trotz (§ 464) 66
— des Mangels bei der arglistigen Täuschung 22
Klage auf Feststellung der einredeweisen Geltendmachung des Anspruchs auf Wandelung 238
Klageerhebung als eine der Mängelanzeige gleichgestellte Handlung 97
— als Unterbrechungsgrund für die Verjährung des Wandelungsanspruches 149
Klagsansprüche (Ansprüche) nach dem Viehgewährschaftsrecht 204
Klagsrücknahme, Klage auf K. bei außergerichtlicher Einigung 185
Kleben des Pferdes (nicht) als Zusicherung 176
Kommentar (materiell-rechtlicher Teil) 11ff.
Kommissionär 215, 232, 254, 266
Konkrete Schadensberechnung (§§ 249, 823, 826) 31, 137
Konkurs, kein Aussonderungsrecht vor Wandelungsvollzug 114

Koppen (Krippensetzen), Aufsetzen, Freikoppen, Luftschnappen, Windschnappen 74
Körfähigkeit als Zusicherung 175
Kosten der Ausführung des Vertrages bei der Wandelung 128
— der Fütterung 127
— der Notschlachtung bei der Wandelung 127
— der Pflege 127
— der Schutzmaßnahmen gegen Seuchengefahr 127
— des Tierarztes, Ersatz der Wandelung 127
— der Tötung eines Tieres bei der Wandelung 128
— des Vorprozesses des Gutachtens 129, 271
Krankheit (ansteckende); Verkauf eines Tieres mit K. als positive Vertragsverletzung 40
—, bei vorübergehender K. keine Haftung des Verkäufers 60f.
Krankheitsverdächtig 104
Kreuzlahmheit eines Tieres 40
Krippensetzen, siehe Koppen 74
Krumm für gerade, Zusicherung 68
Kurrante Ware, Handelsgut mittlerer Art u. Güte 68

L

Lagergeld als Aufwendung (§ 388) 212, 259, 271
Lahmen eines Pferdes 23
Landgerichtliche Zuständigkeit kann vereinbart werden 221, 248
Landgut mit lebendem und totem Inventar, Verkauf um eine Pauschalsumme als Ausschlußgrund für die Viehgewährleistungsansprüche 106
Landwirtschaftliches Grundstück mit Viehinventar 54f.
Lebendes Inventar, Verkauf eines Grundstücks mit 54f.
Lebende Tiere, nur für l. T. gilt das Viehgewährschaftsrecht 54
Lebendgewicht, Verkauf nach 83
Leberegelkrankheit, siehe Wassersucht 76
Leistungsverweigerungsrecht bei Maul- und Klauenseuche 41
Lieferanten (von Vieh); Haftung für diesen dem Käufer gegenüber? 38
Lieferung, Anspruch auf L. eines mangelfreien Tieres 158
—; schuldhaft mangelhafte 41
Lieferungsort (auch stillschweigend vereinbarter) 87
Lieferungszeit 87
Luftschnappen, siehe Koppen 74
Lungenseuche beim Rindvieh 75

M

Mahnung vor Klagseinbringung 219
—, wirksame 219
Maklergebühren bei der Wandelung 129
Maklerkosten als Aufwand (nach § 488) 212, 237, 259, 271
Mangel (erheblicher) fällt weg nach Gefahrübergang, Haftung des Verkäufers bleibt 60f.
— zeigt sich 61f.
— im Recht: Seuchensperre ist kein 41
Mängel, Vermutung für das Vorhandensein von 89
—, (ohne) als Zusicherung (§ 492) 170
Mängelanzeige, Frist, Absendung 93, 96f.
—, Kosten der 129
Mangelfreies Tauschtier, Anwendung des § 487 auf 129
— Tier, Anspruch auf Lieferung eines 261
— Tier, Anspruch auf ein m. T. beim Gattungskauf 158, 160
Markeeinschneiden in das Haar des Tieres bedeutet nicht Gefahrübergang 83
Marktregeln, Verhältnis der Sondervorschriften der §§ 481ff. zu den 51f.
Mästen, Verkauf eines Tieres zum 71
Materiellrechtlicher Teil des Kommentars 11ff.
Maulesel, Maultier (als Gewährtier) 13 53
Maul- und Klauenseuche; Berechtigung zur Verweigerung der Annahme des Tieres bei 41
— — — (kein Hauptmangel) 75
Mehrheit von Verkäufern, Zusicherung durch alle nötig (§ 492) 165
Milchertrag; Zusicherung eines bestimmten Milchertrages 55
Milchkuh (gute) als Zusicherung 174
Milchmenge (bestimmte) Zusicherung einer bestimmten M. als Eigenschaft 171

Minderungsanspruch bei Viehgewährschaft ausgeschlossen 105
Miteigentümer eines Landgutes, entsprechende Anwendung der Gewährschaftsbestimmungen bei der Auseinandersetzung 186
Miterben, Auseinandersetzung zwischen M., entsprechende Anwendung der Gewährschaftsbestimmungen 186
Mittlere Art und Güte des mangelfreien Ersatztieres beim Gattungskauf 159f.
Mitverschuldenseinwand nach § 254 gegenüber Anspruch nach § 463: 138
— bei arglistiger Täuschung 21
Mitverursachung (Mitverschulden) nach §§ 823, 826, insbesondere des gesetzlichen Vertreters 32
Mitwirkendes Verschulden bei Gewährleistungsansprüchen 13
Mondblindheit, siehe periodische Augenentzündung 73
Muster (Formular) Anfechtungsklage (§ 123) 211
— — Beweissicherungsantrag (§ 485) 243
— — einstweilige Verfügung (§ 489) 241f.
— — Ersatzlieferungsklage (§ 491) 270f.
— — Schadenersatzklage (§ 364) 259
— — Wandelungsklage 236
— — Wandelungsklage eines Tauschvertrages 240
— — Verkauf nach 82
Muttertier und Junges 132

N

Nachfolgende Unmöglichkeit der Leistung 45ff.
Nachlieferungsanspruch (beim Gattungskauf) 158ff.
Nachnahme des Kaufpreises 17
Nachträglicher Verzicht auf die Gewährleistung 67
Nebenabrede (oder Bedingung), Verjährung des Anspruchs bei N. oder B. 156, 198
Nebenkosten nach § 488; Ersatzpflicht des Verkäufers 126
Nebenmangel, arglistiges Verschweigen eines 137
Nebensache, und Hauptsache, Wandelung 131f.
Negatives Vertragsinteresse (bei Anfechtung des Vertrages) 23, 26
— — (bei Schadenersatz bei unerlaubter Handlung) 30
Netto Kasse gegen Faktura bzw. gegen Rechnung und Verladepapiere (Bedeutung beim Kauf) 17, 18
Nichterfüllter Vertrag, Einrede des 41
Nichterfüllung nach § 283 (Antrag nach § 255 ZPO) 228
— wegen Enteignung 47f.
Nichthauptmängel, arglistiges Verschweigen bei 137
Nichtigkeit des vertraglichen Gewährleistungsausschlusses (nach § 476) 106 70
— des Vertrages als Ausschlußgrund für Gewährleistungsansprüche 105f.
— des Vertrages (nach § 123) 20
— des Vertrages wegen Verstoßes gegen die guten Sitten (§ 138) 70
Nichtkaufleute (bezüglich Gewohnheitsrecht u. Handelsbräuche) 51f.
Nichtträchtigkeit, Beweis der 180
Niedriger Preis als Haftungsausschluß 69
Nießbrauchsbestellung, entsprechende Anwendung der Gewährschaftsbestimmungen (§ 1030) bei 186
Notschlachtungskosten bei der Wandelung 127
Notverkauf nach § 379 HGB unzulässig 51
Notwendige Verwendungen, Ersatz der notwendigen V. bei der Wandelung 127
Nutztier, Unterschied vom Zuchttier und vom Schlachttier 55, 71
Nutzungen durch den Käufer, Ersatz der N. bei der Wandelung 124f.
— aus dem Tier, Pflicht des Käufers, die N. bei der Wandelung zu ersetzen 124f.

O

Observanzbildung (Gewohnheitsrecht) 53
Offenbarungspflicht bei arglistiger Täuschung 21
Öffentliche Versteigerung nach § 489 (Begriff) 142
— — eines Tieres auf richterliche Anordnung hin (§ 489) 66, 138ff.

Öffentliche Versteigerung, Verkauf des Tieres als Pfand durch ö. V. 65
Öffentliche Zustellung der Mängelanzeige (§ 132) 96
Ohne Mängel, Zusicherung (§ 492) 170
Örtliche Zuständigkeit für die Anfechtungsklage (§ 123), 222
— — Schadenersatzklage 273
— — für die Wandelungsklage 247

P

Passivlegitimation für die Anfechtungsklage (§ 123) 220
— für die Schadenersatzklage (§ 364) 258
— für die Wandelungsklage 246
Pauschalsumme, Übernahme eines Landgutes mit lebendem und totem Inventar zu einer P. als Ausschlußgrund der Gewährleistungsansprüche 55, 106
Pedigree 147
Periodische Augenentzündung 73
Pfändung (Verpfändung) eines Tieres, Einfluß auf die Wandelung 109f.
Pfandrechtsbestellung, entsprechende Anwendung der Gewährschaftsbestimmungen (§ 1204) 186
Pfeiferdampf, siehe Kehlkopfpfeifen 73
Pferd als Gewährtier 13, 53
—, Sehnenentzündung 22f.
—, Wert des 172
Pflicht des Käufers, die Nutzungen des Tieres zu ersetzen (Wandelung) 124
Pflichten, allgemein, des Verkäufers und Käufers 18
— des Käufers nach Vollzug der Wandelung 119
— des Verkäufers nach Vollzug der Wandelung gegenüber dem Käufer 126f.
Pietätsgrund als Hemmungsgrund für die Verjährung 152
Positive Vertragsverletzung 201
— — bei Überfütterung des Tieres vor Übergabe 36
— — durch Verkauf eines Tieres mit ansteckender Krankheit 40
— — Schadensberechnung 37f.
Preis (niedriger) als Haftungsausschluß 69
Probe, Verkauf nach P. 82
— des Tieres vor Übergabe und Kaufabschluß 48
Prozeßführungsbefugnis, Aktiv-Passivlegitimation für die Wandelungsklage 244ff.
— für die Anfechtungsklage (§ 123) 219f.
— für die Schadenersatzklage (§ 463) 258
Prozeßhandlungen unterliegen nur dem Prozeßrecht 191
Prozeßkosten als Aufwand (nach § 488) 212, 237, 259, 271
— (Vorprozeß) bei der Wandelung 129
Prozeßrecht, allgemein 191
Prozeßvergleich, Gültigkeit oder Ungültigkeit 185
Prozeßvoraussetzungen, allgemeine 218

R

Räude 75
Rechnungslegung, Käufer zur R. über gezogene Nutzungen nicht verpflichtet 124
Rechte des Käufers beim Gattungskauf (§ 491) 159
des Käufers vor und nach Gefahrübergang 40ff.
— des Verkäufers nach Vollzug der Wandelung 119
— aus dem Wandelungsanspruch 107f.
— neben dem Wandelungsanspruch 107
Rechten Dritter, Kauftier muß frei sein von 41
Rechtsanwalt, zur Entgegennahme der Anzeige nach § 485 berechtigt 96
Rechtsausübung (unzulässig): Einwand der 16
Rechtsbehelfe des Käufers aus dem Vertrag 225
Rechtsgeschichtliches zum Viehgewährschaftsrecht 11ff.
Rechtshängigkeit 218
Rechtshandlungen, welche der Anzeige gleichgestellt sind 97
—, welche der Übergabe gleichgestellt sind 82ff.
Rechtsirrtum 42
— bei gerichtlichem Vergleich 185
Rechtsmißbrauch, allgemein 191
Rechtspflege, Stillstand der R. als Hemmungsgrund für die Verjährung 151
Rechtsschutzbedürfnis, allgemein 218
Rechtsstreitigkeiten wegen Viehmängel, allgemein, Voraussetzungen 191, 195

Rechtsverhältnis zwischen Kauf und Gefahrübergang 42
Rechtsverordnung (gesetzesvertretende) 59
Reitpferd, Verkauf als R. als ausdrückliche Zusicherung 174
Relevanztheorie (Beachtlichkeitslehre, § 265 ZPO) 246
Richterliche Anordnung zur öffentlichen Versteigerung eines Tieres (nach § 489) als Ausschlußgrund der Gewährleistung 66
Rindvieh als Gewährtier 13, 53
Röhren, siehe Kehlkopfpfeifen 73
Römisch-rechtliches System (des Viehgewährschaftsrechts) 11
Rotlauf 76
Rotz 73f.
Rückgabe des Tieres durch den Käufer unmöglich (nach der Wandelung) 121f.
Rückgewähr (gegenseitige) der Leistungen bei der Wandelung 116f.
Rücktritt (vertragsmäßiger) entsprechende Anwendung bei Wandelungsdurchführung 116
— vom Vertrag schließt Anfechtung nicht aus 25
— vom Vertrag wegen Unmöglichkeit der Leistung 49
— vom Vertrag durch Vereinbarung als Ausschließungsgrund der Gewährleistungsansprüche 106
— von der Wandelung, insbesondere wegen Verzug unzulässig 116
Rücktrittsrecht des Käufers gemäß § 325ff. 41, 49
Rückversendungskosten als Aufwand (nach § 488) 128, 210, 212, 237, 259, 271

S

Sacheigentum als Voraussetzung für entsprechende Anwendung der Gewährschaftsbestimmungen 186
Sachliche Zuständigkeit für Anfechtungsklage (nach § 123) 221f.
— — für Wandelungsklage 247f.
Sachmängel, Definition 13
Sachverständigen-Kosten als Aufwand (nach § 488) 212, 237, 259, 271
Sachverständiger Zeuge, Tierarzt 242f.
Sattelzwang, kein S. des Pferdes als Zusicherung 176
Schadensberechnung (§§ 249, 823, 826) (bei unerlaubter Handlung) 31, 36
— des Schadens nach § 463 (konkret oder abstrakt) 137
Schadenersatz (§§ 249, 823, 820) Beweislast 35
— bei Enteignung von Tieren (wegen Erkrankung) durch Versicherung 9
— wegen Nicht-Sachmängel (§ 325, 326) 36, 39
— bei beiderseitiger unerlaubter Handlung (§§ 823, 826) 32
— (§ 249ff.) bei unerlaubter Handlung, Umfang (§§ 823, 826) 36
Schadenersatzanspruch gegen Anwalt wegen verspäteter Klage 194
— bei Gattungskauf (§§ 480, 491) 261
— nach § 463 (Gewährleistung) 39f., 132ff., Berechnung 137
— bei schuldhaft mangelhafter Lieferung 41
— nach § 283 wegen Nichterfüllung (§ 255 ZPO) 228
—, Umfang, Berechnung 30f.
—, Unterschied nach BGB (Vertragsverletzung) 39f.
— nach § 463: Verjährung (§ 490): 143ff.
aus dem Vertrag (§ 463) 132, 200ff.
Schadenersatzeinrede hat auch der Bürge 240
Schadenersatzklage (§ 463) 251
— Behauptungs- und Beweislast (§ 463) 250ff.
—, (§ 463) Einwände bei der 253
—, Muster (Formular) 259
— wegen Nichterfüllung bei Gattungskauf (§ 480/II) 272
—, Prozeßrechtliches bei (§ 463) 250
—, Schadensberechnung (konkret oder abstrakt) 252
Schaf als Gewährtier 13, 53
Scheidenausfluß bei einer Kuh 23 (Scheidenvorfall) 53
Schenkung, Ausstattung, Vermächtnis als Ausnahme von der Regel, daß nur bei entgeltlichen Verträgen entsprechende Anwendung der Gewährleistungsbestimmungen möglich ist 187
Schiedsgerichtsbarkeit bei der Anfechtungsklage 223
— Inhalt und Zuständigkeit bei der Wandelungsklage 250

Schlachtgebühren als Aufwand (nach § 488) 212, 236, 259, 271
Schlachtgewicht (Verkauf) zum 83
Schlachtschwein, Haftung für 59
Schlachttier, Unterschied von Nutz- und Zuchttier 71
Schlachtung eines Tieres durch den Käufer (Einfluß auf die Wandelung) 110
Schlecht für gerecht als Zusicherung beim Kauf (§ 492) 68
Schmiedefrömmigkeit des Pferdes 174
Schrifttumsnachweis XIII
Schutzgesetz (§ 823/II) 29
Schwein als Gewährtier 13, 53
Schweineseuche (Schweinepest und Ferkelgrippe) 76
Schwer zugfestes Tier als Zusicherung (§ 492) 175
Selbstversicherung, Verkauf mit 82
Seuchenschutzkosten als Aufwand (nach § 488) 127
Seuchensperre, keine Gewährleistung für 41, 72
Sicherheit (grenzende) Wahrscheinlichkeit 90
Sicherung des Beweises (§§ 485ff. ZPO) 242, 243
Sitten (gute); Verstoß gegen die 30
Sonntage und Feiertage 79f.
Spediteur, Haftung des Verkäufers für den 38; Übergabe an 60
Spitzeber, siehe Binneneber 59
Sprungfähigkeit, Zusicherung der 175
Staatlich anerkannte Feiertage 79
Staatliche Verfügungsmacht, keine Gewährleistungshaftung bei 188
Stall- und Schmiedefrömmigkeit des Pferdes als Zusicherung 174
Stammbaum des Jungtieres 132
Stillschweigender Verzicht auf Anfechtung 27
Stillschweigende Vollmachtserteilung 24
— **Zusicherung** (§ 463) 135
— — (§ 492) 173
Stillstand der Rechtspflege als Hemmungsgrund für die Verjährung 151
Streitigkeiten wegen Viehmängel (§ 23 GVG), allgemein 191ff.
Streitverkündung (§§ 72ff. ZPO) als eine der Mängelanzeige gleichgestellte Handlung 98
Streitverkündung (§§ 72—75 ZPO) als Unterbrechungsgrund der Verjährung des Wandelungsanspruches 150
Streitwert bei Anfechtungsklage (§ 123) 213
— bei Ersatzlieferungsklage (§ 491) 271
— bei Schadenersatzklage (§ 463) 260
— bei Wandelungsklage (§ 487) 237f.
Stundung des Kaufpreises 18

T

Tausch zusammengehöriger Tiere 130
Tauschtier (mangelfreies), Anwendung des § 487 bei 129
Täuschung, arglistige, siehe arglistige 20ff., 204ff.
Tauschvertrag, entsprechende Anwendung der Gewährleistungsvorschriften auf 183f., 275
—, Muster einer Wandelungsklage eines 240f.
Teilung einer Gemeinschaft, entsprechende Anwendung der Gewährleistungsbestimmungen auf 186
Teilweise Unmöglichkeit 44, 46
Tierarten des § 481, 53
Tierarzt als Zeuge bzw. sachverständiger Zeuge 242f.
Tierärzliche Kosten als Aufwendung (nach § 488) 127, 212, 259, 271
Tiere (zusammengehörend) Verrechnungsart bei Wandelung 130
Tierjunge 54
Tierseuchengesetzgebung 72
Tötung des Tieres (§ 487) 111
— eines Tieres, Kosten der T. bei der Wandelung 127
Trächtigkeit, Beweis der Nichtträchtigkeit 180
—, Gewährleistung für 176f.
—, Zusage der T., eine stillschweigend vereinbarte Gewährfrist 102, 178ff.
—, Zusicherung der (§ 463) 134, 177ff.
—, Zusicherung der T. als Zusicherung einer Eigenschaft 172, 176ff.
Trächtigkeitsgarantie mit und ohne Gewährfrist 177ff.
Trächtigkeitszusicherung oder Garantievertrag 182
Transportgefahr beim Versendungskauf 84
Treu und Glauben (allgemein) 191
— — — beim Kauf 19

Treu und Glauben und Unmöglichkeit der Leistung 43
Trichinenkrankheit 77
Trink- und Halftergelder als Aufwand (nach § 488) 212, 237, 259, 271
Tuberkulöse Erkrankung beim Rindvieh und Schlachtschwein 74ff.
— — beim Schlachttier 53, 72

U

Übergabe an den Spediteur (Gefahrübergang) 60
— **des Tieres,** allgemein, Voraussetzung für die Anwendung der Sonderbestimmungen 16
— — —, Pflicht des Verkäufers und Käufers 18
—, (der Übergabe) gleichgestellte Handlungen 82
Übergang der Gefahr 81ff.
— — — in zwei Ausnahmefällen nicht entscheidend 16, 81
Überfütterung eines Tieres als Handlung wider Treu und Glauben 173f.
— — — als Verschulden bei Vertragsschluß (Arglisteinrede) 36
Überholende Kausalität (bei §§ 249, 823, 826) 33
Übernahme der Gewährleistung eines Nebenfehlers (Nichthauptfehlers § 492) 169
— der Gewährleistungsansprüche 106
— eines Landgutes um eine Pauschalsumme als Ausschlußgrund der Gewährleistungsansprüche 106
Übersendungskauf, Gefahrübergang bei 60
Umgestaltung durch Verarbeitung 110
Umsatzsteuer als Aufwand (nach § 488) 210, 212
— bei Versteigerung (§ 489) 237, 259, 271, 143
— vom Vertrag bei der Wandelung 128, 143
Umtauschvereinbarung als Ausschlußgrund der Gewährleistungsansprüche 106
—, Zuständigkeit einer Rechtsstreitigkeit über 193
Unerhebliche Mängel bei der arglistigen Täuschung 22
— —, kein Unterschied zwischen erheblichen und 109, 171
Unerlaubte Handlung, Ansprüche aus (§§ 823, 826) 29
— — (§§ 823, 826) Verjährung und Verwirkung der Ansprüche aus 34
Ungültiger Vertrag als Ausschlußgrund der Gewährleistungsansprüche 105f.
Ungültigkeit eines Prozeßvergleichs, Geltendmachung der 195
Unkenntnis des Mangels wegen grober Fahrlässigkeit 64
Unmittelbarer Vertreter 24
Unmöglichkeit der Leistung 42ff.
—, wirtschaftliche, ist gleich tatsächliche 43, 155
— der Rückgabe des Tieres durch den Käufer nach der Wandelung 121f.
Unmöglichkeitsrecht, Verjährung der Ansprüche, anfängliche Unmöglichkeit, nachfolgende 42ff., 155, 204
Unterbrechung der Verjährung 147ff.
— — — Abhaltung von rechtzeitiger 30
Unterbrechungsgründe der Verjährung:
Anerkenntnis 148
Anmeldung des Anspruchs im Konkurs 150
Antrag auf Erlaß des Zahlungsbefehls 149f.
Erhebung des Aufrechnungseinwandes 150
gerichtliche Beweisaufnahme (gem. § 485 ZPO) 150
Klageerhebung 149
Streitverkündung 150
Vorentscheid durch die Verwaltungsbehörde 151
Vornahme einer Vollstreckungshandlung 150
Untergang (zufälliger) des Tieres 81
— (Verschlechterung) des Tieres vor Übergabe 200
Unterhändler, (Schmuser), arglistige Täuschung durch 24
Unterschied zwischen arglistiger Täuschung und arglistigem Verschweigen 22
— — Beginn der Gewährfrist nach § 483 und allgemeiner nach § 459, 78
— — Garantievertrag und Bürgschaftsvertrag 269
— — Garantievertrag und Zusicherung einer Eigenschaft 165, 182
— — § 463 und § 480/II (Gattungskauf) 262

Unterschied zwischen Gattungskauf nach § 491 und § 480, 157ff.
— **ob** Gewährfrist vereinbart ist oder nicht 166
— **zwischen** Kaufleuten und Nichtkaufleuten beim Handelsbrauch 52
— — Klage auf Schadenersatz (§ 463) und Klage wegen unerlaubter Handlung (§§ 823, 826) 250
— — Klage auf Wandelung und Klage nach § 123 (arglistige Täuschung) 204f.
— — Nutz- und Zuchttier und Schlachttier 71
— — Schadenersatz allgemein (nach BGB bei Nichterfüllung des Vertrages) und dem Schadenersatzanspruch nach § 463 39f.
— — Tauschvertrag und Doppelkaufvertrag 184
— — Trächtigkeitszusicherung und Garantievertrag 182
— — (in der Wirkung) zwischen Übernahme der Gewährleistung wegen eines nicht zu den Hauptmängeln gehörenden Fehlers und der Zusicherung einer Eigenschaft 196
— — Verjährung nach § 490 und nach §§ 477—479 145
— — Verjährungs- und Ausschlußfrist 25f.
— — den allgemeinen und den Vieh-Sondergewährschaftsbestimmungen 50
— — Wandelung und Rücktritt 116
— — Wandelungsanspruch nach allg. und Viehsonderrecht 109f.
Unvermögen (subjektives) des Verkäufers 41
Unwesentliche Verschlechterung (Berücksichtigung u. V. des Tieres bei der Wandelung) 109, 123
— — oder Umgestaltung des Tieres, Einfluß auf die Wandelung 109f.
Unwiderruflichkeit der Anfechtungserklärung 25
Unwirksamkeit der Anfechtungserklärung 25
— (Ungültigkeit) eines Prozeßvergleichs 185
Unzulässige Rechtsausübung; Einrede der 16
Ursächlicher Zusammenhang (bei §§ 823, 826, 249) 32ff.

V

Veräußerung kraft Gesetzes (Enteignung) 188
Veräußerungsverträge (Begriff) 183
Verbot, gesetzliches, Vertrag gegen ein 43
Vereinbarte Gewährfrist 101
Vereinbarung über die mittelbare Besitzerlangung und über die Abtretung des Herausgabeanspruchs 82
— der Parteien über Zuständigkeit 248
— der Vertragsparteien als Ausschlußgrund der Gewährleistungsansprüche 105
— über Zahlungsweise beim Kauf 17
Verenden des Tieres (§ 487) 111
Verfahren der öffentlichen Versteigerung (nach § 489) 140
Verfahrensrechtlicher Teil 189—273
Verfügung (einstweilige) § 489, 139 Formular, Muster 241
Vergleich, bei V. entsprechende Anwendung der Gewährleistungsbestimmungen 185
—, (außergerichtlicher) Klage auf Klagsrücknahme bei 185
—, Unwirksamkeit eines Prozeßvergleichs 185
—, Wegfall der Geschäftsgrundlage ist auch beim V. berechtigt anwendbar 19
Verhältnis der Ansprüche wegen unerlaubter Handlung zu Anfechtungs- und Vertragsansprüchen 33
— der Sonderbestimmungen der §§ 481ff. zu den allgemeinen Gewährleistungsbestimmungen (§ 459 bis 481) 50
— der §§ 481ff. zu den Vorschriften des HGB 50
Verhinderung (vorübergehende) bei der Lieferung 87
Verjährung, Abhaltung von rechtzeitiger Unterbrechung der 30
—, allgemein (nach § 490) 144ff.
— der Ansprüche trotz Gewährleistungseinrede (§ 490/III) 152f.
— der Ansprüche auf Nachlieferung eines mangelfreien Tieres 143, 145
— (Verwirkung) der Ansprüche auf Schadenersatz (§§ 249, 823, 826) 34, 145
— der Ansprüche aus dem Unmöglichkeitsrecht 49

Verjährung der Ansprüche wegen Verschuldens bei Erfüllung des Vertrages 40
— der Ansprüche aus der vollzogenen Wandelung 118
— (§ 490) der Ansprüche auf Wandelung (§ 487) und der Ansprüche auf Schadenersatz (§ 463) 143ff.
— dreißigjährige 155
— der Einwendungen wegen Mangels des Tieres, wenn Handlungen nach § 478 nicht vorgenommen wurden 166f.
— des Schadenersatzanspruchs (§ 463) und Nachlieferungsanspruchs (§§ 491, 480/II) 145ff.
— bei Trächtigkeit 179
—, Unterschied zwischen der Verjährung nach § 490 und nach den §§ 477—479 145
—, Verzicht auf V., Unterbrechung, Hemmung 146f., 151f.
—, trotz V. Verweigerungsberechtigung der Kaufpreiszahlung 152f.
—, Wirkung der V. (nach § 490) 144
Verjährungseinrede (§ 490) (nach § 242) 145
Verjährungsfrist, Möglichkeit der Verlängerung (Abkürzung) der 145
— (Unterschied von Ausschlußfrist) 25f.
— (§ 490) Verlängerung oder Abkürzung der 145
Verkauf unter Eigentumsvorbehalt 82, 85
— zu einem bestimmten Gebrauchszweck, Zusicherung (§ 492) 170
— unter halber Gewähr (schlecht für gerecht) 68f.
— von Gewährvieh (allgemein) 15ff.
— von Haupt- und Nebensache 131f.
—, krumm für gerade 68
— zum Mästen 71f.
— des Tieres im Wege des Erbschaftsverkaufs (§§ 2371, 2380) 70
— mit Versicherung (Selbstversicherung) 82
— in öffentlicher Versteigerung als Pfand oder im Wege der Zwangsvollstreckung 65
—, kein Verzicht auf Gewährleistungsanspruch wegen 110, 227
— einer Viehherde in Bausch und Bogen 55
— von zusammengehörenden Tieren 130
Verkäufer, bei Mehrheit von V., Zusicherung (§ 492) durch alle notwendig 165
—, Pflichten des V. im allgemeinen 18
—, Pflichten des V. nach Vollzug der Wandelung 126
—, Rechte des V. nach Vollzug der Wandelung 119
—, Verzug des V. (nach Wandelung) 125
Verkehrssitte 52
Verlängerung der Gewährfrist (§ 486) 101
—, keine, wenn letzter Tag auf einen Sonn- oder Feiertag fällt 79
— der Verjährungsfrist (§ 490) 145
Verlust des Rechtsanspruchs aus dem Mangelbestande tritt nicht bei arglistigem Verschweigen des Verkäufers oder Verzicht durch den Käufer ein 100
Verlust der Schadenersatzansprüche aus unerlaubter Handlung durch vorbehaltlose Annahme des Tieres 34
Vermächtnis (Schenkung, Ausstattung) als Ausnahme von der Regel, daß nur bei entgeltlichen Verträgen entsprechende Anwendung der Gewährleistungsbestimmungen möglich ist 187
Vermittler (Geschäftsvermittler), Zusicherung durch 165
Vermutung für das Vorhandensein von Mängeln (§ 484) 89
Verordnung (gesetzvertretende) Rechtsverordnung 59
— (Kaiserliche) 3
Verrechnung bei vereinbartem Anschlagspreis bei Wandelung einzelner Tiere 131
— bei vereinbartem Gesamtpreis bei Wandelung einzelner Tiere 131
Verrechnungsart bei der Wandelung nur einzelner von mehreren verkauften Tieren 130
Verschlechterung, Haftung für verschuldete 121
— des Kauftieres zwischen Kaufabschluß und Gefahrübergang 40f., 200f.
—, (Untergang) des Tieres vor Übergabe 200
—, wesentliche, des Tieres nach der Wandelung 120ff.
— (unwesentliche) des Tieres bei der Wandelung 123f.

Verschlechterung (wesentliche) der Vermögenslage des Käufers 19
— (zufällige) des Tieres 81
Verschulden bei Eingehung des Vertrages (Vertragsabschluß) 35f.
— (Mitverschulden) Einwand nach § 254 gegenüber Anspruch nach § 463 138
—; bei Erfüllung des Vertrages 37f., 201f.
— (mitwirkendes) nach § 254 bei Gewährleistungsansprüchen nicht zu berücksichtigen 13
—, Umfang des Schadenersatzes 37f.
Verschweigen (arglistiges) eines Nebenmangels (Nicht-Hauptmangels) 137
— Beweislast 36f.
— (arglistiges), Unterschied zur arglister Täuschung 22
— (arglistiges) bei V. kein Verlust des Rechtsanspruchs aus dem Mangelbestande 100
— (arglistiges) als Voraussetzung für § 463: 134, 136
Versendungskauf (§ 447) 83f., 60
Versendungskosten als Aufwand (nach § 488) 128, 212, 237, 259, 271
Verseuchung einer ganzen Viehherde eines Grundstücks (landwirtschaftliches) 55
Versicherung, Verkauf mit V. (Selbstversicherung) 82
Versicherungsleistung für untergegangenes oder verschlechtertes Tier an den Käufer, muß dieser nicht herausgeben: 120
Versicherungssumme muß Käufer nicht abliefern 120
Versicherungsvertragsgesetz, Abtretung von Ansprüchen 245
Versprechen, für alle Fehler zu haften 170
Versteigerung (öffentliche) auf richterliche Anordnung hin (§ 489) 66
— öffentliche (Begriff) 142
— öffentliche, des Tieres während des Rechtsstreits (§ 489) 138ff.
— (öffentliche) Verkauf eines Tieres (§ 383/III) 65
Versteigerungskosten als Aufwand (nach § 488) 210, 212, 237, 259, 271
Verstoß gegen die guten Sitten (§ 826) 30
Vertrag, allgemein und Auslegung nach Treu und Glauben 15, 43, 53
—, Einrede des nicht erfüllten 41, 117
— (Einrede des) nicht erfüllten vor Gefahrübergang 40
—, Einrede des nicht erfüllten V. bei der Wandelung 117
— Entgeltlichkeit d. V. als Voraussetzung für die entsprechende Anwendung der Gewährschaftsbestimmungen 187
—, Rechtsbehelfe des Käufers aus dem 225
— (ungültiger, nichtiger) als Ausschlußgrund der Gewährleistungsansprüche 105f.
Verträge, andere V. als Verkauf über Gewährvieh, bei denen eine entsprechende Anwendung der Gewährleistungsvorschriften gegeben ist 182ff.
Vertraglicher Gewährleistungsausschluß (§ 476) 67f.
Vertragliche Haftung 13
Vertragsabschluß, Verschulden, Umfang des Schadenersatzes, Beweislast 35ff.
Vertragsabschlußkosten bei der Wandelung 128
Vertragsauslegung 15, 19
Vertragshaftung, welche Ansprüche können nach Viehgewährschaftsrecht geltend gemacht werden? 225
Vertragsinteresse (negatives), bei Anfechtung des Vertrages 26
Vertragskosten bei der Wandelung als Aufwand (nach § 488) 210
Vertragstheorie bezüglich des Wandelungsanspruches 108
Vertragsvereinbarung über Rücktritt 201f.
Vertragsverhältnis; Auflösung bei Unmöglichkeit 43
Vertragsverletzung (positive), vorsätzliches und fahrlässiges Verschulden 37, 201f.
Vertreter, arglistige Täuschung durch 24
— (unmittelbarer) bei arglistiger Täuschung 24
—, Zusicherung von Eigenschaften durch 165
Verwendungen, notwendige, Ersatz von 212, 236, 237, 259, 271

Verwerfen, die Gefahr des 177, 179
Verwirkungsabrede, Kauf unter auflösender Bedingung 17
Verwirkungseinrede (§ 242) wegen Nichtausübung 145
Verzicht auf Anfechtung 27
— auf Gewährleistung 67f.
— auf Gewährleistung durch Verkauf eines landwirtschaftlichen Grundstücks mit Viehinventar in Bausch und Bogen 55
— (nachträglicher) auf die Gewährleistung (regelmäßig) bei Weiterverkauf 67ff.
— auf Verjährung 147
— auf den Wandelungsanspruch (durch Weiterverkauf) 110
Verzögerliche Einrede des Bürgen, solange nur das Wandelungs**recht** besteht 157, 240
Verzug, Annahmeverzug des Käufers (§§ 283, 300) 86
— gemäß § 326 41
— der Käufers nach der Wandelung 125
— des Verkäufers nach der Wandelung 125f.
Viehgewährschaft (Definition) 11
Viehgewährschaftsrecht (Grundgedanken) 12f.
—, römisch- und deutschrechtliches Sy3tem 11f.
Viehherde (zur Gänze verseucht) 54 (Verkauf in Bausch und Bogen) 55
Viehinventar, Verkauf eines landwirtschaftlichen Grundstücks mit 54f.
Viehmängel nach § 23 GVG 192
—, Rechtsstreitigkeit wegen 191
Viehseuchengesetzgebung 72
Völlige Fehlerfreiheit, Zusicherung (nach § 492) 171
Vollmacht des Vertreters bei arglistiger Täuschung 24f.
Vollmachtserteilung, stillschweigende 24
Vollstreckung bei Mitgewahrsam des Mannes 247
Vollstreckungshandlung, Vornahme einer V. als Unterbrechungsgrund für die Verjährung des Wandelungsanspruchs 150
Vollzogene Wandelung, für Anspruch aus v.W. nicht Amtsgericht zuständig 119
Vollzug der einstweiligen Verfügung (nach § 489) 140ff.
— der Wandelung 111ff.
Vorbehalt des Eigentums (beim Verkauf) 82f.
Vorbehaltlose Annahme eines mangelhaften Tieres, Verlust der Schadenersatzansprüche 34
— — des Tieres (trotz Kenntnis des Mangels, § 464) 67
Vorentscheid durch die Verwaltungsbehörde als Unterbrechungsgrund für die Verjährung des Wandelungsanspruchs 151
Vorführer des Tieres, zur Abgabe von Erklärungen berechtigt 165
Vorprozeß, Kosten des 129, 231, 271
Vorsatz (bedingter), bei unerlaubter Handlung 30
Vorsätzliche unerlaubte Handlung 29
Vorsätzliche Vertragsverletzung 38f.
Vorschläge für künftige Gesetzgebung 274ff.
Vorübergehende Krankheit (Mangel); keine Haftung des Verkäufers 61, 87
Vorvertrag 16
Vorwort III
VVG (Versicherungsvertragsgesetz): Gesetzestext (auszugsweise) 8

W

Wahlrecht des Käufers 161
Wahrscheinlichkeit (an Sicherheit grenzende) 90
Wandelung (allgemein) § 487: 103ff.
— (vollzogene), Anfechtung der vollzogenen 129
—, Beweislast 229, 244
—, Durchführung der 116
—, Einrede des nicht erfüllten Vertrages 117
— bei Haupt- und Nebensache 131f.
— bei nur einzelnen Tieren von mehreren verkauften 130
—, Vollzug der 111
—, Wertberechnung bei vollzogener Wandelung 121
—, Zuständigkeit einer Rechtsstreitigkeit aus vollzogener 119, 194, 248
Wandelungsanspruch (Inhalt) 108f.
—, Anerkenntnis als Unterbrechungsgrund für die Verjährung des 148, 223
—, Anmeldung des W. im Konkurs als Unterbrechungsgrund für die Verjährung 150
—, einredeweise Geltendmachung des 238

Wandelungsanspruch, gerichtliche Beweisaufnahme gemäß § 485 ZPO als Unterbrechungsgrund für die Verjährung 150f.
—, Klageerhebung als Unterbrechungsgrund für die Verjährung 149
—, Streitverkündung (§§ 72—75 ZPO) als Unterbrechungsgrund für die Verjährung des 150
—, Unterschied des W. nach § 487 gegenüber dem allgem. 109
— Verjährung 143ff.
—, Vorentscheid durch die Verwaltungsbehörde als Unterbrechungsgrund für die Verjährung des 151
Wandelungseinrede hat der Bürge nicht 157
Wandelungsklage, siehe Klage auf Wandelung 205, 226ff.
—, Aktivlegitimation 245
—, Behauptungslast 229, 244
—, Formular (Muster) 236
—, Muster einer W. bezüglich eines Tauschvertrages 240
—, Passivlegitimation 246
—, Streitwert 237
—, Zuständigkeit, örtliche 249f.
—, Zuständigkeit, sachliche 247ff.
Wandelungsrecht, durch Fristsetzung seitens des Verkäufers ausgeschlossen 114
Ware, kurrante, 68
Wassersucht, allgemeine 76
Wegfall der Geschäftsgrundlage 16, 19
— des Hauptmangels nach Gefahrübergang; 60 vor Ankunft bei Versendungskauf 84
Weiterveräußerung des Tieres (Einfluß auf die Wandelung) 69, 110
Wertberechnungszeitpunkt als Haftungsausschluß nach der Wandelung 121
Werturteile (persönliche) bei der arglistigen Täuschung 20
Wesentliche Verschlechterung des Tieres nach der Wandelung 120
— — der Vermögenslage des Käufers 19
Widerklage auf Herausgabe des Tieres 231, 252
—, sachliche Zuständigkeit der Wandelungs-W. statt der Einrede 239
Widerlegung der Vermutung des § 484 möglich 90ff.
Widerrechtliche Drohung (§ 123), Anfechtung wegen 21
Wiedereinsetzung nach Ablauf der Gewährfrist unmöglich 78, 115
Wiegen des Tieres hinsichtlich Gefahrübergang 83
Willig zum Zug als Zusicherung 175
Windschnappen, siehe Koppen 74
Wirkung der Anfechtung 26
— der Verjährung (nach § 490) 144f.
Wirtschaftliche Unmöglichkeit ist gleich tatsächliche 43f.

Z

Zahlung des Kaufpreises: Zuständigkeit der Klage auf 194
Zahlungsbefehl als Unterbrechungsgrund für die Verjährung 149
Zahlungsweise (beim Kauf); Vereinbarung über 17
Zeigen der Mängel 61f., 88ff.
Zeitpunkt der Haftung für Verschlechterung 121
— des Gefahrüberganges 60
— der Wertberechnung des Tieres nach der Wandelung 121
Zerlegen des Tieres (bei Zeigen des Mangels) 62
Zerlegen in Teilklagen 218
Zeuge, Tierarzt als 242
Zinsen, (§ 246 und § 352 HGB) 209
Zollkosten als Aufwand (nach § 488) 210, 237, 259, 271
Zuchttier, Unterschied vom Nutztier, Schlachttier 55f. 71
Zufälliger Untergang, Verschlechterung 81
Zug um Zug, Rückgewähr der Leistungen bei der Wandelung 116f.
Zugfestigkeit, (Beweisfrage) 90
—, Zusicherung der 175f.
Zurückbehaltungsrecht nach § 273 wegen Aufwendungen 88
Zurückweisung des Kauftieres vor Gefahrübergang 16
Zusage der Trächtigkeit, keine stillschweigend vereinbarte Gewährfrist 102, 178ff.
Zusammenhang, ursächlicher, (bei §§ 823, 826, 249) 32f.
Zusammengehörende Tiere, Verrechnungsart bei Wandelung 130
Zusammenwirken von Schadensereignissen (§§ 249, 823, 826) 33
Zusicherung, von Eigenschaften 171 f 257

Zusicherung, stillschweigende, zur Begründung des Schadenersatzanspruchs nach § 463, 135
— der Anrinderung der Kuh, für ein Kalb 179
—, Beweislast 182
— deckt und befruchtet 174
— einer Eigenschaft nach § 492 163ff.
— einer bestimmten Eigenschaft als Voraussetzung eines Schadenersatzanspruchs (§ 463) 134f.
— ein- und zweispännig, gut im schweren Zug 175
— des gesunden Euters 174
— für alle Fehler zu haften 170
— der frischmilchenden Kuh 174
— der Frömmigkeit im Geschirr 174, 176
— der Frömmigkeit unter dem Reiter 174
— durch Geschäftsvermittler (§ 492) 165
— der Gesundheit 172
— gut zu jedem Gebrauch 174
— hochträchtig, kälbergriffig 179
— mit eigenem Kalb 174
— der Kälberkuh 174
— der Körfähigkeit 175
— ohne Mangel, gesund und recht, fehlerfrei, tadellos, gesund und reell 170
— eines bestimmten Milchertrages 55, 174
— der guten Milchkuh 174
— des Nichtklebens des Pferdes 176
— des Nicht-Hartmelkens 174
— des Nicht-Sattelzwanges 176

Zusicherung der Sprungfähigkeit 175
— der Stall- und Schmiedefrömmigkeit des Pferdes 174
— der Trächtigkeit 172, 176f.
—, trächtig, unverjährbar 179
— des guten Ziehens 175
—, schwer zugfestes Tier 175
— der Zugfestigkeit (willig zum Zug) 175f.
— der Zuchttauglichkeit (deckt und befruchtet) 174

Zuständigkeit des Amtsgerichts, Landgerichts bei Vereinbarung 192
— für Anfechtungsklage nach § 123, sachliche, örtliche 221f.
— (örtliche) für Ansprüche der Schadenersatzklage (§ 480) 273
— für Ansprüche aus der vollzogenen Wandelung 119
— des § 23 GVG 192f.
— für die Streitigkeiten wegen Viehmängel 192
— durch Vereinbarung der Parteien 247f.
— für die Wandelungsklage, örtliche, sachliche 247ff.

Zustellung, demnächst wahrt Anzeigefrist 98
— (örtliche) der Mängelanzeige (§ 132) 96

Zwangsvollstreckung, Verkauf eines Tieres im Wege der (§§ 806, 814, 825 ZPO) 65

Zweispännig (und einspännig), gut im schweren Zug, als Zusicherung 175

Zwischenverkauf vorbehalten, als Kaufklausel 17

Kolibri 360 GmbH
Ferdinand-Jühlke-Straße 7
99095 Erfurt, Deutschland
produktsicherheit@kolibri360.de